LES QUARTIE

❶ LOWER MANHATTAN

LES EMBLÈMES DE NEW YORK
Statue de la Liberté, Ellis Island,
Wall Street, Ground Zero,
Brooklyn Bridge...

❷ CHINATOWN, LITTLE ITALY, NOLITA
Dépaysement et exotisme garantis

❸ TRIBECA ET SOHO

LES QUARTIERS BOURGEOIS-BOHÈME
Tribeca pour les amateurs
d'architecture et de galeries d'art
Soho pour les férus de shopping

❹ LOWER EAST SIDE

DANS LES PAS DES IMMIGRANTS
Marché d'Orchard Street
Brunch dans un delicatessen

❺ WEST VILLAGE

LE QUARTIER INTELLO-JAZZ
Sortir dans le quartier des
abattoirs du Meatpacking District
Les bars et clubs de jazz mythiques

❻ EAST VILLAGE

LE NEW YORK BABA COOL
Le quartier des couche-tard

❼ CHELSEA

ART CONTEMPORAIN ET SHOPPING MALIN
Le circuit des galeries d'art
Les grands magasins de dégriffés
Chelsea Market

❽ AUTOUR DE FLATIRON DISTRICT

ENTRE MARCHÉS DE RUE ET GRATTE-CIEL
Le marché aux puces de 25th Street
Flatiron, le 1er gratte-ciel de la ville

❾ WEST MIDTOWN

LES ATTRACTIONS LES PLUS POPULAIRES
Empire State Building
et Rockefeller Center
Le MoMA
Times Square, de nuit
Macy's, le plus grand magasin
du monde
Une comédie musicale à Broadway

cathédrale St. Patrick

⓫ UPPER EAST SIDE

ENTRE NATURE ET CULTURE
Central Park

Les plus beaux musées du monde :
Metropolitan Museum of Art,
Frick Collection, Guggenheim
Museum...

**⓬ UPPER WEST SIDE
& MORNINGSIDE HEIGHTS**

LE QUARTIER DES INTELLECTUELS
Lincoln Center
American Museum of
Natural History
Le campus de Columbia University

⓭ HARLEM

**CREUSET DE LA CULTURE NOIRE
AMÉRICAINE**
Une messe gospel
Les fresques de rue

**⓮ THE CLOISTERS ET
FORT TRYON PARK**
Tout le Moyen Âge européen

⓯ BROOKLYN

LES QUARTIERS BOURGEOIS OU ETHNIQUES
Brooklyn Museum of Art
Le week-end à Brighton Beach
Sortir à Williamsburg

⓰ THE BRONX ET THE QUEENS
Le zoo du Bronx
American Museum of the Moving
Image pour les familles

NEW YORK

Nom officiel :	New York City
Population :	8,21 millions hab.
Monnaie :	Dollar
Districts :	Manhattan, Bronx, Brooklyn, Queens, Staten Island

VOYAGER PRATIQUE ➡

Parution 2009

ONT CONTRIBUÉ À LA RÉALISATION DE CE GUIDE

Collection sous la responsabilité de	Florence Dyan
Édition	François-Xavier Brabant-Pelletier, Natacha Brumard
Rédaction	Christine Barrely, Victoria Jonathan, Pierre Sans
Cartographie	Stéphane Anton, Michèle Cana, Thierry Lemasson, Peter Wrenn
Conception graphique	Paris-Venise (couverture), Bernadette Drouillot (maquette intérieure)
Relecture	Marion Enguehard
Régie publicitaire et partenariats	michelin-cartesetguides-btob@fr.michelin.com

Le contenu des pages de publicité insérées dans ce guide n'engage que la responsabilité des annonceurs.

Contact
Michelin Cartes et Guides
Guides VOYAGER PRATIQUE
46, avenue de Breteuil - 75324 Paris Cedex 07
☎ 01 45 66 12 34
voyager-pratique@fr.michelin.com
http://cartesetguides.michelin.fr
www.viamichelin.fr

Votre avis nous intéresse Vous souhaitez donner votre avis sur ce guide ou nous faire part de vos expériences ?
www.votreaviscartesetguides.michelin.fr

NOTE AU LECTEUR

VOYAGER PRATIQUE,
pourquoi ?

⊙ *Quand on est éditeur de guides, on se demande sans cesse comment répondre aux attentes des voyageurs d'aujourd'hui.*

Comment satisfaire à la fois vos envies de week-end, d'aventure, de grand voyage, de farniente, de culture, en France ou à l'autre bout du monde ? Vous partez seul ou en famille, entre amis ou en amoureux, deux jours ou trois semaines ? Comment imaginer ce que vous allez aimer : chambres d'hôte ou petites pensions, gargotes ou restaurants de charme, randonnées ou boîtes de nuit, visites culturelles ou bronzette sur la plage ou… tout à la fois ? Comment vous aider à vous repérer dans le pays, à organiser vos transports et à évaluer votre budget ?

Répondre à toutes ces questions, c'est le premier pari de MICHELIN VOYAGER PRATIQUE : le guide pour construire son voyage sur mesure. Grâce à des tableaux thématiques, des cartes et des plans précis, des itinéraires conçus sur le terrain, des informations pratiques complètes, Michelin vous donne les clés de vos vacances.

⊙ *Quand on est éditeur de guides, on se demande aussi quelles sont les conséquences de ses choix éditoriaux.*

Contribuer à un voyage de qualité dans le respect des hommes, de l'environnement et du patrimoine, c'est le second pari de MICHELIN VOYAGER PRATIQUE. Pour remplir cette mission et vous aider ainsi dans vos propres choix, suivez donc nos « BIB » :

😊 nos Coups de cœur
😠 nos Coups de gueule
😋 nos Astuces

Ils vous accompagnent au fil des pages pour illustrer nos recommandations sur chaque étape, mais aussi notre point de vue sur des sujets qui nous paraissent importants. Autant de suggestions dont l'unique finalité est de vous faire profiter pleinement de votre voyage.

Florence DYAN
Responsable de Voyager Pratique

NEW YORK PRATIQUE

SOMMAIRE

SILLONNER NEW YORK

ANNEXES

NEW YORK PRATIQUE

La spire verte du Woolworth Building, Financial District.

Ch. Barrely / MICHELIN

PRÉPARER SON SÉJOUR

Suggestions de balades

3 jours	Les incontournables
Suggestion de programme	**Jour 1 :** Empire State Building, galeries d'art de Chelsea, Meatpacking District et West Village, soirée à East Village ou Lower East Side. **Jour 2 :** statue de la Liberté, Financial District, South Street Seaport, pont de Brooklyn, Chinatown, dîner à Soho, soirée à West Village. **Jour 3 :** Metropolitan Museum, pique-nique à Central Park, MoMa, shopping de Madison Ave. à 5th Ave., Rockefeller Center, sortie à Broadway.
Conseils	Commencez par l'Empire State Building, qui offre une vue d'ensemble de la ville. Si vous aimez le shopping discount, remplacez la visite de Financial District par une escale au Century 21. Si vous êtes à New York un vendredi, faites le programme du jour 3 : le MoMa est gratuit après 16h. Ceux qui préfèrent les musées à taille humaine peuvent remplacer le Metropolitan Museum par la Frick Collection.
5 jours	**À la découverte des quartiers**
Suggestion de programme	**Jour 1 à 3 :** *voir ci-dessus.* **Jour 4 :** Frick Collection, traversée de Central Park, déjeuner dans l'Upper West Side, American Museum of Natural History, Harlem, balade et dîner puis soirée jazz ou blues. **Jour 5 :** Brooklyn Heights, Brooklyn Museum of Art, retour à Manhattan, dans le quartier de Soho, pour du shopping.
Conseils	S'il fait beau, remplacez Brooklyn Heights par DUMBO, pour un pique-nique à l'Empire Fulton Ferry State Park. En été, s'il fait chaud, vous pouvez remplacer le shopping de la dernière demi-journée par Brighton Beach ou Coney Island.
Une semaine	**New York de plus près**
Suggestion de programme	**Jour 1 :** Empire State Building, Chrysler Building, shopping sur Madison Ave., Metropolitan Museum, dîner et concert dans l'Upper West Side. **Jour 2 :** statue de la Liberté et Ellis Island, Financial District, puis shopping et soirée à Soho. **Jour 3 :** MoMa, Rockefeller Center, shopping sur 5th Ave. et soirée à Broadway. **Jour 4 :** Frick Collection, Central Park, American Museum of Natural History, balade et soirée jazz à Harlem. **Jour 5 :** Chinatown, South Street Seaport, balade sur le pont de Brooklyn, dîner et soirée dans Lower East Side. **Jour 6 :** Chelsea et les galeries d'art, West Village, dîner et soirée dans l'East Village. **Jour 7 :** balade et shopping autour de Flatiron District, Brooklyn Heights ou DUMBO, Brooklyn Museum of Art (ou plage à Brighton Beach), dîner et soirée dans le Meatpacking District.
Conseils	Attention à ce que le jour 6 ne tombe pas un dimanche ou un lundi : les galeries de Chelsea sont fermées. Pensez aussi aux jours de fermeture des musées. Si vous aimez la marche, allez à Brooklyn à pied par le pont.

Types de séjours

New York culturel	Nos conseils
Metropolitan Museum (p. 277), Cloisters (p. 320), Frick Collection (p. 275), MoMa (p. 241), Museum of Natural History (p. 302), Whitney Museum (p. 290), Brooklyn Museum (p. 334).	Profitez des jours de gratuité pour les musées (voir p. 57). Pensez à visiter le Metropolitan et les Cloisters le même jour : les billets d'entrée sont alors combinés.

New York cosmopolite	
Chinatown (p. 146), Lower East Side (p. 164), East Village (p. 190), Brighton Beach et Williamsburg (p. 338-339), Harlem (p. 312), le Queens (p. 348). Folk Art Museum (p. 245), Museum of the American Indian (p. 134) et Museum of Jewish Heritage (p. 136).	Visitez Chinatown, Brighton Beach et les musées le matin. Évitez Lower East Side le samedi. East Village, Williamsburg et Harlem sont plus vivants l'après-midi ou en fin de journée.

New York architectural	
Financial District et Brooklyn Bridge (p. 130), Soho (p. 158), Flatiron District (p. 214), Empire State (p. 237), Chrysler Building (p. 258), Rockefeller Center et 5th Ave. (p. 239).	Ne vous contentez pas des plus célèbres gratte-ciel : chaque immeuble ou presque comporte de fascinants détails. Pour l'atmosphère, misez sur Greenwich Village.

New York et l'art contemporain	
MoMa (p. 241), Guggenheim Museum (p. 286), Chelsea Art Museum et les galeries d'art (p. 208), Whitney Museum (p. 290), Cooper-Hewitt Design Museum (p. 289), P.S.1 Contemporary Art Center (p. 351).	Vérifiez bien les jours et heures de gratuité et de fermeture des musées. Les petits budgets se contenteront, le vendredi, du MoMa, combiné avec le Guggenheim ou le Whitney, et de la visite des galeries de Chelsea.

New York branché	
Tribeca-Soho (p. 152), Lower East Side (p. 164), East Village (p. 190), Meatpacking District (p. 185), Chelsea (p. 202), Williamsburg (p. 339).	Shopping : Soho, Lower East Side, Meatpacking. Dîner : Soho, les deux Villages. Danser, boire un verre : Lower East Side, Meatpacking ou Chelsea.

New York en plein air	
Statue de la Liberté et Ellis Island (p. 137), ferry de Staten Island (p. 137), Brooklyn Bridge (p. 130), Central Park (p. 269), Brighton Beach et Coney Island (p. 338).	Ne craignez pas de parcourir la ville à pied : c'est très faisable. Prévoyez de pique-niquer à midi, s'il ne fait pas trop froid. À Central Park, louez un vélo ou des rollers.

New York en famille	
Statue de la Liberté (p. 137), Forbes Galleries (p. 183), Museum of Natural History, NY City Police Museum (p. 132) et Fire Museum (p. 159), Museum of the Moving Image (p. 350), Coney Island et l'Aquarium (p. 338).	Alternez la visite des grands musées avec des moments en plein air : Metropolitan, MoMa et Central Park ou Brooklyn Museum et Coney Island (voir aussi p. 53).

Décalage horaire

New York se situe dans le fuseau horaire de l'*Eastern Stantard Time* (EST) : quand il est midi à Paris, il est 6h du matin à New York. L'heure n'est chiffrée que de 0 à 12 : le matin, l'heure est suivie des lettres am (*ante meridiem*), l'après midi des lettres pm (*post meridiem*). 9h du matin se dit 9am, 14h se dit 2pm. Le passage à l'heure d'été (*Daylight Saving Time*) se fait le premier dimanche d'avril, le retour à l'heure d'hiver le dernier dimanche d'octobre.

Comment téléphoner à New York?

Pour téléphoner vers New York, et ailleurs aux États Unis, faites le 00 + 1 + l'indicatif de la ville (212 pour la plupart de Manhattan, 917 pour certains nouveaux numéros, 718 pour Brooklyn, le Bronx, le Queens, Staten Island) + le numéro de votre correspondant.

À quelle saison partir?

New York connaît un climat continental humide et d'importantes variations de température.

Le **printemps** est souvent capricieux, la neige pouvant tomber tardivement. La pluie est fréquente, mais les New-Yorkais profitent des premières belles journées pour se promener dans Central Park. En avril et mai, les parcs et les rues plantées d'arbres sont très fleuris. Les températures moyennes maximales passent de 10 °C en mars à nettement plus de 20 °C en mai et surtout en juin.

L'**été** est plutôt étouffant, surtout en fin de journée, quand la pierre et le béton ont accumulé la chaleur. Les températures moyennes en journée tournent autour de 30 °C et baissent peu en dessous de 20 °C la nuit. Les parcs, en revanche, dispensent une agréable fraîcheur et on y bénéficie de nombreux concerts gratuits et de festivals en plein air. La ville est moins encombrée.

L'**automne** peut être magnifique, les températures encore clémentes permettant d'apprécier les couleurs de l'été indien, qui pare de rouge et d'or les parcs et les avenues ombragées. Septembre et octobre sont globalement les mois les plus ensoleillés. Les températures d'octobre sont encore très agréables (autour de 18 °C en moyenne), mais elles chutent en novembre et surtout en décembre, annonçant l'hiver. L'automne marque le début de la saison culturelle. Pour le shopping, c'est la période la plus faste, celle qui prépare l'hiver. Les fêtes d'Halloween et de Thanksgiving en sont les temps forts.

L'**hiver**, froid et humide, n'est vraiment rude que par vent du nord ou quand le blizzard s'accompagne de fortes chutes de neige et immobilise la ville. Mais en temps ordinaire, les journées sont souvent ensoleillées, courtes mais agréables. De décembre à février, les températures minimum descendent souvent en dessous de 0 °C, les maximales ne montant guère au-dessus. Cette saison est celle des fêtes : Noël, dont les préparatifs commencent dès novembre, et le premier de l'an, à Times Square, une manifestation qui attire l'attention du monde entier !

Budget à prévoir

Malgré les fluctuations du dollar, la vie est très chère. Tous les prix des adresses que nous vous indiquons sont comptés **hors taxe**. Pour les hôtels, à la taxe de 13,25 % il faut encore rajouter une taxe de séjour de 2 $ par jour, et ils comprennent rarement le petit-déjeuner. Si l'on prend en compte le **pourboire**, qui est une obligation, il faut rajouter au total de **25 à 30 %** au prix annoncé : pensez-y en établissant votre budget prévisionnel.

Services ou articles	Prix moyen en $	Équivalent en euros*
Une chambre double dans un hôtel très simple ou une auberge de jeunesse.	80 à 120	50 à 76
Une chambre double dans un hôtel confortable.	150 à 200	95 à 125
Une chambre double dans un hôtel de catégorie supérieure.	300 à 400	190 à 250
Une chambre double dans un palace.	plus de 600	plus de 380
Restauration rapide (hot-dog, part de pizza, sandwich) et une boisson.	5 à 9	3 à 5
Un repas dans un bon restaurant.	30	19
Un repas dans un restaurant gastronomique.	100	63
Transfert aéroport JFK à Manhattan : métro / shuttle / taxi.	7 / 20 / 50	4 / 12,5 / 25
Une course moyenne en taxi (avec pourboire).	5 à 10	3 à 6
Un ticket de métro.	2	1,25
Une entrée de musée.	8 à 20	5 à 12,5
Un spectacle à Broadway ou un concert.	100 à 300	63 à 190
Un paquet de cigarettes type Marlboro.	7,50	4,5
Un soda ou un coca.	5	3
Une bière.	7	4
Un café allongé.	2 à 3	1,25 à 2

⊚ Calculez votre budget au quotidien

Pour vous aider, nous vous proposons cinq catégories de budget. Le prix est évalué en euros*, **par personne**, sur la base d'un séjour pour deux en **haute saison** (voir plus haut).

Minibudget, en auberge de jeunesse avec restauration rapide, beaucoup de marche et peu de transports en commun, musées aux heures gratuites, peu de bars, rafraîchissements achetés en épicerie, **65 à 75 €**.

Petit budget, avec hôtel modeste, en chambre avec salle de bains partagée, un repas par jour au restaurant et le reste sur le pouce, transports en commun, une sortie (musée ou bar) par jour, **120 €**.

Budget moyen, en hôtel avec salle de bains privée, un repas au restaurant et un musée par jour, un taxi de temps à autre, un spectacle de type Broadway pour la semaine, sorties occasionnelles en bar, **160 €**.

Budget généreux, en hôtel grand confort, deux repas au restaurant et deux visites culturelles par jour, taxi plus souvent, une sortie le soir, **200 €**.

Budget « petite folie », hôtel de luxe, déplacements en taxi, bon restaurant à tous les repas, musées, spectacles et sorties, **500 € et plus**.

En comptant 1 € = 1,60 $

Pour diminuer votre budget, misez sur les saisons creuses, novembre, janvier et février, et le plus fort de l'été. Guettez les promotions sur Internet. En dehors de ces périodes, il est difficile de trouver une **chambre d'hôtel** à moins de 100 $ la nuit, sauf en auberge de jeunesse ou dans des conditions spartiates.

Il en va de même pour la **restauration**. Évitez le repas à la française, avec entrée, plat, dessert et vin, qui vous coûtera toujours plus de 40 $. Oubliez le vin et favorisez les plats principaux ou même les hors-d'œuvres, toujours copieux : l'addition descendra en dessous de 20 $. Les cuisines exotiques offrent en général le meilleur rapport qualité-prix : le repas coûte souvent moins de 15 $. Enfin, la restauration rapide (pizzas, pâtes, sandwiches) permet de s'alimenter copieusement à moins de 10 $.

Les tarifs d'entrée dans les **musées** sont élevés, mais presque tous proposent un horaire gratuit dans la semaine, que nous vous signalons par le pictogramme ⊛.

Les dépenses dans les **bars** peuvent être réduites en y allant à la *Happy Hour*, quand les consommations sont à moitié prix ou très réduites.

Pour les **spectacles**, reportez-vous aux sites Internet et aux achats à prix cassé *(voir p. 47, 50)*, mais il faut compter de 50 à 300 $ et plus, selon la nature du concert ou du spectacle. En été, guettez les concerts et manifestations gratuites en plein air, notamment dans les parcs.

Pour vos **déplacements**, étudiez attentivement le système des cartes et des forfaits, qui sont très vite rentables. Et surtout, préparez-vous à marcher, d'autant que la rue en elle-même est un spectacle gratuit.

Enfin, profitez des nombreux **bons plans** gratuits *(voir p. 54)*.

Réserver

Voir aussi « Se loger », p. 39 et « En voiture », p. 29.

La réservation est impérative pour bénéficier de tarifs raisonnables ou tout simplement pour trouver de la place. New York accueille de nombreux congrès et séminaires en dehors des périodes strictement touristiques et des fêtes de fin d'année. On vous demandera systématiquement le numéro de votre carte de crédit. Pour les voyages (vol + hôtel) réservés par Internet, il vous faudra souvent payer d'avance. Pour les réservations directes de chambre d'hôtel, vous trouverez souvent sur les sites des établissements des offres spéciales Internet.

Formalités

Les informations qui suivent sont fournies à titre indicatif, au moment de la rédaction de ce guide. En raison de l'évolution des réglementations, il est vivement conseillé au visiteur de s'assurer auprès de la représentation diplomatique américaine des conditions en vigueur au moment du voyage *(voir p. 21)*.

▶ *Pièces d'identité, visas*

Dans tous les cas, vérifiez vos pièces d'identité AVANT de réserver votre voyage : si elles ne sont pas conformes ou vous imposent l'obtention d'un visa, il vous faudra prévoir de très longs délais, incluant un rendez-vous en personne aux services de l'ambassade des États-Unis à Paris.

Pour entrer aux États-Unis sans visa, il faut, y compris pour les **enfants**, posséder un **passeport à lecture optique** en cours de validité, délivré avant le 26 octobre 2005. Les passeports délivrés du 26 octobre 2005 au 26 octobre 2006 doivent être à lecture optique et à photo numérique. Les passeports émis après le 26 octobre 2006 devront impérativement être **biométriques**, sinon leur possesseur devra se munir d'un visa. En cas de doute, renseignez-vous auprès de votre préfecture ou sur le site de l'ambassade des États-Unis (www.amb-usa.fr).

Le **visa** n'est pas exigé pour les voyages touristiques inférieurs à 90 jours. Il est nécessaire pour les étudiants et de manière générale pour tous les séjours professionnels (les démarches peuvent prendre 2 à 6 mois).

Depuis janvier 2009, il est également obligatoire, pour les voyageurs sans visa, de remplir, au moins 72h avant le départ, une **demande d'autorisation de voyage électronique** portant sur des points personnels, tels la santé ou le passé pénal. Vous trouverez ce questionnaire sur le site https://esta.cbp.dhs.gov/.

Les **animaux domestiques** doivent posséder des attestations de vaccination en règle. En cas de doute, renseignez-vous auprès de l'ambassade ou des consulats américains ou sur le site www.customs.treas.gov.

▸ *Autres pièces à fournir à l'arrivée*

Pour entrer aux États-Unis, vous devrez présenter un **billet aller-retour**, avion ou bateau. On vous demandera l'**adresse** où vous allez, hôtel ou amis : attention, si vous ne l'avez pas sur vous, vous risquez fort d'être refoulé (même une fois arrivé sur place !). Attendez-vous en outre à répondre à quelques questions simples sur les motifs de votre visite : dites clairement que vous êtes en vacances (toute autre explication est vite considérée comme suspecte…).

▸ *Douanes*

Il est interdit d'introduire en territoire américain des armes, des produits végétaux, de la viande, des matières biologiques, certains **médicaments** (en cas de traitement, ayez sous la main l'ordonnance médicale où, si possible, le produit figure sous son nom pharmaceutique). Il va de soi que l'introduction de drogues est totalement prohibée. On a le droit d'apporter 1 litre d'alcool si l'on a plus de 21 ans, ainsi que 200 cigarettes, 50 cigares ou 2 kg (!) de tabac à fumer. Les cadeaux éventuels doivent représenter une somme inférieure à 100 $.

▸ *Permis de conduire*

Même si le permis de conduire national est en principe suffisant, mieux vaut vous munir d'un permis de conduire international, délivré par les préfectures.

▸ *Vaccinations*

Il n'y a pas de vaccination obligatoire sur le sol américain.

Santé

Le niveau sanitaire est élevé, la ville disposant des services de santé parmi les plus réputés de la planète. Mais ils sont chers. Une simple consultation chez un médecin généraliste coûte plus de 100 $. Même chose pour les frais pharmaceutiques ou dentaires. Et ne parlons pas de la moindre hospitalisation !

▸ *Assistance et couverture maladie/accident*

Prenez impérativement une assurance voyage intégrale (avec assistance-rapatriement). Un moyen pratique d'être couvert par une assistance médicale est de payer ses billets d'avion par **carte de crédit**. Vérifiez soigneusement auprès de votre banque quelle couverture vous procure votre carte. Cela vous évitera de contracter une assurance superflue. La carte Visa Premier offre, par exemple, une excellente couverture, y compris pour les frais d'hospitalisation ou de chirurgie.

Vous pouvez aussi contacter **Mondial Assistance**, 54 r. de Londres, 75008 Paris, ℘ 01 42 99 82 81/01 53 05 88 69, www.mondial-assistance.fr ou **Europ Assistance**, 1 promenade de la Bonnette, ZAC des Barbanniers, 92230 Gennevilliers, ℘ 01 41 85 94 85, www.europassistance.com.

▸ *Urgences*

Sur place, en cas d'accident ou de maladie aiguë, composez le 911.

> *Médecins francophones*

Le consulat de France à New York *(voir p. 32)* fournit une liste de médecins parlant le français. Parmi eux : Dr Patrick Mizrahi, 920 Park Avenue, ℘ 212 737 4466; Dr Albert Levy, 911 Park Avenue, ℘ 212 288-7193, alevymd@earthlink.net.

> *Pharmacies*

La plupart des médications dites « de confort » sont en vente libre dans les drugstores et chaînes de pharmacies. À New York, l'enseigne *Duane Reade* est la plus répandue, le plus souvent ouverte 24h/24. Si vous suivez un traitement régulier, munissez-vous de votre **ordonnance**, avec mention des médicaments selon la formule pharmaceutique plutôt que sous leur appellation commerciale.

> *Hôpitaux*

Les hôpitaux de quartier sont d'un bon niveau : en cas de besoin, inutile d'exiger les établissements de prestige, genre *Mount Sinai Hospital*. Si vous devez être hospitalisé, ne vous étonnez pas d'avoir à répéter les mêmes choses aux praticiens et internes qui se succèdent à votre chevet : pour des raisons juridiques, chacun doit refaire son propre interrogatoire médical. Si les soins infirmiers sont techniquement excellents, les services au malade laissent souvent à désirer. Si vous ne maîtrisez pas l'anglais, demandez une assistance pour bien vous faire comprendre des médecins. En cas de problème sérieux, laissez-vous piloter par le dispositif mis en place par les compagnies d'assistance : il est sérieux et rassurant.

Argent

> *Monnaie*

L'unité monétaire américaine est le **dollar** ($), divisé en 100 **cents**. Il existe des billets de 1, 5, 10, 50 ou 100 $. Restez attentif, car tous les billets sont verts et de même taille. Les pièces sont de 1 *cent* (cuivrées), 5 et 10 *cents* (nickelées), 25 ou 50 *cents*. Un *dime* vaut 10 *cents*, un *quarter* 25 cents.

> *Chèques de voyage*

Demandez à votre banque de les libeller **en dollars**, en chèques de 20 $ maximum. Sur place, ils peuvent en général s'utiliser directement pour régler vos achats, le restaurant ou l'hôtel, mais on vous demandera le plus souvent de fournir deux pièces d'identité avec photo. En dehors de la sécurité qu'ils offrent, ils ne présentent pas vraiment d'intérêt car le taux de change et la commission qui leur sont appliqués ne sont pas plus intéressants que ceux de votre carte de crédit.

> *Cartes de crédit*

Elles sont pratiquement toujours acceptées, sans seuil de paiement. Elles sont indispensables pour retenir une chambre d'hôtel ou louer un véhicule. Le taux de change appliqué est celui du jour de la transaction. Une commission est facturée à chaque fois. En cas de perte ou de vol, faites opposition auprès du ℘ 800 847 2911 (Visa, www.visa.com), du ℘ 636 722 7111 (MasterCard, www.mastercardfrance.com), du ℘ 01 47 77 72 00 (American Express, www.americanexpress.com/france) ou du numéro que votre banque vous aura communiqué. Gardez ces numéros à portée de main. Depuis la France, un membre de votre famille peut appeler le ℘ 0 892 705 705 *(0,34 €/mn)*.

> *Distributeurs de billets*

C'est la méthode la plus simple pour retirer des espèces. Avant de partir, vérifiez bien le **plafond** des retraits autorisés par semaine pour ne pas rester bloqué sur place. Vous trouverez des distributeurs de billets (**ATM** pour *Automated Teller Machine*) partout, y compris dans les plus petits commerces. Tous appliquent le taux de change au moment de la transaction et une **commission** de change forfaitaire. En raison du système de commission, il est plus rentable de retirer

une grosse somme que plusieurs petites. Méfiez-vous toutefois des distributeurs d'hôtels ou de magasins : ils appliquent le plus souvent une commission supplémentaire. Privilégiez ceux des **banques**.

Ce qu'il faut emporter

▶ *Vêtements*

En toute saison, préparez avant tout des chaussures confortables, faites à votre pied, et un parapluie.

En hiver, prévoyez un manteau ou un imperméable chauds, des gants et de quoi vous couvrir la tête, car le froid peut être mordant. Pour le reste, ne perdez pas de vue que les intérieurs sont parfois surchauffés et qu'il vaut mieux deux vêtements légers superposés qu'un gros pull, pour pouvoir se découvrir.

En été, choisissez des vêtements légers mais n'oubliez pas de prendre un châle ou une petite laine car la climatisation, poussée à fond dans les magasins, restaurants et musées, est responsable de bien des coups de froid ! Le port du bermuda pour les hommes est parfaitement accepté, sauf le soir au restaurant ou dans les bars.

Pour le soir, seuls les restaurants très chics et quelques clubs sélects exigent le port de la cravate. Une veste est en revanche plus fréquemment requise. En règle générale, si vous voulez vous habiller un peu, prévoyez une tenue classique, style décontracté chic, que les femmes peuvent éclairer d'un accessoire. Les hommes éviteront les chaussures de sport.

▶ *Divers*

Les prises électriques étant différentes des nôtres, emportez un **adaptateur**. Le courant électrique étant du 110 V aux États-Unis, vérifiez que vos appareils sont adaptables de 220 V en 110 V, sinon, ne vous en chargez pas inutilement. Les consignes de sécurité ont restreint ce que les voyageurs peuvent emporter en cabine. En faisant votre valise, n'oubliez pas d'y ranger canifs, ciseaux, coupe-ongles, parfum, lotions diverses, qui doivent maintenant transiter en soute.

Voyages pour tous

▶ *Voyager avec des enfants*

Dans les hôtels, il n'y a, en général, pas de supplément pour les enfants qui partagent votre chambre. Vérifiez-le et précisez si vous souhaitez un lit d'appoint ou un berceau : dans ce cas, il vous sera peut-être facturé en plus. Les restaurants sont souvent équipés de chaises hautes et proposent des menus enfants. La plupart des musées sont gratuits pour les enfants de moins de 12 ans, mais certains, heureusement rares, leur refusent l'entrée (la Frick Collection, par exemple).

D'une manière générale, enfants et adolescents trouveront un grand nombre d'activités, zoos, musées, parcs d'attraction et spectacles, ainsi que de nombreuses boutiques qui leur sont destinées.

▶ *Femmes seules*

Elles ne rencontreront pas de problèmes particuliers, la peur des procédures pour harcèlement imposant aux hommes une attitude respectueuse. Côté sécurité, évitez toutefois de vous promener après la tombée de la nuit dans les parcs ou de rejoindre votre hôtel seule après les sorties, si vous logez dans une rue isolée.

▶ *Gays et lesbiennes*

New York recense nombre de bars et de boîtes gays ou lesbiens, et de salles de sport spécialisées. En revanche, les Américains étant assez prudes, on vous conseille de limiter les effusions en public, ce qui est d'ailleurs valable aussi pour les couples hétérosexuels. Vous trouverez une carte du Manhattan gay et une liste des adresses *gay friendly* sur le site **www.funmaps.com**. Le magazine hebdomadaire *Time Out* comporte une rubrique de sorties et d'adresses pour gays et lesbiennes. La communauté publie son propre hebdo, *The New York Blade* (www.nyblade.com), et la plupart des sites Internet touristiques ont une rubrique gay.

▶ *Les personnes handicapées*

La loi américaine impose que tous les services accueillant le public disposent de mode d'accès compatibles avec les principaux handicaps. Musées, nombreux hôtels, restaurants sont tous au moins partiellement accessibles en fauteuil roulant. Les bus sont parfaitement équipés et le chauffeur vous aidera à la simple vue du fauteuil. Consultez les sites www.access-able.com (Access Able Travel Source) et www.miusa.org (Mobility International USA, ✆ 541 343 1284).

▶ *Avec un animal de compagnie*

Voir aussi « Formalités », p. 16-17.

Beaucoup d'hôtels les acceptent mais peuvent vous facturer un surcoût. Vous devrez les tenir en laisse et strictement ramasser leurs déjections. En cas de maladie de l'animal, les vétérinaires sont nombreux, mais chers. Consultez le site de la Société vétérinaire de l'État de New York, www.nysvms.org, ou celui de la Veterinary Medical Association of New York City, www.vmanyc.org.

Adresses utiles

▶ *Office du tourisme*

Il n'existe pas d'office du tourisme des États-Unis, mais vous pouvez vous renseigner auprès du Visit USA Committee, www.office-tourisme-usa.com, ✆ 08 99 70 24 70 (ligne payante). Pas d'envoi de brochures. Les sites Internet (voir plus loin) sont plus complets.

▶ *Représentations diplomatiques*

Ambassade des États-Unis en France, 2 av. Gabriel, 75008 Paris, ✆ 01 43 12 22 22 (renvoie sur le site www.amb-usa.fr) ; service des visas, 4 av. Gabriel, 75008 Paris, ✆ 08 92 23 84 72 (serveur vocal, ligne payante) ou ✆ 0 810 26 46 26 (« conseiller infos visa », 14,50 € l'appel).

Consulats des États-Unis : 10 pl. de la Bourse, BP 77, 33025 Bordeaux Cedex, ✆ 05 56 48 63 80 ; 107 r. Royale, 59000 Lille, ✆ 03 28 04 25 00 ; 1 quai Jules-Courmont, 69002 Lyon, ✆ 04 78 38 33 03 ; 12 pl. Varian-Fry, 13086 Marseille, ✆ 04 91 54 92 00 ; 7 av. Gustave-V, 3e étage, 06000 Nice, ✆ 04 93 88 89 55 ; 30 quai Dugay-Trouin, 35000 Rennes, ✆ 02 23 44 09 60 ; 15 av. d'Alsace, 67082 Strasbourg, ✆ 03 88 35 31 04 ; 25 allée Jean-Jaurès, 31000 Toulouse, ✆ 05 34 41 36 50.

Ambassade des États-Unis en Belgique, 27 bd du Régent, 1000 Bruxelles, ✆ 02 508 21 11, www.belgium.usembassy.org. Service des visas, ✆ 02 788 12 00 (15 € l'appel).

Ambassade des États-Unis en Suisse, Jubilaumsstrasse 93, 3005 Berne, ✆ 031 357 70 11, www.bern.usembassy.gov.

Ambassade des États-Unis au Canada, 490 Promenade Sussex, Ottawa, Ontario, K1N 1G8, ✆ 613 688 5335, canada.usembassy.gov.

Préparer son séjour sur Internet

Les nombreux sites Internet sur la ville fournissent la meilleure source d'information. Ils permettent souvent de visualiser les hôtels entre lesquels vous hésitez, d'organiser votre programme de visites à l'avance et même de prévoir vos sorties. Certains sont traduits en français, d'autres exigent la maîtrise de l'anglais mais donnent une vision vivante de la ville avant de s'y rendre.

www.nycvisit.com : excellent site du bureau officiel de tourisme de la ville de New York. Traduit en français, il compte une foule de rubriques pratiques.

www.nyc.gov : site de la ville, avec les informations politiques, administratives, culturelles, etc.

www.voilanewyork.com : très bon site francophone pour organiser son séjour, trouver des tuyaux, voire s'installer dans la Grosse Pomme.

www.newyorknetguide.com : bien traduit en français, clair et complet, avec des liens vers les transports en commun, des hôtels, des activités, spectacles, excursions, sorties, à prix très intéressants.

www.bigapplegreeter.org : propose de vous faire rencontrer des New-Yorkais bénévoles et enthousiastes qui vous feront visiter leur ville, certains parlant même le français. Leur service est sympathique et gratuit, mais la traduction du site est, hélas, indigente !

www.newyork.com : site fourni, un peu commercial mais assez complet.

www.citysearch.com : donne une foule d'informations et d'évaluations sur les hébergements et la restauration, mais aussi le shopping ou les sorties.

www.nytimes.com : site du *New York Times*, avec les sorties culturelles et quelques critiques de spectacles.

www.timeoutny.com : l'hebdomadaire *Time Out New York* tient à jour cet agenda très complet des sorties, concerts, spectacles, bars, restaurants, etc.

www.nymag.com : site de l'excellent hebdo *New York Magazine*, pour l'agenda des sorties, mais aussi des critiques de restaurants et de bars et tous les tuyaux pour un shopping malin (dates des soldes, ventes spéciales, etc.).

www.villagevoice.com : le célèbre hebdomadaire du mardi est une source d'infos pour connaître les dates et conditions des spectacles et sorties.

Travailler à New York

La possession d'un visa touristique, valable 90 jours, interdit toute activité professionnelle ou même toute recherche de travail sur le sol américain. Ne prenez pas le risque de travailler sans papiers (ce qui est en pratique très réalisable), car la loi s'est considérablement durcie et les sanctions sont très lourdes. Par ailleurs, trouver un emploi de façon régulière y est devenu très difficile pour les étrangers.

Le site en français www.franceservice.com est précieux pour répondre aux questions des candidats au travail, aux stages, à l'immigration, voire au mariage sur le sol américain. Il fournit la liste précise du type de visa qui vous concerne et des conditions pour le demander et l'obtenir. Le site www.entrenewyork.com peut à la fois vous donner des informations et des tuyaux. Le site officiel des services d'immigration américains, www.uscis.gov, confirme toutes les dispositions officielles et légales.

Stages ou jobs d'été - Ils s'adressent aux étudiants de niveau universitaire, ayant au moins leur bac, et nécessitent un visa spécial, obtenu uniquement en passant par des organismes agréés par le gouvernement américain. Ils peuvent aussi concerner des **emplois au pair**, mais tous sont strictement encadrés et réglementés. Il en est de même pour les stages : seuls de rares gros employeurs sont habilités à faire les démarches pour vous et ils ne sont en général pas assez motivés pour le faire !

Visa de travail - Le plus courant est le visa H-1B qui concerne les personnes justifiant d'un niveau de diplôme égal ou même supérieur à la licence. Mais attention, les États-Unis pratiquent l'immigration choisie, ne retenant que les professions dont ils ont besoin (ingénieurs, hotellerie-restauration, informaticiens, etc.). Le quota est très réduit (65000, par exemple, en 2006). Vous devrez avoir trouvé votre employeur et celui-ci doit accepter de soutenir (on parle là-bas de « sponsoriser ») votre demande. L'obtention de ce visa ne concerne que son titulaire et ne donne pas le droit de travailler à son conjoint ou ses enfants. Dans tous les cas, étudiez soigneusement les sites conseillés, car les cas de figure sont très nombreux et exigent tous des visas différents. Le plus souvent vous devrez faire appel à un avocat spécialisé.

Création de son entreprise - Pour obtenir ce type de visa, il faut prouver la réalité de l'activité envisagée, avoir les moyens d'investir au moins la moitié de la valeur de l'affaire créée (les dossiers de moins de 100000 $ sont rarement retenus), qui doit par ailleurs être créatrice d'emploi. En cas de commerce avec la France, celui-ci doit compter pour plus de moitié dans l'activité et être continu (non ponctuel). Il ne donnera pas droit à la carte verte (on ne peut pas se sponsoriser soi-même).

Autres cas - Si vous n'avez pas le bac, n'êtes pas étudiant et n'avez pas trouvé d'entreprise pour vous sponsoriser, il ne vous reste que la **loterie de la carte verte**. Une démarche existe pour participer au tirage qui fait 50000 heureux élus par an.

Établissement du CV - Les Américains l'appellent le *resume* (prononcé « résumé » à la française). Il devra être plus détaillé que son équivalent français, ne comporter ni photo, ni date de naissance. Il commence par l'expérience professionnelle, en débutant par la plus récente. Chaque poste occupé doit être décrit et expliqué en détail. Pensez à traduire le nom de vos diplômes. Ne joignez jamais de lettre de motivation manuscrite : le courrier dactylographié est la règle.

Adresses utiles - Pour l'obtention éventuelle de la carte verte, **Department Green Card**, 19 r. Jean-Lolive, 93170 Bagnolet, ☏ 01 72 36 55 55, www.carteverteusa.com. Pour les jobs d'été, les études et les stages, **Commission franco-américaine**, 9 r. Chardin, 75016 Paris, ☏ 01 44 14 53 60, www.fulbright-france. org. Pour les renseignements, la **Maison des Français de l'étranger**, 244 bd St-Germain, 75007 Paris, ☏ 01 43 17 60 79, www.mfe.org. Pensez aussi à l'ambassade ou aux consulats américains (www.ambusa.fr).

PARTIR

En avion

☺ Si vous achetez votre billet d'avion et réservez votre hôtel séparément, votre voyage peut vous revenir très cher. Prenez le temps de surfer sur Internet et de consulter des comparateurs de prix (www.pricerunner.com en est un bon), sans oublier les taxes d'aéroport qui sont très élevées. Après avoir choisi votre hébergement, interrogez les voyagistes, sur Internet ou en agence. Il est possible qu'ils traitent avec ces mêmes établissements et vous proposent des *packages* intéressants. Pensez aussi aux réservations « Vol + Hôtel », disponibles sur la plupart des sites. Pour le choix de votre aéroport d'arrivée, voyez p. 25.

▶ *Lignes régulières depuis la France*

Toutes les grandes compagnies aériennes desservent New York. Les prix sont très variables selon les compagnies et les périodes, y compris au cours d'une même semaine et pour une même compagnie. Réservez le plus longtemps à l'avance possible pour avoir des tarifs compétitifs. Dans le choix de vos correspondances, si vous partez de province, ne perdez pas de vue que l'aéroport de Londres est désormais particulièrement sécurisé et que les transferts y sont plus longs.

Air France, 49 r. de l'Opéra, 75002 Paris, ☏ 36 54, www.airfrance.fr. Le billet Tempo peut être compétitif et le service à bord est excellent.

American Airlines, 2 r. Robert-Esnault-Peleterie, 75017 Paris, ☏ 01 55 17 43 41, www.americanairlines.fr. Offres spéciales très compétitives.

Delta Airlines, 119 av. des Champs-Élysées, 75008 Paris, ☏ 0811 640 005, www. delta.com. En haute saison, également un vol quotidien au départ de Nice.

KLM, aéroport Charles-de-Gaulle, aérogare 2, terminal F1, ☏ 0892 70 26 08, www.klm.com. En association avec Air France, nombreux départs possibles aussi depuis la province, avec escale à Amsterdam. Tarifs souvent compétitifs.

▸ *Depuis la Belgique*

Continental Airlines, 240 av. Louise, 1050 Bruxelles, ☏ 02 643 39 39, www. continental.com. Un vol quotidien de Bruxelles vers l'aéroport de Newark.

▸ *Depuis la Suisse*

Swiss, ☏ 0848 700 700, www.swiss.com, et **Continental Airlines**, ☏ 022 417 72 80, www.continental.com, ont conclu des accords qui augmentent le nombre des vols. Ceux-ci se font depuis Zurich vers JFK, et depuis Genève vers Newark.

▸ *Vols charters*

Ils connaissent parfois des retards ou des changements de dernière minute. Ils sont souvent moins chers que les vols réguliers, mais cela n'est plus systématique. Cette offre est surtout intéressante depuis la province.

▸ *Vols et séjours discount*

Ne négligez pas d'interroger les grandes compagnies qui proposent souvent des tarifs cassés sur leurs vols réguliers pour remplir les avions, notamment les jours creux de la semaine ou hors saison. À la différence des charters, les compagnies discount n'affrètent pas leurs avions mais achètent en bloc des places sur les compagnies régulières. Le billet précise toujours quelle est la compagnie concernée.

Anyway, centrale de réservation, ☏ 0892 302 301 *(0,34 €/mn)*, www.anyway. com. Ce pionnier du secteur, désormais associé à Expedia, offre un classement par prix pour les vols, combinés ou non avec l'hôtel.

Expedia, ☏ 0892 301 300 *(0,34 €/mn)*, www.expedia.fr, propose des tarifs très compétitifs, notamment en combinaison avec l'hôtel.

Lastminute.com-Travelprice-Dégriftour, www.fr.lastminute.com, www. degriftour.fr ou www.travelprice.fr, ☏ 04 66 92 30 29. Ces trois intervenants sont spécialisés dans les promotions de dernière minute, avec, entre autres, ses imbattables du mercredi, mais aussi des *packages* divers.

Ebookers, 28 r. Pierre-Lescot, 75001 Paris, ☏ 0899 708 808 *(1,35 €/appel +0,34 €/mn)*, www.ebookers.fr. Souvent très bien placé au niveau des prix.

Vivacances, www.vivacances.fr, décline toutes sortes de possibilités, du vol sec au séjour ciblé. Prix compétitifs.

Voyages SNCF, www.voyages-sncf.com, est une agence de voyage en ligne à part entière, qui propose des solutions souvent très avantageuses.

Directours, 90 av. des Champs-Élysées, 75008 Paris, ☏ 01 45 62 62 62 ou 08 11 90 62 62 (depuis la province, coût d'un appel local), www.directours.com. Un site Internet bien fait et une palette de vols combinés avec l'hôtel.

Go Voyages, 118 r. Réaumur, 75002 Paris, ☏ 0899 651 951 *(1,349 €/appel + 0,34 €/mn)*, www.govoyages.com. Cocktail de séjours à la carte ou de vols secs.

Look Voyages, 87 bd Montparnasse, 75006 Paris, ☏ 01 45 15 31 70, www.look-voyages.fr. Vols secs et séjours. Nombreuses agences en France.

▸ *Confirmation*

Si elle est nécessaire pour le retour, notez bien le numéro de téléphone à New York.

▶ *Aéroports*

New York possède trois aéroports (conditions d'accès à Manhattan, voir p. 26).

John F. Kennedy International Airport (JFK), au sud-est du Queens, ✆ 718 244 4444. Vols internationaux et intérieurs. Pour le centre et le nord de Manhattan, c'est aussi le plus accessible. Prévoir 50mn à 1h pour le transfert vers le centre-ville, à environ 24 km.

Newark Liberty International Airport (EWR), ✆ 973 961 6000. Vols internationaux et intérieurs. Prévoir 45mn à 1h pour Manhattan centre, à 26 km. Les transferts en taxis y coûtent nettement plus cher.

LaGuardia Airport (LGA), au nord du Queens, ✆ 718 533 3400. Il accueille surtout les vols intérieurs et en provenance du Canada. Prévoir 30 à 45mn pour rejoindre le centre de Manhattan, à environ 13 km.

▶ *Bagages et sécurité*

Le poids autorisé en soute varie selon les compagnies et le type de billet. À titre indicatif, un billet Tempo Air France donne droit à deux bagages de 23 kg maximum chacun. Le bagage cabine est compté à part : vérifiez le poids et la dimension autorisés avant votre départ auprès de votre compagnie. Pour Air France, le bagage à main de doit pas excéder une taille de 55 cm x 35 cm x 25 cm, et un poids de 12 kg. Il ne doit contenir ni objet pointu, coupant ou contondant, ni substances liquides, gels ou lotions en quantités supérieures à 100 ml (leurs contenants devant tenir dans un sac transparent d'un litre de volume).

Avec un voyagiste

Pour les séjours, les agences et les spécialistes proposent des tarifs souvent intéressants, incluant hébergement, visites et parfois billets de spectacle.

Backroads, 14 pl. Denfert-Rochereau, 75014 Paris, ✆ 01 43 22 65 65, www.backroads.fr. Ce spécialiste des États-Unis organise des séjours de 3 à 7 jours, avec toutes sortes d'idées découverte et d'excursions à la clé. Des prix très étudiés.

Jet Tours, ✆ 0820 830 880 *(0,118 €/mn)*, www.jettours.com. Propose des week-ends de charme, avec 3 nuits à New York à des prix plutôt avantageux. Le délégué Jet Tours sur place parle français.

Kuoni, ✆ 0820 05 15 15 *(0,12 €/mn)*, www.kuoni.fr. Pour le haut de gamme, courts séjours à partir de 1 000 €, réveillons de Noël ou du 31 décembre.

Maison des États-Unis, 3 r. Cassette, 75006 Paris, ✆ 01 53 63 13 43, www.maisondesetatsunis.com. Spécialiste des États-Unis qui organise des séjours culturels. « Escapades » à New York à prix très avantageux. Expositions et conférences.

Nouvelles Frontières, ✆ 0825 000 747 *(0,15 €/mn)*, www.nouvelles-frontieres.fr. Outre les vols secs, organise un séjour-circuit à New York. Nombreuses agences.

Vacances Fabuleuses, 36 r. St-Pétersbourg, 75008 Paris, ✆ 01 42 85 65 00, www.vacancesfabuleuses.fr. Appartenant au groupe Kuoni, organise de courts séjours luxueux, avec possibilité d'inclure des spectacles à Broadway.

Voyageurs du Monde, 55 r. Ste-Anne 75002 Paris (et à Toulouse, Lyon et Marseille), ✆ 0892 235 656 *(0,34 €/mn)*, www.vdm.com. Spécialisé dans le voyage culturel, propose des séjours sur mesure, dans des hôtels sélectionnés.

En train

Ce mode de transport ne concerne que les voyageurs peu pressés arrivant d'une autre ville des États-Unis. Le réseau ferroviaire **Amtrak** relie la plupart des grandes villes américaines à New York. Se renseigner au ✆ 800 872 7245, www.amtrak.com.

La gare des grandes lignes est la **Pennsylvania Railroad Station**, dite aussi **Penn Station**, à l'angle de 7th Ave et de 32nd St. Si vous désirez sillonner les États-Unis au départ de New York, achetez le **USA Rail Pass** : valable 5, 15 ou 30 jours, il permet des déplacements illimités dans une zone donnée. On peut l'acheter en ligne sur www.amtrak.com et le retirer sur place à Penn Station.

En car

La principale gare routière de New York, le **Port Authority Bus Terminal**, angle de 8th Ave. et 42nd St., ☏ 800 221 9903, relie New York au trois grands aéroports de la région, ainsi qu'aux autres villes américaines. La compagnie **Greyhound**, ☏ 800 231 2222, www.greyhound.com, dessert l'ensemble du pays. Les **Peter Pan Bus Lines**, ☏ 800 343 9999, www.peterpanbus.com, circulent plus particulièrement dans les États du nord-est. D'autres compagnies relient New York aux grandes villes de la côte est au départ de Chinatown (rens. www.chinatown-bus.org).

En bateau

Le **Queen Mary 2**, le plus grand de tous les paquebots, construit en France à Saint-Nazaire, permet de relier Southampton à New York en six jours. Comptez un minimum de 1 500 € pour le privilège d'entrer dans le port de New York à bord de ce géant des mers ! Renseignements et réservations auprès de la Cunard, ☏ 01 45 75 95 00, www.cunard-france.com, et dans les agences de voyage.

SE DÉPLACER

☉ Le site Internet www.hopstop.com permet de visualiser un trajet d'un point à un autre de la ville, et de calculer coût et temps de transport quel que soit le moyen choisi : taxi, métro, bus, voiture, etc. Service en anglais, disponible pour plusieurs villes américaines.

Transfert aéroports

Quel que soit l'aéroport, les grands hôtels disposent de leurs propres navettes.

▶ *Shuttles*

Des services de **navettes collectives** *(shuttles)* desservent les trois aéroports. Vous pouvez réserver à l'avance : on vous donne alors un numéro de réservation. À l'arrivée, dans le hall du terminal, à l'intérieur, rejoignez le service **Ground Transportation** où des téléphones gratuits vous permettent de confirmer votre présence pour que l'on vienne vous chercher. Ces navettes peuvent transporter une dizaine de personnes et s'arrangent pour faire le plein avant de circuler. Si vous n'avez pas réservé, vous pouvez aussi utiliser le téléphone gratuit pour les appeler mais l'attente sera peut-être un peu plus longue. Ces *shuttles* vous déposent devant votre hôtel. Comptez de 45mn à 1h, selon l'adresse et la circulation.

☉ **Super Shuttle**, ☏ 212 258 3826, www.supershuttle.com. Le prix entre l'aéroport et le centre est le même pour John F. Kennedy ou Newark : 19 $ pour le 1er passager et 11 $ par personne l'accompagnant (soit 30 $ pour un couple).

Airlink New York, ☏ 212 812 9000 ou 877 599 8200, www.airlinknyc.com. Même service que le précédent mais un peu plus cher (33 $ par personne l'aller-retour).

▶ *Bus Express*

Le **New York Airport Service**, ☏ 212 875 8200, www.nyairportservice.com, est un bus express reliant toutes les 20 à 30mn les différents terminaux des trois aéroports aux trois gares new-yorkaises, Penn Station (grandes lignes), Port Authority Terminal (gare routière) et Grand Central Terminal (grande banlieue et trains régionaux). À Grand Central Terminal, votre billet vous donne accès à un *shuttle* qui vous posera devant votre hôtel à Midtown Manhattan, s'il est situé entre les 31st et 63rd Streets. L'ensemble vous coûtera 15 $ par personne et vous prendra de 1h à 1h30. Les bus sont assez vétustes, le service n'est pas à la hauteur et le prix est trop élevé par rapport à la qualité du service des *shuttles*. Méfiez-vous d'ailleurs en sortant du terminal de l'aéroport : le racolage pour ce service est très persuasif et on vous assure sans complexe qu'il s'agit d'un *shuttle* !

Entre **JFK Airport** et Manhattan, les taxis appliquent un prix fixe de 45 $, auquel il faut ajouter le péage du tunnel ou du pont (4 à 6 $) et le pourboire (10 à 15 %).

Pour relier **Newark** à Manhattan, le trajet vous coûtera beaucoup plus car aucun accord de tarif unique n'a encore été trouvé (les taxis de New York n'ayant pas le droit de prendre de passagers à Newark et vice versa). Comptez de 50 à 70 $, plus le péage du pont et du tunnel aller-retour (soit 8 à 12 $), plus le pourboire. Dans le sens New York-Newark, un surcoût de 15 $ est appliqué.

Entre LaGuardia et Midtown, comptez 25 à 30 $ plus les péages et le pourboire.

▸ *Transports en commun*

Ils offrent la solution la plus économique et la plus rapide en cas de circulation intense sur la route, mais vous obligeront à marcher ensuite jusqu'à votre hôtel. Dès votre arrivée à la première station de métro, demander la *New York Subway Map* et la *Bus Map*.

JFK Airport - En sortant du terminal, suivez les panneaux **Air Train**, qui dessert tous les autres terminaux de l'aéroport. Vous pourrez retirer votre billet au distributeur (5 $).

Si vous allez au sud de Manhattan, à Brooklyn, dans West Midtown ou Upper West Side, rejoignez la station Howard Beach où vous prendrez le **métro, ligne A**.

Si vous allez dans East ou West Midtown, Downtown ou le sud de Manhattan, rejoignez la station Jamaica Center où vous prendrez la **ligne E**.

Pour les correspondances, consultez les cartes du métro. Le ticket coûte 2 $.

Newark Airport - Suivez les panneaux **Air Train** : il relie l'aéroport à la gare ferroviaire, où vous aurez le choix entre le réseau Amtrak et le **New Jersey Transit**, qui rejoignent Penn Station, à Manhattan. Le billet combiné Air Train + New Jersey Transit coûte 14 $.

La Guardia Airport - Le **bus M60** assure le transfert vers les stations de métro des **lignes N et W**, qui descendent le long de Midtown et Downtown.

En métro

Le réseau des transports – bus, métro et trains de banlieue – de l'agglomération new-yorkaise est administré par la Metropolitan Transportation Authority (MTA), www.mta.info. Des plans grand format sont gratuitement mis à disposition des voyageurs dans les stations de métro (ils sont les plus pratiques), les centres d'information touristique et dans la plupart des hôtels. Avant de choisir votre type de ticket ou de carte, réfléchissez à vos futurs déplacements.

▸ *Tickets et tarifs*

Le **ticket** coûte 2 $ et ne vaut que pour un trajet, incluant toutes les correspondances. Une fois sorti de la station, il n'est plus utilisable.

La carte **Pay-Per-Ride Metrocard** coûte 10 $ (6 trajets) ou 20 $ (12 trajets). Elle permet le transfert vers le bus. Elle est rechargeable autant de fois que l'on veut et permet de gagner 20 % par rapport au prix du ticket de métro.

Le **1-Day Fun Pass**, en vente aux machines automatiques et dans les kiosques au tarif de 7,50 $, autorise les trajets illimités en métro ou bus jusqu'à 3h du matin.

La **Unlimited Ride Metrocard** existe en **7 Days** (25 $), 14 Days (47 $) et **30 Days** (81 $). Elle offre l'accès illimité au métro et au bus.

▶ *Se repérer dans le métro*

Les lignes portent un numéro ou une lettre. Pour savoir quel quai emprunter, c'est tantôt la direction qui compte (Downtown vers le sud, Uptown vers le nord), tantôt la destination (Brooklyn, Queens, etc.). Méfiez-vous et lisez bien les panneaux : pour certaines stations, une entrée séparée est affectée à chaque direction et une fois passé avec votre ticket, il ne sera plus valable dans l'autre sens si vous vous êtes trompé.

Des lignes sont dites *local* (omnibus), d'autres *express* (ne s'arrêtant qu'aux stations principales). C'est en principe annoncé par haut-parleur. En cas de doute, n'hésitez pas à demander, les autres voyageurs sont presque toujours prêts à vous guider. Plusieurs lignes peuvent utiliser le même quai tour à tour : regardez bien le numéro ou la lettre affichés en tête du train et sur le côté des rames. Pour les distraits, une rame parvenue à son terminus repart rapidement dans l'autre sens : ça peut surprendre ! De même, il faut savoir que si vous vous trompez d'arrêt ou de sortie et que vous franchissez le tourniquet avec une carte, vous devrez attendre 18mn avant de pouvoir réutiliser votre carte. Les heures de pointe sont le matin de 7h30 à 9h, et en soirée de 17h à 18h30.

Les métros circulent 24h/24, toutes les 2 à 5mn aux heures de pointe et jusqu'à toutes les 20mn entre 0h et 6h30. Certaines stations sont fermées la nuit.

▶ *Sécurité et conseils*

Le métro est sûr à New York, en particulier à Manhattan. Un minimum de prudence est cependant nécessaire, surtout la nuit : évitez les rames vides ou peu occupées. Sur les quais, regroupez-vous là où d'autres attendent déjà et surveillez vos bagages et sacs à main, comme dans toute grande ville, ni plus ni moins.

En bus

Les tickets de métro et les Metrocard sont valables dans les bus. Le trajet coûte 2 $. Les lignes se distinguent par un numéro. La lettre qui le précède indique le *borough* d'appartenance : M pour Manhattan, B pour Brooklyn, Bx pour Bronx, etc. À Manhattan, les lignes transversales portent le numéro de la rue qu'elles longent. Pour demander l'arrêt suivant (tous les 2 à 3 pâtés de maisons), appuyez sur les boutons « Stop » ou sur les bandes verticales jaunes situées entre les vitres. Beaucoup de lignes fonctionnent 24h/24, mais à une fréquence très diminuée la nuit. Entre 22h et 5h du matin, vous pouvez demander au chauffeur de vous arrêter entre deux arrêts. En dehors des heures de pointe, le bus est un moyen très agréable, car on y découvre bien mieux la ville que par le métro.

▶ *Transferts*

Si vous avez une **Pay-Per-Ride Metrocard**, les transferts du bus vers le métro ou vers un autre bus sont inclus dans la valeur du ticket pendant 2h après le premier passage à un contrôle. Si vous avez une **Unlimited Ride Metrocard**, ils sont illimités. Si vous payez avec des pièces, ils ne sont gratuits qu'avec les lignes de bus que croise celui dans lequel vous montez.

En taxi

Les taxis jaunes, emblématiques de New York, sont tous équipés d'un compteur et appliquent la même tarification. La prise en charge initiale est de 2 $, puis 0,30 $ par 1/5 de mile (environ 4 blocs), ou 0,20 $ par minute à l'arrêt lors des embouteillages. De 20h à 5h du matin, on vous facturera 0,50 $. Les péages des ponts et des tunnels sont à la charge du client. Comptez en plus un pourboire (non obligatoire mais recommandé) de 10 à 15 %. Le prix est le même quel que soit le nombre de passagers (4 au maximum).

Pour héler un taxi, placez-vous au bord du trottoir et levez le bras. Si le numéro lumineux sur le toit est allumé, le taxi est libre, s'il est éteint, il est occupé. Si vous avez l'information, en plus de l'adresse exacte, dites au chauffeur entre quelles rues ou près de quel croisement elle se trouve (par exemple : 58th Street, between 5th et 6th Avenue).

⊕ Le site www.nyccabfare.com permet d'estimer le prix d'une course en taxi en indiquant adresse de départ et adresse d'arrivée.

En bateau

▶ *En Water Taxi*

Les vedettes jaunes du *New York Water Taxis* vous transporteront sur l'Hudson et l'East River, autour de la moitié sud de Manhattan. Côté East River, la ligne fonctionne toute l'année comme un transport en commun, de 6h30 à 20h : les embarcadères se trouvent à la **34th Street**, au **Schaefer Landing** (Williamsburg), au **Fulton Ferry Landing** (à DUMBO), à **South Street Seaport** et au **Pier 11** (Wall Street). Pour l'Hudson, ils fonctionnent de mai à mi-octobre : ils sont à **Battery Park** (Slip 6), au **World Financial Center**, au **Pier 45** (Greenwich Village), au **Pier 63** (West 23rd Street) et au **Pier 84** (West 44th Street). Une liaison saisonnière est assurée entre **Red Hook**, le **Pier 11** (Wall Street) et le **World Financial Center**.

Le ticket pour aller d'un embarcadère au suivant coûte 5 $, 10 $ pour un trajet plus long. Le **Pass Hop-on/Hop-off**, à 20 $ pour un jour et 25 $ pour deux jours, est valable pour un nombre illimité de trajets. Tous les renseignements peuvent être obtenus au ✆ 212 742 1969 et sur www.nywatertaxi.com.

▶ *Les autres lignes maritimes*

Pour rejoindre **Staten Island**, le ferry est gratuit et part de South Ferry Battery Park *(voir p. 137)*.

En voiture

Évitez de circuler en voiture dans New York, la circulation y est très dense, la conduite rapide et stressante et le prix du parking prohibitif. Si vous souhaitez louer un véhicule pour des excursions au nord de l'État de New York ou sur la côte, prévoyez-le avant votre voyage et louez via votre voyagiste. Sur place, les agences de location de Manhattan sont très chères. Le site **Car Rental Express**, www.carrentalexpress.com, rassemble les services de plusieurs loueurs de voitures et motos et permet les comparaisons. Comptez de 30 à 40 $ par jour pour un véhicule *Economy*.

À pied

Contrairement à ce que l'on pourrait croire, New York se prête admirablement à la marche qui permet de s'imprégner des différentes ambiances. Pour information, la totalité de Manhattan fait 21 km de long, mais seulement 3,7 km de large au maximum. L'ensemble des sites d'intérêt se trouve dans la moitié sud de l'île, donc facilement accessible à tous les marcheurs. Pour calculer à peu près la distance que vous aurez à parcourir, sachez que 12 blocs dans le sens nord-sud ou 6 blocs dans le sens est-ouest font environ 1 km. En marchant à un rythme raisonnable il faut 1h pour se rendre de Central Park à Greenwich Village, plus si vous flânez. Du MoMA au Metropolitan Museum, il ne faut que 20 à 30mn.

À vélo

Le vélo peut être dangereux pour ceux qui ne connaissent pas la façon de conduire new-yorkaise. Les touristes l'utiliseront surtout dans les parcs, Central Park en particulier.

Début mai (souvent le premier dimanche), le *Bike New York* est une balade intéressante et conviviale à laquelle participent quelque 28 000 cyclistes, au calme, sans voitures, dans les cinq *boroughs* de la ville. Vous trouverez des renseignements au ☎ 212 932 2453 et sur www.bikenewyork.org, site qui donne en particulier la liste de nombreux loueurs de vélos.

Metro Bicycles Stores, www.metrobicycles.com, possède plusieurs agences louant des vélos, 7 $/h, 35 $/j., casque pour 2,50 $: **Canal St. Bicycles**, 1 Hudson Square, ☎ 212 334 8000. **Midtown Bicycles**, 360 West 47th St., ☎ 212 581 4500. **Eastside Bicycles**, 1311 Lexington Ave. (angle 88th St), ☎ 212 427 4450. **14th St. Bicycles**, 332 East 14th St., ☎ 212 228 4344. **Westside Bicycles**, 231 West 96th St., ☎ 212 663 7531. **6th Ave. Bicycles**, 546 6th Ave., ☎ 212 255 5100.

Visites guidées et excursions

▶ *Visites guidées*

Les offres de visites guidées sont nombreuses et variées, mais, pour les plus spécialisées, pas toujours en français.

Pour découvrir la ville de l'intérieur, adressez-vous à l'association **Big Apple Greeter**, ☎ 212 669 8159, www.bigapplegreeter.org, animée par des New-Yorkais bénévoles, dont certains parlent français. Leur service est gratuit, ce qui n'empêche pas de les inviter à déjeuner, par exemple.

L'équipe francophone du **Harlem Spirituals - New York Visions**, ☎ 212 391 0900, www.harlemspirituals.com, organise des visites à Harlem (messe gospel ou soirées jazz), à Manhattan, dans le Bronx et aussi à l'extérieur de New York.

Joyce Gold, ☎ 212 242 5762, www.nyctours.com, propose des circuits historiques, tel celui des *Gangs of New York and the Bloody Five Points* ou *Genius and Elegance of Gramercy Park*. La maîtrise de l'anglais est nécessaire.

Exigeant un bon niveau d'anglais, le **Greenwich Village Literary Pub Crawl** permet de partir sur les traces des écrivains célèbres, tel Jack Kerouac, ou des peintres expressionnistes abstraits, tel Jackson Pollock, qui sont passés par le Village, et de boire dans les mêmes pubs (☎ 212 252 2947, www.bakerloo.org, rendez-vous le sam. à 14h, à la White Horse Tavern, 567 Hudson St., 15 $).

Les fans de séries télévisées ont droit à leurs circuits spécialisés pour visiter les principaux lieux de tournage et les sites mémorables des différents épisodes. Par exemple, pour 40 $ vous marcherez dans les pas des *Sopranos*, tout au long de 35 sites ! **On Location Tours**, ☎ 212 209 3370, www.sceneontv.com.

Visiter (en anglais) le Bronx avec le pionnier du hip-hop Jazzy Jay, Ground Zero avec l'écrivain Paul Auster, ou encore Little Italy avec l'acteur des *Sopranos* Vinny Vella ? C'est possible en téléchargeant sur son lecteur MP3 les audiotours proposés sur le site **www.soundwalk.com**. À l'initiative d'un collectif d'artistes, une douzaine de parcours sont proposés en compagnie de personnalités new-yorkaises ou de figures de quartier qui vous font découvrir leur ville d'une façon plus intimiste. 12 $ par audiotour. Bonne compréhension de l'anglais nécessaire.

▶ *Circuits en bus, bateau ou hélicoptère*

Gray Line, 49 West 45th St., www.coachusa.com/newyorksightseeing. L'offre la plus complète pour visiter New York en bus à impériale, depuis le circuit de 2h jusqu'aux excursions plus élaborées. Assez cher quand même (à partir de 40 $).

Découvrir la ville en hélicoptère est également possible avec **Liberty Helicopters**, ✆ 212 967 6464, www.libertyhelicopters.com, à des tarifs divers selon la durée du survol, mais au minimum 75 $ (5-7 mn).

La **Circle Line Cruises**, ✆ 212 563 3200, www.circleline42.com, est une compagnie de vedettes fluviales proposant des minicroisières autour de Manhattan, d'une durée de 2h (27 $, enfant 16 $) ou 3h (31 $, enfant 18 $).

Les **Chelsea Screamers**, Pier 62 (West 23rd St.), ✆ 212 924 6262, www.chelsea screamer.com, sont des hors-bord rapides permettant de découvrir Manhattan par la rivière. Juin-oct. : sam. et dim., à 13h30, 14h45, 16h et 17h15. 20 $, enfant 15 $.

SUR PLACE DE A À Z

Adresses utiles

▸ *Offices de tourisme*

New York City Official Visitor Information Center, 810 7th Ave., entre 52nd et 53rd St., ✆ 212 484 1200, www.nycvisit.com. Tlj 8h30-18h (17h le w.-end).

Times Square Visitor Center, 1560 Broadway, entre 46th et 47th St., ✆ 212 768 1560, www.timessquarenyc.org. Tlj 8h-20h. Fermé 25 déc. et 1er janv.

City Hall Park Visitor Information Kiosk, pointe sud de City Hall Park, sur le trottoir de Broadway à la hauteur de Park Row, www.nycvisit.com. Tlj 9h (10h le w.-end)-18h.

Harlem Visitor Information Center Kiosk, chez Nubian Heritage, 2037 Fifth Ave. (angle 126th St.). Tlj 10h-18h.

▸ *Représentations diplomatiques*

Consulat de France à New York, 934 5th Ave. (entre 74th et 75th St.), ✆ 212 606 3600, consulfrance-newyork.org. Lun.-vend. 9h-13h.

Consulat de Belgique, Dag Hammarskjöld Plaza, 885 2nd Ave., ✆ 212 378 6300, www.diplomatie.be/newyorkun.

Consulat du Canada, 1251 Ave. of the Americas, ✆ 212 596 1628, www.canada-ny. org. Lun.-vend. 9h-12h, 13h-15h.

Consulat de Suisse, 633 3rd Ave., ✆ 212 599 5700, www.swissemb.org.

L'**Ambassade de France** se trouve à Washington : 4101 Reservoir Road NW, Washington D. C. 20007, ✆ 202 944 6000, ambafrance-us.org.

Banques / Change

Voir « Argent », p. 18.

Le réseau bancaire est très dense, mais, à part pour les distributeurs, vous en aurez peu besoin, car les chèques de voyage en dollars s'utilisent partout. Les banques sont en général ouvertes du lundi au vendredi, de 9h à 15h30, parfois le samedi de 9h à 12h.

Blanchisseries

Les laveries automatiques (*automatic laundry* ou *laundromat*) sont très nombreuses car beaucoup de New-Yorkais ne possèdent pas de machine à laver. De nombreux hôtels, immeubles de studios et auberges de jeunesse ont un point laverie à pièces. Comptez de 3 à 5 $ pour une grosse lessive, autant pour le séchage.

Cigarettes

Il est strictement interdit de fumer dans les transports et tous les lieux publics, galeries marchandes, bars et restaurants. Il en est de même dans les bureaux, ce qui explique les groupes de fumeurs au pied des immeubles.

Les cigarettes, chères, s'achètent dans les drugstores, les épiceries et les kiosques. Leur prix varie en fonction des *boroughs*, des quartiers, voire des rues !

Climatisation

Les Américains l'utilisent à peu près en toute saison. Il n'est pas rare d'avoir froid à l'intérieur des boutiques, même en hiver ! En été, les différences de température sont très éprouvantes.

Colis

Vous avez le choix entre la poste et des services tels FedEx ou UPS, que l'on retrouve dans de nombreux points de la ville. Par la poste et par avion (4 à 10 j.) comptez environ 20 $ pour un colis d'1 kg. Par FedEx, le même colis coûtera 70 $.

Courrier

Le courrier met environ une semaine pour parvenir à destination en Europe, mais avec des variations parfois incompréhensibles. Pour une carte postale, le timbre vaut 0,75 $, 0,84 $ pour une lettre de moins de 28 g. Pour tous renseignements, consultez le site www.usps.com.

La poste principale de New York, ouverte 24h/24, est située au 441 8th Ave., à hauteur de 33th St. Pour recevoir du courrier en **poste restante**, faites-le adresser à M. ou Mme Untel, c/o General Delivery + adresse du bureau de poste de votre choix, en mentionnant bien son *zip code* et en ajoutant dans l'angle supérieur gauche *Hold on Arrival*. Assurez-vous auparavant que le bureau de poste choisi offre bien le service de poste restante.

Documentation gratuite

New York regorge de publications gratuites, mises à disposition dans les centres d'accueil des visiteurs mais aussi dans bien des hôtels ou grands musées. Parmi eux, les plus intéressants pour le touriste sont *City Guide Magazine* (www. cityguidemagazine.com), *Where New York* (www.whereny.com), *In New York* (www.in-newyorkmag.com), *Official NYC Travel Planner* (www.nycvisit.com).

Dès votre arrivée, demandez à l'office de tourisme le *Gallery Guide*, pour la liste des galeries d'art avec les plans de quartiers et le *Museumgoer's Guide*, pour la liste des musées et des expositions temporaires.

Plusieurs journaux gratuits sont à recommander, notamment pour se tenir informé des spectacles et sorties, ou des critiques de restaurants ou bars. Le plus célèbre est le *Village Voice*, un hebdomadaire que l'on trouve dès le mardi soir, partout dans le Village, à partir du mercredi ailleurs dans la ville, dans les offices de tourisme et certains bars et restaurants Toutes les deux semaines, *The L Magazine* (www.thelmagazine.com) offre lui aussi quelques bons plans.

Vous pouvez aussi consulter www.citidex.com, qui donne une foule de liens très pratiques, et www.newyork.citysearch.com, pour les plans restaurants ou bars.

Eau potable

L'eau du robinet est parfaitement consommable, les règles d'hygiène étant très strictes.

Électricité

Le courant est de 110 volts et les prises sont différentes de celles de la France. Vous pouvez acheter des adaptateurs de prises ou de petits transformateurs dans les aéroports. La plupart des hôtels proposent des sèche-cheveux et fers à repasser.

Étages

Le rez-de-chaussée est nommé aux États-Unis le *first* (1st) *floor*, le 1er étant donc le *second floor*, et ainsi de suite. De toute façon, hormis si vous montez à pied, les boutons d'ascenseurs vous éviteront d'avoir à réfléchir, sauf quand vous voulez redescendre au rez-de-chaussée ! Une autre particularité : vous ne trouverez pas de 13e étage car, par superstition, on passe directement du 12e au 14e !

Horaires d'ouverture

Les bureaux et les **administrations** sont généralement ouverts du lundi au vendredi de 9h à 17h. La **poste** *(post office)* ouvre de 8h30 à 17h ou 18h, et le samedi matin, mais avec des variations selon les bureaux. Certains, comme le *Central Post Office*, restent ouverts 24h/24.

Les **commerces** observent des horaires très variables, le plus souvent du lundi au samedi, de 10h à 18h, fréquemment jusqu'à 21h le jeudi. Les **épiceries** sont souvent ouvertes tous les jours, de 10h à 22h ou plus. De même les **drugstores**, en particuliers ceux de la chaîne *Duane Reade*, restent ouverts tous les jours et tard le soir. Les **grands magasins** ferment à 18 ou 19h, 21h le jeudi, mais assurent des heures d'ouverture le dimanche. Les diamantaires de la 47th Street et les commerces des quartiers juifs sont fermés le samedi pour le sabbat.

Les **restaurants** sont en général ouverts de 11h à 23h, depuis tôt le matin (7h ou 8h) s'ils proposent le petit-déjeuner et jusqu'à tard le soir dans les quartiers à la mode (0h ou 1h). Les **bars** de quartier ne ferment que vers 0h ou 1h, les bars de nuit et les clubs entre 2h et 4h. À noter, pour les noctambules : on peut dîner très tard dans de nombreux bars.

Internet

Les New-Yorkais étant pratiquement tous équipés d'Internet, les cybercafés deviennent très rares. En revanche, la plupart des hôtels possèdent une connection Wifi *(Wireless Internet Access)*. De nombreux lieux publics ou bars offrent aussi la connection Wifi, notamment les cafés Starbucks, et autorisent l'usage de l'ordinateur portable en journée. Outre les adresses que nous vous indiquerons pour chaque quartier, les bibliothèques publiques *(Public Library)* offrent gratuitement un temps limité de connection, mais l'attente est parfois longue.

Jours fériés

Administrations, banques et services publics (hormis les urgences) sont fermés les jours fériés.

– New Year's Day : 1er janvier

– Martin Luther King Jr.'s Birthday : 3e lundi de janvier

– Presidents'Day : 3e lundi de février

– Memorial Day : dernier lundi de mai

– Independence Day : 4 juillet

– Labor Day : 1er lundi de septembre

– Colombus Day : 2e lundi d'octobre

- Veterans Day : 11 novembre
- Thanksgiving Day : 4e jeudi de novembre
- Christmas Day : 25 décembre

Médias

▸ *Journaux et revues :*

Les journaux français, tels *Le Monde*, *Libération*, *Le Figaro*, *L'Équipe*, sont assez faciles à trouver, de même que les principaux hebdomadaires d'information et certains journaux féminins. La presse internationale est généralement disponible au *Universal News & Café*, 977 8th Ave (angle 58th St.).

Le *New York Times* est le grand titre de la presse quotidienne new-yorkaise. Achetez-le plutôt le vendredi pour les sorties et les loisirs. L'édition du week-end est un énorme monument, composé essentiellement de pubs.

À lire par curiosité, le mensuel *The Newyorker,* célèbre pour l'acidité de son style et ses positions résolument démocrates, n'est vraiment accessible qu'aux lecteurs capables de saisir le second voire le troisième degré de l'humour new-yorkais.

Time Out New York, et *New York Magazine*, qui sortent le mardi, sont des hebdomadaires branchés très sympathiques, qui recensent toutes les sorties, les spectacles et les derniers endroits à la mode.

Next et *Homo Xtra* sont des journaux s'adressant aux gays.

▸ *Télévision*

Une séance de zapping après une journée passée à arpenter les rues ne manque pas d'intérêt : près du quart du temps est mobilisé par des pubs divertissantes au 4e degré... Le nombre des chaînes est assez hallucinant, mais la plupart diffusent du baseball, du football américain, du basket-ball ou du golf. Soyez aussi préparé à ce que chaque programme, y compris les films, soit interrompu toutes les 10mn par de longues plages de pub. Vous aurez en revanche peut-être la chance de voir de superbes concerts, retransmis depuis le Lincoln Center ou une autre salle prestigieuse. Et n'oublions pas que les *desperate*s amateurs de séries auront souvent la primauté des épisodes de leur feuilleton favori et pourront ainsi narguer ceux qui seront contraints de patienter en France pour savoir comment Bree Van de Kamp va affronter ses nouveaux déboires ! Chaque soir à 19h, sur la chaîne 25, on peut suivre le dernier journal de 20h de France 2.

▸ *Radio*

Vous pouvez écouter de la musique classique sur 96.3, de la country sur 107.1, du rock sur 102.7, du jazz sur 101.9 et le hit-parade sur 100.3.

Météo

Outre les informations dispensées à la télévision par la chaîne météo, vous trouverez des prévisions à dix jours sur le site www.weather.com.

Musées, monuments et sites

La plupart des musées sont fermés le lundi et les principaux jours fériés (Thanksgiving, 25 déc. et le 1er janv.). Le prix des billets est souvent prohibitif mais presque tous assurent une plage horaire gratuite ou à faible contribution à un moment de la semaine.

▸ *City Pass et New York Pass*

Ces deux cartes proposent l'entrée dans une sélection de musées et sites touristiques pour un prix forfaitaire. Vous trouverez les dépliants pour ces deux systèmes dans les offices du tourisme et les hôtels.

Le **City Pass** est le plus intéressant. Valable 9 jours, il coûte 65 $ pour un adulte, 49 $ de 6 à 17 ans. Il comprend une minicroisière autour de Manhattan, l'accès à l'Empire State Building, l'entrée au MoMa, au Metropolitan Museum, au musée Guggenheim et à celui d'Histoire naturelle. On l'achète dans les musées ou les sites concernés, à l'office de tourisme, ou sur le site www.citypass.com.

Le **New York Pass** existe pour des durées de 1 jour (69 $), 2 jours (99 $), 3 jours (125 $) ou 7 jours (165 $). Réductions sur le site www.newyorkpass.com. Faites bien vos comptes : si vous additionnez le prix de toutes les attractions offertes, vous faites effectivement une économie, mais en réalité il est presque impossible de tout voir dans le temps imparti. Décidez avant ce qui vous intéresse vraiment. Si vous l'achetez, soyez prêt à multiplier les visites. Il donne droit, entre autres, à une croisière autour de Manhattan, à la montée à l'Empire State Building, au zoo du Bronx, au musée d'Histoire naturelle et à de nombreuses attractions, ainsi qu'aux grands musées culturels (MoMa, Guggenheim, Whitney, mais pas le Met ni la Frick Collection). Réductions dans certains magasins et restaurants, et pour des spectacles à Broadway. Il s'adresse surtout aux familles avec des enfants.

Photographie

Pas de problème pour vous approvisionner en films argentiques ou pour faire développer vos photos à des prix compétitifs. Pour les appareils numériques, vérifiez bien le voltage de votre chargeur et prévoyez l'adaptateur de prise.

Pourboire

Le pourboire fait intégralement partie des mœurs américaines, car il contribue à rémunérer les employés, dont le salaire de base est ridiculement bas. Sauf si le service est inclus (très rare, sauf dans les établissements chics), on laisse en moyenne entre 15 % et 25 % (au restaurant, il vous suffit de multiplier par deux le montant de la taxe pour obtenir celui du pourboire). Si vous réglez par carte bancaire, veillez à remplir sur le bordereau la case réservée aux *tips*, y compris pour qu'un indélicat ne le fasse pas à votre place. Dans les hôtels, la coutume est de laisser un pourboire au porteur (1 $ par sac ou valise), et dans une enveloppe pour la femme de chambre à votre départ.

Attention, quand le pourboire est inclus, son montant est indiqué par le faux-ami *gratuity* (qui ne signifie donc pas une remise sur le montant total, mais bien le pourboire calculé par l'établissement lui-même).

Sécurité

On se sent désormais très en sécurité à New York, qui n'est pas plus dangereuse que beaucoup de nos grandes villes. Le nombre de sans-abri et de mendiants est très bas, la délinquance a fortement diminué et le métro ne pose pas de problèmes particuliers, à la condition d'y faire preuve d'un minimum de bon sens. On surveillera son sac, on évitera de placer son portefeuille dans la poche arrière de son pantalon, on ne se promènera pas tard le soir avec autour du cou un appareillage photo ou vidéo coûteux, etc. Quant aux quartiers autrefois décriés comme Harlem, le Bronx ou le Queens, ils ne sont pas plus dangereux que d'autres. Si vous êtes seul ou de nature inquiète, prenez un taxi le soir.

Tailles et pointures

▸ *Femmes*

États-Unis :	6	8	10	12	14	16
France :	36	38	40	42	44	46

▶ *Hommes*

Costumes

États-Unis :	36	38	40	42	44	46
France :	46	48	50	52	54	56

Chemises

États-Unis :	14	15	$15^{1/2}$	16	$16^{1/2}$
France :	37	38	39/40	41	42

▶ *Chaussures femmes*

États-Unis :	4	5	6	7	8	9
France :	35	36	37	38	39	40

▶ *Chaussures hommes*

États-unis :	$7^{1/2}$	$8^{1/2}$	$9^{1/2}$	$10^{1/2}$	$11^{1/2}$	$12^{1/2}$
France :	40	41	42	43	44	45

Taxes

Les prix sont toujours donnés hors taxes (y compris dans ce guide, pour vous permettre les comparaisons), ce qui constitue l'une des plus mauvaises surprises aux États-Unis. Taxe + pourboire gonflent l'addition de 20 à 25 %.

Dans les hôtels, la taxe est de 13,25 %. Pour les restaurants et tous les autres produits et services (vêtements, déco, location de vélos, etc.), elle est de 8,65 %. Pour les vêtements, pas de taxe en dessous d'un montant total de 110 $.

Téléphone

▶ *New York vers New York et vers les États-Unis*

Pour appeler un numéro à New York et à l'intérieur des États-Unis, composez le 1, suivi de l'indicatif, puis des 7 chiffres du numéro du correspondant.

Pour Manhattan, l'indicatif est 212, 646 ou 917.

Pour les autres *boroughs* (Brooklyn, Bronx, Queens et Staten Island), l'indicatif est le 718.

Pour les renseignements, faites le 411 (appel gratuit dans les cabines). Sauf indication contraire, les numéros précédés de 1-800, 1-888 ou 1-877 sont gratuits *(toll-free)*, mais uniquement à l'intérieur des États Unis. Ils mettent en relation avec les chaînes d'hôtels ou de location de voitures, par exemple.

▶ *New York vers l'Europe*

Pour appeler l'Europe, composer le 011 suivi de l'indicatif du pays (33 pour la France), puis le numéro du correspondant sans le 0 initial. Pour obtenir l'aide d'une opératrice (en anglais) passer par le 0.

On peut téléphoner en PCV depuis toutes les cabines. Faites le 0 pour l'opérateur, demandez un *collect call* ou *reverse charge call* et donnez le numéro à appeler.

▶ *Cartes téléphoniques*

Évitez de téléphoner depuis les hôtels qui surtaxent largement les communications. Achetez plutôt une carte téléphonique prépayée, en vente un peu partout, dans les épiceries, les drugstores et chez les marchands de journaux. Précisez si vous voulez des appels internationaux ou non. Vous en trouverez à tous les prix, à partir de 5 $. Elles sont très intéressantes et les appels reviennent à un prix dérisoire. On vous indique un numéro gratuit à composer qui vous donne des indications à suivre, vous entrez ensuite un *pin number*, puis le numéro demandé.

On peut utiliser ces cartes depuis les cabines téléphoniques ou un téléphone fixe, mais certains hôtels bloquent leur ligne pour en freiner l'usage.

▶ *Téléphones portables*

Pour que votre portable fonctionne il faut qu'il soit de type « triband » voire « quadribande ». Avant votre voyage, contactez votre fournisseur pour connaître les tarifs qu'il appliquera à vos communications aux États-Unis. N'oubliez pas que vous paierez aussi pour chaque appel reçu là-bas, ainsi que pour interroger votre répondeur.

Vous pouvez également investir dans une carte SIM américaine, la placer dans votre téléphone français, puis la recharger avec des cartes prépayées. Tous les opérateurs proposent ce genre de système, en vente dans les épiceries, les drugstores, les kiosques et les magasins de téléphonie. Carte SIM à partir de 10 $, et cartes prépayées aux tarifs variables selon l'opérateur. N'oubliez pas que les États-Unis pratiquent la double tarification des appels téléphoniques : vous payez une partie de la communication même lorsque l'on vous appelle.

Température

Fahrenheit	14°	23°	32°	41°	50°	59°	68°	77°	86°	95°
Celsius	-10°	-5°	0°	5°	10°	15°	20°	25°	30°	35°

Toilettes publiques

Déjà à la fin du 19e s., les New-Yorkais déploraient l'absence de toilettes publiques (on dit pudiquement *rest rooms*). C'est peu de dire que le problème reste entier ! Même l'entreprenant Rudolf Giuliani s'est cassé les dents sur le problème et il ne vous reste d'autre choix que les grands magasins, bars, restaurants, MacDonald's et bibliothèques publiques…

Unités de mesures

1 ounce (oz) = 28,35 g	1 g = 0,035 oz
1 pound (lb) = 450 g	1 kg = 2,21 lb
1 gallon US = 3,79 l	1 l = 0,26 gallon US
1 inch = 2,5 cm	1 cm = 0,36 inch
1 mile = 1,6 km	1 km = 0,62 mile
1 yard (yd) = 0,91 m	1 m = 1,09 yd
1 foot = 0,30 m	1 m = 3,28 feet
1 acre = 0,4 ha	1 ha = 2,47 acres

Urgences

Police, pompiers, ambulances (24h/24) : composez le 911.

SAVOIR-VIVRE

Si l'image du Français est globalement redevenue positive à New York – nous serions cultivés, minces et élégants, amateurs de bons vins et de bonne chère – cela ne doit pas cacher que l'on nous trouve arrogants, donneurs de leçons, et souvent resquilleurs. Le mâle français est vu comme un beau parleur (attention, ici, on voit du harcèlement partout).

Les Américains s'embrassent peu ou pas quand ils se retrouvent, se serrent la main lors de la première rencontre et c'est tout. En revanche, ils se donnent l'accolade, un rapprochement un peu raide, lors duquel on se tape cordialement sur l'épaule : c'est le fameux « *hug* ». Les effusions amoureuses restent très discrètes dans tous les lieux publics, y compris dans les parcs. En entrant dans les magasins, en croisant ses voisins, ou même dans la rue ou les parcs, on se salue souvent d'un « *Hello !* » ou « *Hi !* ».

Quand vous êtes invité à dîner, sauf si l'on vous précise l'heure, arrivez plutôt à 19h qu'à 20h30, car on dîne tôt aux États-Unis, même si les choses tendent à évoluer. Ne vous offusquez pas si votre hôtesse n'ouvre pas le cadeau que vous lui apportez, cela fait partie du code des bonnes manières américaines. En revanche, si c'est une bouteille de vin, elle sera le plus souvent ouverte et consommée sur le champ. Si l'on vous invite au restaurant, la règle de base est de proposer de partager la note. Si l'on vous a très formellement invité, un geste apprécié consiste à proposer de payer le pourboire, que vous compterez large. Même si l'on s'habille moins qu'autrefois, sachez que la tenue jeans-baskets ou le débraillé sont assez mal vus le soir. À table, ne soyez pas surpris si les convives gardent la main gauche sur les genoux et ne la placent sur la table que quand ils en ont besoin : à cet égard, la coutume américaine est inverse de la nôtre.

Évitez de fumer quand vous êtes invité, sauf si votre hôte vous le propose expressément. Attention aussi aux sujets qui fâchent, la religion en particulier, ou, à un moindre degré, la politique. Les Européens, et les Français en particulier, ont souvent la réputation d'être gauchistes et, même si beaucoup de New-Yorkais sont démocrates, le patriotisme américain les rend parfois susceptibles.

Lorsque vous devez faire la queue, ne cherchez pas à gagner quelques places. Dans un magasin ou à la poste, quand il y a une file unique pour plusieurs caisses ou guichets, attendez bien votre tour derrière la ligne et attendez que l'on vous appelle (la caissière criera « *Next !* »).

SE LOGER

Après la chute momentanée de la fréquentation touristique consécutive aux attentats du 11 septembre 2001, New York est redevenue une destination très prisée et les prix s'en ressentent. L'offre hôtelière, si elle est importante, ne suffit pas à répondre à la demande, surtout en période de pointe, de septembre à décembre et de mars à juin. Les dates les plus demandées sont celles du Marathon de New York, de Thanksgiving et des fêtes de fin d'année.

Les différents types d'hébergement

▶ Les hôtels

Le parc hôtelier est très diversifié et compte plus de 70000 chambres. Les hôtels sont classés en quatre catégories, de une à quatre étoiles, qui recouvrent des réalités très diverses, depuis les établissements aux parties communes sommaires et aux salles de bains partagées jusqu'aux palaces. Les hôtels une étoile se rapprochent plus souvent des auberges de jeunesse, tandis que bien des trois étoiles ne valent qu'un deux étoiles français. Dans l'ensemble, les chambres sont chères et petites, sauf dans les hôtels luxueux et vous serez surpris du nombre d'établissements ne comptant qu'une ou deux salles de bains par étage. À la réservation on vous demandera de choisir entre une chambre *double* (lit de 140), *queen* (160), *king* (180) ou *twin* (deux lits jumeaux). Quand le petit-déjeuner est compris, il est souvent léger, à base de pâtisseries, de thé ou de café imbuvable. En revanche, beaucoup d'établissements fournissent de quoi préparer des boissons chaudes.

Un certains nombre d'hôtels sont gérés par de grandes chaînes (Howard Johnson, Clarion, Red Roof, Super 8, Best Western, Ramada, Holiday Inn, Comfort Inn, Sheraton, Hilton, Hyatt, Mariott, Sofitel, Novotel, etc.), dont les prestations sont uniformisées mais régulières et sans surprises. Le terme de *Boutique Hotel*, désigne des établissements plus personnalisés, sans toutefois que ce soit une garantie de luxe ou de qualité : ce sont souvent des hôtels indépendants ou familiaux. Quant aux palaces, ils offrent un niveau de luxe et de services inégalé.

▸ *Les Bed & Breakfast*

Ils ne sont pas vraiment moins chers que les hôtels, mais permettent en principe de rencontrer ses hôtes de façon plus informelle et de découvrir la vie à New York dans des maisons individuelles ou de petits immeubles. On y trouve tous les niveaux de confort, de la salle de bains unique à la suite grand luxe. Certains sites Internet leur sont consacrés : www.bbonline.com, www.bedand breakfast.com, www.lanierbb.com, etc.

▸ *Les auberges de jeunesse*

Nombreuses à New York, les auberges de jeunesse sont répertoriées comme *hostels*, mais certains hôtels bas de gamme en sont l'équivalent et proposent même des lits en dortoirs, qui peuvent être mixtes ou non. Les aménagements sont généralement basiques, mais vous aurez accès à une cuisine et une laverie. Si vous n'aimez pas les dortoirs, comparez bien les prix avec les hôtels modestes avant de vous décider car les chambres privées des auberges sont en général assez chères.

Les célèbres **YMCA** (*Young Men Christian Association*, www.ymcanyc.org), offrent des hébergements de niveaux variables, du lit en dortoir aux chambres privées, et sont en général strictement tenues *(voir p. 251)*. Le réseau officiel **Hostelling International** (www.hinewyork.org) possède une immense auberge à New York *(voir p. 296)*, mais la plupart sont des **auberges privées**, que vous pouvez retrouver sur Internet, www.hostels.com, sur le très complet www.hostelnewyork.com (recense aussi celles des réseaux classiques) ou encore sur www.hostelmania.com et www.hostelhandbook.com.

▸ *Les locations d'appartements*

Pour les séjours de plus de trois jours, pour les familles ou les groupes d'amis, cette solution est très attrayante et s'avère souvent bon marché. Les studios ou appartements sont équipés d'une cuisine et les immeubles ont presque tous une laverie commune. Certains organismes proposent des locations à la nuit, ce qui permet une grande flexibilité dans l'organisation du séjour. Faites bien vos comptes toutefois, car au prix à la nuit ou à la semaine il faut ajouter un forfait pour le ménage de sortie du logement. En outre, on vous demandera un dépôt de garantie, remboursé si vous laissez les locaux dans l'état où vous les avez trouvés.

Un conseil : si vous optez pour cette solution, préparez-la longtemps à l'avance, pour avoir plus de choix et pour prendre le temps de vous décider car on vous soumettra souvent plusieurs options.

☺ **Furnished Quarters**, 158 West 27th St., 3rd floor, ℘ 212 414 1389, www.furnishedquarters.com, est une société particulièrement performante. Elle propose une très large sélection de studios et d'appartements pour 2 à 6 ou 8 personnes, dotés du meilleur confort et remarquablement tenus. Le service et le suivi sont particulièrement agréables pour la préparation de votre séjour.

☺ **Sara's New York Homestay**, 53 West 36th St., Suite 802 (entre 5th et 6th Ave.), ℘ 212 564 5979, www.sarahomestay.com, est une petite entreprise très conviviale qui offre toute une palette de services et d'hébergements, dont des locations de studios et appartements meublés, mais aussi des chambres d'hôtes, voire des colocations. Le service est très personnalisé, spécialisé dans l'accueil des étudiants étrangers, et une partie du staff parle français. Site en français.

☺ **Craigslist**, www.newyork.craigslist.org, est un site très populaire qui regroupe toutes sortes d'annonces à l'échelle de l'État de New York. En anglais uniquement. Cliquer sur la rubrique « *housing* », puis « *housing swap* » (échange d'appartement), « *sublets/temporary* » (sous-location de courte durée) ou « vacation rentals » (location de vacances) en fonction de la solution choisie. On peut affiner la recherche par *borough* et par tranche de prix. Possibilité de traiter directement avec des particuliers, et ainsi d'éviter des frais d'agence.

New York Habitat, 307 7th Ave., Suite 306, ℘ 212 255 8018, www.nyhabitat.com, propose des petits logements meublés pour des durées supérieures à 3 jours, ainsi que quelques B & B et des colocations (plus de 2 semaines).

Sublet in the City, 254 Park Ave. South (off 20th St.), ℘ 212 924 6666, www.subletinthecity.com, rassemble quelques locations de vacances.

Urban Living, 281 5th Ave., ℘ 212 689 6606, www.new-york-apartment.com, propose le même type de services. Site en français.

▷ *Les échanges de maisons ou d'appartements*

Très populaire aux États-Unis, cette formule repose sur des associations qui centralisent les offres d'échange. Vous devez vous inscrire (petite cotisation annuelle) pour avoir accès au fichier. À vous ensuite de lancer vos propositions. Vous échangez votre logement contre celui de votre correspondant à une période qui convient aux deux. Le système, qui repose sur la confiance mutuelle, est éprouvé et globalement très satisfaisant, même si l'on n'est jamais à l'abri de mauvaises surprises. **HomeLink International**, www.homelink.fr, **TrocMaison**, www.trocmaison.com, **SwitchHome**, www.switchome.org, **Intervac**, www.intervac.com.

Les prix

Préparez-vous à consacrer le plus gros de votre budget à l'hébergement. N'oubliez pas de prendre en compte les taxes (13,25 % pour les hôtels) et les pourboires.

La solution la moins chère est l'**auberge de jeunesse**, mais le prix du lit en dortoir s'élèvera au moins à 35 $ hors taxe par personne. Les chambres les plus basiques, sans salle de bains, coûtent quand même de 70 à 90 $.

Dans un **hôtel**, même de catégorie inférieure et avec salle de bains partagée, vous aurez du mal à trouver une chambre double à moins de 100 $. Pour avoir une salle de bains, il vous faudra dépenser au minimum 130 $, plus vraisemblablement de 150 à 180 $. Un hôtel confortable aux chambres de taille moyenne, aménagées avec goût, se négocie autour de 200 $. Les établissement de qualité supérieure (type trois étoiles français) se trouvent rarement en dessous de 300 $ et les palaces facturent un minimum de 500 ou 600 $ pour leurs chambres les plus simples.

Les **Bed & Breakfast** pratiquent des prix similaires, autour de 100 $ pour une chambre simple avec salle de bains commune, de 150 à 300 $ pour des prestations plus raffinées, en fonction du quartier et de la qualité de la demeure.

Pour louer un **appartement**, il vous faut compter un minimum de 150 $ par nuit pour 2/3 personnes, 170 $ pour 4 personnes. Ne comptez pas trouver quelque chose à moins de 1 000 $ par semaine.

D'autre part, certaines centrales de réservation cassent les prix, comme *Hotel Reservation Network* (www.hoteldiscount.com) et *Quikbook* (www.quikbook.com). Toutefois essayez une connection directe sur le site de l'hôtel ou de la chaîne : elle peut offrir des *Internet rates* (tarifs Internet) compétitifs.

Où séjourner

Si vous souhaitez sortir le soir dans les bars et les restaurants, favorisez les quartiers entre Canal Street et 30th Street (Soho, Lower East Side, East et West Village, Chelsea et autour de Flatiron District). Pour ceux qui veulent aller au théâtre, West Midtown est une bonne option, à mi-chemin, en outre, entre les bars de Downtown et les musées d'Uptown. Les quartiers les plus tranquilles sont ceux du

Flatiron District, d'East Midtown et d'Upper West Side (ce dernier est quand même un peu loin vers le nord pour les visites des sites). Ceux qui ont les moyens apprécieront l'Upper East Side pour son calme et la proximité des musées et de Central Park. À savoir : les quartiers d'Upper East Side, East Midtown, West Midtown (en dehors des théâtres), Tribeca, Chinatown et Financial District sont assez mornes le soir, voire déserts pour certains. Harlem compte d'agréables B &B, de même que Brooklyn. Pour ce dernier, ne perdez pas de vue que le temps de transport est un handicap, surtout la nuit, et que s'y rendre en taxi coûte beaucoup plus cher car il y a un surcoût dès que l'on passe un pont pour sortir de Manhattan. En revanche, les familles avec un petit budget trouveront à Brooklyn et dans le Bronx (près du zoo) des hôtels de chaîne bon marché.

Le discount

Plusieurs pistes sont possibles pour éviter de grever votre budget. Surfez sur Internet pour comparer les prix « Vol + hôtel » ou « Séjours » des voyagistes discount (*voir p. 24*), car tous proposent plus ou moins les mêmes hôtels. Utilisez ce guide pour choisir votre établissement puis sélectionnez un voyage : vous bénéficierez ainsi d'un package avec l'hôtel de votre choix mais à prix bien plus avantageux que si vous faites les réservations vous-même. Si vous préférez réserver vous-même votre hôtel, allez sur son site et cherchez les promotions : les hôtels d'affaires sont par exemple moins chers le week-end, tandis que dans les quartiers touristiques ce sera l'inverse. Vous pouvez aussi passer par des centrales de réservation qui cassent les prix, comme www.hoteldiscount.com, www.hotelcompany.com, www.newyorkcity.com, www.new-york.hotelscheap.org, www.hotel-rates.com, etc.

SE RESTAURER

Où et quand se restaurer ?

On mange à toute heure à New York, à commencer par un robuste **petit-déjeuner** (*breakfast*), ce qui explique que bien des restaurants soient ouverts dès 7h. Après le petit-déjeuner, dont le menu est généralement proposé jusqu'à 11h-11h30, vient le **déjeuner** (*lunch*), en général assez léger ou pris sur le pouce, que l'on peut souvent commander jusqu'à 16h. La carte y est nettement moins riche que celle du dîner (*dinner*), qui reste le repas principal de la journée, le plus long et le plus cher (*voir plus loin*). Les horaires où l'on sert le **dîner** s'étirent de 17h à 23h, voire plus tard. Enfin, pour ceux qui sortent au théâtre ou gardent une petite faim, la plupart des bars servent aussi à manger jusque tard dans la nuit, du snack tout simple au plat plus élaboré pour les endroits à la mode. Le week-end, la coutume est au **brunch**, qui tient lieu à la fois de petit-déjeuner et de déjeuner : on le prend en général entre 10h et 15h ou 16h.

La palette des lieux où manger est très large. Dans les rues, vous trouverez un peu partout les célèbres petits stands à bretzels ou à hot dogs, qui se diversifient vers le sandwich-brochette. L'art de **manger sur le pouce** est très américain et l'heure du déjeuner est celle du pique-nique pour de très nombreux New-Yorkais qui, pour beaucoup, apportent au travail leur *lunch box* (boîte où ils placent le sandwich ou la salade faits maison). Viennent ensuite les **fast-foods**, des incontournables MacDonald's et consorts aux nouvelles formules plus variées proposant soupes, *wraps* (sortes de crêpes roulées et fourrées d'à peu près tout ce qu'on peut imaginer), snacks de cuisine ethnique, principalement indienne ou mexicaine. Les **restaurants** se divisent globalement en trois grandes catégories : les restaurants exotiques, les établissement de cuisine populaire américaine et les tables gastronomiques (grande cuisine ou lieux à la mode).

Petites habitudes

L'heure des repas est souvent celle des files d'attente, devant les *fast-food* et même au restaurant, pour attendre qu'une table se libère. N'essayez pas de passer devant tout le monde, c'est particulièrement mal vu et vous vous feriez repousser vertement. Quand on entre dans un restaurant, on ne s'assoit pas directement mais on attend d'être placé. Comme les portions servies sont souvent énormes, vous pouvez tout à fait emporter vos restes : il suffit de demander au serveur « *Could you wrap this up, please* ? » ou « *Could I have a box, please* ? ». Il faut quand même souligner que cette coutume bien sympathique est moins pratiquée qu'autrefois. En revanche, il est courant d'emporter une bouteille de vin entamée. Dans certains restaurants ne possédant pas de licence pour servir de l'alcool, les clients peuvent apporter leur bouteille. Dernier rappel : il est strictement interdit de fumer dans les restaurants et les bars.

Les prix

Si votre budget est très serré, misez une fois par jour sur le **pique-nique**. À cet effet, nous vous indiquons pour chaque quartier les meilleurs endroits où vous poser. La plupart des petites et moyennes surfaces ont un rayon traiteur en libre-service, proposant salades ou plats chauds, pour 5 à 6 $ la livre (ce qu'il faut compter pour un plat). C'est de toute façon ce que vous coûtera un sandwich.

Pour les **fast-foods**, la note variera entre 5 et 6 $ pour un *hot dog* et une boisson, de 5 à 8 $ pour les formules plus élaborées.

Au **restaurant**, les petits appétits peuvent choisir dans la liste des hors-d'œuvres et salades (8 à 13 $ selon les établissements), qui sont assez copieux pour un repas léger. Les plats de résistance coûtent en général entre 10 et 20 $ (beaucoup plus dans les restaurants gastronomiques) et suffisent souvent à rassasier les plus robustes. Ceci étant, il est difficile de garder une addition en dessous de 20 $, sauf à manger dans les restaurants exotiques (chinois, indiens ou pakistanais étant les moins chers). Les tables gastronomiques sont très vite ruineuses, le moindre plat tournant autour de 30 $, voire plus, et les vins affichant des prix prohibitifs.

Pour manger très copieusement à bon compte, il y a plusieurs solutions. Beaucoup de restaurants populaires proposent un *lunch menu* de trois plats, démarrant aussi bas que 5 ou 6 $ dans les restaurants chinois, jusqu'à 15 $ dans les bars ou les bistros. Il est très fréquent aussi de rencontrer des formules *Early Bird* ou *Pre-Theater menu*, servies le soir entre 17h et 19h ou 19h30. Vous dînez alors très généreusement pour moins de 25 $, y compris dans de bons restaurants.

Les boissons sont chères, mis à part les inévitables Coca Cola aux glaçons ou Ice Tea (qui est du vrai thé glacé). Les vins sont hors de prix et doublent aisément l'addition, même s'ils viennent de Californie, mais ils sont souvent proposés au verre (de 8 à 15 $).

À tout cela, n'oubliez pas de systématiquement rajouter la taxe (8,65 %) et le pourboire (15-25 %).

Lexique culinaire

BLT : abréviation désignant un sandwich fait avec du pain tranché et servi avec *Bacon*, *Lettuce* et *Tomatoes*. C'est en général l'un des snacks les moins chers.

BBQ : abréviation pour *barbecued* (grillé).

Appetizers (ou *starters*) : entrées.

Dressings : ce sont les vinaigrettes et sauces pour salade. Celle qui ressemble le plus à la vinaigrette française est, paradoxalement, l'*Italian dressing*.

Entree : c'est le plat principal, comme son nom ne l'indique pas, toujours copieux, viande ou poisson accompagné de légumes ou de riz. Attention à la cuisson des viandes : *well done* (le plus fréquent si vous ne dites rien) signifie vraiment très cuit, *medium* veut dire à point, *rare* ou *extra rare* saignant, et *blue* (rarement obtenu) bleu. En revanche, le poisson est souvent fort bien cuit.

Special : plat du jour, affiché ou proposé par le serveur.

Bread : outre les classiques *brown bread* (pain bis), *rye bread* (au seigle), *sourdough* (au levain), ou *white bread* (blanc), on trouve de plus en plus fréquemment des baguettes « à la française », souvent bonnes… mais chères.

Coffee : le café américain est léger (souvent assez mauvais il faut le dire) et servi avec une paille dans d'immenses gobelets d'un quart de litre. Heureusement, on trouve de plus en plus d'expressos, souvent convenables, et des cappuccinos.

Sandwich : sous cette dénomination se trouve souvent le fameux hamburger-frites accompagné d'une petite salade, ou un sandwich chaud.

Les types de cuisine

L'un des atouts de New York est l'immense variété des cuisines proposées. Certaines rues sont de véritables enclaves exotiques, italienne, russe, juive, indienne, chinoise, mexicaine, caribéenne…

▶ *La cuisine contemporaine et gastronomique*

Longtemps dominée par la cuisine **française**, elle s'est très agréablement diversifiée. Il existe désormais une véritable gastronomie **américaine**, décomplexée et inventive, qui a su revisiter les classiques américains et européens. Dans cet esprit, après une période où l'on privilégiait les recettes compliquées, les chefs reviennent à plus d'authenticité et à une fidélité au produit avant tout.

▶ *Fusion food*

Cette appellation rassemble les **cusines métissées**, qui mélangent les influences. On y rencontre par exemple un savant mariage de tradition française et de saveurs asiatiques, mais cela peut aussi allier le Japon à l'Amérique, voire le méditerranéen à l'asiatique. Bon nombre de jeunes chefs s'épanouissent dans cet esprit et osent marier les saveurs les plus inattendues, jouant des marinades, des viandes ou des poissons crus et des légumes rares.

▶ *La cuisine populaire américaine*

Bien que constituée d'un patchwork européen et sud-américain, elle en est venue à trouver son identité propre, qui varie selon les régions d'origine.

À New York, on trouve ainsi la cuisine de la **côte nord-est**, avec de succulentes spécialités de poisson et de crustacés, comme le *clam chowder* (soupe aux palourdes), le homard ou les *crab cakes* (petits panés au crabe).

Autre région de grande tradition, les États du Sud, autour du Mississipi, et la cuisine **cajun**, avec le *jambalaya* (riz au jambon et aux crevettes), le *fried chicken* (poulet frit et croustillant), le *catfish* (poisson chat) frit à la cajun (épicé), mais aussi de savoureux gratins de macaronis ou des pains de viandes *(meatloaf)* goûteux.

Du côté des mariages populaires, une mention à la cuisine **tex-mex**, mélange d'influences mexicaine, espagnole et texane. Enfin, incontournable sur les tables américaines, la viande grillée *(barbecued)* à la texane, marinée ou non, avec ou sans sauce.

▶ *La cuisine végétarienne*

Devant l'énorme (!) problème de l'obésité, de plus en plus d'Américains se trounent vers la cuisine diététique, bio et le plus souvent végétarienne. Tous les types de restaurants s'y mettent, en général avec réussite. C'est le moment d'essayer.

> ▶ *La cuisine italienne*

Héritée de l'importante immigration italienne, c'est un grand classique new-yorkais. À base de pâtes en sauces riches et variées, elle compte aussi bien les imparables pizzas que de solides plats de poulet ou de veau en sauce.

> ▶ *Les cuisines méditerranéennes*

Fruits des immigrations successives, elles regroupent la cuisine **espagnole**, avec une mode affichée pour les tapas, **provençale** ou **grecque**, notamment dans le Queens. On peut y rajouter les **cuisines du Maghreb**, avec de plus en plus de restaurants marocains ou juifs marocains et tunisiens.

> ▶ *Les cuisines d'Europe centrale*

L'importante immigration **juive** détermine une façon de manger très typique. Ce sont les célèbres *delicatessen*, qui mélangent les influences **allemande**, **autrichienne** et polonaise. Les cuisines **russe** et **ukrainienne** tiennent toute leur place et se regroupent dans les quartiers habités par ces communautés. Elles proposent des plats roboratifs, à base de viandes bouillies accompagnées de chou fermenté et de légumes, des poissons fumés, des pains de viande et de délicieuses soupes.

> ▶ *Les cuisines orientales*

Le Moyen-Orient et l'Asie centrale sont présents dans la gastronomie new-yorkaise, avec les cuisines **turque**, libanaise, israélienne ou **afghane**.

> ▶ *Les cuisines asiatiques*

C'est peut-être là que la variété est la plus impressionnante car les communautés sont nombreuses et diverses. La cuisine **chinoise** côtoie les cuisines **coréenne, vietnamienne, thaïlandaise** ou **indonésienne**, tandis que la tradition **japonaise** offre une très large sélection de plats originaux, bien au-delà des célèbres sushis. Enfin, les cuisines **indienne** et **pakistanaise** permettent de manger aussi bien des plats de viande que de subtiles préparations végétariennes.

> ▶ *Les cuisines caribéenne et sud-américaine*

On retrouve ici tous les métissages. La cuisine des îles mélange l'influence **africaine** avec celle des colons pour donner une pétillante cuisine **créole**. Cuba, Haïti, Porto-Rico et la Jamaïque en sont les principaux foyers. Quant aux recettes **mexicaines**, elles sont mâtinées d'apports espagnols, mais reflètent aussi la richesse indienne, avec l'usage des haricots, du maïs et du piment.

SE DIVERTIR

New York est une ville où l'on vit à un rythme effréné et cela concerne les loisirs autant que le travail. Quelle que soit la saison et quels que soient vos goûts, vous trouverez forcément quelque chose à faire. Vous aurez l'embarras du choix pour sortir le soir, dans les bars, au concert, au théâtre, vous verrez des dizaines de musées si le cœur vous en dit, vous pourrez vous dépenser en plein air, marcher, aller voir des spectacles sportifs... Les enfants ne sont pas oubliés : dans ce domaine, la ville s'est beaucoup améliorée et les espaces à leur intention ne manquent pas. Ce faisant, vous pourrez dépenser beaucoup d'argent, mais la bonne nouvelle, c'est qu'il est aussi possible de se distraire à peu de frais à New York, moyennant un peu d'astuce et un minimum d'organisation.

Où sortir ?

L'une des choses que l'on apprécie à New York est de pouvoir conjuguer le dîner et une sortie puisque beaucoup de bars et de clubs proposent aussi à manger. On peut ainsi réserver une table et dîner tout en écoutant un concert, puis danser.

Toutes les combinaisons sont possibles en fonction de vos goûts musicaux. Les modes changent toutefois très vite et un quartier branché peut vite devenir parfaitement *has been* et ne plus attirer que les touristes.

En règle générale, c'est **Downtown** (au sud de la 30th Street) qui est le plus animé en soirée, avec une plus forte concentration d'adresses sympathiques dans Lower East Side *(voir p. 160)*, Soho, East et West Village ou Chelsea. C'est là, par petites poches très spécifiques, comme le Meatpacking District *(voir p. 172)* ou la 27th Street à Chelsea *(voir p. 198)*, que l'on trouve les rendez-vous branchés de la ville, restaurants, bars, clubs ou salles de concert. Les endroits les plus recherchés occupent les anciens quartiers d'entrepôts ou d'usines, où des friches industrielles reprennent vie sous forme de boîtes de nuit pour bobos argentés.

Autour de **Broadway** et Times Square, **Midtown** est le fief des théâtres *(voir p. 220)*. On peut y dîner dans un restaurant élégant ou y boire un verre au bar d'un hôtel de luxe, mais sans y trouver l'ambiance vibrante des quartiers du Sud.

Upper West Side est devenu incontournable grâce à la présence du Lincoln Center *(voir p. 300)*, mais aussi de salles de concerts de qualité autour de Columbia University. On y compte quelques clubs de jazz et de chaleureux bars fréquentés par les étudiants et les intellectuels. Mais en dehors de ces quelques adresses, l'ensemble du quartier reste assez mort le soir.

Harlem *(voir p. 308)*, creuset du jazz new-yorkais, conserve quelques cabarets et surtout le mythique Apollo Theater. Si le jazz et le blues y occupent encore une place de choix, les nouvelles communautés africaine et jamaïcaine y font éclore une musique métissée et chaleureuse.

Brooklyn *(voir p. 322)* est désormais investi par la jeune bourgeoisie montante. Si les quartiers résidentiels de Carroll Gardens et Park Slope comptent quelques bons restaurants, c'est surtout celui de Williamsburg, peuplé d'artistes, qui attire les noctambules. Seul problème, si vous logez à Manhattan, le retour en taxi.

▶ *Revues hebdomadaires*

Parmi les magazines payants, *New York Magazine* et *Time Out New York* sont des hebdomadaires du mardi répertoriant les programmes des concerts, théâtres et cinémas. Tous deux donnent aussi la liste des musées, galeries d'art et expositions temporaires, ainsi que les dates et sites de soldes pour le shopping.

Pour la presse gratuite, le journal *The Village Voice* paraît lui aussi le mardi et donne le même genre d'informations *(voir p. 33)*, mais en moins détaillé.

Comment acheter des billets ?

Certains sites permettent d'acheter des billets pour toutes sortes de spectacles (musicaux, sportifs...) : www.gotickets.com, www.tickco.com, www.ticketmaster.com. Pour les spectacles à Broadway, les kiosques TKTS *(voir p. 50)* à Times Square (West 46th St. entre Broadway et 8th Ave.) et South Street Seaport (angle Front St. et John St.) proposent les billets invendus, jusqu'à 50 % moins cher, pour le soir même.

Les bars

▶ *Les bars à cocktails*

Ce sont les plus chic et les plus emblématiques du style new-yorkais. Souvent situés dans les hôtels de luxe, mais parfois en antichambre des restaurants élégants, ils rassemblent une clientèle assez élitiste. Les cocktails y sont chers (10 à 12 $) : on vient pour voir et être vu. Pravda *(voir p. 146)*, Odeon *(voir p. 155)*, Café Noir *(voir p. 155)*, Happy Ending *(voir p. 168)*, Hudson Bar & Books *(voir p. 179)*, Employees

Only *(voir p. 179)*, Gansevoort *(voir p. 179)*, Pink Elephant *(voir p. 206)*, Blue Fin et Bryant Park Hotel *(voir p. 228)*, Campbell Apartment *(voir p. 254)*, Lexington Bar & Books *(voir p. 267)*, Café Carlyle *(voir p. 267)*, Anytime *(voir p. 331)*.

▶ **Les bars à vin**

Portés par la mode du vin au verre, ils s'adressent à une clientèle aussi bien féminine que masculine, elle aussi plutôt sélecte. On y vient couramment pour l'apéritif ou pour bavarder tranquillement après le théâtre. The Bubble Lounge *(voir p. 155)*, Le Bateau Ivre *(voir p. 254)*.

▶ **Les bars à bière**

Plus conviviaux, voire bruyants, ils servent les bières pression des brasseries locales ou internationales. Certains se vantent d'une liste impressionnante. Clientèle masculine ou d'étudiants. Hogs & Heifers *(voir p. 179)*, D.B.A., Coyote Ugly Saloon et Nevada Smiths *(voir p. 193)*, Trailer Park *(voir p. 206)*, Lions Head *(voir p. 298)*, Mug's Ale House, Brooklyn Ale House *(voir p. 330-331)*.

▶ **Les bars « concept »**

Souvent branchés, ils reposent sur une idée qui sert de thème, comme le Beauty Bar *(voir p. 217)* ou le Surf Bar *(voir p. 331)*.

▶ **Les bars romantiques**

Le Souk *(voir p. 193)*, Morgans Bar *(voir p. 254)*, Shalel Lounge *(voir p. 297)*.

▶ **Les pubs**

Hérités de la longue tradition irlandaise de New York, ils offrent en général une atmosphère chaleureuse et bon enfant. Pete's Tavern, Failte et Paddy Reilly's *(voir p. 217)*, O'Connell's Pub *(voir p. 297)*, Ceol, Spike Hill *(voir p. 330)*.

▶ **Les bars de quartier**

Tranquilles, sans chichi et sans histoire, ce sont les rendez-vous des habitués, qui y viennent après le bureau ou pour un jeu de fléchettes, regarder un match entre amis, voire écouter de la bonne musique. Jeremy's Ale House *(voir p. 127)*, Spring Lounge *(voir p. 146)*, Milady's, Broome Street Bar et Lucky Strike *(voir p. 155)*, White Horse Tavern *(voir p. 179)*, The Hairy Monk *(voir p. 217)*, HK *(voir p. 228)*, Ryan's Daughter *(voir p. 267)*, Rao's *(voir p. 314)*, Great Lakes, Loki Lounge, Cafe Steinhof *(voir p. 330)*.

▶ **Les bars gays**

New York est loin d'être une ville aussi animée que San Francisco, mais elle compte quelques rendez-vous pour la clientèle gay. The Stonewall *(voir p. 184)*, Barracuda, Slipper Room *(voir p. 166)*, Lucky Cheng's *(voir p. 193)*…

▶ **Les bars littéraires**

K.G.B. Bar *(voir p. 193)*, Barbès *(voir p. 330)*.

▶ **Les bars où l'on écoute de la musique**

Voici une autre tradition new-yorkaise, qui ne se limite pas nécessairement aux concerts nocturnes. Ceux que nous vous indiquons ont une programmation éclectique, à vérifier avant sur Internet ou dans les journaux.

Salsa, reggae - The Knitting Factory, S.O.B.'S *(voir p. 155)*, Boca Chica, Anyway Café *(voir p. 193)*, Orbit East Harlem *(voir p. 314)*.

Jazz & blues - Terra Blues et Bitter End *(voir p. 179)*, Back Fence, Village Vanguard, Blue Note et Arthur's Tavern *(voir p. 180)*, Rue B et Detour *(voir p. 193)*, Joe's Pub et Jules *(voir p. 194)*, Jazz Standard *(voir p. 217)*, Soul Fixins', B.B. King Blues Club et Iridium *(voir p. 228)*, Smoke, The Underground et Dizzy's Club Coca Cola *(voir p. 298)*, Showman's Bar, Lenox Lounge, Cotton Club et Bill's Place *(voir p. 314)*.

Rock et Pop - Arlene's Grocery, Rockwood Music Hall *(voir p. 166)*, Bowery Ballroom *(voir p. 167)*, Cafe Wha ? *(voir p. 180)*, Niagara *(voir p. 193)*, Lit, Webster Hall *(voir p. 194)*, BAM Café Live *(voir p. 330)*.

▶ *Les bars et les clubs où l'on danse*

The Delancey *(voir p. 168)*, Cielo et APT *(voir p. 180)*, Lotus, Cain, Guesthouse, Home et Marquee *(voir p. 206)*, Pacha *(voir p. 228)*, Musical Box *(voir p. 193)*.

▶ *Les cabarets*

Slipper Room *(voir p. 166)*, Lucky Cheng's *(voir p. 193)*, Tatiana *(voir p. 329)*.

Le théâtre

Broadway, plus particulièrement aux abords de Times Square, concentre les plus grands et les plus prestigieux théâtres de la ville. À moins de maîtriser parfaitement l'anglais, vous n'irez pas y voir de pièces de théâtre mais plutôt l'une des comédies musicales qui font la gloire de la scène new-yorkaise.

▶ *Informations*

Vous pouvez consulter l'office de tourisme, New York Convention & Visitor Bureau, 810 7th Ave., ✆ 212 484 1222, www.nycvisit.com. Vous pouvez affiner votre choix en répertoriant les comédies produites au moment de votre voyage sur le site Internet www.livebroadway.com, où l'on peut aussi acheter son billet. Sur place, *New York Magazine*, *Time Out New York* et *The Village Voice* publient les programmes et donnent les références des salles concernées. Il en est de même pour le *off* Broadway et le *off-off*, bien que ces spectacles soient plus confidentiels et donc plus délicats à juger en l'absence de critique fiable. Parmi les comédies musicales au long cours et leur théâtre : **Jersey Boys** (August Wilson), **Chicago** (The Ambassador), **The Color Purple** (Broadway), **Hairspray** (Neil Simon), **Mary Poppins** (New Amsterdam), **The Lion King** (Minskoff), **The Phantom of the Opera** (Majestic), **The Producers** (St. James), **Spamalot** (Shubert), **The Threepenny Opera** (Studio 54), etc.

▶ *Les salles*

On dénombre 38 salles de théâtre pour Broadway, principalement les théâtres historiques *(voir p. 230, 233)*, une vingtaine pour le *off* et plus de 300 salles pour le *off-off*. Parmi les salles les plus réputées du *off* sont le Lincoln Center Theater *(voir p. 300)*, le Public Theater *(voir p. 197)* ou le BAM, réputé pour sa créativité d'avant-garde *(voir p. 332)*. Le *off-off* concerne souvent des salles très petites et les sepctacles y sont souvent destinés à un public connaisseur.

▶ *Réservations et billetterie*

Si vous tenez à un show et à une date en particulier, réservez avant votre départ, par exemple sur le site Internet www.livebroadway.com. Certains voyagistes proposent également un spectacle à Broadway dans leur *package*. Attention toutefois, si vous comptez acheter les billets au théâtre lui-même ou par le biais de votre hôtel, vous risquez de payer le prix fort. Cependant, il arrive que vous puissiez bénéficier de prix réduits en tentant votre chance à la dernière minute, mais vous n'avez aucune garantie de succès et surtout moins de choix.

Le kiosque **TKTS**, Duffy Square (West 46th St. entre Broadway et 8th Ave., puis îlot central entre Broadway et 42nd St. après travaux), vend des billets invendus, de 25 à 50 % moins chers, pour les représentations de l'après-midi *(vente : merc. et sam., 10h-14h, à partir de 11h le dim.)* ou du soir-même *(tlj 15h-20h)*. Il y a aussi une annexe du kiosque à South Street Seaport, angle Front St. et John St., où l'on peut obtenir des billets pour la séance de l'après-midi du lendemain *(dim.-vend. 11h-18h, 19h sam.)* ou celle du soir-même (lun.-vend. 11h-18h). Arrivez de bonne heure pour éviter la file d'attente. Règlement par espèces ou chèques de voyage uniquement. La liste des spectacles en vente est affichée à l'extérieur du kiosque : vérifiez-la avant de faire la queue.

Les concerts

Nous vous proposons une classification des salles en fonction de leur genre d'élection, tout en sachant que la programmation peut y être très éclectique. Par exemple, le Carnegie Hall est réputé pour ses concerts classiques, mais il accueille aussi des artistes de jazz, de blues, de musiques du monde ou de variétés. Le jazz et les musiques de comédies musicales sont des genres très prestigieux, qui ont droit de cité dans la plupart des bonnes salles. Il vaut donc mieux consulter les programmes précis dès que vous connaissez vos dates de séjour.

▶ *Musique classique et opéra*

Le **Carnegie Hall** *(voir p. 230)*, salle historique du New York Philarmonic Orchestra, accueille encore de grandes manifestations classiques.

Le **Lincoln Center** *(voir p. 300)* abrite un ensemble unique de salles, dont celles du Metropolitan Opera, du New York State Theater, du New York City Ballet, du New York City Opera, de la Julliard School of Music, des Avery Fisher Hall (siège actuel du New York Philharmonic Orchestra), Kaufmann Concert Hall, Alice Tully Hall… C'est là que se donnent les concerts les plus prestigieux.

Plus confidentiel, l'**Amato Opera Theater**, 319 Bowery, ℘ 212 228 8200, www. amato.org, propose un programme plus éclectique mais de qualité solide.

La **Brooklyn Academy of Music** *(voir p. 332)* est spécialisée dans les musiques contemporaines et les créations d'avant-garde.

La musique sacrée ou baroque est volontiers jouée dans des églises, comme la cathédrale **St. John the Divine** *(voir p. 307)*, ou les églises **St. Ignatius Loyola**, ou de l'**Ascension** *(voir p. 183)*, ou aux **Cloisters** *(voir p. 320)*.

En été, des concerts classiques sont produits dans les parcs new-yorkais, notamment lors du **Central Park SummerStage** *(voir p. 268)*.

▶ *Jazz et blues*

Le jazz est joué dans les bars, mais les concerts de prestige sont donnés au **Carnegie Hall** et, en été, dans les parcs, notamment Central Park. Le blues partage souvent les mêmes lieux que le jazz, mais à des jours différents.

▶ *Messes gospels*

Le meilleur moyen d'écouter du *gospel* et le plus authentique consiste à assister à une messe, le dimanche dans les églises baptistes de **Harlem** *(voir p. 112, 315)*.

Plus jazzy, la messe *(Jazz Vespers)* de l'**église luthérienne St. Peter**, 619 Lexington Ave. (entre 53rd et 54th St., au pied du Citicorp Building), www. saintpeters.org, se tient tous les dimanches à 17h.

▶ *Pop et rock*

Outre les bars *(voir plus haut)*, où il peut voisiner avec le jazz, le rock se joue dans des salles plus spécifiques, comme l'**Apollo Theater** *(voir p. 314)*, le **Beacon Theater**, la **Knitting Factory** pour la musique expérimentale et le rock progressif *(voir p. 155)*, le **Radio City Music Hall** *(voir p. 246)*, le Roseland Ballroom, le Shea Stadium. Le rock underground dur s'écoute à l'**Acme Underground**, dans le West Village.

▸ *World music*

La plupart des bars et des salles se trouvent dans les quartiers à forte composante hispanique, cubaine, portoricaine ou antillaise. On peut citer le **S.O.B.'S** *(voir p. 155)*, où l'on danse aussi les calypso, zouk, merengué et samba.

▸ *Danse*

Le **Lincoln Center** *(voir p. 300)* abrite le siège de l'American Ballet (www.abt. org) et du New York City Ballet (www.nycballet.com), créé par Balanchine.

Le **Joyce Theater** (www.joyce.org), à Chelsea, se spécialise dans la danse contemporaine expérimentale, comme la **Brooklyn Academy of Music** (www. bam.org).

D'autres salles et troupes présentent un grand intérêt, comme le **Dance Theater of Harlem**, le **Dance Theater Workshop**, le PS 122, ou le **Merce Cunningham Studio**.

En été, le **Lincoln Center Out-of-Doors** présente des spectacles gratuits sur la plaza du Lincoln Center (www.lincolncenter.org).

Les sports

▸ *Course à pied et jogging*

Le **marathon de New York** *(voir p. 57, 109)* est le moment fort dans l'année des coureurs à pied, le premier dimanche de novembre. Pour y participer, il faut nécessairement être inscrit et avoir été accepté (la course est étroitement surveillée). Renseignements sur le site du marathon, www.ingnycmarathon.org, ou celui du club des New York Road Runners, www.nyrr.org. Rapprochez-vous de votre propre club, en France (l'inscription est sélective).

Le **jogging** est très pratiqué en toute saison et par un large public, notamment à Central Park *(voir p. 268)*.

▸ *Rollers, skateboard, patins à glace*

Les adeptes des **rollers** et **patins à roulettes** se retrouvent également à Central Park *(voir p. 266)* et dans les parcs qui bordent l'Hudson, tel Riverside Park. On peut louer le matériel *(voir p. 298)*.

Pour le **skateboard**, en dehors de Central Park et de spots éparpillés, vous trouverez des pistes à Chelsea Piers *(voir p. 207)*, sur les bords de l'Hudson.

En hiver, le **patin à glace** est une tradition new-yorkaise à laquelle on s'adonne au Rockefeller Center *(voir p. 230, 239)* ou à Central Park *(voir p. 268)*.

▸ *Musculation, gymnastique*

La condition physique est très importante pour les New-Yorkais et la ville compte un très grand nombre de salles de fitness, de remise en forme et de musculation en tout genre. Beaucoup d'hôtels, de blocs d'appartements et d'auberges de jeunesse possèdent leur propre petite salle.

Les chaînes de clubs ont des adresses disséminées : **Dolphin Fitness Club**, ℘ 212 387 9500, www.dolphinfitnessclubs.com, **Crunch Fitness**, ℘ 212 594 8050, www.crunch.com, **New York Health & Racquet Club**, ℘ 212 269 9800, www. nyhrc.com, **New York Sports Clubs**, www.mysportsclubs.com. Outre les salles de musculation, tous ces clubs proposent des spas, saunas, cours d'aérobic, etc.

▸ *Vélo*

Les plus téméraires l'utiliseront pour se déplacer dans la ville, mais le plus agréable reste de se promener à bicyclette dans les parcs de Manhattan, du Bronx, du Queens ou de Brooklyn, ou le long de l'Hudson River Park.

Pour la randonnée du **Bike New York** (mai) et pour la location de cycles, voir p. 30.

▶ *Piscines*

Beaucoup de grands hôtels en possèdent une, mais si vous voulez nager plus sérieusement, allez à la piscine olympique, **Astoria Pool**, dans le Queens (Astoria Park) angle 19ᵗʰ St. et 23ʳᵈ Drive, ℘ 718 626 8620 (11h-19h, entrée libre) : d'architecture Art déco, c'est la plus ancienne (1936) et la plus vaste de la ville. Vous trouverez la liste des 51 piscines gratuites des parcs de la ville sur le site du **New York City Department of Parks & Recreation**, nycgovparks.org, qui fournit également les plans d'accès.

Les spectacles sportifs

▶ *Les principaux sports d'équipe*

Baseball - Saison d'avril à octobre, renseignements sur www.mlb.com. Les NY Mets jouent au Shea Stadium (℘ 718 507 6387), les NY Yankees au Yankee Stadium (℘ 718 293 4300).

Football américain - Saison de septembre à décembre, renseignements sur www.nfl.com. Les NY Giants jouent au Giants Stadium (℘ 201 935 8111). Les NY Jets également au Giants Stadium (℘ 516 560 8200).

Basket-ball - NBA, saison d'octobre à avril, renseignements sur www.nba.com. Les NY Knicks jouent au Madison Square Garden (℘ 212 465 6073). Les NJ Nets au Continental Airlines Arena (℘ 201 935 8888).

Football (soccer) - Saison d'avril à novembre, renseignements sur www.mlsnet. com. Les Red Bull-MetroStars jouent au Giants Stadium (℘ 888 463 8768), avant d'investir le nouveau stade Red Bull Park (℘ 201 583 7000).

▶ *Le tennis*

L'**US Open** se déroule au USTA National Tennis Center de Flushing Meadows-Corona Park, de fin août à mi-septembre (www.usopen.org).

▶ *La boxe*

Si le **Madison Square Garden** fut un des hauts lieux de la boxe mondiale, la plupart des championnats se déroulent désormais à Las Vegas. Mais on peut encore assister à quelques combats dans cette salle mythique. Madison Square Garden, ℘ 212 465 6741, www.thegarden.com.

▶ *Les courses hippiques*

Pour les renseignements, contacter la **New York Racing Association**, ℘ 718 641 4700, www.nyra.com, qui répertorie les événements dans les principaux hippodromes, comme l'**Aqueduc Race Track** (oct.-mai), **Belmont Park** (mai-mi-oct.), **Meadowslands** (janv.-août) ou **Yonkers Raceway** (toute l'année).

Aller à la plage

Les plages citées plus loin dans ce guide sont celles qui sont accessibles facilement par les transports urbains new-yorkais. **Staten Island** *(voir p. 137)* est une première option. Au sud de Brooklyn, **Brighton Beach** (www.brightonbeach. com) et **Coney Island** (www.coneyisland.com) sont d'autres choix possibles *(voir p. 338)*. Le New York City Department of Parks & Recreation (nycgovparks. org) donne la liste des plages de sa juridiction et les plans d'accès.

Ceux qui souhaitent aller plus loin pourront partir vers **Long Island**. La rive nord alterne criques et falaises. La rive sud, célèbre pour ses longues plages de sable est mieux orientée : c'est à son extrémité est que se trouvent les **Hamptons**.

Pour s'y rendre, il faut prendre le Long
7th Ave. et 32nd St. Long Island Conventio
www.licvb.com, répertorie les plages et fou

Pour les enfants et les adolescents

La plupart des guides gratuits ou des hebdomadaires
pour les enfants. Vous pouvez aussi acheter le hors-série
qui répertorie activité, spectacles et shopping pour les plus

Il est relativement facile de distraire les enfants à New York.
emblématiques les séduisent d'emblée, comme la statue de
p. 137), l'observatoire de l'Empire State Building *(voir p. 237)* ou d
Rock *(voir p. 240)*. La plupart des grands musées proposent des docum
ques à destination des enfants. Les parents qui lisent l'anglais pourront s'e
pour animer les visites. Le plus captivant pour les enfants et les adolescents
l'American Museum of Natural History (musée d'Histoire naturelle), avec ses mis
en scène particulièrement vivantes et évocatrices, son cinéma IMAX et son centre
pour la terre et l'espace *(voir p. 302)*. Central Park, son petit zoo et ses nombreuses activités de plein air sont un incontournable pour les familles *(voir p. 268)*.
Le Bronx zoo et son voisin le New York Botanic Garden offrent une journée de
découverte de la nature *(voir p. 347)*. Parmi les musées d'intérêt, le South Street
Seaport Museum *(voir p. 139)* permet de découvrir des navires historiques, tandis
que l'Intrepid Sea-Air-Space Museum rassemble avions et bateaux modernes.

Les adolescents prendront contact avec l'art et les différentes cultures en visitant la Frick Collection *(voir p. 275)*, le MoMa *(voir p. 241)* ou l'American Folk
Art Museum *(voir p. 245)*. Tous prendront plaisir aux activités interactives de
l'American Museum of the Moving Image, dans le Queens *(voir p. 350)*. Ceux
qui se rêvent en Tony Parker revêtiront leur tee-shirt de la NBA et iront tenter
des paniers avec les jeunes habitués au Tompkins Square Park *(voir p. 196)* ou au
Riverside Park *(voir p. 307)*.

Dès les beaux jours, Coney Island, sa plage, son Aquarium et son parc d'attractions font l'unanimité. Plus calme, Brighton Beach est un autre moyen de s'aérer
au bord de la mer et de jouer sur le sable.

Broadway propose régulièrement des comédies musicales *(voir p. 50)* inspirées des
histoires pour enfants, comme le Roi Lion, La Belle et la Bête, Mary Poppins, etc.
La compagnie Disney a d'ailleurs racheté le New Amsterdam Theater pour ses
productions *(voir www.disney.go.com)*.

Enfin, si vous êtes prêt à casser la tirelire des vacances, proposez-leur un survol
de la ville en hélicoptère *(voir p. 32)*, ils sauteront sans doute de joie. À défaut,
faites avec eux une microcroisière en vedette autour de Manhattan *(voir p. 32)*. Et
si vous ne voulez rien dépenser, n'oubliez pas le ferry gratuit pour Staten Island
(voir p. 137), qui leur donnera un petit goût d'aventure !

Pour les minibudgets

Dès votre arrivée, faites le plein de brochures promotionnelles à l'office de tourisme et à l'hôtel : beaucoup contiennent des **coupons de réduction** pour les
sites à visiter. La plupart des musées ont un horaire d'entrée gratuite : la brochure
Museums, museumgoers Handbook (disponible dans les offices du tourisme et au
Visitor Center de Times Square) comporte des coupons et propose un astucieux
tableau récapitulant les **heures gratuites** dans tous les musées.

Pensez aussi à vérifier les **invitations** gratuites à des expositions ou des vernissages dans la presse hebdomadaire *(voir p. 35)*, le *New York Times* du samedi, ainsi
que dans les prospectus distribués dans les offices de tourisme.

un spectacle permanent, comme
Park, etc. Un grand nombre de
l'été, comportant des concerts et
49). Les **messes gospels** peuvent
nche matin (voir p. 112, 315).

ont sur les innombrables **galeries**
occuperont aisément et gratuite-

ne ville chère, mais les plus petits
profiter de la ville... sans débour-

Island Rail Road, à Penn Station, angle
& Visitor Bureau, ✆ 877 386 6654,
it les informations pratiques.

présentent une rubrique
ime Out New York Kids,

Les sites les plus
a Liberté (voir
Top of the
ents ludi-
servir
este
es

SE DIVERTIR

plage horaire hebdomadaire gra-
...ggéré » (politique du « *pay what*
...i siègent les plus grandes galeries
...et contemporain géant et gratuit.

Le **Staten Island Ferry** est une navette qui circule entre Battery Park et Staten Island : une agréable croisière d'une vingtaine de minutes, avec vue sur la statue de la Liberté et les gratte-ciel de Manhattan.

▶ *Se restaurer*

Pizza gratuite tous les soirs jusqu'à 3h30 à l'**Alligator Lounge** à Brooklyn (600 Metropolitan Ave., ✆ 718 599 4440) ou au **Crocodile Lounge** dans l'East Village (325 East 14th St., ✆ 212 477 7747). Le dimanche à 13h, le Bagel Brunch est offert au **Blind Tiger Ale House** (518 Hudson St.).

▶ *Sortir, boire un verre*

Entrée gratuite avec une bouteille de champagne et une pochette-surprise en réservant une table pour son anniversaire au **Pacha NYC** (618 West 46th St., www. pachanyc.com). Le jeudi, marathon de la boisson au **Lit** (93 2nd Ave.) : entre 0h et 0h30, c'est open-bar de vodka et de bière ! Le dimanche soir, à partir de 18h30, cours de danse (tango et salsa) sur les rives de l'Hudson, avec le **Hudson River Park's Moon Dance** (Pier 54, au niveau de la 14th St). Le dimanche soir, pendant l'été, les **JellyNYC McCarren Park Pool Parties** (www.thepoolparties.com) organisent des concerts gratuits dans une ancienne piscine de Brooklyn.

▶ *Festivals*

Les grandes institutions new-yorkaises comme les associations plus modestes investissent parcs et autres espaces publics pendant la période estivale, pour des événements gratuits. C'est le cas de l'orchestre philharmonique (www.nyphil. org), du Metropolitan Opera (Met in the Parks, www.metoperafamily.org), ou encore du Lincoln Center (Lincoln Center Outdoors, au mois d'août). Le **River to River Festival** est le plus grand festival gratuit de New York : diverses manifestations artistiques à travers la ville, de juin à septembre (www.rivertorivernyc. com). Au Bryant Park, le **HBO Summer Film Screenings** propose des projections de films en plein air le lundi soir, de juin à août (www.bryantpark.org/calendar), tandis que **Broadway in Bryant Park** invite les plus grandes comédies musicales de Broadway dans le parc le jeudi à 12h30 durant l'été (www.bryantpark.org/ calendar/broadway). **Rooftop Films** est un festival de courts métrages projetés sur des toits-terrasses à travers la ville (www.rooftopfilms.com). **Summer in the Square**, à Union Square, propose concerts, performances et cours de yoga de juin à août (www.unionsquarenyc.org). À Harlem, **Jazzmobile** (154 West 127th St.) offre concerts et programmes éducatifs en juillet et en août, tandis que le **Harlem Meer Performance Festival**, le dimanche après-midi, programme une série de concerts de jazz, blues, gospel et musique latino dans la partie nord de Central Park.

CALENDRIER DES ÉVÉNEMENTS

Parmi les nombreuses festivités qui ponctuent l'année à New York, les plus célèbres sont les **parades sur la 5th Avenue**. La toute première fut organisée en l'honneur de La Fayette, en 1824. Depuis, toutes les victoires militaires, politiques ou sportives se soldent par une parade sur l'avenue, au milieu de la foule en liesse sous une pluie de confettis et de pages d'annuaire de téléphone. On dit que plus de 3 000 tonnes furent déversées sur le parcours de John Glenn, premier homme à avoir marché sur la lune. Kennedy y a défilé au lendemain de sa victoire aux élections présidentielles. La tradition se poursuit, ajoutant constamment de nouvelles manifestations pittoresques ou commerciales, du défilé irlandais de la St. Patrick à celui du grand magasin Macy's, en passant par la Gay Pride. La vie new-yorkaise est également rythmée par les **fêtes traditionnelles** des différentes communautés, chinoise, hispanique, etc. Enfin, en été, des **festivals culturels** sont organisés dans les parcs de la ville.

▶ *Janvier-février*

Winter Antiques Show (foire aux antiquaires d'hiver), fin janvier, 7th Regiment Armory, Park Avenue.

Chinese New Year's Festival, de fin janvier à début février selon le calendrier chinois, à Chinatown.

Empire State Building Run-Up, début février, course à pied dans les 1 575 marches des escaliers du célèbre gratte-ciel.

Black History Month, tout le mois de février, ✆ 212 484 1222. Manifestations autour de l'identité noire.

Westminster Dog Show (foire canine), Madison Square Garden.

▶ *Mars-avril*

Art Expo New York, début mars, Jacob K. Javits Center, www.artexpo.com.

St. Patrick's Day, le 17 mars, fête des Irlandais, parade sur 5th Avenue.

Armory Show, fin mars, grande foire d'art contemporain à Pier 94, www.thearmoryshow.com.

Macy's Spring Flower Show, un million de fleurs dans les vitrines du grand magasin Macy's.

New Directors New Film, de mars à avril, au MoMa et au PS1 MoMa.

Easter Sunday Parade, le dimanche de Pâques, défilé sur 5th Avenue.

Spring Flower Exhibition, de mi-avril jusqu'en juin, New York Botanic Garden.

Cherry Blossom Festival, fin avril, Brooklyn Botanic Garden.

▶ *Mai*

Bike New York, premier dimanche de mai, immense randonnée conviviale de 67 km à vélo, à travers les cinq *boroughs*, www.bikenewyork.org.

TriBeCa Film Festival, à Tribeca, www.tribecafilmfestival.org.

Harlem Jazz Dance Festival, 2e semaine de mai, autour de Marcus Garvey Park et à Central Harlem.

Martin Luther King Jr. **Memorial Parade**, 4e dimanche de mai.

Washington Square Outdoor Art Exhibit, fin mai-début juin, à Washington Square, dans Greenwich Village.

▶ *Juin*

Puertorican Day Parade, 1er dimanche, parade sur 5th Avenue.

Roses, Roses, Roses, NY Botanical Garden, Bronx, festival de la rose.

Museum Mile Festival, début du mois, fête des musées de l'Upper East Side.

Lesbian and Gay Pride Week, fin du mois, défilé sur la 5e.

JVC Jazz Festival, seconde moitié de juin, dans divers lieux de Manhattan.

Mermaid Parade, fin juin, à Coney Island.

Début du **Summer Festival**, qui se prolonge jusqu'en septembre, avec de nombreux spectacles et concerts en plein air, **SummerStage in Central Park**, **Summer Parks Concerts** et **Metropolitan Opera Parks Concerts**.

▶ *Juillet*

Independance Day (fête nationale), le 4 juillet, feux d'artifice sur l'Hudson et l'East River, et un peu partout dans la baie, variables selon les années.

Harbor Festival, le 4 juillet, parade de bateaux au South Street Seaport.

Shakeaspeare Festival, juillet-août, en plein air, à Central Park.

Mozart Festival, de mi-juillet à fin août, concerts gratuits sur la plaza du Lincoln Center.

52nd Street Association Jazz Festival, dernier dimanche de juillet, perpétue la mémoire du jazz new-yorkais de la grande période.

Midsummer Night's Swing, sur la plaza du Lincoln Center, concerts et spectacles de danse.

Feast of Obon, le samedi le plus proche de la pleine lune, fête bouddhique et japonaise de la mort (pas triste du tout), dans Riverside Park.

Harlem Jazz & Music Festival, fin juillet-début août, danse, musique et manifestations diverses.

Suite des concerts gratuits du **Summer Parks Festival**.

NY Philharmonic Parks Concerts, de fin juillet à début août, concerts gratuits dans différents parcs.

▶ *Août*

J&R Downtown Jazz Festival, concerts gratuits dans le City Hall Park.

Harlem Day Carnaval, le dernier samedi.

Fiesta folklorica, dernier dimanche, fête portoricaine dans Central Park.

St. Stephen's Day, dernier dimanche, parade sur la 5th Avenue.

Charlie Parker Festival, fin du mois, à Tompkins Square, dans l'East Village.

Summer Parks Festival, avec poursuite des concerts gratuits.

▶ *Septembre-octobre*

Labor Day, le 1er septembre, fête du travail. **Tranvestites Parade** dans l'East Village, **Brazilian Parade**, sur l'Avenue of the Americas (6th Ave.), **West-Indian-American Day Parade**, à Brooklyn (carnaval des Caraïbes).

Feast of San Gennaro, fête des Italiens, vers la mi-septembre, à Little Italy.

Race for Mayor's Cup, mi-septembre, dans le port.

New York Underground Comedy Festival, pour des spectacles et des artistes encore peu connus.

Williamsburg Jazz Festival, en septembre, à Williamsburg, Brooklyn.

Pulasky Parade, le 5 ou le 12 octobre selon les années, fête des Polonais, avec parade sur 5th Avenue.

New York Film Festival, Lincoln Center, jusqu'à la mi-octobre.

Colombus Day Parade, 2e week-end, commémoration sur 5th Avenue de la découverte de l'Amérique par Christophe Colomb.

Greenwich Village Halloween Parade, le 31 octobre.

Next Wave Festival, par la Brooklyn Academy of Music.

▸ *Novembre-décembre*

Marathon de New-York, début novembre.

Veterans Day, ou **Armistice Day**, le 11 novembre, parade sur 5th Avenue.

Macy's Thanksgiving Day Parade, le 4e jeudi de novembre, parade le long de Broadway, de Central Park West à Herald Square.

Tree-Lighting, à partir du 4 décembre, illuminations de Noël, en particulier au Rockefeller Center et à l'angle de 5th Avenue et 59th Street, près de Central Park. Les magasins sont décorés dès la fin novembre.

First Night Festival, le 31, feux d'artifice à Central Park et à South Street Seaport. Le **New Year's Eve Ball Drop** est le grand rassemblement sur Times Square, juste avant minuit, quand la foule égrène les douze coups de minuit tandis que la fameuse boule lumineuse descend le long de l'immeuble du *Times*. Ensuite, c'est la **Midnight Run**, dans Central Park.

NEW YORK AU JOUR LE JOUR

Tous les jours de la semaine ne présentent pas le même intérêt, selon que l'on veut visiter ou non des musées, faire du shopping, maintenir ses dépenses au minimum, voir certaines curiosités... Nous vous signalons les particularités.

▸ *Lundi*

À faire : concerts à la chapelle St. Paul ou à Trinity Church (13h), soirée jazz au Lenox Lounge.

Fermé : la plupart des musées.

Ouvert : MoMa, Museum of Jewish Heritage, Museum of the American Indian, United Nations Headquarters, Guggenheim Museum, Neue Galerie, Museum of Natural History.

▸ *Mardi*

Gratuit : le Brooklyn Botanic Garden (toute la journée).

Fermé : MoMa, Rubin Museum of Art, Whitney Museum, Brooklyn Museum.

▸ *Mercredi*

À faire : L'Amateur Night à l'Apollo Theater d'Harlem.

Gratuit ou presque : le Bronx Zoo ; les cours de salsa au S.O.B.'S.

▸ *Jeudi*

Gratuit : le Jewish Museum (17h-20h), Museo del Barrio (pour les seniors).

▸ *Vendredi*

À faire : Jazz à Bill's Place, à Harlem ; concert au BAM Café Live.

Gratuit ou presque : l'entrée au MoMa (à partir de 16h), Folk Art Museum (17h30-19h30), Morgan Library (19h-21h), Guggenheim Museum (18h-20h), Museum of the City of New York (10h-12h), Whitney Museum (18h-21h), Asia Society (18h-21h), Bronx Museum of Art, Museum of the Moving Image (16h-20h).

▸ *Samedi*

À faire : Brunch jazz au Smoke ; Jazz à Bill's Place ; concert au BAM Café Live.

Shopping : marchés aux puces de Hell's Kitchen ou de la 25th Street ; Green Market sur Union Square.

Gratuit : l'entrée au Brooklyn Botanic Garden (10h-12h).

▸ *Dimanche*

À faire : Brunch gospel à Harlem ou au B.B. King Blues Club, brunch jazz à l'Iridium ou au Blue Note, marché de rue à Orchard Street, Jazz Vespers à l'église luthérienne St. Peter (17h), soirée irlandaise au Ceol à Brooklyn (17h30).

Shopping : les grands magasins de Midtown et Upper East Side, les marchés aux puces de Hell's Kitchen ou de la 25th Street.

Gratuit ou presque : une messe gospel à Harlem, l'entrée à la Frick Collection (11h-13h).

ACHATS

Que rapporter ?

▸ *Souvenirs*

Tee-shirts aux couleurs de New York, casquettes, mini statues de la Liberté, taxis jaunes ou boules de neige les plus kitsch envahissent les boutiques autour de Times Square et de la 5th Avenue, dans sa portion Midtown.

▸ *Boutiques de musées*

Tous les musées en ont une, vendant affiches, copies d'objets exposés, beaux livres, jeux ou artisanat d'art.

▸ *Mode*

Les grands magasins *(voir p. 228, 255, 267)* rassemblent toutes les grandes marques américaines, de Tommy Hilfiger à Ralph Lauren et Calvin Klein, en passant par Donna Karan, etc., proposant des modèles que l'on ne trouve pas en France. Les grandes enseignes comme Banana Republic ou Old Navy (toutes deux du même groupe que Gap) réservent quelques bonnes surprises *(voir p. 206)*.

▸ *Streetwear*

Les jeans (Levis, Wrangler, Lee Cooper, Pepe Jeans, Miss Sixty, Calvin Klein, etc.), les chaussures de sport (Nike, New Balance…), les tee-shirts des équipes de basket de la NBA, des clubs de baseball ou de football américain et, plus généralement, tout ce qui fait la mode de la rue *(voir p. 229, 255)*.

▸ *Dégriffés et solderies*

Les meilleures affaires, en matière d'habillement ou de décoration, se font dans des grands magasins spécialisés dans les fins de série, type Century 21 *(voir p. 128, 331)*, T.J. Maxx *(voir p. 207)*, Filene's Basement *(voir p. 207, 181, 298)*, Burlington Coat Factory *(voir p. 207)*, Daffy's *(voir p. 229)*, etc.

▸ *Friperie et mode vintage*

C'est le nec plus ultra à New York, où le comble du branché est de s'habiller à la mode des fifties ou sixties, comme Audrey Hepburn ou Jackie Kennedy Onassis *(voir p. 194, 207, 255)*.

▸ *Articles de sport*

Parmi les articles de sport plus intéressants qu'en Europe, citons les équipements de golf, les rollers, les skateboards et les vêtements techniques pour le plein air.

▶ *Maison et décoration*

C'est au fil de vos balades que vous découvrirez une foule d'objets pour la maison, dont de merveilleux draps de lit en coton égyptien doux comme de la soie, des bougies aux parfums incroyables ou des ustensiles malins pour la cuisine. Quelques boutiques de mode, qui se présentent comme des *concept-stores*, proposent des objets et meubles pour la maison, comme Anthropologie *(voir p. 156)* et Urban Outfitters *(voir p. 180)*.

▶ *Musique et livres*

Vous trouverez beaucoup de CD introuvables en Europe, des vinyls collector, des partitions de musique, des guitares électriques. Les bibliophiles rapporteront de beaux livres de photos, et ceux qui lisent l'anglais feront provision de littérature américaine.

▶ *Jouets*

Étant donné que la plupart des modes viennent des États-Unis, vous trouverez à New York tous les jouets qui feront rêver les petits Européens *(voir p. 255)*.

▶ *Électronique*

Les prix vous laisseront rêveur, surtout en cas d'euro fort, notamment pour les baladeurs MP3, assistants personels, agendas électroniques, appareils photo numériques, etc. Réfléchissez toutefois au service après-vente ou à la compatibilité avec votre équipement. N'hésitez pas à marchander, les prix sont, dans ce domaine, souvent négociables. Et n'oubliez pas dans vos calculs qu'il faut rajouter la taxe de 8,65 %.

Où acheter ?

Le shopping dans les grands magasins se fait principalement dans **Midtown** et **Upper East Side**. Les boutiques de grand luxe se trouvent sur **Madison Avenue** *(voir p. 290)* ou **57th Street** et à **Soho**. La **5th Avenue**, dans sa portion Midtown, comporte une large variété de magasins de tous genres. Pour les modes baba cool, néopunk et gothiques, dirigez-vous plutôt vers l'**East Village** ou **Harlem**. Pour les galeries d'art et la décoration haut de gamme, choisissez **Chelsea** ou **Tribeca**.

Expédier ses achats

Autant que possible, évitez de poster vos achats : c'est cher *(voir p. 33)* et les démarches pour remplir les formulaires sont un casse-tête. De surcroît, la poste américaine n'est pas toujours fiable, en tout cas pour les délais. Si votre envoi est précieux, privilégiez FedEx ou UPS, cher mais sans problème. Pour les objets encombrants (décoration, mobilier), arrangez-vous avec le vendeur pour régler les problèmes d'expédition : ils sont rodés aux envois internationaux.

LIRE, VOIR, ÉCOUTER

Histoire et documents

L'Histoire des États-Unis, coll. Que sais-je, PUF, 1990, 2003.

BALDWIN James, ***Chronique d'un pays natal***, Gallimard, 1973. D'un des auteurs majeurs de la « Harlem Renaissance ».

CHARYN Jerôme, ***Chronique d'une ville sauvage***, coll. Découverte Gallimard, 1994. Une chronique passionnée d'un écrivain francophile amoureux de New York, et du Bronx en particulier.

MORAND Paul, *New York*, Flammarion (1928). Élégantes déambulations d'un écrivain dans un New York à la fois proche mais, par certains aspects, bien dépassé.

WALLACE Mike, *Gotham, A History of New York City to 1898* (1998), n'a hélas jamais été traduit en français. C'est une somme de 1 400 pages sur la fondation de New York, le fruit de 20 ans de recherches couronné par un prix Pulitzer.

WEIL F., *Histoire de New York*, Fayard, 2000. Une belle documentation.

Littérature générale

AUSTER Paul, *Moon Palace*, Livre de Poche, 1995, et *Trilogie new-yorkaise*, coll. Babel, Actes Sud, 1991. Ou comment thriller existentiel et cartographie imaginaire d'une ville se conjuguent pour notre plus grand plaisir.

CAPOTE Truman, *Petit déjeuner chez Tiffany*, Folio Gallimard, 1973. Délassant, léger. D'un écrivain dont l'œuvre s'efface parfois derrière la vie mondaine.

CÉLINE Louis-Ferdinand, *Voyage au bout de la nuit*, Folio Gallimard, 1972. À relire, entre autres, pour une extraordinaire arrivée par bateau, au matin, à New York.

COHN Nick, *Broadway, la grande voie blanche*, 10/18, 2000. Les dessous de l'Amérique marginale, autour de Broadway.

DECOIN Didier, *John l'enfer*, Point Poche, 1996. Les dures aventures d'un Cheyenne, nettoyeur de gratte-ciel.

DeLILLO Don, *Cosmopolis*, J'ai Lu, 2006. L'ultime et folle journée d'un golden boy implosant dans sa limousine. De l'un des plus grands écrivains new-yorkais vivant. Également, entre autres, *Outremonde*, Actes Sud, 1999. Une fresque du dernier demi-siècle à travers le prisme new-yorkais.

DOS PASSOS John, *Manhattan Transfer*, Folio Gallimard, 1973. Le « grand » roman sur New York, un des sommets de la littérature moderne.

ELLIS Bret Easton, *American Psycho*, 10/18, 2005. L'histoire d'un golden boy pervers, dans un monde qui ne l'est pas moins. Dérangeant.

FOER Jonathan Safran, *Extrêmement fort et incroyablement près*, L'Olivier, 2006. Un enfant cherche, à travers New York, son père, disparu le 11 septembre.

JAMES Henry, *Washington Square*, Oxford University Press, 2006. Reflets d'une société disparue et beaux personnages. Style classique, un peu vieillot.

KENNEDY Douglas, *La Poursuite du bonheur*, Pocket, 2001. Un roman prenant et ambitieux où abondent de superbes descriptions de la ville.

KRAUSS Nicole, *L'Histoire de l'amour*, Gallimard, 2007. Un récit à plusieurs voix sur le pouvoir de la littérature, éclaté entre la Pologne, le Chili et New York.

LETHEM Jonathan, *Les Orphelins de Brooklyn*, L'Olivier, 2003. Combines et déboires d'une bande de privés à Brooklyn, dans une langue pleine de fantaisie. *Forteresse de solitude*, L'Olivier, 2006. L'enfance d'un petit Blanc dans un Brooklyn métissé ou l'apprentissage des codes d'une époque.

McCANN Colum, *Les Saisons de la nuit*, 10/18, 1998. Roman typiquement américain, mêlant aventure personnelle et histoire de la ville.

McINNERNEY Jay, *Glamour attitude*, Points, 2000. Comédie cynique, au cœur du monde factice de la mode et des *people*.

MOODY Rick, *À la recherche du voile noir*, Points, 2006. L'ambiguïté d'un ancêtre pasteur met en lumière celle de l'Amérique. *Tempête de glace*, Points, 2004. Comédie amère sur la fin d'une époque, dans une banlieue du New Jersey.

MORRISON Toni, *Jazz*, 10/18, 1995. Quand une écrivaine noire, prix Nobel, s'empare de l'histoire du Harlem des années 1920.

ROTH Henry, **À la merci d'un courant violent**, L'Olivier, 1993. Beau roman auto-biographique dont l'histoire se déroule au sein d'une famille juive dans le Harlem des années 1930.

ROTH Philip, **Pastorale américaine**, Folio Gallimard, 2001. Comment ne pas lire les aventures de Zuckerman, même si New York n'en est pas toujours le centre ?

SALINGER J.-D., **L'Attrape-cœurs**, Pocket, 2003. La fugue d'un sacré gamin new-yorkais. Touchant, humain au possible, magnifiquement écrit.

SCHICKLER David, **Comédie new-yorkaise**, L'Olivier Poche, 2003. La vie d'un vieil immeuble de l'Upper West Side.

SELBY Hubert Jr., **Last exit to Brooklyn**, 10/18, 2004. Peinture au lance-flamme du monde des marginaux.

WHARTON Edith, **Le Temps de l'innocence**, J'ai Lu, 2004. Une peinture lucide des milieux huppés et aristocratiques de New York au début du 20e s.

WHITEHEAD Colson, **Le Colosse de New York**, Gallimard, 2008. Un essai en treize textes, qui brosse de manière originale un portrait de la Grosse Pomme.

WHITMAN Walt, **Feuilles d'herbe**, Poésie Gallimard, 2002. Le grand poète en prose américain, lyrique et visionnaire. Des pages superbes sur New York.

WOLFE Thomas, **Le Bûcher des vanités**, Livre de Poche, 2001. Un golden boy part à la dérive dans le milieu affairiste des années 1980. Méchant et drôle.

Romans policiers

CHARYN Jerôme, **Isaac le mystérieux**, Série noire, 2004. Les aventures d'un bien étrange flic du Bronx, ville où est né et où vit l'auteur.

CHATTAM Maxime, **In tenebris**, Pocket, 2004. Une descente dans l'enfer des bas-fonds de la ville. À déconseiller si l'on veut s'endormir tôt.

COBEN Harlan, **Ne le dis à personne**, Pocket, 2003. Un polar haletant sur fond d'un Brooklyn des plus réalistes. Le film du même nom de Guillaume Canet (2006), qui se passe en France, est inspiré de ce roman.

HAMMET Dashiel, **L'Introuvable**, Gallimard, 1987. Un grand classique, cousu main, parcouru de blondes aux « chassis » avantageux et de privés durs et futés.

HARRISON Colin, **Havana Room**, 10/18, 2006. La dégringolade sociale d'un brillant avocat, qui perd tout avant de retrouver l'essentiel.

HIMES Chester, **La Reine de pommes**, Gallimard, 1991, La plus célèbre des nombreuses aventures d'un couple de *cops* de Harlem. Drôle et sarcastique.

LIBERMAN Ralph, **Le Tueur et son ombre**, Seuil policiers, 1990. Si vous avez aimé **Nécropolis**, vous adorerez celui-ci. De la nuit, du sang et de l'angoisse.

STARR Jason, **Mauvais Karma**, Rivages/Noir, 2005. Ou comment un monde banal peut s'effondrer, sur fond du quartier des affaires. Vraiment noir.

Beaux livres

Diane Arbus, Nathan Image, 1990.

La Peinture américaine, sous la direction de F.C. MARCHETTI, Gallimard, 2002. Pour avoir une vue d'ensemble de la peinture américaine.

New York Deco. Photographies de Richard BERENHOLTZ. Petit ouvrage nécessaire pour voyager tranquille dans le monde de l'Art déco new-yorkais.

Alfred Stieglitz, par Françoise HEILBRUN, La photographie au musée d'Orsay, 2004. Un hommage à un grand photographe, personnage clé de l'art américain.

Films

ALLEN Woody, presque toute sa filmographie a pour cadre New York. Que choisir ? *Annie Hall* (1977), avec la délicieuse Diane Keaton, *Manhattan* (1979), et *Meurtres mystérieux à Manhattan* (1993), avec la non moins délicieuse Mia Farrow !

BADHAM John, *Saturday Night Fever* (1978). Les pérégrinations d'un jeune Italo-Américain (John Travolta) qui essaie de s'en sortir dans le New York des années disco.

CASSAVETES John, *Shadows* (1961). Film magistral, tourné à New York par un génie de la pellicule, le seul représentant la nouvelle vague. Interprétation superbe.

CHAPLIN Charlie, *Un roi à New York* (1957). Où Chaplin, obligé de quitter l'Amérique pour fuir le maccarthysme, tourne une page de sa vie et règle ses comptes.

CIMINO Michael, *L'Année du Dragon* (1985). Règlements de comptes à OK Chinatown, avec un Mickey Rourke encore en grande forme.

COPPOLA Francis Ford, *Le Parrain* (1972) et *Le Parrain II* (1974), sur la mafia new-yorkaise. Un Marlon aux bajoues trafiquées transmet sa charge à Al Pacino.

FERRARA Abel, *The King of New York* (1990). Film crépusculaire avec un acteur, Christopher Walken, qui ne l'est pas moins.

FORMAN Milos, *Hair* (1979). Film mythique adapté d'une comédie musicale de Broadway. L'arrivée à New York d'un jeune fermier qui s'apprête à partir au Vietnam, et rencontre à Central Park un groupe de hippies.

FRIEDKIN Walter, *French Connection* (1971). Avec la fameuse poursuite en voiture sous le métro aérien dans le quartier de la 86th St., à Brooklyn.

FULLER Samuel, *Le Port de la drogue* (1953). Un grand film noir de chez noir, avec un sublime Widmark.

GONDRY Michel, *Block Party* (2006). Documentaire sur un concert organisé à Brooklyn par l'humoriste Dave Chapelle, réunissant la crème de la scène noire-américaine : The Fugees, Erykah Badu, The Roots...

GRAY James, *Little Odessa* (1995). Ce thriller nous emmène dans le monde mafieux russo-américain, dans le quartier de Brigthon Beach, à Brooklyn.

KAZAN Elia, *Sur les quais* (1954), avec Marlon Brando au faîte de sa beauté sauvage et de son charisme. Du même cinéaste, *America, America* (1963), une peinture de la vie des immigrants, turcs en l'occurrence, au tournant du 20e siècle.

KOLLEK Amos, *Sue perdue dans Manhattan* (1997), un film sombre sur l'errance d'une jeune femme dans la ville tentaculaire. *Queenie in Love* (2001), une comédie rafraîchissante sur les rencontres improbables à New York.

LEE Spike, *Malcolm X* (1992). Un film engagé sur le racisme et la lutte des Noirs pour leur identité. *Do the Right Thing* (1989), ou le mélange des communautés dans le quartier de Bedford-Stuyvesant à Brooklyn.

PARKER Alan, *Fame* (1980). La célèbre comédie musicale qui se déroule dans une école de danse et de musique à Manhattan.

POLANSKI Roman, *Rosemary's Baby* (1968). Un film d'angoisse tourné dans le Dakota Building, avec la déjà délicieuse Mia Farrow...

SCHLESINGER John, *Marathon Man* (1976). Bon thriller et inoubliables séances d'entraînement de course à pied de Dustin Hoffman autour du Reservoir de Central Park.

SCORSESE Martin, *Taxi driver* (1975). Le monde intérieur glauque d'un conducteur de *yellow cab*, tourné dans le bas Manhattan, avec un impressionnant De Niro.

Gangs of New York (2002). Peinture hyperréaliste des sinistres combats entre gangs, ayant pour décor les Five Points. Avec un Di Caprio confirmant son talent et un inquiétant Daniel Day-Lewis.

WILDER Billy, ***Sept Ans de réflexion*** (1955), dont le clou est l'envol mythique de la jupe de Marilyn au-dessus d'une bouche de métro sur Lexington, entre 42nd et 43rd Street.

WISE Robert, ***West Side Story*** (1961), où le quartier de l'Upper West Side est le cadre des luttes entre bandes rivales. Un Roméo et Juliette moderne.

Séries

Angels in America (2003). Une minisérie sur le New York des années 1980, au moment de l'apparition du SIDA. Casting exceptionnel : Al Pacino, Meryl Streep, Emma Thompson… Par le réalisateur du *Lauréat*, Mike Nichols.

Friends (1994-2004). Les aventures en dix saisons d'une bande de célibataires vivant à Greenwich Village.

Seinfeld (1989-1998). Le quotidien de quatre amis à New York. Par l'humoriste Jerry Seinfeld.

Sex and the City (1998-2004). New York sur des talons hauts, en compagnie de Carrie Bradshaw et de ses trois amies trentenaires et célibataires.

The Sopranos (1999-2007). Les problèmes existentiels rencontrés par un parrain de la mafia du New Jersey, qui entame une psychanalyse.

Musique

La musique du film ***West Side Story***, Sony Classical, 1993. Par Leonard Bernstein, bien sûr. Incontournable.

BEASTIE BOYS, ***To the 5 Boroughs***, Capitol, 2004. Variations new-yorkaises du groupe de rappeurs blancs.

COLTRANE John, ***Live at the Village Vangard***, Impulse, 1997. Vers les sommets du jazz, Trane avec son quatuor magique, plus Eric Dolphy. Concert de 1961.

GALLIANO Richard, ***New York Tango***, Disques Dreyfus, 1996, enregistrement d'une série de concerts réalisés dans la Grosse Pomme.

JAY-Z, ***The Blue Print***, Roc-A-Fella, 2001. Un tournant dans la carrière du plus connu des rappeurs new-yorkais, avec une apparition d'Eminem.

KRS-One, ***Criminal Minded***, Boogie Down, 1987. Le premier album de l'un des pionniers du rap, en provenance du South Bronx.

LOPEZ Jennifer, ***Jenny from the Block***, Sony BMG, 2002. L'un des premiers tubes de la bomba latina qui venait du Bronx.

MONK Thelonious, ***Thelonious Monk***, E.F.S.A., 1996. Année 1957. Triomphe au Five Spot, de Monk associé à Coltrane. Deux génies côte à côte. Pour cet enregistrement, réalisé dans la foulée, Monk convoque en outre Coleman Hawkins, au saxo ténor lui aussi, Art Blakey aux drums, et d'autres.

NAS, ***NY State of Mind***, Columbia, 1994. Un des titres de l'album de rap Illmatic.

PUBLIC ENEMY, ***The Best of Public Enemy***, Barclay, 2003. Le groupe pionnier du rap engagé de la côte est, formé en 1982.

RAMONES, ***53rd & 3rd***, Sire, 1976. Ce titre du groupe punk rock évoque l'ancien lieu de la prostitution masculine à New York.

REED Lou, ***New York***, WMI, 2005. Enregistrement solo de l'ancien membre de l'un des plus célèbres groupes new-yorkais, le *Velvet Underground*.

ROLLINS Sony, *Now's the Time!*, BGM, 1994. Une série d'enregistrements faits à New York en 1964.

SIMON & GARFUNKEL, *The concert in Central Park*, Warner Bros, 1981. Le témoignage d'un concert-événement qui réunit plus de 500 000 personnes.

THE STROKES, *First Impressions of Earth*, RCA, 2006. Le renouveau du rock newyorkais.

SE DÉBROUILLER EN ANGLAIS

▶ *Les formules courantes*

Bonjour	*good morning* (le matin) / *hello, hi* (salut)
Bonne nuit	*good night*
Au revoir	*goodbye*
S'il vous plaît	*please*
Merci	*thank you*
Excusez-moi	*excuse me / sorry*
Je ne parle pas anglais	*I don't speak English*
Quelle heure est-il ?	*what time is it ?*
Toilettes	*rest room*

▶ *Les transports*

Aller simple	*single fare*
Billet aller retour	*return ticket*
Tarif, prix	*fare, price*
Enregistrement	*check-in*
Correspondance	*transfert, connection*
Automobile	*car*
Autoroute	*expressway*
Essence (sans plomb)	*(unleaded) gas*
Freins	*brakes*
Panne	*breakdown*
Station-service	*gas station*
Métro	*subway*

▶ *À la poste*

Carte téléphonique	*phonecard*
Colis	*parcel*
Code postal	*zip code*
Timbre	*stamp*

▶ *À l'hôtel*

Lit double (140)	*double bed*
Lit double (150)	*queen bed*
Lit double (160)	*king bed*
Chambre à deux lits	*twin beds/double queen/double king*

Papier hygiénique	*toilet paper*
Couverture	*blanket*
Oreiller	*pillow*

▶ *Au restaurant*

Poulet (blanc, aile)	*chicken (breast, wing)*
Bœuf (entrecôte, côte, faux-filet)	*beef (T-bone, rib, sirloin)*
Porc (travers)	*pork (spare ribs)*
Agneau (côtelettes)	*lamb (chops)*
Dinde	*turkey*
Saignant	*rare*
À point	*medium*
Bien cuit	*well done*
Espadon	*sword fish*
Thon	*tuna*
Coquilles Saint-Jacques	*scallops*
Crevettes	*shrimps, prawns*
Huîtres	*oysters*
Homard	*lobster*
Truite	*trout*
Saumon	*salmon*
Calmars	*squids*
Palourdes	*clams*
Flétan	*halibut*
Légumes	*vegetables*
Eau du robinet	*tap water*
Eau minérale	*mineral water*
sodas, jus de fruit	*soft drinks, fruit juice*
Vestiaire	*checkroom, cloakroom*

▶ *Urgences*

Accident de voiture	*car crash*
Dentiste	*dentist*
Docteur	*doctor*
Mal de dents	*toothache*
Mal de gorge	*throat ache*
Mal de tête	*headache*
Mal de ventre	*belly ache*
Pharmacie	*pharmacy / chemist*
Rhume	*cold*
Toux	*cough*
Vol	*theft*

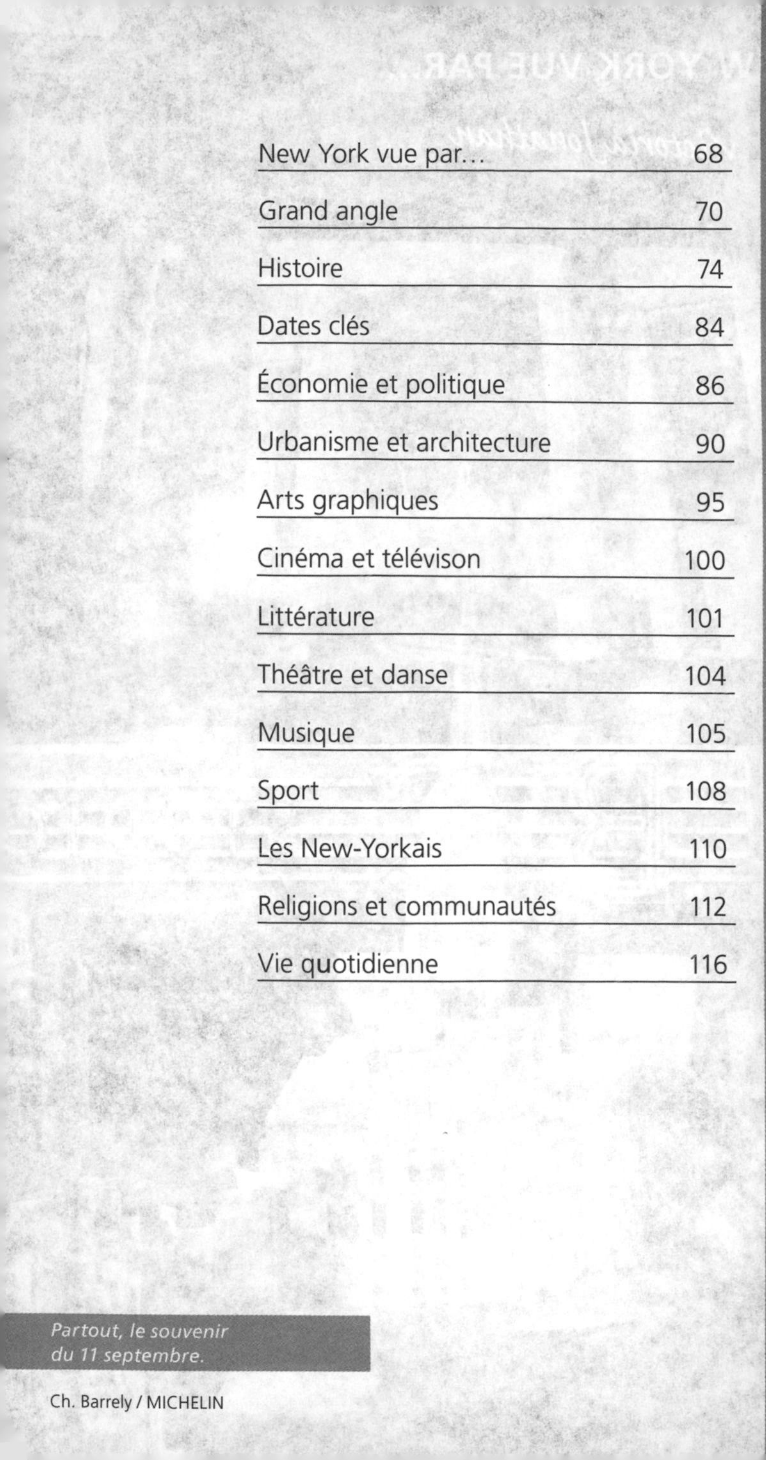

NEW YORK EN DIRECT

*Partout, le souvenir
du 11 septembre.*

Ch. Barrely / MICHELIN

NEW YORK VUE PAR...

Victoria Jonathan

GRAND ANGLE SUR NEW YORK

New York, ce n'est pas l'Amérique... Ou bien en est-ce au contraire un concentré? En tout cas, c'est un choc inoubliable, qui ne laisse personne indifférent. Pour beaucoup, c'est le coup de foudre immédiat et définitif. Il suffit pour cela de se perdre dans les rues bigarrées que la littérature, le cinéma ou le jazz nous ont rendues si familières... Ou encore de parcourir les canyons taillés entre les falaises étincelantes de ses gratte-ciel, de flâner dans les anciens quartiers de Chinatown ou de Harlem, à l'atmosphère si **cosmopolite**, de courir au cœur de Central Park, où flotte encore le fantôme de *Marathon Man*, d'emprunter Brooklyn Bridge pour l'inoubliable spectacle de Manhattan surgissant d'East River... New York, « ville verticale », écrivait Céline, **mégapole** par excellence, mais paradoxalement si conviviale, chaleureuse et « speedée », débordante de vitalité, même et surtout après le traumatisme du 11 septembre, cité à la fois triviale et sophistiquée, populaire et élitiste, typiquement américaine et toujours européenne. Il y a la New York du jour, celle des cols blancs de Wall Street ou des marins de Staten Island, et puis il y a la New York de la nuit, celle des lumières de la ville, des pulsations multicolores et criardes de Times Square ou Broadway, celle des heures grises du petit matin, quand les musiciens de jazz quittant les clubs croisent les employés pressés jaillissant de Grand Central Station, tandis que les marchands de *bagels* arrangent leurs étals ambulants...

Capitale du monde

Quand tous les autres Américains parlent des New-Yorkais, c'est pour les dire arrogants, sûrs d'eux, une caste à part, encore que la fraternité née du 11 septembre ait adouci les angles des rapports tumultueux de New York avec le reste du pays. Quant aux New-Yorkais eux-mêmes, quand ils parlent de leur ville, il leur paraît évident qu'elle est la plus belle, la plus importante, la plus « tout », **capitale du monde**, cela ne fait aucun doute... D'ailleurs, personne ne songerait vraiment à lui contester ce titre, tant l'on a immédiatement l'impression d'être au cœur de tout, qu'il se passe forcément quelque chose d'important, là, tout de suite, tant le **rythme effréné** de la ville vous gagne vite et ne vous lâche plus. Cela vous attrape les sens : à peine posé le pied sur les trottoirs de Manhattan, vous êtes saisi par un tourbillon intense, de mouvement, de lumières et de bruit. Le **bruit**, ici, ne se tait pas. Flot des voitures, sirènes hurlantes, martèlement des incessants travaux, bourdonnement des millions de climatiseurs ou simple brouhaha confus : le niveau sonore ne baisse jamais, même la nuit. Et ce n'est pas le plan *Silent Night* (nuit silencieuse) du maire Michael Bloomberg qui y a changé grand-chose.

Verticale, disait d'elle Céline...

La première impression visuelle de la ville est, là encore, d'irrépressible vitalité, voire d'agressivité. Les lignes acérées des **gratte-ciel**, qui s'élancent sans complexe, ne prétendent pas à l'harmonie. La compétition et la surenchère président à l'urbanisme, offrant un kaléidoscope heurté, dont la géométrie variable ne semble pas avoir de but précis. Ou plutôt si, il y en a un : faire mieux, plus haut, plus cher. On a écrit d'elle qu'elle était masculine et phallique. Elle l'est, là où le béton et le verre se dressent à la verticale, laissant le passant dans l'ombre. S'il est un moyen de reconnaître le touriste, c'est bien qu'il est le seul à marcher la tête en l'air. Les New-Yorkais, eux, ont mieux à faire, plus urgent !

La géographie de la ville

Si en français on parle de New York, en théorie, il faudrait dire **New York City**, pour bien marquer la distinction entre la ville et l'État (New York State), situé au nord-est des États-Unis. La ville elle-même s'étend sur un groupe d'îles, à l'extrême sud-est de l'État, au bord de l'océan Atlantique et du détroit de

Long Island. Elle se compose de **cinq boroughs** (districts). **Manhattan**, le plus célèbre, occupe une longue île encadrée par l'Hudson et l'East River. À l'est, les *boroughs* de **Brooklyn** et du **Queens** forment l'extrémité occidentale d'une autre île beaucoup plus étendue, Long Island. Au sud-ouest, l'île de **Staten Island**, au fond de la baie de New York, constitue un quatrième district. Le cinquième, le **Bronx**, au nord, est le seul à ne pas être une île. À cette extrémité, l'État de New York est voisin du New Jersey, à l'ouest, et du Connecticut, au nord. Malgré une latitude assez basse (comparable à la Côte d'Azur) la ville souffre d'un climat continental humide, avec des hivers froids, souvent enneigés, et des étés lourds et moites.

Au milieu s'étend Manhattan

Manhattan, l'île centrale et le district d'origine, est souvent confondue par les touristes avec la ville de New York, tant elle en résume tous les emblèmes. Topographiquement, on partage Manhattan en trois grandes zones : **Downtown** (ou Lower Manhattan) s'étend de la pointe sud de l'île jusqu'à la 34th Street. C'est là que se concentrent les quartiers animés le soir, restaurants, bars et boîtes de nuit. **Midtown** couvre la partie moyenne, entre les 34th et 59th Streets. On y trouve des musées et les théâtres, mais assez peu de bars sympathiques. **Uptown** commence au nord de la 59th Street et va jusqu'au point de rencontre de l'Hudson et de la Harlem River. Ce sont les quartiers résidentiels chic, comptant les grands musées et quelques salles de concert, mais aussi Harlem et Washington Heights, tout au nord. L'axe de la **5th Avenue** départage Manhattan en **East Side** et **West Side**. À l'intérieur de toutes ces zones se dessinent les différents quartiers, si divers.

De la dure loi du marché...

Où commencer le survol de la ville, si ce n'est au sud de Manhattan, là où les immigrants arrivaient jadis, vidés, anxieux et pleins d'espoir à la fois ? Là où se dresse la forêt la plus dense et la plus bétonnée, là où les terroristes ont vu le symbole du monde occidental, là où les deux immenses tours jumelles signaient le profil de la ville.

La pointe **sud de Manhattan** est celle du pouvoir, pouvoir de l'argent et de la politique *(voir p. 126)*. **Financial District** concentre, autour de Wall Street, les plus grands établissements financiers, tandis que **Civic Center** compte les centres administratifs. On s'y balade surtout pour mesurer les symboles de la réussite américaine : *Ground Zero*, où la vie reprend ses droits, et les gratte-ciel qui continuent de pousser à côté de l'ancien port de la ville, avec ses immeubles en brique et ses vieux navires. On y embarque pour la **statue de la Liberté** et **Ellis Island**, qui portent la mémoire de l'immigration vers le Nouveau Monde.

Au nord-est de la ville de la finance, c'est la première rencontre avec le *melting pot* américain. On commence par **Chinatown** *(voir p. 143)*, sillonnée de pittoresques ruelles, où les toits et les balcons prennent parfois des allures de pagodes.

Juste au nord, **Little Italy**, l'ancien quartier de l'immigration italienne, fit la une des journaux à la grande époque de la Mafia, mais la communauté chinoise le grignote peu à peu.

Bordant l'Hudson, au nord de Financial District, **Tribeca** *(voir p. 156)*, autrefois quartier interlope d'entrepôts et d'usines, est devenu celui des lofts chic, des restaurants branchés et des galeries d'art.

En remontant encore, on arrive à **Soho** *(voir p. 158)*, où les passionnés d'architecture admireront les plus beaux alignements de façades en fonte de la ville. Pour tous les autres, Soho est devenue une Mecque du shopping tendance et l'un des endroits les plus à la mode pour dîner ou boire un verre.

Sortant peu à peu des clichés de quartier très pauvre, **Lower East Side** *(voir p. 164)* servit longtemps de porte d'entrée dans la ville, où s'entassèrent successivement les vagues d'immigrants.

Les échoppes sombres abritant les couturiers juifs ont laissé la place aux restaurants, galeries d'art et bars, qui en ont fait l'un des quartiers préférés des jeunes New-Yorkais qui veulent sortir le soir.

... à la langueur du jazz

Avec **West Village** (*voir p. 176*), aussi appelé **Greenwich Village**, on aborde la ville bohème, celle des intellectuels et des contestataires, celle des plus célèbres clubs de jazz. Les rues conservent le charme désuet du 19e s., avec maisons de brique ou de grès brun et rangées d'arbres. Au nord-ouest, le district de **Meatpacking**, celui des anciens abattoirs, concentre actuellement les boutiques et les boîtes de nuit les plus branchées de New York. C'est là que les grands designers de la mode veulent avoir pignon sur rue.

Nettement plus libertaire, **East Village** (*voir p. 190*) rassemble les héritiers peu conventionnels des beatniks et des hippies. Les boutiques de tatouage voisinent avec les marchands de robes indiennes et les petits bistros à la française, tandis que les bars y résonnent encore d'un rock énergétique.

La ville géométrique

Au nord de 14th Street, New York se range un peu. Les quartiers aux rues désordonnées laissent définitivement la place au fameux plan en grille géométrique qui caractérise tant de villes américaines.

À **Chelsea** (*voir p. 202*), le visage que l'on rencontre est le plus original. On retrouve les belles demeures traditionnelles du 19e s., mais de nombreux entrepôts se sont reconvertis en galeries d'art contemporain, plaçant le quartier au premier rang de la création artistique. Une journée à les parcourir vaut bien des visites de musée...

Vers l'est, autour de **Flatiron District** (*voir p. 214*), New York devient plus bourgeoise. Les immeubles, à commencer par le célèbre Flatiron, ont une élégance imposante et les squares se multiplient. Ce sont des quartiers résidentiels calmes, pratiques pour loger non loin de l'animation de Downtown.

Avec **West Midtown** (*voir p. 224*), on quitte la partie la plus ancienne de la ville et son architecture traditionnelle pour retrouver la New York que l'on attend, avec Times Square et Broadway, les néons, les théâtres et les comédies musicales. De l'Empire State Building au Rockefeller Center en passant par certains des plus beaux gratte-ciel de la ville, tous les emblèmes sont là, y compris l'un des plus passionnants musées, le MoMa. C'est aussi un paradis pour les accros du shopping, entre les 5th et 6th Avenues, qui multiplient les enseignes en tous genres.

East Midtown (*voir p. 251*), moins scintillante que sa voisine, dénombre quelques-uns des monuments les plus connus : le siège des Nations unies, le Chrysler Building, Grand Central Station ou la cathédrale St. Patrick, mais aussi ses hôtels les plus prestigieux, tel le Waldorf-Astoria. Outre un côté de la 5th Avenue, elle compte aussi la prestigieuse Madison Avenue, fief des boutiques des plus grandes marques.

Chic ou bobo ?

Plus l'on monte vers le nord, plus la ville se fait élégante, car c'est là que, à mesure qu'ils gravissaient l'échelle sociale, les nouveaux bourgeois s'installaient.

L'**Upper East Side** (*voir p. 265*) est sans conteste le quartier des très riches. Hôtels particuliers, palaces, immeubles de grand standing jouxtent les plus beaux musées du monde, Metropolitan Museum ou Frick Collection. En face, les frondaisons de Central Park invitent à une bouffée d'air pur ou à un pique-nique au bord du lac.

À l'ouest du parc, **Upper West Side** (*voir p. 295*) est un peu moins élitiste, bien que résidentiel et cher. Au-delà de son prestigieux Lincoln Center, où se produisent tous les plus grands noms de la musique classique, de l'opéra ou de la danse, c'est le quartier qu'ont longtemps choisi acteurs, artis-

Quel quartier, pour quoi faire ?

Aller au restaurant - À midi, on mange sympathique et pas cher dans le Village, à Chinatown ou à Lower East Side. Le soir, essayer Soho, Chelsea ou le Village (East et West).

Boire un verre, sortir le soir - East Village, Lower East Side, Meatpacking District, Chelsea.

Voir des musées - Le Museum Mile, dans l'Upper East Side, West Midtown.

Faire du shopping - Chic et cher, à Soho ou dans l'Upper East Side. Ethnique, baba cool ou branché, dans le Village. Tous les prix, le long des 5th et 6th Avenues.

Faire du sport - Central Park pour le jogging, le roller ou le vélo. Brighton Beach, à Brooklyn, ou Staten Island, pour aller à la plage. Les rives de l'Hudson, à Chelsea Piers, pour tous les sports.

tes et écrivains, d'autant que la proximité de l'université de Columbia, dans Morningside, juste au nord, contribue à l'effervescence intellectuelle.

Un creuset multicolore

Avec **Harlem** *(voir p. 312)*, au nord de Central Park, on aborde l'une des légendes de New York, celle de sa culture noire, du jazz, puis de la lutte pour les droits civiques. Considéré comme un véritable coupe-gorge à une certaine époque, Harlem est désormais pacifié. On peut même craindre qu'il n'achève de perdre toute son identité, tant la flambée de l'immobilier, ici comme ailleurs, chasse les communautés traditionnelles.

Et les boroughs...

Parmi les quartiers qui montent, très recherchés par la jeune bourgeoisie des années fric, **Brooklyn** *(voir p. 326)*, de l'autre côté d'East River, est un pittoresque assemblage d'identités. Les communautés juives ou noires traditionnelles y côtoient les artistes en quête d'ateliers bon marché, tandis que les restaurants et les bars hésitent entre clientèle d'habitués et nouveaux bobos sortant les poussettes le weekend. Enfin, au bout, vers le sud, c'est là que l'on trouve la plage, l'océan et les balades oxygénées, sur les planches de la promenade.

Juste au-dessus de Brooklyn, le **Queens** *(voir p. 348)* n'est plus la banlieue

monotone de jadis mais un patchwork très vivant, où les immigrations successives se frottent les unes aux autres, grecque, asiatique, sud-américaine, africaine... Les artistes la colonisent aussi, l'art contemporain l'investit et le sport y fait la une, dans les stades de baseball ou lors de l'US Open de Flushing Meadows.

Au nord de Manhattan, enfin, le **Bronx** *(voir p. 346)* est un mariage inattendu entre les grands espaces verts du zoo et du jardin botanique et des quartiers qui semblent n'avoir pas changé depuis des décennies. Little Italy, par exemple, y est bien plus authentique que sa consœur de Manhattan : on ne sait pas si l'on est dans un quartier italien des années 1950 ou tout droit sorti d'un épisode de la série *The Sopranos*...

Beaucoup plus rurale, presque isolée, **Staten Island** *(voir p. 137)* est la cinquième composante de la mégapole. Déjà, le ferry que l'on emprunte pour s'y rendre la met à part, laissant derrière les tours de Manhattan. On y débarque un peu comme à la campagne, pour pique-niquer ou aller à la plage.

La ville qui ne dort jamais

Découvrir New York, c'est un peu partir à l'aventure, plonger dans ce maelström hyperactif et contrasté, oublier les repères du Vieux Monde, pour comprendre comment cette ville ne s'arrêtera jamais d'avancer, quoiqu'il arrive...

HISTOIRE

La présence humaine est attestée dans la région depuis plus de 11 000 ans. D'abord chasseurs nomades, ses premiers occupants se sédentarisent peu à peu, à mesure qu'ils maîtrisent la culture du blé, de l'orge et des courges et deviennent moins dépendants des migrations du gibier.

LE TEMPS DES DÉCOUVREURS

Les Vikings ont vraisemblablement fait une incursion dans la région, mais ils n'ont pas laissé de traces à New York même. Officiellement, c'est donc **Giovanni da Verrazano**, explorateur florentin au service du roi de France, François Ier, qui est le premier Européen à pénétrer en baie de New York, en 1524, alors qu'il cherche une voie vers les Indes.

En 1609, l'Anglais **Henry Hudson**, qui navigue pour les Hollandais, explore lui aussi la région. Remontant le fleuve qui porte à présent son nom, il ne rencontre en chemin que des Amérindiens. Après être parvenu au niveau de l'actuelle Albany, il rebrousse chemin, non sans décréter que ces nouveaux territoires sont propriété hollandaise.

Dans son sillage, ce qui est, en ce 17e s., la première flotte du monde établit des comptoirs, où s'installe un actif négoce avec les « Indiens », dont deux groupes se partageaient le territoire : les **Mohawks**, qui appartiennent à la confédération des Iroquois, et les **Algonquins**, dits aussi « Delaware ». Manhattan dérive d'ailleurs du mot algonquin *menatay*, qui signifie « île ».

La nouvelle Amsterdam

En 1614, la toute puissante **Compagnie hollandaise des Indes occidentales** fonde la colonie de la Nouvelle Hollande, à l'emplacement actuel de New York. En 1625, elle y installe un poste de traite. Trente familles protestantes d'origine française y débarquent, à la recherche d'un lieu où fuir les persécutions. L'année suivante, Peter Minuit « achète » Manhattan à une tribu de passage, les Wappingers, pour 60 florins de produits divers (l'équivalent de 26 dollars actuels !). Il s'agit là du premier « coup » financier d'une ville qui va devenir la capitale d'un négoce fondé sur l'audace, le bluff et le goût du virtuel...

Tensions raciales

Rapidement, des tensions raciales naissent, sous la pression des colons. Les premières violences ont lieu en 1640, quand ils détruisent les récoltes des Algonquins. Mais le pire est atteint trois ans plus tard, lorsque le gouverneur général paye les Mohawks pour qu'ils attaquent les Algonquins. Croyant trouver protection dans le camp militaire, ces derniers s'y réfugient pour la nuit. Pendant qu'ils dorment, les soldats hollandais en tuent quatre-vingts, principalement des femmes et des enfants, et leur tranchent la tête, avant de s'en servir pour une sorte d'atroce football primitif ! On ne s'étonnera pas, dans ce contexte de violence, que les Hollandais aient très vite éprouvé le besoin de bâtir un fortin et un mur de protection...

Par la suite, et au gré d'alliances successives, les différentes tribus amérindiennes de la région participeront aux guerres entre colons rivaux, anglais, français et américains.

L'ÉBAUCHE D'UNE VILLE

À la pointe sud de l'île de Manhattan, après avoir construit quelques fortifications, l'ingénieur hollandais Fredericksz élabore les plans de la future cité. C'est à lui que l'on doit les rues tortueuses de cette partie de la ville actuelle, au bord desquelles se bâtissent les *boweries* (fermes), souvent dans des zones marécageuses, où l'expérience ancestrale des Hollandais pour les drainer fait merveille (un moulin y est même érigé). D'autres domaines agricoles apparaissent plus au nord, dans les secteurs

East Village : les valeurs américaines fondamentales.

Ch. Barrely / MICHELIN

Que sont-ils devenus ?

Longtemps pourchassés, traités de « sauvages », souvent trahis par des traités jamais respectés, déportés, dispersés dans différents États, les Indiens de la région tentent pourtant de maintenir leur identité. Si certains vivent dans des réserves, en particulier au nord de l'État de New York, d'autres se sont fondus dans la ville. Leur légendaire résistance au vertige en fit des ouvriers recherchés pour la construction des gratte-ciel. Pour la même raison, on les retrouve dans l'entretien de leurs vitres. Le roman de Didier Decoin, *John l'Enfer*, dresse un émouvant portrait de cette communauté si particulière *(voir p. 60)*. Aujourd'hui, la Confédération iroquoise défend l'identité indienne et est devenue un interlocuteur politique des autorités fédérales et de l'État de New York, le musée des Iroquois à Howes Cave (NY) conservant l'essentiel de leur art traditionnel et contemporain. De même, les Delawares ont regroupé leurs forces politiques et culturelles au sein du Grand Conseil Delaware. Ces deux grands groupes tiennent régulièrement des *pow-wows*.

de Brooklyn, du Queens, du Bronx et de Staten Island. Mais le grand chantier urbain ne sera jamais vraiment mené à son terme. Seul le mur défensif sera suffisamment pérenne pour que la rue qui le remplace en garde le nom, Wall Street *(voir p.131)*. Le célèbre **Peter Stuyvesant** sera le dernier gouverneur général de la colonie. En effet, la Hollande a décidé de consacrer le maximum de ses ressources au Surinam et aux îles de l'Asie du Sud-Est. La Nouvelle Amsterdam est quasiment abandonnée.

La colonie devient anglaise

En 1664, c'est donc sans combattre que la ville se rend aux Anglais, pour un règne de 119 ans. New Amsterdam est rebaptisée **New York** en l'honneur du frère du roi Charles II, le duc d'York. Bien que le pouvoir politique appartienne aux Anglais (à l'exception d'une courte période de 1673 à 1674, quand la Hollande le reprend), le pouvoir économique reste aux mains industrieuses des bataves. Les deux langues sont même longtemps pratiquées à égalité. La ville devient alors le second comptoir de l'Amérique du Nord, après Boston. Mais si la terre y est fertile et le port propice au mouillage, la vie n'y est ni facile ni harmonieuse. La forte croissance démographique et l'afflux d'une population démunie la rendent insalubre. Ses rues boueuses sont investies par les porcs qui jouent le rôle de ramasseurs d'ordures, et les épidémies de choléra y sont fréquentes. Les indigents, déjà, y forment une classe qui traversera les siècles à venir.

Rébellion et indépendance

La domination britannique est une période heurtée et violente. Les révoltes s'y multiplient, telle celle déclenchée en 1765 par la volonté anglaise d'instituer une taxe supplémentaire, le **Stamp Act**. Autre sujet de mécontentement : les marins de toutes nationalités sont fréquemment enlevés et enrôlés de force dans la marine royale britannique. La résistance à une présence coloniale arrogante et maladroite s'organise donc, notamment dans une organisation secrète, les **Fils de la Liberté**, fortement influencée par l'esprit des Lumières. De nombreuses manifestations finissent dans la violence et le sang. Les opposants au régime anglais prennent enfin le pouvoir en 1776, juste avant la **déclaration d'Indépendance** promulguée le 4 juillet. Peu après, la Couronne britannique réinvestit la ville par la force, avec un corps expéditionnaire de 32 000 « Tuniques rouges » et 10 000 marins, un total bien supérieur en nombre à la population de la ville.

Le règne de l'anarchie

Au-delà de la gigantesque **spéculation immobilière** qui démarre, avec son cortège de trafics et de marché noir, New York voit se constituer une immense **zone de non-droit**, là où l'armée britannique n'est pas en mesure de contrôler les choses. Durant les sept années que va durer l'occupation, l'anarchie la plus débridée règne dans les quartiers civils, contrastant avec l'ordre factice, rigide et ostentatoire des quartiers militaires. En quelques années, la ville est ravagée. Le port abrite des bateaux-prisons, où 11 000 combattants américains périront. La victoire finale sur les Anglais ramène triomphalement **Georges Washington** à New York, le 30 avril 1789, et il prête serment sur le balcon du Federal Hall. La ville devient transitoirement capitale de l'État, puis capitale fédérale des États-Unis. Mais sa puissance financière croissante semble trop menaçante : on lui préfère finalement Albany, puis Philadelphie, en attendant la construction de Washington. Le coup semble rude.

UNE CAPITALE ÉCONOMIQUE

Mais le légendaire dynamisme newyorkais fait déjà merveille et lui permet rapidement de reprendre le dessus. Un **marché boursier** est créé en 1792 et Wall Street, déjà quartier du commerce et des assurances, devient celui de la finance *(voir p. 131)*. Si les premières transactions se faisaient, selon la légende, au pied d'un arbre, la création en 1817 du **New York Stock Exchange** (NYSE) leur donne une assise plus respectable. Une liaison maritime régulière avec Liverpool confère au port le quasi-monopole du trafic des passagers entre l'Europe et l'Amérique.

Une grille pour la ville

Hélas, en pleine effervescence économique et démographique, la ville est soudain ravagée, en décembre 1835, par un immense incendie qui détruit 1 200 maisons, ainsi que nombre de magasins, d'entrepôts et de bureaux. Wall Street n'est plus qu'un tas de ruines fumantes. Qu'à cela ne tienne, on reconstruit !

On en profite, sous la direction de De Witt Clinton, maire aussi bon gestionnaire qu'audacieux bâtisseur, pour planifier le tracé des voies de circulation, avec des avenues en angle droit. Le **Randel Plan**, la fameuse « grille » de Manhattan, avec ses 2 028 blocs, est donc créé en 1811. Toute trace « naturelle » est ainsi effacée. **Central Park**, dont la construction commence en 1857, est totalement inventé, sur le modèle des parcs à l'anglaise *(voir p. 269)*. À l'exception de l'extrême sud de Manhattan, le seul vestige du passé est **Broadway**, qui garde le tracé d'un immémorial sentier indien et nargue la **géométrie rectiligne** de la grille qu'elle coupe en oblique.

Cette forme urbaine se révèle rapidement un formidable outil de **spéculation immobilière** dont, on l'a vu, le siècle précédent avait déjà donné le goût. John Astor, par exemple, amasse en un temps record une immense fortune, qui en fait l'homme réputé le plus riche du monde. Il réussit à posséder la plus grande partie de Manhattan. Sa famille, avec les Vanderbilt et les Beekman, autres nouveaux patriciens, se bâtit de somptueuses demeures, vite revendues ou démolies pour en reconstruire d'autres encore plus ostentatoires, encore plus à la mode, dans des quartiers encore et toujours plus huppés.

Les mouvements de population sont, déjà à cette époque, une des marques de la ville, qui n'est jamais figée. Cette caractéristique perdure aujourd'hui. En dix ou vingt ans, des quartiers peuvent passer du statut résidentiel à une zone de taudis, et vice versa, au gré, surtout, du flot de l'immigration.

LES IMMIGRANTS

Car l'immigration est incessante, toujours supérieure à ce qu'apparemment la ville peut supporter. Et c'est là aussi une des clés pour comprendre New York. L'excès y est, en tous domaines, un style de vie. On fait remonter la première immigration à 1624, quand 23 juifs séfarades quittent le Brésil pour s'installer New York. Par la suite, bien d'autres étrangers arriveront de toute l'Europe.

La question noire

Moins connue est l'immigration qui concerne les Noirs. L'histoire de New York est à ce sujet assez trouble. En 1626, les Hollandais ramènent onze esclaves d'Afrique. Les Anglais suivent leur triste exemple et plusieurs **marchés aux esclaves** prospèrent à Wall Street. En 1740, plus de 20 % des habitants de la ville sont des esclaves. En 1817, la traite des Noirs est officiellement abolie à New York, mais ce commerce persiste officieusement. Même libres, les Noirs y ont une vie des plus difficiles : les *blackbirders* les kidnappent dans les rues pour les vendre dans le Sud. Si, peu à peu, quelques-uns d'entre eux émergent et constituent une ébauche de classe moyenne, l'ensemble vit misérablement. Les **tensions raciales** s'exacerbent, jusqu'à ce qu'éclatent les *draft riots*, les émeutes les plus sanglantes de l'histoire de l'Amérique. Déclenchées par l'appel de conscrits pour la guerre de Sécession, elles se soldent par 105 morts pendant les trois premiers jours. La paix n'est ramenée que grâce à l'intervention de cinq régiments de l'armée de l'Union. Au total on dénombre 1 200 morts et 8 000 blessés, dont de nombreux Noirs, accusés par la populace d'être les responsables de la guerre civile. L'amertume vient en fait des **discriminations** à la conscription : ceux qui peuvent payer ne sont pas mobilisés et la guerre est faite par les plus pauvres. New York ne se bat aux côtés des nordistes qu'à contre-cœur, du moins au début. Devant le flot incessant des nouveaux immigrants européens, les habitants pensent avant tout à eux-mêmes plutôt que de se préoccuper de stratégie nationale.

MÉGAPOLE ET CONTRASTES

À New York, la richesse côtoie la plus extrême pauvreté. On y trouve toujours le pire à côté du meilleur. Des **épidémies** de fièvre jaune en 1822, puis de choléra dix ans plus tard, coûtent la vie à 4 000 personnes et témoignent de l'état sanitaire de la ville, que ravagent régulièrement d'énormes **incendies**.

Jusqu'à 40 000 enfants des rues, qui n'ont d'autre moyen d'existence que la prostitution ou la rapine, hantent ses quartiers les plus mal famés.

Dans le même temps, New York est devenue la plus grande ville des États-Unis. Sa **prospérité** croît encore avec l'ouverture, en 1825, du canal Érié, qui lui offre l'accès aux mers intérieures que sont les Grands Lacs.

La vague irlandaise

Attirés par ce développement qui semble déjà sans limites, des vagues d'immigrants européens déferlent sans discontinuer, au gré des drames, guerres, conflits politiques ou pressions économiques qui affectent le Vieux Continent. Tel est le cas, notamment, des Irlandais qui, poussés par la famine provoquée par une maladie de la pomme de terre, arrivent en masse à New York. En 1860, ils représentent un tiers de ses habitants. Pauvres, souvent illettrés, ils sont méprisés par les descendants des Hollandais et des Anglais. Conformément à la « morale » du Nouveau Monde, ils se battent pour leur survie, par tous les moyens. Ils constituent une ville dans la ville, prenant peu à peu le pouvoir sur ses services, sa police et sa gestion.

La naissance des gangs

La corruption fleurit, atteignant des sommets entre 1860 et 1870, sous l'influence de **Tammany Hall**, un club politique affilié au parti démocrate. Des millions de dollars (de l'époque !) sont détournés, en particulier sous le règne du maire Fernando Woods, étrange personnage, véritable mégalomane qui voulait carrément faire faire sécession à sa ville. Il constitue même sa propre police, qui n'hésite pas à s'affronter avec sa rivale officielle. En dépit des scandales récurrents, il faudra attendre la célèbre enquête, en 1894, d'un jeune et ambitieux avocat, un certain **Theodore Roosevelt**, puis

Arthur Avenue, dans le Bronx : un quartier bien italien.

Gangs et gangsters

Si la criminalité organisée débute dès la guerre d'Indépendance, dans le désordre et le climat de violence de la ville, c'est au milieu du 19e s. qu'elle s'institutionnalise. Les gangs tiennent le haut du pavé dans le quartier des Five Points, réputé le plus dangereux du monde, illustré de façon très véridique dans le film *Gangs of New York*. La « Vieille Brasserie » en est le bâtiment le plus exécrablement célèbre, où jusqu'à mille personnes s'entassent la nuit, rufians, gosses des rues, prostitué(e)s, pauvres hères. Alors que le 19e s. fut le siècle du gang, le 20e sera celui du gangster, fondamentalement un solitaire qui ne doit allégeance à personne d'autre qu'à lui-même. Au cinéma, il inspire des rôles souvent tenus sur le mode romantique par James Gagney ou Edward G. Robinson. La réalité est moins idéale. John Gotti, le dernier des grands parrains de la Mafia, purge toujours sa peine à perpétuité.

son ascension politique, pour en finir provisoirement avec cette corruption institutionnalisée.

Les premiers **gangs** répertoriés de New York sont donc irlandais. Affichant crânement leur identité dans les quartiers dont ils sont les maîtres, ils aident le maire en fonction, y compris par la **violence**, quand celui-ci est de leur bord, ou l'achètent dans le cas contraire... Accessoirement, avant la fin de la guerre de Sécession, ils capturent les esclaves fugitifs et les revendent à leurs maîtres sudistes. Ces gangs, bientôt rejoints au comptoir du **crime organisé** par des congénères d'autres origines, italiens, puis juifs, centre-américains, sud-américains et asiatiques, seront un des phénomènes dominants de la vie souterraine de la cité, à toutes les époques.

Immigration contrôlée

La majorité des immigrants sont pourtant honnêtes et se fondent dans le chaudron new-yorkais. Ils ont choisi de traverser l'Atlantique, souvent dans des conditions peu confortables, pour des raisons économiques ou politiques. New York est la porte d'entrée vers une nouvelle vie, où le plus grand nombre vit à peu près décemment et où les plus habiles ou les plus chanceux peuvent devenir riches en peu de temps. Paradoxalement, ces immigrants, recherchés pour fournir des bras aux grands travaux qui enrichissent la ville, sont suspectés de tous les maux.

Très vite, les élus new-yorkais tentent de contrôler les arrivées. Un « bureau de tri » est d'abord installé à Castle Garden, une ancienne salle d'opéra qui bientôt ne suffit plus. On construit alors, sur **Ellis Island**, des baraquements sommaires, qui seront remplacés, en 1900, par de majestueux locaux de style Art nouveau *(voir p. 138)*. 20000 immigrants y sont « traités » par jour, 16 millions d'Européens au total, jusqu'à sa fermeture, en 1924.

Nombre d'arrivants poursuivent leur route vers l'Ouest du pays, mais beaucoup s'installent à New York, provoquant un fantastique accroissement de la population, de 500000 en 1850 à plus de 3 millions en 1900, qui en fait la ville la plus peuplée du monde. Car New York est devenue le symbole de l'Amérique et de la liberté. C'est ainsi que les **juifs** fuyant les pogroms russes, les peuples d'Europe centrale, ou les diverses minorités religieuses de l'Ancien Continent sont rejoints par les **Italiens**, puis les **Chinois**. Si les nantis n'ont aucune difficulté à s'installer, la plupart sont plongés dans la plus extrême précarité.

Tout naturellement, les communautés tendent à se regrouper dans les mêmes quartiers, Little Italy *(voir p. 147)*, Chinatown *(voir p. 146)* ou le Lower East Side *(voir p. 164)* pour les juifs qui s'installent aussi à Brooklyn *(voir p. 332)*. En effet, l'explosion démographique rend Manhattan trop exigu. En 1898, Brooklyn, le Bronx, le Queens et Staten Island sont donc rattachés à la municipalité.

LE PASSAGE AU 20e SIÈCLE

La fin du 19e s. inaugure la construction des **premiers gratte-ciel**, du métro, mais aussi de grandes **institutions culturelles**, tels l'American Museum of Natural History *(voir p. 302)* et le Metropolitan Museum of Art *(voir p. 277)*. Car les magnats de la finance, de l'immobilier ou de l'industrie rivalisent de prétention au bon goût artistique. Les plus grands chanteurs d'opéra, tel Caruso, les meilleurs solistes, à l'instar de Tchaïkovski, se produisent à New York ou s'y installent définitivement.

L'éclosion culturelle

Pourtant, si de modestes écoles de peinture y apparaissent *(voir p. 95)*, c'est en Europe, à Paris, Londres, Rome ou Florence, que l'on va acheter ses œuvres d'art. Les riches **mécènes** les installent d'abord dans leurs luxueuses demeures, avant d'en faire des donations aux musées. La ville devient dès lors un centre majeur pour l'élite artistique et culturelle des deux continents. La presse, dont le *New York Times* créé en 1851, et les grands journaux d'opinion ou de la finance, et les groupes d'édition constituent l'autre versant de la vie intellectuelle de la cité à la veille du 20e s.

Le boom économique

La participation des États-Unis à la Première Guerre mondiale marque une étape importante, à la fois pour les soldats, dont 50 000 ne reviendront jamais, mais aussi pour le commerce et l'industrie, qui sont en plein essor et entrent dans un cycle de prospérité.

NEW YORK, NEW YORK...

1920, avec son fameux décret sur la **Prohibition**, souligne toutes les contradictions de la ville. Cette mesure, inspirée par les ligues de tempérance, provoque fatalement une recrudescence du **banditisme** et du trafic d'alcool, avec son cortège de corruption et d'exactions diverses. En même temps, c'est l'envol des **boîtes de jazz** et des dancings (tel le célèbre Cotton Club), qui fleurissent à Harlem *(voir p. 308)*. Au moment où des gens comme Rockefeller achètent des Picasso et des Braque, l'argent du crime organisé se recycle en ces lieux de plaisir plus populaires, où, d'ailleurs, la haute bourgeoisie new-yorkaise aime à s'encanailler...

Culture noire

Cet essor musical, typique du premier quart du 20e s., est tel qu'à cette époque on parle même de « renaissance noire ». Des artistes hors du commun arrivent à New York, tels Duke Ellington, dans l'orchestre duquel joueront tant de futurs grands, ou Ella Fitzgerald et ses consœurs, brillantes chanteuses solistes. C'est à ce moment-là que naissent mythes et archétypes, qui entreront à jamais dans le monde de la littérature, du cinéma et de l'imaginaire collectif. Le **roman** et le **film** noirs, leurs rues luisantes de pluie sous la lumière glauque des réverbères, où résonnent les pas des nouveaux **héros modernes**, flics, privés, ou gangsters, prennent corps durant cette période.

Génération bohème

La « génération perdue », celle des artistes et intellectuels de retour de la guerre en Europe, où ils ont souvent prolongé leur séjour, s'installe parallèlement dans **Greenwich Village** *(voir p. 172)*, au cœur de Manhattan. Les loyers y sont alors accessibles. Ils forment une faune bohème qui crée une effervescence culturelle et artistique, parachevant la mutation de la société new-yorkaise. De nouveaux **musées** et fondations de premier plan voient le jour, tels le Museum of Modern Art *(voir p. 241)*, le Guggenheim *(voir p. 286)* et le Whitney Museum *(voir p. 290)*. La presse et les médias se développent, en particulier la radio.

... et toujours le business

Pendant ce temps-là, le port, dont l'activité a été dopée par la guerre, continue de faire de la ville le cœur commercial du pays. Les gratte-ciel, toujours plus hauts, achèvent de bouleverser le paysage, accentuant chaque jour le caractère « vertical » que décrit Céline.

UN RÊVE CHASSE L'AUTRE

Un arbre ne poussant jamais jusqu'au ciel, la Bourse de New York s'effondre soudainement le **24 octobre 1929**, plongeant le pays dans la « Grande Dépression ». En quelques semaines, des fortunes s'effondrent. On ne compte plus les suicides. Des millions de travailleurs se retrouvent au chômage, puis plongés dans l'indigence. Quand à ceux qui étaient déjà pauvres, ils survivent comme ils peuvent. Harlem s'enflamme en 1935, rappelant que la communauté noire est massivement restée au bord du chemin de l'expansion, si l'on excepte l'aspect culturel du jazz, important certes, mais relatif.

Un sursaut d'énergie

L'état d'esprit volontariste de la ville, et, au-delà, des Américains, même ceux de fraîche date, fait que très vite, après

---

La Grande Dépression

Les gratte-ciel inachevés se dressent comme de grands insectes figés par le froid. Du jour au lendemain, on monte des tentes, ici ou là, dans les espaces vides, comme un défi à l'arrogance new-yorkaise. Les queues interminables devant les soupes populaires de l'Armée du Salut sont le triste lot de ceux qui n'ont conservé leur emploi qu'au prix d'une énorme diminution de salaire. Le tiers des entreprises connaît la banqueroute. Pourtant, des initiatives originales voient le jour, dans des domaines très variés. Ainsi, alors que la plupart des écrivains et artistes sont au chômage, un projet éditorial ambitieux est lancé, qui permet la publication du *New York Panorama*, un guide exceptionnel sur la ville. Outre bien d'autres aspects passionnants, cet ouvrage remet à l'honneur un écrivain new-yorkais tombé dans l'oubli : mort depuis près de 40 ans, Herman Melville, génial auteur de *Moby Dick*, y gagne la célébrité posthume.

---

une courte période d'intenses remises en cause et de souffrances, on se remet au travail. Grâce à l'énergie et à la clairvoyance d'un nouveau maire, **Fiorello La Guardia**, de grands travaux redonnent de l'ouvrage et stimulent la reprise de l'économie. Les programmes de construction de logements sociaux, dont il prend l'initiative, viennent un peu moraliser l'expansion immobilière, dont la construction de l'Empire State Building en 1931 est le symbole *(voir p. 237)*. Parallèlement, il entreprend une vigoureuse lutte contre le banditisme et la corruption, forçant le parrain Lucky Luciano à quitter les États-Unis et à retourner en Sicile.

Les retombées de la guerre

Tout se passe comme si le pays et la ville reconstituaient leurs forces en prévision du cataclysme qui se prépare en Europe et en Asie. Dès le début des persécutions nazies à l'encontre des juifs, les plus clairvoyants d'entre eux reprennent massivement le chemin de l'émigration vers l'Amérique. La Seconde Guerre mondiale fait à nouveau de New York le premier port de la planète, mais aussi le refuge de l'**élite intellectuelle et artistique**. Le mouvement surréaliste s'y rassemble, ainsi que de grands intellectuels et écrivains, Hannah Arendt, Nabokov et d'autres. New York est enfin reconnue comme une sorte de capitale du monde.

DES HAUTS... ET DES BAS

Les lendemains de la victoire sur les forces de l'Axe sont euphoriques pour New York. L'argent afflue et la volonté de poursuivre les **grands travaux** s'y manifeste par la multiplication des ponts, des tunnels, des routes, des gratte-ciel et des parcs. Mais, conséquence de la course au pouvoir des hommes politiques, de leur démagogie et de la reprise de la **corruption**, les finances municipales ne peuvent plus suivre cette fuite en avant. D'autant qu'une immigration de populations très pauvres, en provenance notamment des Caraïbes, exacerbe la

question raciale, toujours à fleur de ghetto, et entraîne une explosion des dépenses sociales.

Rigueur budgétaire et crise sociale

Une crise financière d'une ampleur inégalée jusque-là conduit New York au bord du dépôt de bilan, en 1975. Sous l'égide d'un consortium de grandes banques, on rééquilibre le budget municipal, au prix d'une **politique de restriction** des dépenses sociales qui jette sur le trottoir des foules de sans-abri et de drogués. Un cortège de **criminalité** sauvage l'accompagne (notamment avec l'apparition du crack), bien au-delà du banditisme organisé qui se contentait des trafics et du recyclage de l'argent sale. L'image de New York devient celle d'une ville où il est dangereux de prendre le métro ou de s'aventurer à l'ouest de la 8e avenue, dans le Bronx ou à Harlem. Les quartiers ghettos se dégradent. Certains prennent des allures de ville ravagée par la guerre et sont abandonnés par la spéculation immobilière.

La bulle des années 1980

Et pourtant, sous « l'ère Reagan », l'argent continue d'affluer, grâce, d'une part, à la finance qui, à Wall Street, commence dans les années 1980 à drainer les faramineux surplus des revenus pétroliers et, d'autre part, grâce à la révolution informatique et à la haute technologie qui font de New York la rivale de la Californie. La spéculation sur les œuvres d'art atteint des sommets. Le fossé se creuse entre très pauvres et très riches. En 1989, des soubresauts politiques amènent le premier maire noir, le démocrate **David Dinkins**. En vain. Les **inégalités** perdurent. Les violences raciales s'accentuent. Le métro reste un lieu à risque.

Tolérance zéro

Son discours sécuritaire amène le républicain **Rudolph Giuliani** à la mairie, en 1994. Sa règle, la « tolérance zéro », y compris, et ce sera la nouveauté, du point de vue de la qualité de vie, rassure la population. Les sans-abri disparaissent des trottoirs. Times Square et le métro redeviennent fréquentables, les quartiers abandonnés aux fumeurs de crack recommencent à intéresser les promoteurs immobiliers. Gagnant même le respect des *yuppies* démocrates, Giuliani ne se contente pas de mettre en place des mesures musclées, il sait instiller dans sa politique municipale suffisamment de social pour apaiser les tensions raciales. Il est réélu en 1997.

L'écroulement des tours

Il sera le maire emblématique de New York, au soir du **11 septembre 2001**, présent au milieu des pompiers qui perdront 200 des leurs dans les décombres. Cet attentat, dramatique pour ses 3 000 victimes et leurs familles, aura aussi été une agression symbolique contre l'Amérique, au cœur du système financier occidental.

Mais, comme à chaque fois dans l'histoire de New York, comme après Pearl Harbour, comme au lendemain du « lundi noir » d'octobre 1929, la vitalité de ses habitants prend incroyablement le dessus. La poussière à peine retombée, le projet de la **Freedom Tower**, l'immeuble devant remplacer les tours jumelles, est proposé à l'équipe du nouveau maire, **Michael Bloomberg**, soutenu par Giuliani. La première pierre est posée le 4 juillet 2004. Après une suite de contretemps et de conflits d'intérêts, la construction de la tour emblématique a officiellement démarré en avril 2006 *(voir p. 133)*. Pourtant, les entreprises pressenties pour en occuper les bureaux ne font pas preuve d'un grand empressement à signer pour un site qui risque de redevenir une cible pour les terroristes. En tout cas, le projet global ne sera pas achevé avant 2012. Ce qui n'empêche pas qu'après une courte et compréhensible sidération la ville ait repris le cours de ses activités trépidantes. De nouveaux quartiers se transforment, les chantiers se multiplient, le business est toujours là et l'espoir d'une vie meilleure renaît, une fois de plus.

DATES CLÉS

1524 - Giovanni da Verrazano découvre le site de l'actuelle New York, pour le compte du roi de France, François Ier.

1609 - Henry Hudson explore le fleuve qui porte de nos jours son nom, pour le compte de la Compagnie hollandaise des Indes orientales.

1614 - La région devient une colonie hollandaise et prend le nom de Nouvelle Hollande.

1625 - Un comptoir s'installe sur l'île de Manhattan, qui est baptisée Nouvelle Amsterdam.

1626 - Peter Minuit « achète » Manhattan aux Algonquins, pour l'équivalent de 26 dollars.

1636 - Le Danois Johannes Bronck s'installe sur le continent, au nord de l'île, là où se développera le Bronx.

1644 - Les onze premiers esclaves amenés par les Hollandais sont « affranchis ».

1647 - Peter Stuyvesant occupe le poste de gouverneur général de la colonie.

1653 - Il fait construire une enceinte fortifiée sur l'emplacement de l'actuelle Wall Street.

1657 - Arrivée des premiers Quakers anglais.

1664 - Les Anglais s'emparent de la Nouvelle Amsterdam, qui devient New York.

1667 - Le traité de Breda fait de l'Angleterre la propriétaire de la colonie.

1673 - La Hollande reprend la ville qui est rebaptisée Nouvelle-Orange.

1674 - Le traité de Westminster restitue la Nouvelle Hollande à l'Angleterre.

1688 - La destitution du roi anglais catholique Jacques II provoque des troubles à New York. Un partisan de la Réforme prend le pouvoir, mais il est pendu en 1691.

1725 - La *New York Gazette*, premier journal de la ville, est créée par William Bradford.

1734 - John Peter Zengler, du *New York Weekly Journal*, est arrêté pour son opposition au gouverneur britannique.

Il est triomphalement relâché l'année suivante, marquant pour la première fois l'attachement de la cité à son indépendance d'opinion.

1763 - Le traité de Paris confirme la domination de l'Angleterre sur le continent nord-américain.

1764 - Le *Sugar Act* renforce les droits de douane au profit des Anglais et provoque une vive irritation au sein de la population.

1765 - Le *Stamp Act* exacerbe cette opposition et entraîne l'union des neuf colonies. Il est abrogé l'année suivante.

1767 - Les « taxes Townsend », qui imposent lourdement les colonies, rompent le calme fragile. Les deux camps courent à l'affrontement.

4 juillet 1776 - Adoption de la déclaration d'Indépendance. C'est la guerre.

1783 - Le traité de Paris reconnaît l'indépendance des treize colonies américaines. Georges Washington entre triomphalement dans New York, qui devient, l'année suivante, la première capitale des États-Unis.

1789 - Washington, premier président des États-Unis, prête serment à New York, sur le balcon du Federal Hall.

1798 - La fièvre jaune tue 2 000 personnes.

1807 - Fulton relie New York à Albany avec son navire à vapeur.

1811 - Le *Randel Plan* quadrille la ville, suivant 12 avenues longitudinales et 155 rues transversales.

1812 - Les États-Unis déclarent la guerre à la Grande-Bretagne. New York est durement affectée par le blocus.

1817 - Création du Stock Exchange.

1820 - La population new-yorkaise atteint 123 706 habitants, ce qui fait de New York la plus grande ville du pays.

1825 - Le canal Érié relie les Grands Lacs au port de New York, qui draine rapidement la moitié des importations de l'ensemble des États-Unis.

1827 - L'esclavage est aboli dans l'État de New York.

1835 - Un incendie détruit le quartier des affaires et 600 immeubles.

1845 - La première ligne télégraphique relie New York à Philadelphie. Edgar Poe s'installe à Greenwich Village.

1851 - Première parution du *New York Times*.

1852 - Exposition universelle, au Crystal Palace.

1855 - Parution de *Feuilles d'herbe*, de Walt Whitman, né à New York.

1857 - La construction de Central Park commence. Elle durera 20 ans.

1861-1865 - Guerre de Sécession. Après l'assassinat de Lincoln, son corps est exposé à New York, au City Hall.

1868 - Premier métro aérien.

1869 - « Vendredi noir » et première grande panique financière de la ville.

1872 - Inauguration du Metropolitan Museum of Arts.

1886 - Inauguration de la statue de la Liberté.

1891 - Inauguration de Carnegie Hall, sous la baguette de Tchaïkovski.

1902 - Achèvement du Flatiron Building.

1904 - Première ligne de métro souterrain.

1913 - L'exposition du *New York Armory Show* initie le public américain à l'art moderne. Duchamp y fait scandale.

1917-1919 - Les États-Unis prennent part à la Première Guerre mondiale.

1919-1933 - Prohibition de l'alcool.

1922 - Ouverture du Cotton Club.

1929 - Krach de Wall Street.

1931 - Achèvement de l'Empire State Building.

1939 - Inauguration du Rockefeller Center.

1941-1945 - Participation des États-Unis à la Seconde Guerre mondiale.

1948 - Mort du mythique joueur de base-ball Babe Ruth. Son corps est exposé au Yankee Stadium.

1952 - L'ONU s'installe à New York.

1962 - Marilyn Monroe chante à Madison Square Garden en l'honneur du président Kennedy.

Les New York Mets débutent au Polo Ground.

1965 - Assassinat, à Harlem, du leader noir Malcolm X.

1968 - En pleine période de tensions raciales, le maire John Lindsay visite les ghettos.

1970 - Premier marathon de New York.

1973 - Inauguration du World Trade Center.

1977 - Panne géante d'électricité durant 25 heures. Neuf mois plus tard, boom des naissances...

1979 - Sortie du film *Manhattan*, de Woody Allen.

1980 - John Lennon est assassiné devant son domicile, le Dakota.

1993 - Explosion d'une bombe terroriste au World Trade Center.

1994 - Rudolph Giuliani est élu maire.

1996 - Blizzard du siècle.

31 décembre 1999 - Près de deux millions de New-Yorkais célèbrent le nouveau millénaire à Times Square.

Janvier 2001 - Hillary Clinton entame son mandat de sénateur de New York.

11 septembre 2001 - Attentat terroriste et destruction du World Trade Center. 2973 morts et disparus.

4 juillet 2004 - Pose de la première pierre de la Freedom Tower.

Janvier 2006 - Michael Bloomberg est investi pour un second mandat.

Novembre 2006 - Raz de marée démocrate aux élections de mi-mandat.

Janvier 2008 - Hillary Clinton, réélue sénateur, se lance dans la course présidentielle, mais elle est battue lors des primaires par Barack Obama.

Mars 2008 - Mêlé à un scandale de prostitution, Eliot Spitzer, gouverneur démocrate, est contraint de démissionner.

ÉCONOMIE ET POLITIQUE

Le nom de New York désigne à la fois la ville et l'État qui l'entoure, dont la capitale est Albany, le second des États-Unis par la population (18 millions d'hab.), derrière la Californie.

UNE AUTONOMIE POLITIQUE

La ville de New York, surnommée depuis 1920 « la Grosse Pomme », *Big Apple*, comptait environ 8 210 000 habitants en 2008. Pour les quatre dernières années, sa croissance annuelle a été supérieure à 2 %. New York est constituée de cinq *boroughs*, (anciens comtés), **Manhattan** (ou New York County, 1,5 million hab.), le **Bronx** (1,4 million hab.), **Brooklyn** (2,5 millions hab.), le **Queens** (2,2 millions hab.) et **Staten Island** (450 000 hab.). Si administrativement et politiquement l'État de New York reste déterminant, la ville bénéficie, elle, d'une large autonomie législative et judiciaire. Les rapports entre les deux, souvent conflictuels dans le passé, sont définis par une charte promulguée par l'Assemblée législative de l'État de New York et parfois par référendum. Les New-Yorkais sont plutôt progressistes : lors des élections présidentielles de 2004, les trois quarts des électeurs ont voté **démocrate**.

L'administration new-yorkaise est dirigée par le **maire**, élu au suffrage direct. Elle est organisée en trois sections, exécutive, législative et judiciaire, et cinq départements administratifs. Le maire dispose également de pouvoirs exceptionnels en cas d'urgence : catastrophes naturelles, émeutes, invasions et troubles graves à l'ordre public. Le secteur législatif est contrôlé par un conseil municipal *(city council)* de 51 membres, élus pour quatre ans, largement démocrate. Chaque élu représente environ 157 000 habitants. À la différence du reste de l'État, les comtés de la ville de New York ne disposent pas de leurs propres tribunaux civils mais en partagent un unique, qui leur est commun. Les affaires criminelles et les affaires civiles les plus graves sont du domaine de la Cour suprême de chaque comté. Depuis janvier 2002, le maire est **Michael Bloomberg**, un républicain élu grâce au parrainage de Rudolph Giuliani. Les élections de novembre 2006 ont toutefois ramené les deux sièges de sénateur et le poste de gouverneur aux démocrates, une vague sans précédent depuis 1949. À cet égard, l'installation à Harlem des bureaux de Bill Clinton est très porteuse pour leur cause. En 2008, c'est au tour d'Hillary Clinton, épouse de Bill et sénateur de New York, d'être sur le devant de la scène lors de la course à l'investiture démocrate pour les présidentielles, qu'elle perd face à Barack Obama.

LES FACETTES DE L'ÉCONOMIE

La richesse de la ville a reposé sur des atouts variés, qui se sont enchaînés et complétés, grâce à son inextinguible dynamisme.

Grandeur et déclin du port

À l'origine de la création puis du développement de New York, le port a bénéficié d'un site exceptionnel et protégé, mais aussi de la proximité d'une zone agricole fournissant les denrées alimentaires à ses habitants. Après 1819, l'ouverture du **canal Érié** lui donne un avantage décisif par rapport à ses rivales, Boston et Philadelphie. Les quais historiques se trouvent tout autour de Manhattan, au South Street Seaport et le long de l'Hudson River, mais ils ne sont plus utilisés pour le fret. L'activité portuaire est désormais réduite à quelques quais, à Brooklyn, dans le quartier de Red Hook, et au Howland Hook Marine Terminal de Staten Island. Mais pour combien de temps ? Le transit des marchandises (notamment des containers) s'est peu à peu déplacé vers le Port Newark-Elizabeth Marine Terminal, dans le New Jersey, et au nord de Staten Island. Les promoteurs immo-

South Street Seaport.

Ch. Barrely / MICHELIN

biliers sont prêts à fondre sur les vastes espaces laissés vacants sur le front de mer, en particulier à Brooklyn et dans le Queens.

L'immobilier, encore et toujours

À New York le secteur du bâtiment s'est toujours bien porté depuis le temps des premiers colons. Des ralentissements ont été inévitables, comme après la Grande Dépression des années 1920, mais, à chaque fois, promoteurs, architectes et maçons reprennent très vite les affaires en main, démolissant et reconstruisant à qui mieux mieux.

Dès 1916, une véritable **politique d'urbanisme** avait été lancée, en vue de protéger la propriété privée, tout en limitant la hauteur et le volume des bâtiments et en conservant un style propre à chaque quartier. Les années 1950-1960, placées sous le signe du bulldozer, visèrent à supprimer les taudis et à créer de vastes ensembles, tout en poursuivant les travaux de voirie, d'entretien des ponts et des lignes de métro. Les décennies suivantes ont été plus soucieuses de préserver le patrimoine ancien, pour des raisons sentimentales, sans doute, mais aussi avec des arrière-pensées de développement touristique. New York a également été une pionnière dans l'aménagement des **lofts**, la reconversion de locaux industriels en ateliers pour artistes et en logements pour intellectuels et « yuppies » (*young urban professionals*), notamment dans le sud de Manhattan. Ces territoires étant désormais surexploités, la **spéculation** concerne maintenant les friches industrielles et portuaires situées au-delà de l'East River, immenses et superbement placées, avec vue sur Manhattan.

Bien que les attentats du 11 septembre aient provoqué un coup de frein, la machine immobilière est repartie de plus belle. Les quartiers défavorisés finissent par être reconquis par les classes moyennes et supérieures, comme c'est le cas à Harlem, où les rénovations commencent à chasser les habitants traditionnels, en raison de l'énorme **inflation des prix** au mètre carré

(+ 300 % au cours de la décennie 90). Les conditions d'achat devenant prohibitives, même pour de confortables salaires, les trois quarts des 2,9 millions de logements sont occupés par des locataires. De plus, la bulle immobilière a des répercutions sur d'autres secteurs de la vie économique.

La désindustrialisation

L'évolution générale de l'économie dans les pays occidentaux n'a pas manqué d'atteindre New York. Entre 1950 et 1990, les emplois industriels ont baissé de 44 %. La première cause, la plus évidente sinon la plus importante, est le prix de l'immoblier, qui contraint les entreprises à émigrer vers la périphérie de la ville. L'autre cause en est la mondialisation, qui a entraîné des délocalisations massives des emplois manufacturiers vers l'Amérique centrale et du Sud, puis vers l'Asie.

L'industrie de la **confection**, traditionnelle à New York, existe encore dans le quartier de Garment District (près de 7th Ave.), mais elle est en perte de vitesse, limitée de plus en plus au haut de gamme.

Un autre secteur industriel encore actif est celui du matériel informatique, des semi-conducteurs et de l'équipement médical. Le haut niveau de formation des habitants de la ville et des immigrants favorise l'implantation et le développement des **technologies de pointe**, qui font de New York une rivale de la Californie. Les industries alimentaires, la mécanique haut de gamme et la chimie sont encore des industries vivantes, mais elles ne sont plus des locomotives du développement économique de la ville.

Les médias et la communication

Tel n'est pas le cas de l'édition, de la presse et des diverses formes de communication. Depuis toujours, New York est un bastion de la **presse écrite**, synonyme d'indépendance d'esprit et n'hésitant pas à sortir des sentiers battus. Ce goût pour l'information écrite ne s'est pas démenti avec l'apparition de la radio, de la télévision et d'Internet. La ville est le siège de 15 journaux quotidiens, de 350 magazines, de deux des plus importantes **agences de presse** (Associated Press et United Press International), d'agences de photos, de quatre chaînes nationales de **télévision** (ABC, NBC, CBS et Fox), ainsi que d'une foule de chaînes câblées. De grandes maisons d'**édition** résident également dans cette ville où la « matière grise » a toujours été abondante.

Enfin, c'est à New York que le **cinéma** américain est né, avant d'émigrer à Hollywood. Après une période de vaches maigres, les cinéastes indépendants ont permis à l'industrie du cinéma de réinvestir la ville, dont les studios fournissent aussi des programmes aux chaînes télévisées. Ses figures de proue, Woody Allen et Martin Scorsese, ont toujours su montrer leur attachement à leur ville, non seulement sous ses aspects les plus romantiques (*Manhattan*, de Allen), mais aussi les plus sauvagement ancrés dans ce qu'elle fut (*Gangs of New York*, de Scorsese). Le secteur génère 75000 emplois et pèse 8 milliards de dollars.

Un tourisme prospère

New York est l'une des villes les plus visitées au monde : 35 millions de personnes en 2001, jusqu'au 11 septembre, qui provoqua un effondrement de l'ensemble des activités et du tourisme en particulier. Mais, comme toujours, on sait rebondir dans cette ville à l'énergie féroce. Deux ans après, on avait à nouveau des difficultés à trouver une chambre d'hôtel à des prix raisonnables. Les hôtels de toutes catégories sont à peine suffisants pour absorber des visiteurs de toutes provenances.

Le secteur le mieux structuré est celui des innombrables **congrès et séminaires** politiques, commerciaux, scientifiques ou autres. Ils se déroulent dans d'immenses hôtels, véritables villes dans la ville, où les participants ne sont libérés qu'en soirée (et encore...), quand Broadway leur ouvre les bras.

Là aussi, une véritable **industrie du divertissement** s'est constituée au fil des ans, dans les innombrables salles de concert, les théâtres et les cabarets de jazz. Les projets immobiliers les plus récents intègrent désormais la dimension touristique dans leur cahier des charges. Pas de développement d'un quartier sans prévoir d'emblée l'implantation de bars, restaurants, galeries d'art ou centres commerciaux. Et New York possède quelques-uns des plus beaux musées de la planète, passages quasi obligés pour le touriste.

Et la finance !

Le principal marché des valeurs boursières est le **New York Stock Exchange** (NYSE). Il est souvent simplement surnommé « Wall Street », symbole du capitalisme. La capitalisation boursière des titres qu'il cote est supérieure à 21000 milliards de dollars et il s'y traite quotidiennement 42 milliards de dollars de valeurs. Près de 2800 entreprises et fonds d'investissement sont cotés au *Big Board*, dont 28 font partie du *Dow Jones Industrial Average*, l'indice vedette des marchés américains.

Mais toutes les valeurs ne s'y retrouvent pas : deux autres poids lourds du *DJIA*, Microsoft (logiciels) et Intel (microprocesseurs), par exemple, sont cotés sur le marché électronique **Nasdaq**, le grand concurrent du NYSE. Les 1366 courtiers admis à y effectuer des transactions paient de droit très cher et le prix d'un siège a atteint 4 millions de dollars en décembre 2005. Une grande partie de la finance internationale passe entre leurs mains, acquittant au passage des sommes considérables, lesquelles, en cascade, irriguent les circuits économiques de New York. Il en est de même de la foule de professions rattachées à la finance, compagnies d'assurance, de conseil, d'expertise comptable, d'import-export, etc. Ces emplois créent et entretiennent à leur tour des myriades de services à tous les niveaux qui, jusqu'aux portiers des hôtels ou aux toiletteurs pour chiens, font vivre la cité.

URBANISME ET ARCHITECTURE

New York ne propose pas de vestiges architecturaux anciens. Pourtant, l'une des qualités de la ville réside dans son paysage urbain unique au monde. Manhattan et sa ligne d'horizon hérissée de gratte-ciel est à maints égards un des symboles majeurs du 20e s.

L'époque coloniale

Il ne reste que peu de traces des premiers occupants hollandais, hormis le tracé irrégulier de certaines rues du sud de Manhattan. Ils y vivaient dans de coquettes maisons aux avant-toits évasés, précédées de vérandas, ou, plus au nord, dans des fermes. Une aquarelle peinte tardivement, en 1797, nous montre un paysage proche de la campagne hollandaise, avec son traditionnel moulin-à-vent. Sans doute le peintre a-t-il été influencé par la représentation qu'il se faisait de l'idéal de son époque, mais c'est tout ce qui nous en est resté, hormis de rarissimes vestiges, telles Dyckman House (204th St. et Broadway), transformée en musée, ou la Pieter Claesen Wyckoff House (5816 Clarenton Rd, Flatbush, à Brooklyn).

La prise de la ville par les Anglais se traduira par l'importation du **style georgien** (1720-1790), telle la Morris Jumel

Thomas Jefferson ou la rupture

C'est à Thomas Jefferson que l'on doit l'introduction du style fédéral (1780-1830). Son modèle était le Panthéon de Rome. Cet homme cultivé utilisa cette architecture pour sa résidence de Monticello, aux portes de Charlottesville, en Virginie. Le nouveau style fut ensuite repris pour la construction de la première université des États-Unis, dans la même ville. L'édification du Capitole de Washington le figea comme un modèle pour les institutions d'État. Appliqué à des architectures plus ordinaires et moins ambitieuses, le style fédéral est une interprétation typiquement américaine du style néoclassique.

Mansion (West 160th St.), ainsi que des bâtiments de culte comme St Paul Chapel, dans le quartier de Civic Center (voir p. 128). Sobre et symétrique, ce style inspiré par la Renaissance italienne reprend les colonnades et les frontons des temples et des demeures antiques.

Les styles de l'Indépendance

La victoire sur l'Angleterre a deux conséquences : une poussée de l'urbanisation, les fermes étant refoulées à l'extrême nord de Manhattan, dans le Queens et à Brooklyn, et l'apparition de styles originaux, bien que toujours hérités du modèle antique. Désirant se démarquer du style georgien de « l'oppresseur », les vainqueurs s'inspirent de la Rome républicaine.

Le **style fédéral** à proprement parler est caractérisé par une ornementation classique et des surfaces douces et arrondies, des colonnes surmontées parfois d'un fronton et d'une imposte, ainsi que par l'utilisation de fenêtres en ellipse. La Mooney House (18 Bowery) en est un des rares exemples encore debout. Le **Randel Plan**, en 1811, par son découpage strictement rectiligne, favorisera ces constructions symétriques et carrées, facilement gérables par l'expansion immobilière.

Peu de temps après, une nouvelle mode chassant l'autre, le **style néogrec** (1820-1850) lui préfère le modèle athénien. S'éloignant de Rome, les nouveaux architectes se sentent inspirés par une Grèce démocratique idéalisée. Ils agrémentent leurs édifices de frontons plus larges que ceux du modèle fédéral, encadrés de colonnades de style dorique, ionique ou corinthien. On utilise beaucoup le marbre. L'un des représentants les plus typiques de ce style est l'imposant **Federal Hall** (voir p. 131), où Georges Washington prêta serment. Cette époque correspond à une phase de forte croissance économique et démographique, qui accélère encore le rythme des constructions. On n'hésite plus à détruire des quartiers entiers. Deux incendies « opportuns », en 1835 puis en 1845, laissent partir en fumée plus de 1000 édifices, favorisant ce que les promoteurs pouvaient avoir quelques scrupules à réaliser. Si de nombreuses églises se construisent dans ce style relativement austère, on réalise aussi des rues entières de maisons d'habitation, comme le **Cushman Row**, à Chelsea *(voir p. 208)*.

Variations gothico-romantiques

Mais tout change encore très vite. Deux générations après la guerre d'Indépendance, on oublie la haine de l'Anglais pour louer son interprétation du romantique. D'abord appliqué au édifices religieux, auxquels il donne une solennité de bon aloi *(voir Trinity Church, p. 132)*, le **style gothique** joue sur l'asymétrie, le pittoresque, la profusion de tourelles, de créneaux, de fenêtres étroites et oblongues. Il envahit transitoirement les hôtels particuliers, privilégiant les pignons finement ouvragés, les flèches et les gargouilles. Un excès, une enflure de fin d'époque victorienne aboutit au **style Queen Anne**, où se surajoute aux tendances précédentes un amoncellement d'ornementations, de volutes, de pignons, de tourelles, de baies en saillie, le tout faussement asymétrique (1880-1905). On peut en voir des exemples au Henderson Place Historic Distric *(86th St.)*, ou aux n°s 35 à 45 de West 94th Street. Combiné parfois aux influences japonisantes, voire byzantines, on aboutit à des objets architecturaux étranges que l'on peut admirer, entre autres, au Potter Building *(38 Park Row)*. Le **Chelsea Hotel** *(voir p. 209)* en a conservé des traces. Le célèbre et somptueux immeuble **Dakota** *(voir p. 301)*, d'Henry Hardenbergh, est un autre prototype de ces styles baroques, aux références multiples. Ces furieuses recherches virent parfois à la réminiscence médiévale, sous la dénomination de **style néoroman**. On voit alors apparaître tours massives, lourdes arches semi-circulaires en pierre de taille, bas-reliefs, copies de grilles en fer forgé, le **De Vinne Press Building** *(393-399 Lafayette St.)*, par exemple, reproduisant celles de la cathédrale de Rouen. L'un des premiers gratte-ciel, le **Wallace Building** *(56-58 Pine Street)* en est un autre exemple, d'autant que, ne reculant devant aucune surenchère, l'architecte Oscar Wirz y intégrera des éléments byzantins. En 1887, les frères Herter en font de même avec des évocations gothico-mauresques, à la synagogue d'Eldridge Street. Comme on le voit, ça part un peu dans tous les sens !

Tous ces excès finissent par lasser, et on éprouve enfin le besoin de souffler. Durant les décennies du milieu du 19e s., contrastant avec son rythme de vie échevelé, New York devient presque bucolique, avec la création de **Central Park**, autre exemple d'urbanisme romantique. La *gentry* s'effrayait de voir la ville s'avancer inexorablement vers le nord et faire disparaître non seulement les traces de la nature originelle, mais aussi les parcs des demeures patriciennes. Il apparaît alors indispensable qu'on lui aménage, en plein centre de Manhattan, un lieu où promener enfants et chiens de compagnie…

Influences et éclectisme

Ce milieu de siècle est donc celui des mélanges les plus improbables, les styles se chevauchant, s'entrecroisant, au gré des modes et des coteries new-yorkaises. C'est alors qu'à côté des tendances romantico-gothiques certains architectes se tournent d'une part vers l'Italie, d'autre part vers Paris.

Le style italianisant

Ce style (1840-1880) arrive en réaction aux lourdes constructions précédentes, mais c'est aussi une manière de tirer élégamment parti de l'emploi de la fonte en architecture. Ces deux caractéristiques se retrouvent dans l'allure globalement rectangulaire qu'il donne aux immeubles qui s'en réclament, et dans les perrons surélevés, si typiques des maisons de certains quartiers (Chelsea, Greenwich Village, Harlem, Brooklyn Heights). Les fenêtres sont hautes et étroites, finement arquées et parfois ouvragées. Une autre caractéristique de ce style est l'emploi d'un grès bon marché, couleur chocolat, qui donne leur surnom de *brownstones* aux maisons qui en sont revêtues. Par extension, on appliquera aussi ce terme aux habitations des mêmes quartiers construites en brique ou en une autre variété de pierre. Dans la partie sud de Manhattan, l'utilisation de la fonte permet, toujours avec une ornementation italianisante, de construire des immeubles plus hauts, annonçant les premiers gratte-ciel. Ces quartiers, et en particulier **Soho,** conservent nombre de ces constructions, l'une des plus typiques étant le **Haughwout Building,** *(488-492 Broome St., voir p. 159)*, où l'on expérimente l'assemblage de pièces en fonte préfabriquées, entre lesquelles le verre se glisse, préfigurant le futur siècle architectural…

L'apport français

Une autre influence majeure en cette deuxième moitié de 19e s., également importée de la vieille Europe, est le **style Second Empire** (1860-1880). La transformation de Paris par le baron Haussmann a un large écho à New York, où l'on voit fleurir les toits couverts de zinc et agrémentés de mansardes. Quand on combine ces fantaisies à un bâtiment italianisant, on le qualifie de **style florentin**. Stephen Decatur en sera le spécialiste et plusieurs de ses constructions sont encore debout, telle Gilsey House (1871), au 1200 Broadway. Le **Ladies Mile**, élégant parcours le long de la 5th Avenue, entre la 10th Street et Madison Square, en était bordé.

Ce genre sera relayé par le **style néoclassique** ou **Beaux-Arts**, inspiré par Paris. Cela donne de majestueuses réalisations, où les larges arcades ménagent de monumentales entrées, bordées de colonnes et de statues, délivrant de belles perspectives sur d'imposants escaliers. La **New York Public Library**, dessinée par les célèbres Carrère & Hastings *(1911, 5th Ave., entre 40th et 42nd St.)*, en est l'exemple le plus représentatif, à la fois par son allure extérieure, mais aussi par son magnifique aménagement intérieur *(voir p. 238)*.

Le géant de la finance, Pierpont Morgan, demanda à McKim, Mead & White de lui dessiner un « diamant », propre à satisfaire son goût pour la Renaissance italienne, ce qui fut fait, selon les canons de l'époque. Ce sera la **Pierpont Morgan Library**, superbement réaménagée récemment *(voir p. 256)*. Les habitations ne seront pas oubliées par ce style d'apparat : six résidences privées sont proposées en 1884 par les mêmes architectes au magnat des voies ferrées Henry Villard *(voir p. 261)*.

Le siècle de la « ville verticale »

Ces deux grands courants architecturaux animent New York tout au long du 19e siècle, l'un ancré dans la tradition classique, l'autre, très éclectique et mêlant l'inspiration gothico-romano-romantique à Byzance ou au Japon. Mais ce bel esprit d'ouverture, parfois outrancier, n'a encore rien d'original, rien, surtout, qui annonce le 20e siècle.

La vraie révolution ne tiendra pas du style mais de l'objectif affiché de monter le plus haut possible vers le ciel. Car si la motivation initiale est spéculative – construire le plus possible sur le plus petit espace disponible – force est de constater que c'est de là que viendra la rupture radicale avec le passé. Première date capitale : en 1857, **Elisha Otis** invente l'ascenseur et l'installe au Haughwout Building *(voir p. 159)*. L'American Institute of Architects est créé à New York la même année.

Peu après, une école concurrente et particulièrement innovante *(voir encadré p. 94)* ouvre à Chicago et construit le premier gratte-ciel.

À New York, le premier immeuble est construit par Sullivan, l'inspirateur de l'école de Chicago. Son Bayard-Condict Building est jugé trop fonctionnaliste par les promoteurs, qui lui préfèrent des réalisations plus conventionnelles, telles que le **Park Row Building** ou le **Flatiron Building** *(voir p. 219)*, mais le mouvement est lancé.

Typiques, les immeubles de brique et les réservoirs d'eau.

L'école de Chicago

De 50 000 habitants en 1850, Chicago passe à 500 000 en 1880. Il faut construire rapidement, sur un minimum de surface au sol. Louis H. Sullivan y invente alors la formule de base de l'architecture moderne : « La fonction impose la forme. » En quelques années cruciales, les bâtiments sont de plus en plus hauts et adoptent l'ossature d'acier et des cloisons légères, où le verre se taille la part belle. Pour ce novateur, un gratte-ciel est une colonne simple, dont la base est réservée aux magasins, le fût aux bureaux et habitations, et le chapiteau à la technique assurant le fonctionnement de l'ensemble. C'est à partir de Chicago, où en 1884 est construit le premier *skyscraper*, que Sullivan et ses élèves propageront un modèle qui s'étendra à tous les États-Unis, puis au monde entier. En 1902, New York compte déjà 66 de ces gratte-ciel qui vont être sa marque.

Vers le « skyline » typique

Ainsi se constitue cet horizon si particulier, ce profil en dents de scie sur le ciel, ce fameux *skyline*, qui donne enfin à Manhattan son empreinte et son style, au-delà des modes. Les gratte-ciel continueront à pousser, comme des champignons, tout au long du 20e s. Le **Woolworth Building** (voir p. 129) se décline gothique, tandis que le **Municipal Building** (voir p. 129) revendique un classicisme qui inspirera les architectes staliniens.

New York et l'Art déco

Mais si le style dominant du début de siècle est encore éclectique, une nouvelle mode européenne s'impose à partir de 1925, le **style Art déco**. Il favorise les décrochements, les jeux sur les harmonies verticales, les revêtements de pierre et de briques vernissées ou de métal, qui font tout le charme des immeubles se réclamant de ce style, comme le **Chrysler Building** (voir p. 258), et l'**Empire State Building** (voir p. 237), les plus célèbres, mais aussi de nombreux hôtels et résidences de luxe.

De l'international au post-moderne

Après la Seconde Guerre mondiale, en réaction à ces exubérances, on construit des immeubles de style dit **international**, aux lignes dépouillées, aux plans rectilignes, aux parois de verre où se mirent à l'infini nuages et caprices du soleil. Après le siège des **Nations unies** (voir p. 260), le **MoMA** (voir p. 241) puis le **Seagram Building** en constituent des archétypes.

Les deux dernières décennies du 20e s., baptisées **postmodernes**, accentuent le travail sur le verre, qui se colore, s'irise, la pierre effectuant un retour remarqué dans le pavement des esplanades et des atriums. Le **World Financial Center** (voir p. 131) ou le funeste **World Trade Center** ont pu apparaître comme de simples immeubles de bureaux, mais cette période marque aussi la conception du remarquable **Guggenheim Museum** (voir p. 286), ou même du réussi **Whitney Museum** (voir p. 290).

Départ vers le futur

New York n'a jamais été à court de projets urbains. L'effondrement du World Trade Center, en 2001, a marqué un nouveau tournant et la ville a saisi cette opportunité pour repenser entièrement le sud de Manhattan. Outre la construction symbolique de la future **Freedom Tower** (voir p. 133) et des immeubles environnants, c'est tout l'horizon de la ville qui se redessine, ce *skyline* que l'attentat a édenté. Bien des projets sont dans les cartons ou en voie de financement. La fermeture progressive des grands espaces portuaires laisse d'immenses espaces vierges que chacun entend développer. Les rives de Brooklyn, face au merveilleux spectacle du sud de Manhattan, ou celles du Queens, avec vue sur les tours de Midtown, devraient accueillir les prochains projets. Reste que le problème des transports se pose, pour ces quartiers enclavés et mal desservis. On parle régulièrement d'un vaste réseau de navettes fluviales, mais le seuil de rentabilité en rend la gestion difficile.

ARTS GRAPHIQUES

La peinture américaine est une chose paradoxale : totalement méconnue ou dévalorisée jusqu'en 1940, elle est présentée désormais comme pratiquement le seule comptant dans le monde. La réalité est bien plus nuancée.

La tradition européenne

Durant les périodes coloniale et révolutionnaire, les artistes sont influencés par le goût anglais pour le portrait et les scènes historiques. **Charles W. Peale** (1741-1827) ou **Ralph Earl** (1751-1801) excellèrent dans le premier genre, tandis que **John S. Copley** (1738-1815) et surtout **Benjamin West** (1738-1820) illustrèrent les événements majeurs de leur époque. C'est à ce dernier que l'on doit le premier grand tableau du Nouveau Monde, *La Mort du général Wolfe* (1770), évoquant un épisode de la guerre anglo-française pour la possession du Québec. Si **Gilbert Stuart** (1755-1828) a laissé un célèbre *Portrait de George Washington* (1796), c'est **John Trumbull** (1756-1843), le premier ambassadeur de la nouvelle nation en France, qui peignit la scène de la *Lecture de la Déclaration d'Indépendance au Congrès*. Il fut aussi le premier président de l'*American Academy of Fine Arts*, qui soutenait financièrement des artistes, comme **John Vanderlyn** (1775-1852), qui put ainsi étudier à Paris, où il rencontra David.

L'Ouest magnifié

Durant la première moitié du 18e s., un groupe de peintres, à la suite de **Thomas Cole** (1801-1848), est fasciné par la sublime nature qui les entoure. Ils fondent l'**école de l'Hudson**, qui constitue un modeste mais réel apport à l'art universel. Asher B. Durand, Frederic Church, Fritz Lane, **Georges C. Bingham** réalisent des œuvres fortes, inspirées par William Turner et Claude Lorrain. Ainsi, une somptueuse *Vue des montagnes Rocheuses* d'**Albert Bierstadt** (1830-1902) peut être admirée au Metropolitan Museum *(voir p. 284)*. Il en est de même d'une

Menace d'orage, de **Martin J. Heade** (1819-1904), superbe scène, quasi surréaliste. **George Caitlin**, quant à lui, sera un bon peintre des nations indiennes, parcourant l'Ouest avec une palette rustique limitée à dix couleurs. **John J. Audubon** (1785-1851), enfin, mérite une place à part par son œuvre immense, plus de 400 aquarelles d'oiseaux, dont l'ensemble est conservé à la New York Historical Society.

Retour aux dures réalités

En réaction au « tout nature », leurs successeurs se projettent, durant la seconde moitié du 19e s., au cœur de la société humaine. **Thomas Eakins** (1844-1906) est l'un des leaders de cette tendance réaliste. Très influencé par les impressionnistes, plus particulièrement par Manet qu'il rencontre à Paris, il peint, avec ses amis, **Winslow Homer, Eastman Johnson, John Peto**, des scènes de la vie quotidienne pleines de grâce et de naturel. **Thomas Anshutz** (1851-1912) nous offre une vision plus désenchantée, avec une technique qui annonce les impressionnistes de la période tardive. Tel n'est pas le cas d'un peintre et sculpteur réaliste qui connaît un immense succès en cette fin de siècle, **Frederic Remington** : ses tableaux aux tons pâles, d'où semble sourdre la poussière des grands espaces de l'Ouest, nous laissent à voir des scènes de westerns, dynamiques et enlevées. Il a déjà en lui l'œil d'un John Ford : on s'attend d'un moment à l'autre à voir apparaître sur ses toiles, au détour d'une piste, le lieutenant Blueberry ! Mais c'est aussi un être lucide qui sait qu'un monde se meurt, et qui plongera à la fin de sa vie dans une profonde mélancolie.

La leçon impressionniste

Les peintres majeurs de la fin du 19e s. et du début du 20e ne se contentent pas de copier les maîtres parisiens. Certes, un Georges Inness (1825-1894) ne se démarque guère de Corot et de l'école de Barbizon, mais il a le mérite d'établir un lien entre l'école de l'Hudson finissante et ses jeunes collègues qui ont la ferme intention d'aller au-delà de l'impressionnisme. Si William M. Chase, Childe Hassam et **Mary Cassatt** continuent à peindre, avec talent, dans la veine du nouvel académisme parisien, **John S. Sargent** (1856-1925) et **James M. Whistler** (1834-1903) ont acquis depuis longtemps l'honneur de figurer parmi les grands. Whistler, en particulier, se détache par son style mêlant puissance évocatrice et subtilité, annonçant, peut-être, le délicat Picasso des premières périodes.

Le groupe des Huit

Mais c'est en février 1908 qu'un coup de tonnerre prolonge et amplifie la révolution impressionniste en Amérique. Sept jeunes peintres, réunis autour de leur maître, **Robert Henry** (1865-1929), exposent à la Macbeth Gallery. Ceux que l'on nommera le **groupe des Huit** y peignent la poussière, la fumée et la crasse de la ville, la neige salie qui macule ses rues, mais aussi la concupiscence, les chairs, fraîches ou fatiguées, le harassement des ouvriers, le linge séchant aux fenêtres des rues populaires, où les matrones surveillent leur progéniture. Ils prou-

Stieglitz, artiste et mécène

Né dans le New Jersey en 1864, c'est pendant ses études à Berlin que Stieglitz découvre la photographie. De retour en Amérique, aux antipodes d'un Edward S. Curtis, qui consacre sa vie au témoignage de l'existence des dernières nations indiennes encore libres, il photographie superbement la ville, surmontée de ces nuages qui le fascinent, et qui lui feront produire sa célèbre série *Équivalent*. Inventeur de techniques originales, il est le premier dans son art à entrer au Metropolitan Museum. Durant les 17 années où il dirigera sa galerie, il exposera, outre ses protégés américains, Picasso, Braque, Cézanne et Matisse. Après sa fermeture, il éditera une revue, *291* (d'après le numéro de la galerie sur la 5th Avenue), inspirée par Apollinaire. Ce témoin majeur de l'art de son temps s'éteindra en 1946. Sa compagne, la peintre Georgia O'Keefe, poursuivra son œuvre.

vent que l'on peut faire du beau avec de la sueur et des larmes, d'où le surnom dont on qualifia le groupe, celui de **Ashcan School** (école de la poubelle). **Georges Bellows** y annonce par certains aspects aussi bien Edward Hopper que Francis Bacon. C'est dire si l'on est loin de la vision étriquée d'un New York attendant ses messies des années 1940 et 1950 ! D'autant plus que ce mouvement, éphémère comme toutes les avant-gardes, sera suivi d'un tumulte artistique qui trouvera son apogée en 1910, à l'Exhibition of Independent Artists et surtout à l'**Armory Show**, en 1913, la plus importante exposition d'art jamais tenue aux États-Unis.

L'avant-garde américaine

Les États-Unis n'ont ni un Picasso, ni un Braque pour les introduire au cubisme, pas plus un Kandinski pour les initier à l'abstraction. Mais, dans une large mesure, l'art se moque des frontières : l'innovation est en marche. **Marcel Duchamp** présentant à l'Armory Show son *Nu descendant un escalier* fait scandale parmi le public, mais conforte ses collègues peintres dans leurs recherches. Peu de temps après, Duchamp épouse **Peggy Guggenheim**, ardente collectionneuse et mécène des jeunes artistes. Durant quelques années cruciales, tous se rassembleront à la galerie d'**Alfred Stieglitz**, sur la 5th Avenue. Outre sa compagne **Georgia O'Keeffe** (1887-1986), intuitive et originale, le photographe-collectionneur expose **Arthur Dove** (1880-1946), premier artiste abstrait américain, **Charles Demuth** (1883-1935) et **Charles Sheeler** (1883-1965), tous deux adeptes de l'hyperréalisme citadin et précurseurs d'Hopper. **Man Ray**, américain d'origine, rencontre Duchamp à New York, mais rejoint l'avant-garde européenne à Paris, où il entre dans le **mouvement Dada**. Une des œuvres de sa période abstraite est exposée au Metropolitan Museum. Mais si Paris reste encore le cœur des recherches artistiques durant l'entre-deux-guerres, le centre de gravité commence à se déplacer de l'autre côté de l'Atlantique.

Naissance de géants

New York est soudain mis en lumière par **Edward Hopper** (1882-1967) qui sait comme nul autre saisir la solitude de l'homme face à l'immensité de la ville. Son œuvre est une remarquable méditation sur la vie moderne. La période de la Grande Dépression sera d'une manière générale mise à profit pour replacer la « vraie vie » au centre des préoccupations des artistes. **Thomas Benton**, **Grant Wood**, **Reginald Marsh**, **Ben Shahn**, **John Curry** sont de bons exemples de cette remise en cause réaliste, parfois expressionniste, de l'*american way of life*.

En 1936, un autre courant se regroupe au sein des American Abstract Artists (AAA), dont font partie les jeunes **Mark Rothko**, **Arshile Gorky**, **Willem de Kooning**, **Robert Motherwell** et **Jackson Pollock**. Tous les ingrédients sont là pour l'envol de New York vers les sommets de la peinture. Ces artistes constitueront, après 1945, la première école de peinture de portée internationale, l'**Expressionnisme abstrait,** dite aussi « école de New York ». Bénéficiant de l'apport des nombreux artistes européens de renom réfugiés outre-Atlantique durant la guerre, tels Masson, Fernand Léger, Miró, Max Ernst, ils bouleverseront le paysage artistique contemporain.

Paradoxes du marché

En 1958, Leo Castelli ouvre sa célèbre galerie qui devient le lieu où se font les réputations et où se règle le cours des œuvres. À partir de là, une nouvelle génération d'artistes chasse les Pollock et compagnie, presque tous morts ou déjà passés de mode.

Une bulle spéculative

Roy Lichtenstein, **Robert Rauschenberg**, **Jasper Johns** et surtout **Andy Warhol** et la coterie branchée qui fréquente sa *factory* sont les acteurs d'un phénomène qui brouille durablement les cartes du paysage artistique new-yorkais et même mondial. Avec le **Pop Art**, ils forment, entre autres, le moteur d'une machinerie spéculative effrénée qui fait

Un art à part entière

William E. Scott (1884-1964) est considéré comme le père de l'art mural citadin. Après une formation artistique sérieuse à Chicago et à Paris, il voyage à Haïti, où il s'initie à l'art naïf. Sa première œuvre date de 1909. Il sera suivi par Aaron Douglas (1899-1979) qui peint à New York et sera un des leaders de la *Harlem Renaissance*. Diego Rivera, David Siqueiros et José Orozco (admiré par Pollock) apportent la touche latino à cette forme artistique, dès 1930-1934. Si Chicago demeure le centre expérimental par excellence, avec son célèbre et éphémère *Wall of Respect* (1967-1971), New York n'est pas en reste et invente la *Spray Can calligraphy*. Tout un langage, poétique, visuel et politique s'invente alors sous les jets des bombes aérosols maniées avec audace, provocation et humour sur les murs, trains et rames de métro par les Blade, Spon, Vulcain, Wane, Kase 2 et leurs émules. Une violente campagne anti-tags, initiée par la mairie de New York, freinera le mouvement, sans l'interrompre. Il se poursuit aujourd'hui, dans une sorte de clandestinité provocatrice et ludique.

de la ville la capitale mondiale du marché de l'art, certes, mais peut-être plus tout à fait celle de la peinture qui compte – ce sera à la postérité d'en décider. La folle escalade des prix, la nature ou la qualité inégale des expositions qui se succèdent à marche forcée ont formé une bulle où s'engouffrent les investisseurs. De plus en plus d'observateurs annoncent d'ailleurs un éclatement inéluctable qui évoquerait celui de la « bulle Internet ». De cette effervescence ont pourtant jailli, de temps à autre, des perles, telle l'œuvre de **Jean-Michel Basquiat** (1960-1988), dont le génie rageur et halluciné, synthèse des apports pluriethiques et du Pop Art, le fait émerger des nombreux **artistes de rue** qui illustrent de fresques et de tags les murs de la ville.

L'art de la rue

Mais si Basquiat, qui a commencé par l'art de la rue, est mort trop jeune, le visiteur a toujours sous les yeux, dans certains quartiers populaires (Harlem, Bronx, Queens), de véritables musées fragiles et éphémères. Les fresques que l'on y découvre possèdent une force qui dépasse par bien des aspects ce que le « marché » propose dans les galeries branchées et célèbres salles des ventes. Dans un tout autre style, mais dans la même ambition libertaire, on citera les étranges constructions en terre cuite (Dwellings) disposées depuis les années 1970 par le fort singulier New-Yorkais **Charles Simons**, ici ou là dans Manhattan, dans une encoignure de porte ou sous un escalier.

L'art public

Bien loin de ces approches sauvages et contestataires, les lieux publics sont très officiellement ornés d'œuvres d'art financées par les institutions municipales ou par des fondations privées. *Percent for Art*, par exemple, initié par l'ancien maire **Edward Koch** en 1982, impose que chaque projet immobilier municipal consacre 1 % de son budget à l'art. On recense des réalisations de prestige telles que *Group of four trees* (**Jean Dubuffet**, Chase Manhattan Plaza), *Alamo* (**Tony Rosenthal**, Astor Place), *Figure couchée* (**Henry Moore**, Lincoln Center), *Looking Toward Avenue,* (**Jim Dine**, 1301 Avenue of the Americas), *The Sphere* (**Fritz Koenig**, Battery Park), ou *Romeo and Juliet* (**Milton Hebald**, Central Park).

La photo

La photo américaine existait bien sûr avant Stieglitz, mais, outre son talent personnel, c'est à sa passion de collectionneur que l'on doit, en particulier, la conservation de l'œuvre des photographes **Edward Steichen** (1879-1973) ou **Paul Strand** (1880-1976). Ce dernier produisit une belle série de portraits de gens des rues, à l'expressionnisme poignant. En remontant encore plus loin, on peut admirer au Metropolitan Museum les tirages de **Carleton Watkins** (1829-1916) ou ceux de **Thomas Eakins**, déjà cité parmi les peintres. Le 20e s. sera aussi celui de la photographie, surtout à New York qui s'y prête admirablement. Cité

dure, où coexistent pauvreté, crime et richesse provocante, elle permet aux photographes de reportage de se tailler la part belle dès 1890, grâce à **Jacob Riis** (1849-1914). Arthur Felling, après la dernière guerre, est le premier reporter à pouvoir accompagner les voitures de police et à en ramener des clichés stupéfiants de violence et de noirceur. Garry Winogrand (1928-1984), reporter à *Harper's Baazar*, *Collier's* et *Sport Illustrated*, révolutionne quant à lui l'exercice du portait, lui conférant une nervosité qui colle bien à son temps et à la ville. Le 22 mars 1947, Robert Capa, Henri Cartier-Bresson, David Seymour, George Rogers, William et Rita Vandivert inscrivent l'**agence Magnum** dans les registres du comté de New York. Ce jour-là naissait l'agence qui allait illustrer soixante années de l'histoire du monde, grâce à des personnalités à l'éthique indestructible.

Diane Arbus (1923-1971), née à New York, travaille d'abord pour la mode avant de se faire connaître par ses portraits des laissés-pour-compte de la société. Enseignant la photo à New York, elle s'y suicide en 1971, l'année où le MoMA lui consacre une exposition. Elle aura le temps de former, entre autres, **Barbara Kruger** (1945), dont l'œuvre réintègre le design et la publicité dans la photographie. Autre photographe vivant et travaillant à New York, **Cindy Sherman** (1954) provoque d'emblée un profond sentiment de malaise en se prenant systématiquement pour modèle sous des aspect les plus variés.

À l'heure actuelle, les galeries new-yorkaises offrent un très large panorama du travail de déconstruction de la photo, jouant sur les séries, utilisant la vidéo, participant à des installations et autres performances. Que restera-t-il de ces recherches? La spéculation qui s'essouffle demandera-t-elle encore du nouveau? La question reste posée.

La peinture de rue, témoin de la mémoire collective.

CINÉMA ET TÉLÉVISION

Si pour les Français la découverte du cinéma est due à Méliès et aux frères Lumière, pour les Américains, elle est celle de **Thomas Edison**. C'est incontestablement à ce dernier que l'on doit le développement industriel de ce qui allait de venir l'un des arts majeurs du 20e s.

Une ville à filmer

Dans ses débuts, le trust Eastman-Edison tourne tous ses films dans l'agglomération new-yorkaise, mais, en 1908, ses concurrents commencent à s'installer à Hollywood, qui prend bientôt l'avantage car les prix y sont inférieurs et l'espace plus vaste. Pourtant, New York reste une cité foncièrement propice au cinéma. Il suffit de parcourir ses rues pour avoir envie de fixer sur la pellicule mille lieux magiques, depuis ses gratte-ciel jusqu'à Central Park, en passant par les scènes de rue si typiques, à Little Italy, Chinatown ou Harlem. Cela explique que New York soit le théâtre de très nombreux films et séries télévisées. Les personnages mis en scène peuvent ainsi être de

L'acteur de Little Italy

Né en 1943 dans le même quartier que Scorsese, Robert De Niro fréquente plus les rues, avec ses copains, que les bancs de l'école. Il y nouera des contacts, dit-on, avec la Mafia. Ses parents, peintres, le laissent apprendre la vie à son gré. Il écoute les conseils de Lee Strasberg, à l'Actors Studio, avant de débuter sa carrière sur les planches de Broadway. Si son premier film, tourné avec Brian de Palma est *Greetings*, c'est *Mean Street*, avec Scorsese, qui le fait connaître. C'est avec lui qu'il aura, en 1980, son Oscar du meilleur acteur, dans *Raging Bull*, après avoir obtenu en 1974 celui du meilleur second rôle pour *Le Parrain II*, de Francis Ford Coppola. C'est grâce à sa capacité à entrer dans la peau, y compris physiquement, de ses personnages, à son professionnalisme et à son charisme discret qu'il a acquis sa place d'acteur majeur de son temps.

toutes origines, avoir toutes sortes d'emplois, ce qui renforce l'image du *melting pot* qu'il s'agit parfois de promouvoir.

La résistance des indépendants

Tout cela mis bout à bout, ajouté au fait que des cinéastes indépendants ne supportent plus les grandes compagnies, les *majors*, d'Hollywood, a suffi pour que le cinéma revienne dans la ville qui avait vu sa naissance. **John Cassavetes**, **Abel Ferrara**, **Amos Kollek**, **Jim Jarmusch**, **Spike Lee**, **Martin Scorsese** et **Woody Allen**, chantre de Manhattan, en sont de formidables exemples.

Des sites à revoir

Dans la mise en exergue de la ville, les trois versions de *King Kong* occupent une place à part. Le grand singe escaladant l'Empire State Building reste dans toutes les mémoires l'un des symboles de la ville. Dans un style haletant, Hitchcock met en scène Cary Grant, tentant d'échapper à ses poursuivants au Plaza Hôtel (*La Mort aux trousses,* 1959). Et pour une atmosphère étrange, faut-il rappeler Dustin Hoffman courant autour du *Reservoir* de Central Park, dans le film *Marathon Man* (1976, John Schlesinger) ? Un climat plus romantique flotte autour de Woody Allen et Diane Keaton se donnant rendez-vous devant la fontaine de Bryant Park, dans *Manhattan* (1993).

Un art et une industrie

Si un événement marque l'histoire du cinéma et du théâtre à New York, c'est la création de l'**Actors Studio** en 1947, d'où sortira une pléiade de vedettes, dont Marlon Brando, James Dean et Robert De Niro, acteur fétiche de Martin Scorsese. On y trouve désormais quelques-unes des meilleures écoles de cinéma du monde, notamment la Tisch School of the Arts de l'université de New York, la School of Visual Arts, la New School ou le département spécialisés de Columbia University. En outre, l'étudiant, comme l'amateur ou le touriste, peuvent parfaire leurs connaissances et se familiariser avec les techniques les plus modernes au **Museum of the Moving Image** (voir p. 350), dans le Queens. La distribution a également fait des progrès spectaculaires à New York. Des salles d'une grande capacité, luxueuses et bien équipées, ont fleuri et de nombreux festivals attirent les amateurs, dont le *Dance on Camera* (janvier), le Williamsburg Film Festival (mars), le Tribeca Film Festival, animé par De Niro (mai), le Lesbian & Gay Film Festival (juin), et le Human Rights Watch Film Festival (juin).

Après un temps de recueillement, les attentats du 11 septembre 2001 ont inspiré plusieurs réalisateurs. En 2004, **Michael Moore** incluait dans son documentaire *Fahrenheit 9/11* de nombreuses séquences des attaques. Le film *World Trade Center* d'**Oliver Stone** (2006) dépeint, de façon mélodramatique, la chronologie de cette journée à travers le regard de deux pompiers.

Un art lié à la télévision

La renaissance des anciens studios de cinéma de New York doit beaucoup à la télévision et aux nombreuses séries dont les Américains (et le reste du monde) sont friands. Car si une bonne partie des studios de télévision a émigré sur la côte ouest, beaucoup sont restés et ont prospéré dans la ville qui a vu naître ce média en 1927. Outre les journaux produits par de nombreuses chaînes (NBC, ABC, CNN, entre autres), des émissions de *prime time* telle *Law and Order* ou des **sit-coms** (abréviation de *situation comedy*) y fleurissent. La première reconnue comme telle est à mettre au crédit du comédien **Jerry Seinfeld** qui réussit à se maintenir au sommet durant 10 ans, de 1980 à 1990. Des séries cultes comme *Friends*, *Sex in the City*, *The Sopranos*, ou encore *NYPD* sont très regardées et font l'objet de véritables pèlerinages, plus ou moins organisés. Les accros du genre, de *Sex in the City* par exemple, vont boire un pot au *O'Neal Grand Street Bar*, dans Soho, ou visiter la maison des *Sopranos* (16 Aspen Drive, North Cadwell) dans le New Jersey.

LITTÉRATURE

Tous les ingrédients étaient présents pour faire de New York une ville propice à la littérature. Certes, il y manque, au premier abord, des lieux favorables à la méditation, mais l'absence de calme est compensée par la beauté citadine, l'étrangeté des aventures humaines, le champ des possibles, le chaos des paradoxes... Tout cela dans un espace où la matière grise se mêle à l'industrie du livre, à la presse et à la critique la plus exigeante.

Born in New York

Les écrivains nés à New York ne sont pas nécessairement les plus représentatifs de la ville. On ne peut pas dire que **Fenimore Cooper** (*Le Dernier des Mohicans*), bien que né dans l'État de New York en 1789, ait un tant soit peu pris la ville comme sujet de ses romans. Il en est de même d'**Herman Melville** (1819-1891), né et mort à New York, sans doute un des plus grands écrivains (*Moby Dick*) de tous les temps. Mis à part une nouvelle, *Bartleby*, toute son œuvre se déroule hors de sa cité d'origine. Le cas de **Walt Whitman** (1819-1892) est plus complexe, car si *Feuilles d'herbe* révèle de superbes vers consacrés à New York, et à Central Park en particulier, son lyrisme est tout entier tourné vers l'Ouest et le grand large, à travers des hymnes à la nature et à l'espérance en une humanité meilleure. Quant à **Henry James**, (1843-1916), connu pour son *Washington Square*, il n'aimait pas sa ville qu'il quitta fort tôt pour adopter la nationalité anglaise. Plus près de nous, le très mystérieux et admiré **Thomas Pynchon** (*Vineland, V*), né en 1937 à Long Island, ne conserve aucune attache littéraire avec la mégapole.

Début d'un style new-yorkais

Le début du 19e s. à New York est marqué par **Washington Irving** (1783-1859), qui écrit une *Histoire de New York*, sous le pseudonyme de D. Knickerbocker. **William D. Howells** (1837-1920), « doyen de la littéra-

De grands visiteurs

C'est Dickens, en visite en 1842, qui offre, dans son *Voyage en Amérique*, la première des descriptions de New York par de grands écrivains européens. Garcia Lorca, en 1929-1930, découvre émerveillé la vie new-yorkaise (*Le Poète à New York*, publié en 1940), de même que Vladimir Maïakovski (*Brooklyn Bridge*). Paul Morand, en 1930, fait part lui aussi de son admiration lucide pour la ville (*New York*), peu avant que le Bardamu, narrateur de *Voyage au bout de la nuit*, de Céline, n'y débarque au petit matin, ahuri : « Pour une surprise c'en était une... Figurez-vous qu'elle était debout leur ville... On a donc rigolé comme des cornichons. Ça fait drôle forcément, une ville bâtie en raideur. » Puis les visites s'accéléreront : même l'inspecteur Maigret est venu dans la Grosse Pomme (*Maigret à New York*, Simenon, 1946)...

ture américaine », arriva à New York comme rédacteur d'*Harper's Magazine*. **Stephen Crane** (1871-1900), célèbre pour sa *Conquête du courage*, eut le temps, au cours de sa brève existence, d'écrire ses *New York City Sketches*, puis *Maggie à mains nues*. C'est **Edith Warton** (1862-1937) qui est la grande romancière de ce temps. *Chez les Heureux du monde* (1905) et *Le Temps de l'innocence* (1920) sont de superbes descriptions de la haute société de l'époque. De 1920 à 1925, **Zelda** et **Scott Fitzgerald** tentent de préserver le dérisoire héritage des Années folles, avant la Grande Dépression de 1929 (*Gatsby le Magnifique*, 1925).

Manhattan Transfer, un tournant décisif

Si Tolstoï et Proust scellent superbement la littérature classique des 18e et 19e s., *Ulysse*, de James Joyce, *Voyage au bout de la nuit*, de Céline et *Manhattan Transfer*, de **John Dos Passos** (1896-1970), font naître celle du 20e s. *Manhattan Transfer* est un livre total, d'où sourdent à la fois le rythme du jazz (« *Man-hattan-trans-fer*, *Man-hattan-trans-fe*r », scandent les roues

des trains qui mènent au dépôt ferroviaire qui donne son nom au roman) et le monde éclaté de la peinture cubiste. De longs *travellings* nous plongent dans un univers cinématographique. Les personnages foisonnent puis se réduisent à trois protagonistes. Et, à la fin, le dernier d'entre eux prend la route de l'Ouest, celle qu'emprunteront après lui **Jack Kerouac** et **Allen Ginsberg**. Un camionneur le prend en stop, lui demande où il va : « J'sais pas... assez loin », répond le héros, avec une moue que l'on imagine à la Marlon Brando...

Une littérature du chaos

Après *Manhattan Transfer*, la ville apparaît sous le masque d'une machine apparemment bien huilée, mais où règne en fait un chaos quasi total. On y court, on y halète, au rythme du jazz, des rames de train ou de métro, on y gagne ou perd de l'argent, on s'y fait racketter, tuer ou repousser vers de sordides ghettos. Et la police y est aussi corrompue que les politiques !

Noir, c'est noir

Une forme de littérature tente de donner un sens, peut-être une esthétique, à ce désordre : le roman noir et le polar. « Où est l'humain dans tout ça ? », semblent nous demander **Herbert Lieberman** dans *Nécropolis* (1991), **Caleb Carr** dans *L'Aliéniste* (1995) ou **Georges Chesbro** dans *Bone* (1993). Et pourtant, aussi noirs soient les univers qu'ils décrivent, ils réussissent à nous redonner espoir en l'humanité. Car d'autres hommes apparaissent pour tenter de mettre les choses en ordre et de rappeler la loi, souvent sous l'emblème du flic, privé ou non. En 1878, déjà, **Anna K. Green** publie *L'Affaire Leavenworth*, premier polar écrit par une femme. Mais le New-Yorkais qui reste à jamais le modèle de l'écrivain de polars est sans conteste **Dashiel Hammet**, lui qui, selon Chandler, « a sorti le crime de son vase vénitien pour le flanquer dans le ruisseau ». Père du grand Sam Spade, l'un des privés les plus emblématiques (*Le Faucon maltais*, 1929), il sait comme nul autre décrire la pourriture de la ville en un style dépouillé, objectif, nu comme une déposition de suspect au commissariat du coin. Il finira sa vie à New York en 1961, solitaire, silencieux et alcoolique. Dans un autre style, mais quel style, **Chester Himes** (1909-1984) inaugure avec sa *Reine des pommes* (1958) les balades dans Harlem des célèbres flics Ed Cercueil et Fossoyeur, mêlant humour (très) noir et désespérance, qui les mèneront l'un et l'autre à la mort, dans son dernier opus (*Plan B*, 1969). Outre les auteurs déjà cités, on lira les contemporains situant leurs romans à New York, **Jerome Charyn** (*Marilyn la dingue*, 1993) et **Ed McBain** (*87e District*, 2003). Une mention à part à **Laurence Block**, auteur de *Lendemains de terreur* (2004, en rapport avec les attentats du 11 septembre), qui semble être son chef-d'œuvre. Et un dernier coup de chapeau à **Mickey Spillane** (né en 1918 à Brooklyn), qui vient de nous quitter pour un monde on l'espère moins glauque que celui où cognait dur son privé, Mike Hammer.

Une belle machine

Dans la foulée du journalisme, depuis toujours un des points forts de la vie new-yorkaise, la littérature a trouvé dans cette ville un terreau des plus fertiles. Très tôt, écrivains et poètes se sont rencontrés, réunis et ont échangé leurs idées. À la fin du 19e s., **Mark Twain**, **Henry James** et **Melville** vivaient aux alentours de Washington Square, dans Greenwich Village. Après 1910, le quartier accueillera le dramaturge **Eugene O'Neill** (1888-1953), la poétesse Edna St Vincent Millay (1892-1950), les auteurs Theodore Dreiser (1871-1945) et **Thomas Wolfe** (1900-1938). Plus tard, une autre génération prendrait leur place, **Dylan Thomas**, suivi des membres de la Beat Generation, **William Burroughs**, **Allen Ginsberg** et **Jack Kerouac**. Les rencontres se font parfois dans des clubs, des hôtels ou des restaurants. Le plus célèbre de ces cercles sera l'**Algonquin Round Table**, où les membres de la prestigieuse revue *The New Yorker*, Dorothy Parker, Harold Ross et Robert Benchley, entre autres, font et défont les réputations. Par ailleurs, une solide tradition s'est très tôt mise en place, celle des lectures publiques, dans des cercles culturels, des universités et des bibliothèques. Enfin, la critique est florissante dans les journaux et revues de la ville. Il était donc normal que des prix littéraires de renom y soient remis, en particulier le **Pulitzer Price**, qui existe depuis 1904, et le **National Book Award**, depuis 1950. Si beaucoup d'écrivains nouent des liens avec les médias et la télévision, certains restent en dehors du brouhaha de la communication, tel **J.D. Salinger** (1919), auteur de l'un des romans new-yorkais majeurs, *L'Attrape-cœurs* (1951).

Une polyphonie littéraire ?

La tendance américaine à classer les genres en fonction des communautés ne doit pas cacher que certains talents les dépassent largement. Si l'on se félicite pour la communauté noire de l'essor du mouvement artistique et politique de la Harlem Renaissance, il ne faut pas limiter la qualité d'une **Zora Hurston** (1891-1960) ou d'un **James Baldwin** (1924-1987) à cette unique dimension. D'autant que ce dernier a pu être classé tantôt comme un écrivains « noir », tantôt comme « homosexuel » (**Audree Lorde** revendiquant quant à elle son appartenance au « mouvement lesbien »). Et si **Henry Roth** (1905-1995) a décrit dans son œuvre la vie de certains juifs, est-il représentatif de l'ensemble de cette communauté ? Sans doute pas. **Phillip Roth**, **Tom Wolfe**, **Truman Capote**, **Toni Morrisson**, **Hubert Selby Jr.**, **Bret Easton Ellis**, **Paul Auster** (*La Trilogie New Yorkaise*, 1985, *Moon Palace*, 1989) sont de très grands écrivains new-yorkais, sans qu'il soit nécessaire de les enfermer dans quelque catégorie ou communauté.

Don DeLillo, dans *Outremonde* (1997), nous dit que New York est un lieu magique, où le chaos ne peut être sauvé que par la polyphonie des hommes et des femmes. N'est-ce pas là l'essentiel ?

THÉÂTRE ET DANSE

On confond trop souvent la scène et le théâtre new-yorkais avec Broadway et ses comédies musicales. Pourtant, un riche héritage dément cet amalgame.

Le théâtre dramatique

Eugene O'Neill (1888-1953), né à New York, est le plus célèbre dramaturge nord-américain. À ce titre, il a reçu non seulement le prix Pulitzer pour *Beyond the Horizon* en 1920, mais aussi et surtout le prix Nobel de littérature, en 1936. Toute sa vie, il a exploré les aspects les plus noirs de la condition humaine, ses pièces révélant un monde de marginaux et de désespérance. Sur ses traces, **Arthur Miller** (1915-2005), également célèbre pour avoir été marié à Marilyn Monroe, a écrit des pièces fortes, comme *Mort d'un commis voyageur* (1949) et *Les Sorcières de Salem* (1953), toutes deux adaptées par la suite au cinéma.

Parmi les auteurs contemporains, **Sam Shepard**, écrivain, scénariste et acteur (*Les Moissons du ciel*, de Terrence Malick), est aussi un dramaturge en vue, depuis sa première pièce, *Oh ! Calcutta*. **August Wilson** (1945-2005), deux fois récompensé par le prix Pulitzer pour *Barrières* et *La Leçon de piano*, a été un immense auteur afro-américain, décrivant en dix pièces la vie dans un milieu noir américain sur une période de cent ans. Autre dramaturge majeure,

Un théâtre social

Le 23 novembre 1935 la pièce *Des Souris et des hommes*, adaptée du roman de John Steinbeck, est jouée pour la première fois au Music Box Theater de Broadway, à New York. Elle y remporte un très vif succès. Steinbeck, qui a participé à la mise en scène, n'est pas présent dans la salle, occupé par l'étude du milieu qui lui inspirera *Les Raisins de la colère*. Il n'ira donc jamais voir la pièce qui remportera pourtant le prix des *New York Drama Critics*. Lauréat du prix Nobel en 1962, mais passablement aigri et déprimé à la fin de sa vie, il meurt à New York en 1968.

née à Brooklyn, **Wendy Wasserstein** (1950-2006) fut lauréate du Pulitzer en 1989 pour *Chroniques de Heidi*. On est loin de l'image d'Épinal des comédies sucrées, rythmées de chansons à succès. Et où placer des œuvres comme *Les Misérables*, mi-comédie musicale, mi-théâtre, librement inspirée de Victor Hugo ? Voilà du Broadway typique.

Broadway, on et off

Quand on parle de Broadway, on ne désigne pas seulement l'aire géographique du *Theater District* (quartier des théâtres). Une quarantaine de salles de plus de 500 places, dont plus des deux tiers ne programment que des comédies musicales, composent le **Broadway officiel**, le *on*. On y joue les pièces à succès. Au-dessous de 500 fauteuils, les salles sont dites *off* et accueillent des auteurs plus jeunes ou moins commerciaux. La programmation peut y être excellente. Les théâtres encore plus petits, les *off-off*, mettent en scène des spectacles confidentiels ou expérimentaux. On peut y découvrir les talents de demain. Le prix des Tony Awards récompense les meilleures œuvres présentées à Broadway.

Parmi les auteurs à succès, il faut citer **Neil Simons**, dont le succès est immense, puisqu'on a joué jusqu'à quatre de ses comédies simultanément. La **comédie musicale** occupe bien sûr une place de choix. Elle a atteint la pleine maturité le 27 septembre 1957, quand la pièce de **Stephen Sondheim**, *West Side Story*, dont la musique était composée par Leonard Bernstein, a fait sa première au Winter Garden. Dès les premières représentations, ce fut un succès. Le mythe de Roméo et Juliette, transposé dans les quartiers populaires new-yorkais des années 1950, et l'apparition de la culture latino firent un tabac.

Ailleurs dans la ville

Une autre scène majeure s'est peu à peu constituée à **Harlem** qui, en matière de fréquentation théâtrale, s'est hissé au second rang, juste derrière les abords de Times Square.

Dans un tout autre esprit, **George C. Wolfe**, personnage contemporain majeur de la scène new-yorkaise, est à l'origine du **Shakespeare Festival** qui se déroule, chaque été, en plein air dans Central Park, au Delacorte Theater. Les places y sont gratuites et les pièces sont d'autant plus courues que des stars y montent sur scène. On y a ainsi vu Meryl Streep jouer dans *La Mouette* de Tchekov.

La danse

La danse est à New York un art essentiel en ce qu'il constitue une sorte de passerelle entre tous les arts de la scène, théâtre, musique, cinéma et télévision. Il suffit pour en avoir une idée d'examiner la carrière de **Bob Fosse** (1927-1987). Il est à la fois le plus célèbre chorégraphe et un metteur en scène de comédies musicales à succès, souvent primé, notamment avec *Cabaret* (Oscar), *Pippin* (Tony Award), *Liza with a Z* (Emmy Award). Danseur lui-même, il est aussi acteur ou metteur en scène, comme dans *Que le spectacle commence* (Palme d'or à Cannes).

Dans le domaine de la danse classique, tout a commencé à prendre de l'ampleur dans les années 1930, avec la création d'un ballet national américain par Lincoln Kirstein, puis du New York City Ballet par **George Balanchine.** Le grand **Mikhaïl Barychnikov**, transfuge de l'Union soviétique, dansa à l'American Ballet Theatre, avant de devenir son directeur artistique.

Si **Martha Graham** et **Doris Humphrey**, entre autres, ont annoncé le ballet contemporain, **Merce Cunningham**, **Paul Taylor** et **Twyla Tharp** l'ont définitivement fait entrer dans la modernité. On compte actuellement à New York une douzaine de compagnies de réputation mondiale. La ville accueille les chorégraphes et les danseurs les plus prometteurs du pays. Des salles continuent de s'ouvrir, des troupes de se créer, des talents d'éclater au grand jour. Chaque année, la cérémonie des **Bessies** récompense les meilleurs d'entre eux.

MUSIQUE

Ce n'est pas par leur créativité en matière de musique classique que les États-Unis, et New York en particulier, ont fait l'histoire, mais par ce qui reste l'un des symboles de la culture américaine, le jazz.

Une tradition musicale

D'illustres musiciens initièrent très tôt les New-Yorkais à la musique. Le premier d'entre eux, Lorenzo da Ponte (1749-1838), fut rien moins que le librettiste de Mozart. Arrivé à New York en 1805, il y leva même les fonds pour construire un opéra. La scène new-yorkaise prenant de l'importance, de grands compositeurs, tels Anton Dvorak et Tchaïkovski, y conduisirent des orchestres. En 1891, on inaugura le **Carnegie Hall**, qui accueille désormais le **New York Philharmonic Orchestra**, l'une des meilleures formations mondiales. Outre la **Metropolitan Opera House**, la ville dispose d'une autre salle de renommée internationale, le **Lincoln Center**. Les plus grands chan-

---

Gershwin, l'éclectique

Il naît à Brooklyn en 1898. Sa mère achète un piano pour faire donner des leçons à son frère Ira, mais c'est finalement George qui manifeste un intérêt particulièrement développé pour la musique. Ses goûts sont très éclectiques, allant du classique aux chansons populaires, en particulier aux rythmes des Noirs américains. En 1918, George et Ira écrivent leur première chanson en collaboration. En 1919, George publie son premier grand succès populaire, *Swanee*. Le chef d'orchestre Paul Whiteman l'incite à écrire une pièce de style jazz : ce sera la célèbre *Rhapsody in Blue*, créée en février 1924 à New York. Puis les partitions des frères Gershwin se succèdent, dont, en 1935, l'opéra *Porgy and Bess*. Leur succès est immense mais éphémère, comme tout à New York. Pressentant la fin de son aura à Broadway, George Gershwin s'installe à Hollywood, où plusieurs de ses pièces ont déjà été adaptées au cinéma. Il y décède en 1937.

teurs d'opéra, les plus célèbres solistes s'y produisent régulièrement. La prestigieuse **Julliard School** forme pour sa part des pléiades d'artistes, dans tous les domaines musicaux. New York accueille enfin une multitude de festivals, dont le plus original, pour ne pas dire le plus excentrique, est le Next Wave Festival, qui se tient en été à la Brooklyn Academy of Music.

Une métropole du jazz

Si cet art, par essence populaire, est né à La Nouvelle-Orléans à la fin du 19e s., c'est, juste après Chicago, New York qui accueille les meilleurs de ses créateurs. Boîtes de jazz et dancings fleurissent dans les années 1920 à Harlem, quartier devenu interlope au tournant du 20e s. En pleine **prohibition**, c'est là que les *bootleggers* cherchent à écouler facilement leur marchandise. Les Blancs s'y encanaillent et boivent au rythme des musiques « nègres ». Le **Cotton Club**, sur Lennox Avenue, est le plus important d'entre eux : **Duke Ellington**, **Count Basie**, **Cab Calloway** y ont fait leurs débuts. Plus tard, la **52e rue** concentre la plupart des clubs importants, mais sans complètement détrôner Harlem, où la jeune **Ella Fitzgerald** triomphe en 1935, au Savoy Ballroom.

Lester Young et **Coleman Hawkins** font les beaux jours de la période swing à New York, en contre-point des groupes de la côte ouest. De 1945 à 1948, la révolution be-bop, amenée par **Dizzy Gillespie** et **Charlie Parker**, déferle sur la ville. C'est dans son lit que se prépare le jazz moderne, celui des génies, **Thelonious Monk** (*Round Midnight*) et **John Coltrane** (*My Favorite Things*). **Miles Davis** (*Kind of blue*) laisse pour sa part éclater une sonorité de trompette qui ne sera jamais imitée. New York est confirmée comme une des capitales du jazz. C'est là, notamment parmi ceux qui suivent le sillon de Coltrane, que se recruteront les adeptes du **free jazz** des années 1960-1970, avant la période contemporaine, où le jazz s'est assagi et, osons le mot, institutionnalisé. Il n'en reste pas moins

que toutes ses formes se retrouvent à New York, depuis les plus conventionnelles, au Lincoln Center, jusqu'aux recherches des clubs branchés, en passant par les nombreux festivals d'été en plein air (JVC Jazz Festival, à Central Park, Bryant Park...).

Rock et musiques de la rue

L'une des fiertés du rock new-yorkais est qu'en 1955 Elvis Presley soit allé écouter Bo Diddley à l'Apollo Theater et, dit-on, y copier son fameux déhanchement. Mais seuls le **Velvet Underground** et **Lou Reed** peuvent réellement rivaliser avec les groupes anglais. Plus tard, **Patti Smith** apporte un touche poétique à la brutalité du rock ambiant, et des studios d'enregistrement de qualité attirent passagèrement des artistes de renom, tel **Jimi Hendrix**, au Record Plant, pour son *Electric Ladyland*. New York a par ailleurs inspiré nombre de chansons, dont *New York, New York*, composée par John Kander pour Liza Minnelli, ou *Love New York* de Madonna. Mais les chanteurs les plus célèbres de la ville auront été sans conteste les vedettes pop folk **Simon et Garfunkel**, en duo de 1956 à 1971, puis par brefs intermèdes, comme lors du concert de Central Park, en 1981, qui accueillit 500000 spectateurs.

C'est plutôt la rue qui donne un style aux artistes, notamment ceux des tendances **punk**, **funk** et **punk rock**, qui se caractérisent par leurs outrances et leurs provocations (The Strokes, Ramones, Sonic Youth ou Pavement). Mais c'est sans conteste les **rappeurs** et les adeptes du **hip-hop** (Jay-Z, Nas, Mase) qui portent cette marque des rues, en résonnance avec les tagueurs et leur art sauvage. Sorti du Bronx le plus dur des années 1970, le rap se donne désormais en spectacle, souvent de qualité et bien plus *soft* qu'à ses débuts, dans les artères touristiques de Manhattan.

Washington Square, Greenwich Village, la musique à ciel ouvert.

SPORT

Si, comme tous les Américains, les New-Yorkais sont un bon public pour le sport, ils ne se contentent pas de le regarder. Dans un pays où la lutte contre l'obésité est devenue une cause nationale, les *yuppies* sont particulièrement conscients de leur ligne et trouvent, par ailleurs, dans l'activité physique un exutoire au stress de la ville.

Le base-ball

C'est le sport le plus populaire, celui qui concentre le plus de passion. Même si on ne se précipite pas dans les deux stades où jouent les équipes professionnelles de la ville, on ne pourra éviter de voir les matchs se succéder sur les écrans de télévision. Et qui n'a pas son incontournable casquette frappée du logo de l'un des principaux clubs ?

Base-ball : comment ça marche ?

Avouons que le touriste, sauf exception, ne comprend pas grand-chose à une activité à la finalité aussi énigmatique. Et dont les acteurs, revêtus de tenues assez démodées, passent l'essentiel de leur temps à cracher par terre en mâchant leur chewing-gum, à rajuster leur casquette, même sans vent, et à faire des moulinets dans le vide avec leur outil (la batte)... Mais tentons de donner les règles de la chose. On y joue par deux équipes de 9. Chacune défend et attaque, alternativement. La défense consiste, pour les neuf à tour de rôle, à lancer la balle à la main vers celui de l'équipe qui attaque avec la batte. L'équipe en phase défensive essaye d'éliminer le plus rapidement possible 3 joueurs adverses. Et là, attention ! Un joueur offensif est éliminé lorsque (1) le frappeur n'a pas réussi à frapper la balle après 3 bons lancers ou (2) la balle qu'il vient de frapper est attrapée au vol ou (3) la balle est ramenée par les joueurs en défense à la base vers laquelle le joueur court avant qu'il n'y arrive ou (4) un défenseur en possession de la balle touche le coureur entre deux bases (sans relâcher la balle de son gant). Vous n'avez pas compris ? Nous non plus !

Les deux équipes professionnelles de New York sont les **New York Yankees**, jouant au Yankee Stadium, au sud du Bronx, et les **New York Mets**, jouant au Shea Stadium, dans le Queens. La première, celle dans laquelle ont joué les mythiques Joe DiMaggio (l'un des maris de Marilyn) et Babe Ruth, a accumulé, depuis 1923, 26 séries mondiales et 39 championnats de l'American League. La seconde est en possession du record inverse, celui de la plus longue série de défaites consécutives.

Le base-ball est un sport, bien sûr, mais aussi une très forte activité sociale, de l'ordre du rite, avec ses phases initiatiques et participatives, suivies de celles où la légende orale se construit. Don DeLillo en donne un superbe aperçu dans les 67 premières pages de son roman *Outremonde*.

Les autres sports professionnels

Le **basket-ball** est désormais en voie de devenir le premier sport professionnel à New York. Son équipe, encore classée en **NBA** bien que n'ayant pas retrouvé son lustre des années 1960, les New York Knickerbockers, est plus connue sous le diminutif de Knicks. Le basket féminin professionnel est défendu par les New York Liberty. Les deux équipes jouent au Madison Square Garden.

Deux équipes de **hockey sur glace**, les New York Rangers, qui glissent sur la patinoire du Madison Square Garden, et les New York Islanders, locataires du Nassau Coliseum, à Long Island, satisfont le goût des New-Yorkais pour la vitesse et l'action.

Le **football américain** est lui aussi immensément populaire. On s'arrache les places du Giants Stadium, dans le New Jersey, où seuls peuvent entrer les heureux abonnés de longue date. Les **Giants** se trouvent souvent dans les hauteurs du classement, ayant atteint le niveau du *Super Bowl* (sorte de mégafinale, le plus énorme spectacle sportif de l'année aux États-Unis). L'autre équipe, les *Jets*, se tient elle aussi de manière très respectable.

Le **soccer** (football, pour le reste du monde) a vu, après les bons résultats de l'équipe nationale au mondial de 2002, croître son audience, aboutissant à la constitution d'une équipe professionnelle, les **Red Bull New York** (anciennement Metro Stars de New York), jouant au Giants Stadium. Ce club, où ont joué jadis Donadoni et Matthäus, a également compté dans son effectif un Français, ancien champion du monde, Youri Djorkaeff, surnommé *The Snake*.

La ville de New York est également le théâtre de l'un des tournois majeurs de la saison de **tennis**, l'**US Open**, qui a lieu à la fin du mois d'août à Flushing Meadows, dans le Queens.

Les amateurs de courses de chevaux ont le choix entre deux hippodromes, le **Belmont Park**, dans le Bronx, et l'**Aqueduct Racetrack**, près de l'aéroport JFK.

Il faut enfin noter que tous ces sports professionnels reposent sur une solide assise amateur. Les jeunes filles, par exemple, sont de plus en plus adeptes du soccer, où elles commencent à avoir de bons résultats internationaux. Ce sport féminin connaît un franc succès en milieu scolaire et universitaire.

L'école de la rue

La rue new-yorkaise est un vivier pour le sport de haut niveau. Si l'on prend l'exemple du basket-ball, plusieurs grands professionnels en sont issus. Il suffit de voir la passion, l'originalité, et le sens du spectacle des adolescents, noirs surtout qui, y compris dans les quartiers les plus défavorisés, dribblent et shootent à la Jordan, en suspension, pour mesurer l'ampleur du phénomène. Cette passion du sport elle-même se double d'un vif intérêt pour les marques : chacun, se rêvant en haut de l'affiche, adore arborer la panoplie du parfait *NBA pro*, depuis les chaussures jusqu'au couvre-chef, en passant par le tee-shirt et le sweat. On ne compte plus les *playgrounds* (espace grillagé entre deux immeubles), où les jeunes, voire leurs pères, se démènent à toute heure, avant ou après

Le marathon de New York

Depuis 1970, le premier dimanche de novembre est celui du plus célèbre des marathons. Les 25 ou 30 000 participants partent du Verrazano Bridge, traversent Brooklyn, puis le Queens, et reviennent à Manhattan par le Queensboro Bridge, pour terminer à Central Park. L'événement, doté de 500 000 dollars de récompenses diverses, fait chaque année le tour du monde par télévision interposée. Si la plupart des participants finissent l'épreuve comme ils peuvent, de grands champions figurent au palmarès, comme le Kenyan Paul Tergat, en 2005, ou Paula Radcliffe, l'Anglaise à l'étrange foulée, en 2004 et 2007. Avis aux amateurs : les étrangers doivent se pré-inscrire, puis un tirage au sort est effectué afin de ne pas dépasser le chiffre maximum de participants.

le travail ou l'école, en mal de *dunks* ou du panier à trois points. Ainsi, The Cage, à l'angle de la 6th Avenue et de la 4th Street, est le lieu de rendez-vous des meilleurs amateurs de la ville.

Le sport est dans le parc

Mais la rue et les espaces verts sont aussi le lieu où les New-Yorkais adorent marcher à un bon rythme, parfois haltères aux poings, écouteurs à l'oreille, où l'on court et où l'on fait du vélo. **Central Park** est le lieu idéal pour pratiquer ce genre de sport. Mais il ne faut pas oublier, surtout pour les cyclistes, les berges de l'Hudson, en particulier le **Riverside Park**, ni le **Prospect Park**, à Brooklyn. Les rollers et skate-boards sont également fort prisés des jeunes ou moins jeunes, qui ne manquent pas d'y ajouter une touche de spectacle. De ce point de vue aussi, Central Park, par une belle fin d'après-midi de printemps ou d'été, est un lieu assez magique, où les joggeurs (et les joggeuses), cyclistes et rollers le disputent aux amateurs de jeux de pelouse, tels les joueurs de *soft-ball* ou les lanceurs de *frisbees*. Le spectacle est gratuit et il ne vous reste qu'à vous joindre aux participants !

LES NEW-YORKAIS

Melting pot, ghetto, kaléidoscope, miroir aux alouettes : selon le regard que l'on pose sur New York, on verra ses habitants différemment. Et puis, il y a la façon dont les New-Yorkais se considèrent eux-mêmes et entre eux, et comment les autres les voient, touristes de passage ou Américains du reste du pays. Car ne vous y trompez pas : il n'y a à peu près rien de commun entre les habitants de cette ville et le reste du pays, voire du monde...

Un peu de démographie

New York City, avec ses cinq *boroughs*, comptait au dernier recensement un peu plus de 8 millions d'habitants. Pour l'anecdote, les femmes y sont nettement plus nombreuses, 52,6 %, contre 47,4 % pour les hommes. C'est une population ethniquement variée, avec 45 % de Blancs, 26,6 % de Noirs, 27 % d'origine hispanique ou latino (cette dernière catégorie se recoupant avec les précédentes) et environ 10 % d'Asiatiques. Près de 36 % des New-Yorkais sont **nés à l'étranger** (à titre de comparaison, ils sont à peu près 15 % pour l'Île-de-France) et environ

---

9/11

Nine Eleven, c'est ainsi que vous entendrez parler du 11 septembre (les Américains donnent le chiffre du mois avant celui du jour). Ne soyez pas surpris de l'omniprésence du souvenir, de ce deuil persistant, voire de peur rentrée. Même si la vie continue, le traumatisme reste, et bien des New-Yorkais confirment que leur vie ne sera plus jamais comme avant. Ils ont perdu leur sentiment de supériorité et d'invulnérabilité. Plusieurs années après, des groupes de parole se réunissent encore et la catastrophe resurgit inopinément dans les conversations. Les graffitis muraux, la littérature et maintenant le cinéma se chargent d'en perpétuer la mémoire. Jusqu'aux articles de presse, qui, en 2006, développaient en détail des théories du complot que tout le monde croyait dépassées...

---

48 % ne parlent pas l'anglais à la maison. Le plus gros contingent d'immigrants vient désormais de République dominicaine, de Chine, de Jamaïque, de Guyane et du Mexique, même si on note aussi des arrivées du Bangladesh, du Nigeria, du Ghana, des Philippines, de Russie et d'Ukraine. Soulignons que, pour la première fois depuis la guerre de Sécession, le nombre de Noirs a baissé (30000 de moins en 2004 qu'en 2000, malgré les nouveaux arrivants), principalement parce que les **difficultés économiques** les poussent à partir vivre ailleurs.

Quartiers ou ghettos ?

L'une des caractéristiques de New York, comme de toutes les villes américaines, est la **communautarisation**. Elle est due à l'héritage des vieux clivages raciaux et sociaux, mais aussi au fait que les nouveaux arrivants vont naturellement s'agglutiner aux compatriotes qui les ont précédés. Il en résulte des poches ethniques très diverses, où l'on entend parler des langues étrangères, où des journaux spécifiques paraissent, et où boutiques et restaurants affichent clairement la culture du voisinage. Ainsi, à Chinatown, dans certains restaurants ou épiceries, on ne parle pratiquement pas l'anglais, ce qui rend parfois la communication difficile. De même, à Astoria, dans le Queens, vous entendrez parler grec, alors qu'à Brighton Beach, ce sera le russe. Pour le visiteur, outre le dépaysement radical qui l'attend au sortir d'une station de métro, la surprise vient de l'extrême **compartimentation** de la ville. Il suffit parfois de traverser la rue pour changer de continent. Dans les grandes artères et autour des zones d'emploi, les populations se côtoient, mais en les observant bien, on constate qu'elles ne se mélangent guère. Encore récemment, avant que la criminalité ne baisse drastiquement, certains quartiers fonctionnaient comme de véritables ghettos, où les plus défavorisés des immigrés se débattaient contre un **taux de chômage** très supérieur à la moyenne de la ville, un **habitat délabré**, voire insalubre, et une violence rampante. Plusieurs facteurs ont sensiblement amélioré les choses, entre autres la politique de tolérance zéro instituée par Rudolf Giuliani, qui a décriminalisé les quartiers, une amélioration des conditions de logement et une baisse du taux de chômage. Mais on reste bien loin du compte et la **grande pauvreté** est une réalité pour de nombreux foyers *(voir ci-dessous).*

Géographie multicolore

Les communautés historiques ont souvent rendu leur quartier célèbre : les juifs à Lower East Side, Upper West Side et Williamsburg, ou les Italiens à Little Italy (Manhattan) mais surtout dans le Bronx. D'autres sont là où on ne les attend pas. Ainsi, Chinatown rassemble un grand nombre d'Asiatiques, mais elle est désormais passée derrière le quartier de Flushing, dans le Queens. Il existe aussi de plus petites enclaves, tout aussi pittoresques, tels la Little Odessa ukrainienne de Brighton Beach, Koreantown le long de 32nd Street, le quartier caribéen autour de Flatbush à Brooklyn, dominicain dans le Bronx, sénégalais sur la 116th Street, entre Nicholas et 8th Avenue, turc, aussi à Brighton Beach, brésilien à Astoria, dans le Queens, etc.

Qu'est-ce qui fait courir le monde ?

Si la moyenne des revenus dépasse les 22 000 $ annuels, les écarts entre les district sont nets (43 000 $ pour Manhattan, 14 000 $ pour le Bronx). On dénombre par ailleurs plus de 21 % de la population en dessous du seuil de pauvreté. En septembre 2006, le taux de chômage pour l'ensemble de la ville s'élevait à 4,5 % (4 % pour Manhattan mais 5,9 % dans le Bronx), les meilleurs chiffres depuis avril 2001.

Quoiqu'il en soit, l'argent semble être en permanence au cœur des préoccupations de la ville. D'autant que le dernier classement des 400 plus riches par le magazine Forbes ne compte, pour la première fois, que des milliardaires en dollars, dont 44 à New York. Pour cette frange étroite de la population, il est de bon

Et la Mafia ?

Parmi les New-Yorkais contestables, les mafieux figurent en bonne position, mis en scène depuis des décennies par le cinéma et les séries télé. Si les grands parrains sont morts ou en prison – ce qui ne les empêche pas, d'ailleurs, de mener leurs affaires – il serait naïf de prétendre que la mafia est devenue inactive. Le F.B.I. ne cache pas sa détermination, craignant même que le trafic d'armes n'alimente les réseaux terroristes. Mais ce sont surtout les stupéfiants, la prostitution, le racket, la restauration et les liens avec les syndicats qui alimentent les caisses des gangsters. Cinq grandes familles italo-américaines se partagent le territoire : les Genovese, les plus puissants, qui ont compté dans leurs rangs Lucky Luciano et Frank Costello, les Gambino, les Bonanno, les Lucchese et les Colombo. Il faut aussi mentionner la mafia russe basée à Brighton Beach, qui s'est spécialisée dans l'escroquerie financière, et les gangs asiatiques, tels que les montrait Michael Cimino dans son film *L'Année du Dragon* (1985). Pour preuve que tout continue, le récent procès de Louis Eppolito et Stephen Caracappa, deux flics ripoux de Brooklyn appartenant au clan Lucchese, condamnés à perpétuité en avril 2006…

ton d'être mécène, à l'image des Astor, Rockefeller et consorts, qui ont donné sa patine culturelle à New York. Pour tous les autres, l'essentiel est d'avoir l'air riche. Le montant des revenus est l'un des sujets préférés des Américains, qui n'éprouvent aucun complexe à gagner beaucoup d'argent. Et à New York, de toute façon, c'est indispensable tant les prix sont élevés. Ici, tout est une question d'image, on vous juge à la marque de votre costume, à vos chaussures, à votre téléphone, aux endroits où vous sortez. La mode et la « branchitude » arrivent très haut dans les préoccupations quotidiennes, d'autant que la rapidité avec laquelle les choses changent en fait un vrai casse-tête. Quand une mode sort dans une série culte, comme, par exemple, *Sex and the City*, il est déjà trop tard pour la suivre…

RELIGIONS ET COMMUNAUTÉS

La société américaine est profondément religieuse. Même si la pratique en est moins immédiatement évidente dans les grandes villes, et surtout à New York, la religion occupe une place déterminante. Il suffit pour s'en convaincre de lire les témoignages écrits à l'occasion du 11 septembre ou à la mémoire des pompiers, par exemple. Les références à Dieu sont omniprésen-tes. Aux États-Unis, il y a une véritable culture du rapport individuel à Dieu. Pour beaucoup de fidèles, surtout dans les courants évangéliques, il est normal que Dieu lui-même dicte à chacun la conduite à suivre. La fréquentation des églises est impressionnante et il est naturel pour les personnages publics de faire connaître leur confession. Et ce n'est pas le moindre paradoxe de cette ville que de voir cohabiter une spiritualité des plus émotionnelles avec le matérialisme le plus effréné.

Puritanisme et réussite

Le premier débarquement en terre d'Amérique des pèlerins fondateurs du *Mayflower* donnait le ton, dès le départ de la colonisation. Ces premiers immigrants étaient des **protestants puritains**, issus de la branche réformatrice et rigoriste de l'**Église presbytérienne**. Dès leur arrivée, ils considèrent l'Amérique comme la « terre promise » que Dieu leur donne. Le travail et une morale stricte sont les fondements de leur nouvelle société. L'approbation divine se mesure à l'importance du succès : on voit la réussite matérielle comme la preuve que Dieu est avec soi. On comprend donc pourquoi la productivité, la richesse et la rigueur marchent ici main dans la main. Cette branche du protestantisme concerne surtout les familles blanches issues de l'immigration anglaise ou hollandaise.

Moins austère, dérivée du protestantisme anglican, l'**Église épiscopalienne** est elle aussi très présente et concerne les mêmes cercles (le président Bush père en est un adepte).

Ces Églises rassemblent notamment la frange la plus conservatrice de la communauté blanche et prônent un retour aux valeurs morales, affichant un dédain pour l'échec social. Les plus importants sanctuaires protestants de New York se partagent entre ces types de courants. Ainsi, Trinity Church *(voir p. 132)*, Church of the Ascension *(voir p. 183)*, St.

La messe à Harlem

Le matin de Pâques, comme tous les dimanches, une foule joviale et élégante se masse devant l'église baptiste. Les hommes portent des costumes brillants et bien coupés, des chaussures briquées et un mouchoir à la pochette. Les femmes arborent dentelles, gants et chapeaux, comme on n'en voit plus en Europe qu'aux courses d'Ascot ou aux mariages princiers. Tous se pressent dans la bonne humeur vers les sièges en velours rouge, sous les ors et les bleus vifs d'un décor de théâtre. Très vite, la musique envahit l'espace, l'assemblée se lève, claque dans les mains, chante et danse. Les fidèles vont et viennent, se saluent, les enfants courent dans les allées. Mais peu à peu, le service prend le devant de la scène. Le pasteur harangue l'assistance. Ses mots sont forts, intenses, l'émotion est à son comble. Les bras levés au ciel, des femmes entrent en transe. Sur l'estrade, on met en scène la crucifixion. Un Christ noir trébuche en montant les marches, ployant sous le poids d'une croix sommaire. Le noir se fait, à l'exception d'un fin rai de lumière blême, soulignant le sacrifice messianique. Dans l'assistance, les gens pleurent en remerciant le Seigneur. Et puis la lumière revient, la musique retentit, Jésus est ressuscité, des groupes de danseuses en rouge entourent le pasteur, qui entame une longue homélie à laquelle la foule répond en criant sa foi avec ferveur. Dans les rangs, chacun se tourne vers son voisin, l'étreint. Dieu est grand, comme les chanteuses gospels le scandent sur le podium…

Brooklyn : Williamsburg, le quartier juif orthodoxe.

Ch. Barrely / MICHELIN

Marks in the Bowery *(voir p. 196)* ou St. Thomas Church sont des églises épiscopaliennes.

Un kaléidoscope protestant

Au fil des différentes immigrations et des caractéristiques des communautés, les religions se sont diversifiées. D'autres sectes protestantes se sont développées, tels les **baptistes**, qui se distinguent par le baptême des adultes et une profession de foi ostentatoire (Rockefeller en faisait partie, de même que Martin Luther King, Bill Clinton et beaucoup de membres de la communauté noire). On trouve de nombreuses églises baptistes à Harlem, telles les First Corinthian, Canaan, ou Abyssinian Churches *(voir p. 315)*. Les **adventistes**, quant à eux, prêchent le retour imminent du Christ et font beaucoup de prosélytisme, alors que les **pentecôtistes** pensent avoir reçu l'Esprit saint, « parlent en langues » et prêtent foi aux miracles. La mouvance des **évangélistes** concerne un très large public aux États-Unis : ils croient en une « nouvelle naissance » en Jésus-Christ *(born again)*, aux vertus de la prière publique et de l'étude de la Bible (George W. Bush en est actuellement le fidèle le plus en vue). Dans l'ensemble, considérant que leur pays est investi par Dieu de la mission de changer le monde, les protestants sont souvent plus favorables à la guerre, même si l'évolution de la situation en Irak a quelque peu brouillé les cartes à partir de 2006.

La religion catholique

Plus récemment établie dans le pays que le protestantisme, cette religion est arrivée avec les immigrants irlandais et italiens. À Manhattan, c'est la première religion en nombre. Plus de 40 % des habitants la pratiquent, surtout grâce à l'importante communauté hispanique qui est venue en grossir les rangs.

La religion catholique a longtemps concerné les **classes immigrantes les plus pauvres** et les milieux les plus défavorisés. C'est pourquoi la bourgeoisie protestante les regardait de haut. Lorsque John F. Kennedy se présenta pour la course à la présidence, nombreux étaient ceux qui craignaient que son catholicisme ne soit un handicap. Dans les communautés new-yorkaises catholiques, irlandaise, italienne ou sud-américaine, la foi se traduit par un culte fervent pour **la Vierge et les saints**, avant celui du Christ, qui caractérise plutôt les religions protestantes. Toutefois, la pratique diffère quelque peu de ce qui se fait en Europe, en raison de l'influence des sectes protestantes. L'Église est nettement plus impliquée dans la vie locale, voire politique, par le biais des mécènes et des actions caritatives. En règle générale, les catholiques sont plus pacifistes que les protestants dans les prises de positions récentes. John Kerry, l'ancien candidat démocrate, est catholique, de même que Rudolf Giuliani ou les Kennedy. Leur sanctuaire emblématique est la cathédrale St. Patrick, sur la 5th Avenue, où furent célébrées des messes pour la mort de Robert Kennedy, Andy Warhol ou Joe DiMaggio.

La religion juive

Deuxième religion de Manhattan (près de 12 % des habitants), elle repose sur l'une des plus ancien-

---

New Age et contre-culture

Une courte balade dans le Village, le long de magasins néobabas vantant les bienfaits de telle pierre précieuse, recommandant breuvages, massages ou voyages mystiques suffira à mesurer que la vogue New Age n'est pas incompatible avec la trépidante New York. Né dans les années 1980, après le déclin des hippies, du transcendantalisme et des religions néo-orientales, ce mouvement propose un *mix* de différentes cultures ésotériques ou occultes, visant toutes à réconcilier l'être avec le cosmos et à le préparer à entrer dans l'ère du Verseau. Mêlant paganisme, parapsychologie, kabbale et yoga, il vise à « éveiller les consciences ». New York offre régulièrement séminaires et salons en tous genres, où gourous et maîtres à penser s'expriment à loisir.

nes et des plus fournies des immigrations, composant la plus grande communauté juive d'Amérique du Nord. Depuis les juifs de Russie et de Pologne fuyant les pogroms jusqu'aux rescapés du nazisme, les juifs de New York ont contribué à donner son profil à la ville. Ils revendiquent haut et fort leur identité et prennent largement part à la vie politique. Si la plupart des ashkénazes et des sépharades avouent ne pas pratiquer leur religion, les mouvements hassidiques (Lubavitch, Bobover et Satmar), qui ont leur siège mondial à Brooklyn, se font remarquer par leur application extrêmement rigide des préceptes. Il faut en effet distinguer les communautés, à l'intérieur même du judaïsme, tant il y a de différences entre l'élite intellectuelle libérale de l'Upper West Side, que peut représenter un Woody Allen, et les sectes hassidiques les plus orthodoxes, que l'on peut rencontrer à Williamsburg. La communauté juive a donné à New York certaines de ses plus prestigieuses personnalités, y compris le maire actuel, Michael Bloomberg.

L'islam

Inutile de dire que le sujet de l'islam à New York pose problème depuis les attentats du 11 septembre. À la suite de l'effondrement des tours, il est devenu très difficile pour les musulmans de vivre dans la ville. Ils se sentent épiés, voire mis à l'index, soumis à des tracasseries incessantes. Alors que la situation semblait s'améliorer, les attentats de Londres, en 2005, puis les tentatives déjouées, encore à Londres, en 2006, ont ravivé une méfiance qui a la peau dure. Pourtant, les communautés musulmanes new-yorkaises n'ont pas grand chose à voir avec le terrorisme. Elles sont surtout d'origine bengalie, turque, albanaise ou africaine, tenantes d'un islam plutôt modéré. Mais le climat ambiant les incite à se faire discrètes. Malgré tout, l'un des plus célèbres contestataires de la cause noire, Malcolm X, s'était lui-même converti à l'islam.

La guerre des rabbins de Satmar

Rien ne va plus dans la secte Satmar des juifs hassidiques de Williamsburg, à Brooklyn. Quand le grand rabbin Teitelbaum, chef de cette communauté de 120 000 fidèles, est mort en avril 2006, deux de ses fils, rabbins eux-mêmes, prétendirent prendre sa suite. Ils se sont si bien disputé la succession qu'ils ont tous deux réussi à se faire élire au poste convoité, chacun par son propre camp. Devant l'inextricable situation qui en découla, ils ont fait appel à la justice qui s'est naturellement déclarée incompétente. Pourtant, la dispute est loin de se cantonner à l'ascendant spirituel de l'un sur l'autre. Elle a déclenché les haines et des propos d'une violence inouïe. Il faut dire qu'outre le bien-être des ouailles, il s'agit de mettre la main sur plus de 500 millions de dollars, incluant des propriétés foncières, une usine et une synagogue laissée inachevée par la lutte fratricide. De fait, la secte, fondée il y a une soixantaine d'années dans la pauvreté d'une modeste salle de réunion, se retrouve à la tête d'un pactole substantiel...

Les Églises orthodoxes

Assez marginales, les églises orthodoxes réunissent des communautés diverses et comptent plusieurs sanctuaires. Les origines concernées sont l'Ukraine, la Grèce, l'Arménie, la Russie, la Serbie, l'Éthiopie et les coptes. C'est le quartier d'Astoria, dans le Queens, qui compte la plus forte proportion d'orthodoxes. La première église orthodoxe grecque fut fondée à New York en 1891, la première cathédrale orthodoxe russe construite en 1902. Le rite syro-arabe, se réclamant du patriarche d'Antioche, réunit à Brooklyn les orthodoxes de langue arabe, venus du Moyen-Orient. En raison de leur haine des Grecs, les Bulgares suivent plutôt le culte des Russes, tandis que les Albanais observent le rite grec. Une apparente similitude religieuse ne doit pas cacher que tous ces groupes conservent les douloureux clivages politiques et historiques qu'ils ont ramenés d'Europe.

VIE QUOTIDIENNE

Survivre dans le tourbillon qu'est New York peut tenir du parcours dans la jungle : tout va vite, très vite. Prenez le temps d'observer et vous verrez que quelques clés simples permettent de s'y sentir rapidement à l'aise et même de s'y trouver singulièrement porté par son irrépressible vitalité.

Speed...

Aucune capitale au monde ne peut rivaliser avec la claque que vous donne New York, dès que le bus ou le taxi vous emmène en direction de Manhattan. Si vous croyez qu'on roule vite en France, vous avez tout faux. Ici, dès que la route est libre, ne comptez plus voir le paysage : les chauffeurs de taxi ne démentiraient pas les plus agitées des productions d'Hollywood. Même les bus express semblent engagés dans une course poursuite dès que la route se libère un peu. Sans doute est-ce parce que, le plus souvent, les embouteillages transforment les dépassements en un cauchemar rythmé par le concert des klaxons et les diverses sirènes de la police, des ambulances, des éboueurs... Quant au rythme de vie lui-même, ne vous faites pas d'illusions : les New-Yorkais ne s'arrêtent jamais.

BlackBerry à la rescousse

Non, ce n'est pas le titre d'une BD, mais le mot d'ordre vital du jeune *yuppie*, pour qui il ne saurait plus être question de sortir sans cet appendice électronique, croisement indispensable du téléphone mobile et du Palm, qui vous relie au monde via Internet. Rien ne se décide plus sans les dernières nouvelles de l'oracle : on le « google » à toute heure du jour, voire de la nuit, pour connaître, en vrac, les programmes des théâtres, le temps qu'il fait, les réservations au restaurant, ses mails, accessoirement son emploi du temps, les coordonnées du raout gratuit du jour, les derniers arrivages de la friperie la plus branchée, bref, tout ce sans quoi un(e) New-Yorkais(e) ne peut ABSOLUMENT pas vivre !

La meilleure façon de marcher

Le New-Yorkais marche... vite, bien sûr. Il sait où il va, il est pressé, il a trois fois plus de choses à faire que les 24 heures quotidiennes ne l'y autorisent : faites pareil. Le long des trottoirs, les piétons se suivent et marchent à droite : c'est qu'ici, tout le monde en convient, il vaut mieux être discipliné, car la foule qui envahit les rues aux heures de pointe ne saurait se côtoyer sans heurt autrement. Il est très mal vu de se frayer un chemin en doublant par la gauche : cette partie-là est en principe réservée au flux inverse. En cas de contrevenue, vous aurez droit à des regards franchement désapprobateurs. De toute façon, vous réaliserez vite qu'il est plus confortable de suivre la foule qui, dans tous les cas, marche assez vite. De même, si vous avez l'habitude de traverser au feu vert, sachez qu'à New York, l'automobiliste ne ralentit pas quand il voit un piéton, il accélérerait plutôt !

Bien que la criminalité ait spectaculairement reculé, le touriste qui flâne le nez en l'air, le sac béant et l'appareil photo luxueux en bandoulière négligée ne peut que tenter le pickpocket occasionnel, qui rôde encore, ici comme dans toutes les grandes villes du monde. Un autre conseil : ne soutenez pas le regard des gens, dans le métro, le bus ou dans la rue, mais prenez plutôt l'air blasé et indifférent de celui ou celle à qui on ne la fait plus. En revanche, si vous êtes vraiment perdu en regardant votre plan, notamment dans le métro, vous serez surpris de l'amabilité des usagers, à qui il ne faut pas hésiter à demander un conseil. Depuis que la violence a baissé, les New-Yorkais sont plus détendus et le 11 septembre a laissé un arrière-goût de solidarité. De même, dans les parcs, à l'heure du pique-nique, n'hésitez pas à demander une petite place sur un banc : tout le monde est habitué à un espace vital exigu.

À vendre : peintures haïtiennes naïves, Union Square Market.

Grups ?

Contraction de *grown-up* (ceux qui ont grandi), le mot *grup* désigne cette nouvelle génération de jeunes *yuppies* qui ont réussi, qui ont quitté le cocon parental, souvent fait des enfants, mais qui refusent le statut d'adulte. À quoi reconnaît-on le *grup* ? Il choisit ses vêtements à *Urban Outfitters*, porte des jeans délavés, des Converse et des tee-shirts à message, écoute Franz Ferdinand sur son iPod ou de la musique qu'il a téléchargée. Il n'y a plus de fossé des générations, car le *grup* s'acharne à rester au niveau de ses enfants, mangeant les mêmes assortiments de bonbons achetés au Dylan Candy Bar. Le très branché *New York Magazine* décrit quatre stades de la « grupitude » : *pre-grup*, *beginner* (débutant), *advanced* et *master*... À savoir, si vous visez le titre de *master*, le plus réfractaire à la condition d'adulte : on ne va que dans les bars sans nom et jamais vus dans la presse, on écoute des groupes inconnus ou les rappeurs du Bronx, on porte un Levi's customisé et des baskets *vintage* des années 80 (on avoue difficilement qu'on va chez H & M). Comme quoi, le confortable chèque de paye ne présume de rien !

La place est chère

C'est sans doute la première plaie pour les habitants de la ville, conséquence directe de l'invraisemblable flambée des prix de l'immobilier. Vous aurez peut-être remarqué à la taille des chambres d'hôtel que la surface au sol est rare et chère. Imaginez ce qu'il en est des logements. Trouver un appartement à Manhattan tient du parcours du combattant et demande des finances solides. Beaucoup de Manhattanites y consacrent près de la moitié de leur salaire. Car ils sont très largement locataires : seuls 20 % possèdent leur logement contre plus de 50 % dans le reste de l'État. Si la série culte *Friends* a mis la colocation à la mode en Europe, ici, cette formule est simplement née d'une double nécessité : partager les charges des loyers et rom-pre la solitude qui empoisonne la vie des citadins. C'est d'ailleurs devenu le seul moyen de s'en sortir pour les célibataires. Les sites de petites annonces fonctionnent à plein, de même que le bouche à oreille, car dans une métropole aussi impersonnelle, il vaut mieux savoir à qui l'on a affaire. Il est courant donc que de véritables petites communautés se forment, par nationalité, par zone de travail, par école. Les grands appartements sont fractionnés en minuscules chambres, jouant avec les cloisons et les mezzanines, permettant parfois à plus de dix personnes de cohabiter. La situation se complique pour les couples et devient un véritable casse-tête pour les jeunes parents, qui doivent souvent fuir vers les quartiers périphériques. Les artistes sont les pionniers qui découvrent les nouvelles zones abordables pour y installer leurs ateliers, après quoi les jeunes couples arrivent. C'est ce qui fait dire à ceux qui cherchent une bonne affaire que dès que les poussettes pullulent, il est déjà trop tard : commerces et restaurants auront suivi le mouvement, et les prix obligeront à un nouvel exode.

Sortir branché

Vous avez peur de passer pour un provincial irrécupérable ? Pas de souci, le Français à New York est en général bien vu, gage de chic, sans aucun doute (même si cela est parfois usurpé...), et garantie d'une indépendance politique qui réjouit le cœur des nombreux démocrates de la Grosse Pomme. Mais attention : l'idée clé, ici, est, en gros, de faire l'inverse de ce qui se fait ailleurs en Amérique. Pas question de sortir habillé comme dans un feuilleton de la côte ouest : la couleur, sauf si elle est décalée, violente et signée « design », n'est pas vraiment à la mode. Pour sortir, en cas de doute, le noir est le pari le plus sûr, un joli accessoire pour les femmes étant, dans l'esprit des New-Yorkais, la marque indéniable du bon goût hexagonal. Sauf dans les hôtels et restaurants très chics, la cravate n'est plus de rigueur pour les hommes, mais un pantalon bien coupé et une chemise unie passent partout. En règle géné-rale, les jeans et chaussures de sport sont déconseillés pour sortir, ainsi que l'indiquent souvent les cartons d'invi-tation ou les panneaux des clubs et res-taurants. Cependant, le jean-tee-shirt reste l'uniforme d'une immense majo-rité, dès la sortie du bureau. Enfin, la vraie folie new-yorkaise, c'est le *vin-tage*, et les friperies se multiplient à un rythme étonnant. Les *fashion vic-tims* y trouvent le moyen de se vêtir de marques, d'être décalées mais chic, de bousculer les conventions et, acces-soirement, de garder un gros budget pour les chaussures, qui DOIVENT être des Jimmy Choo ou Manolo Blahnik. La folie des New-Yorkaises pour les chaus-sures les plus délirantes aux talons ver-tigineux est un sujet d'émerveillement inépuisable dans cette ville où tout le monde marche à toute allure. Ceci dit, il est courant que les femmes gardent une seconde paire de chaussures plus confortables dans leur sac pour repren-dre le métro. Quant à tous les autres, ceux qui ne sont ni riches, ni même aspirants à l'être, ceux qui finalement ne souffrent pas du complexe de supé-riorité manhattanite, ils se fondent dans l'anonymat du costume banal ou du jeans-sweat, avec ou sans casquette de base-ball.

La ville des toutous

Dans une ville aussi folle et démesurée, les animaux de compagnie pourraient avoir du mal à se faire une place. Pour-tant, selon la SPA, il y aurait 1,7 million de chiens et 1,9 million de chats, rien qu'à Manhattan. Et ils ont droit aux meilleurs traitements, ou du moins aux plus excentriques. Le chien new-yorkais porte des tee-shirts siglés, pulls au logo à la mode, lunettes, chapeaux et même bottines… Il se parfume, se rend à des fêtes d'anniversaire organisées par des entreprises *ad hoc*, va chez le psy pour chien. Sa race est même sujette aux modes : en ce moment, il est mortelle-ment classe d'avoir un puggle et tant pis pour vous si vous avez un caniche : c'est au moins aussi *has been* que de porter encore des pattes d'ef !

L'art du pique-nique

Au prix où sont les restaurants, le touriste moyen comprend vite l'inté-rêt pécuniaire du repas sur le pouce. Ne rechignez pas à vous y mettre, d'autant que c'est un bon moyen de côtoyer les New-Yorkais qui en font souvent leur règle. Récipient de plasti-que chargé de la salade du jour ou des sandwiches maison, hot dog ou *bagel* acheté à la carriole du coin, sempiter-nel burger, *wrap* ou portion de pizza sont emportés dans des endroits choi-sis de la métropole, bancs rétros dans des squares bucoliques, vastes espla-nades face au trafic fluvial, pelouses accueillantes ou simples murets au pied des gratte-ciel. New-York, à midi, fait salle à manger : on y voit les grap-pes de jeunes cadres qui font et défont le Nasdaq, les émules de *Sex and the City* entre deux raids chez Jimmy Choo ou Manolo Blahnik, les néo-hippies et leur casse-graine bio, tous se côtoyant et s'ignorant dans une indifférence nonchalante. Il faut bien casser un peu le rythme infernal de la réussite qu'on rame si dur à gagner…

En voir plus, pour moins cher…

L'un des jeux préférés du New-Yorkais dans le coup est de dénicher l'invitation gratuite au cocktail, vernissage, lance-ment de produit dûment marketé qui va lui permettre de sortir le plus sou-vent possible, à coût zéro, en ayant l'air de connaître les gens qui comptent. La ville ne peut plus recenser, chaque soir de la semaine, ces événements financés par la pub et les sponsors ou mécènes. Dès les beaux jours, la scène se déplace vers les parcs, pour les concerts gra-tuits, les jeux de plein air, la bronzette conviviale. L'été est long et très chaud, moite, voire insupportable. À ne pas oublier, donc, les bars et hôtels avec piscine, où acquérir le bronzage indis-pensable. On peut ensuite le montrer, de préférence dans un bikini, signé Prada si on est snob chic, Urban Out-fitters si on est *grup* ou jeune tendance cool, voire en petite tenue, limite de plage, pour se draguer entre jeunes loups/louves de la finance.

SILLONNER NEW YORK

À pied sur le pont de Brooklyn...

Ch. Barrely / MICHELIN

LOWER MANHATTAN

PROPOSITIONS DE BALADES ET « BEST OF »

Une journée en prenant votre temps	☺ Les emblèmes de New York
Suggestion de programme	Tôt le matin, visitez la statue de la Liberté et Ellis Island (voir p. 137-138). Au retour, pique-niquez à Battery Park (voir p. 133) ou sur le South Street Seaport (voir p. 139). L'après-midi, visitez le quartier du port, puis le Financial District (voir p. 130). Prenez ensuite le pont de Brooklyn pour y voir le soleil descendre sur Manhattan (voir p. 130). Pour le dîner du soir, préférez un autre quartier.
Transport	Métro ou bus jusqu'à Battery Park pour embarquer vers la statue de la Liberté. Pour vos déplacements dans la journée, privilégiez la marche à pied. Le soir, reprenez le métro ou le bus aux abords du City Hall.
Conseils	Ce quartier est à visiter par beau temps, sinon la statue de la Liberté, Ellis Island et le pont de Brooklyn seront très décevants. Si le temps le permet, prévoyez un pique-nique car les restaurants sont bondés le midi. En cas de pluie, optez pour les musées.
Si vous aimez	Le best of
Les bateaux et les ambiances portuaires	La traversée en ferry pour Staten Island (voir p. 137). La balade à pied depuis le Pier A de Battery Park jusqu'à South Street Seaport, le long de l'East River. Une minicroisière autour de Manhattan (voir p. 128). La traversée à pied du pont de Brooklyn (voir p. 130).
La marche à pied	Commencez à Battery Park, remontez le long d'East River jusqu'au South Street Seaport, puis rejoignez le Civic Center (voir p. 128) pour emprunter le pont de Brooklyn. Revenez sur vos pas et descendez à travers le Financial District jusqu'à Ground Zero (voir p. 133), où vous reprendrez le métro.
La photographie	Traversée du pont de Brooklyn. Ferry vers Staten Island (voir p. 137). South Street Seaport (voir p. 139).
L'architecture	Woolworth Building et immeubles administratifs du Civic Center (voir p. 129). World Financial Center et Ground Zero. Skyscraper Museum (voir p. 134).
L'économie	Wall Street et New York Stock Exchange, Federal Reserve Bank, Museum of American Finance (voir p. 131-132).
Le shopping	Pour les articles discount, Century 21 (voir p. 128). Pour l'électronique, J & R, près de City Hall (voir p. 128).
L'Histoire	Statue de la Liberté et Ellis Island. National Museum of the American Indian, Fraunces Tavern (voir p. 136). Museum of the Jewish Heritage (voir p. 134). Stone Street Historic District (voir p. 132). South Street Seaport (voir p. 139).

Les gratte-ciel vus depuis l'East River.

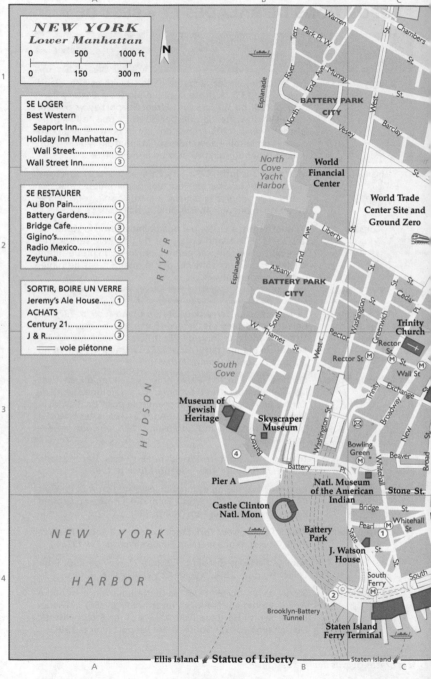

NEW YORK
Lower Manhattan

| 0 | 500 | 1000 ft |
| 0 | 150 | 300 m |

N

HUDSON RIVER

NEW YORK HARBOR

Warren St
Park Pl. W.
Chambers St
Murray St
West St
Barclay St
Vesey St

Esplanade
North River Ter.
End Ave.
North End Ave.

BATTERY PARK CITY

North Cove Yacht Harbor

World Financial Center

World Trade Center Site and Ground Zero

Liberty St
Albany St
End Ave.

Esplanade

BATTERY PARK CITY

South St
W. Thames St
W. Thames St
Washington St
Rector St
West St
Greenwich St
Cedar St

Trinity Church

Rector St Ⓜ
Rector St Ⓜ Ⓜ
Wall St Ⓜ

South Cove

Museum of Jewish Heritage

Skyscraper Museum

Washington St
Battery Pl.

Trinity Pl.
Exchange
Broadway
New St

Bowling Green Ⓜ
Beaver St
Broad St

④

Pier A

Battery Pl.

Natl. Museum of the American Indian

Stone St.

Castle Clinton Natl. Mon.

Battery Park

J. Watson House

Bridge St
Pearl St
State St.
Whitehall St
① Ⓜ

South Ferry Ⓜ
South St

②

Brooklyn-Battery Tunnel

Staten Island Ferry Terminal

Ellis Island ⚓ **Statue of Liberty** ─── Staten Island ⚓

124

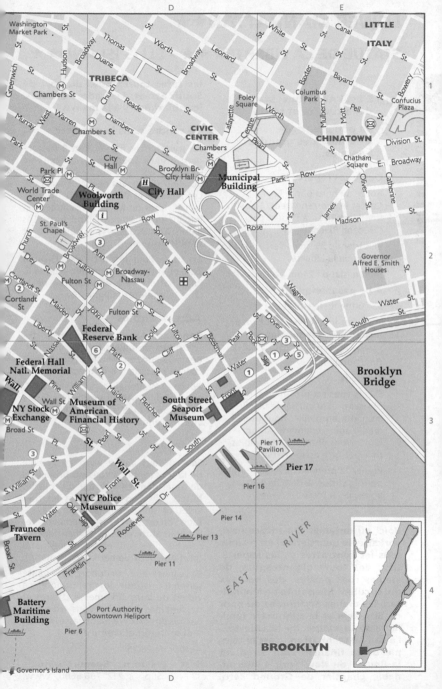

LOWER MANHATTAN★★

STATUE DE LA LIBERTÉ★★★ - ELLIS ISLAND★★

😊 **C'est l'Amérique, statue de la Liberté et tout !**

😐 **Un peu aseptisée, à l'ombre des grandes banques...**

Quelques repères

Bordé au nord par le Civic Center et Warren Street, à l'est par l'East River, à l'ouest par l'Hudson River.

Ellis Island : 25mn de ferry, via la statue de la Liberté.

Staten Island : 25mn de ferry.

À ne pas manquer

La statue de la Liberté.

Traverser le pont de Brooklyn à pied pour la vue sur Manhattan.

Le ferry vers Staten Island, en fin d'après-midi.

Conseils

Si cela vous est possible, réservez cette partie de la ville à un jour ensoleillé, pour que la magie opère vraiment. Sinon, les canyons entre les immeubles peuvent être assez tristes.

Prenez le premier ferry du matin pour la statue de la Liberté : après, il y a foule...

Voici où entamer l'aventure new-yorkaise, le quartier qui en résume tous les contrastes et les superlatifs : des tours gigantesques, de vieilles rues pavées, des bateaux qui circulent à la pointe de Manhattan, les arches mythiques du pont de Brooklyn et la silhouette familière de la statue de la Liberté... Le sud de Manhattan, c'est le temple de la finance, Wall Street et la Bourse de New York, l'interminable chantier de Ground Zero,

les cafés touristiques du port de South Street, les cadres affairés, leur BlackBerry à la main...

Se rendre dans le quartier

En métro - Les **lignes 1** et **9** descendent jusqu'à South Ferry, à l'extrême sud. Les lignes **4** et **5** s'arrêtent à Bowling Green, un peu plus au nord. Les lignes **R** et **W** vont jusqu'à Whitehall St., près du Museum of American Indians et du Staten Island ferry. Les lignes **2** et **3** desservent Fulton St. et Wall St.

En bus - Pour la partie est, Ground Zero et Battery Park, prenez la ligne **6**. Pour Battery Park et la statue de la Liberté, préférez la ligne **20**.

Adresses utiles

Banques - Agences bancaires et distributeurs de billets un peu partout. Beaucoup de commerces et de sandwicheries possèdent leur propre ATM.

Poste - 1 Whitehall St., ✆ 212 330 5151. Lun.-vend. 10h-19h, sam. 9h-16h, fermé dim. Bureau de Wall Street, 90 Church St. Lun.-vend. 7h30-19h.

Se loger

Sauf si vous aimez vivre au rythme de la Bourse, nous vous déconseillons de loger dans ce quartier où tous les hôtels sont très luxueux, et les rues vides et sinistres le soir. Seul avantage : on est tout près des embarcadères pour Staten Island (romantique au coucher du soleil) et pour Ellis Island (pratique pour démarrer tôt le matin).

😊 Le week-end, en dehors de la haute saison touristique, les grands hôtels se vident de leurs hommes d'affaires et ne font pas le plein. Vous trouverez parfois des prix vraiment cassés en surfant sur Internet *(voir p 41)*.

Autour de 250 $

Best Western Seaport Inn ①, 33 Peck Slip, ✆ 212 766 6600, www.

seaportinn.com - 72 ch. ♫🖹 Tout près du Seaport, un immeuble traditionnel en briques, à l'opposé des gratte-ciel clinquants, dans la partie historique du quartier. Chambres spacieuses et très bien équipées, dans un style international sobre. Fitness et petit-déjeuner inclus. Considéré comme bon marché pour les environs !

Autour de 350 $

Gildhall Wall Street ②, 15 Gold St., ✆ 212 232 7700, www.wallstreetdistrict. com - 126 ch. ♫🖹✕ Entre Wall Street et South Seaport, un hôtel de luxe au confort tout américain. Déco sobre, chambres assez vastes et très bien équipées.

Wall Street Inn ③, 9S William St., ✆ 212 747 1500, www.thewallstreetinn.com - 46 ch. ♫🖹 Une atmosphère surannée qui surprend agréablement après les canyons de béton. Accueil personnalisé et grand confort (fitness, sauna et petit-déjeuner inclus), mais cher, comme partout dans le quartier.

Se restaurer

Vous êtes dans le quartier des affaires et au point d'embarquement pour les îles. On trouve donc de tout pour manger, depuis les cafétérias pour employés pressés jusqu'aux restaurants pour *tycoons*, en passant par les chignoles à hot dogs le long des rues.

😊 Ceux qui aiment les terrasses agréables et ne redoutent pas l'affluence flâneront sur Fulton Street et sur le Pier 17 du port, où se concentrent les restaurants touristiques, pris aussi d'assaut à midi par les employés de la finance. Le choix est large, et c'est sans doute la place disponible qui vous orientera.

Moins de 10 $

Au Bon Pain ①, angle de 27 Whitehall St. et Pearl St., tout près de l'embarcadère pour Staten Island. Ce n'est pas une boulangerie, mais plutôt un fast-food de qualité, proposant copieuses soupes, salades, sandwiches chauds ou froids, viennoiseries, *wraps* et boissons, à consommer sur place ou à emporter. Idéal pour le pique-nique.

De 10 à 15 $

Zeytuna ⑥, 161 Maiden Ln., angle Front St. ou 59 Maiden Ln., angle William St. Deux adresses pour un très bon *delicatessen* où l'on compose soi-même son repas à emporter.

De 25 à 40 $

Bridge Cafe ③, 279 Water St., angle Dover, ✆ 212 227 3344. Fermé le sam. midi. C'est son passé chargé d'histoire qui fait tout le charme de cet établissement qui a été successivement une épicerie, un saloon et même une maison close. Il en a gardé une belle patine et on y mange, plutôt bien, une cuisine typiquement américaine.

Battery Gardens ②, dans Battery Park, à côté de l'embarcadère pour Staten Island, ✆ 212 809 5508, www. batterygardens.com. On vient surtout pour la terrasse sur l'Hudson River, entourée d'arbres. Cuisine internationale plutôt bonne. Pizzas (13-15 $), salades (10-14 $) et plats inventifs (25-30 $), comme le bar en croûte d'avoine ou le saumon sauce moutarde.

Gigino's ④, 20 Battery Pl., dans Wagner Park, ✆ 212 528 2228, www. gigino-wagnerpark.com. 11h-23h. Un Italien de belle qualité mais cher. Les menus y sont les plus intéressants (23 $ à midi, 28 $ le soir) et les salades offrent une alternative bon marché pour un déjeuner léger (10-15 $). Belle vue sur l'Hudson River de la salle entièrement vitrée, ou de l'agréable terrasse.

Sortir, boire un verre

Le soir, le quartier se vide : vous aurez plus de choix en remontant vers les quartiers plus animés de Tribeca ou Soho *(voir p. 148)*.

Jeremy's Ale House ①, 228 Front St., ✆ 212 964 3537, www.jeremysalehouse. com. Grande salle sympathique, où la collection de soutiens-gorge pendue au plafond sert de décor inattendu. Clientèle jeune et décontractée. Plus de 20 bières à la pression, snacks pas chers (moins de 8 $) et bonne ambiance musicale. Jazz *live* le merc. (18h-21h, entrée gratuite), films le lun. (20h), jeux de société à disposition. Sert aussi le petit-déjeuner.

Où pique-niquer?

Trois endroits s'y prêtent. Le bout du **Pier 17**, sur les marches, fait face à Brooklyn et au pont. De là, on voit passer les bateaux et un surplomb permet de s'abriter en cas d'averse. **Battery Park**, entre le terminal du ferry de Staten Island et celui de la statue de la Liberté, est aussi très agréable, mais très fréquenté par les touristes. Le **City Hall Park** est le choix des employés qui travaillent aux environs. C'est idéal si vous comptez faire ensuite la randonnée du pont de Brooklyn.

Achats

Mode discount - Century 21 ②, 22 Cortlandt St., entre Church St. et Broadway, ℘ 212 227 9092, www.c21stores.com. Lun.-merc. 7h45-20h, jeu. 7h45-21h; vend. 7h45-20h30; sam. 10h-20h; dim. 11h-19h. Un immense magasin voué au discount de grandes marques américaines et européennes. Il faut vraiment fouiller, car il y a beaucoup de kitsch, mais on trouve de vraies bonnes affaires.

Musique, électronique - J & R ③, Park Row (en face du City Hall Park), ℘ 212 238 9000, www.jr.com. Vastes magasins consacrés aux gadgets électroniques, informatiques, à la musique et à la vidéo. Prix compétitifs.

Loisirs

Concerts - Tous les lundis à 13h, des concerts de musique classique sont donnés dans la **chapelle St Paul**, à l'angle de Fulton et Vesey St., ou à **Trinity Church**, à l'angle de Broadway et Wall St. Entrée 2 $. Programme sur les sites Internet www.trinitywallstreet.org et www.saintpaulschapel.org.

Excursions - La compagnie maritime **Circle Line**, South Street Seaport ou Pier 16, ℘ 212 269 5755, www.circlelinedowntown.com, propose des minicroisières de 30mn (*speedboat*, en saison, 21 $) à 1h (bateau traditionnel, 25 $) autour de Manhattan.

HISTOIRE

C'est à l'extrême sud de l'île de Manhattan que les premiers colons européens, les Hollandais, s'installèrent (*voir p. 131, Financial District*) et fondèrent un gros bourg de fermiers. Son plan originel a été partiellement conservé, ce qui explique que l'on ne retrouve pas ici la géométrie rectiligne typique de la ville, mais plutôt des axes concentriques qui suivent le profil du rivage. L'ensemble était gardé par des fortins. Au nord, la communauté se protégeait des incursions indiennes grâce à une solide palissade. De la petite cité, un axe montait vers le nord de l'île, suivant le tracé d'un sentier indien et desservait d'autres fermes.

Déjà la finance

Rapidement, le port et le commerce se sont développés, grâce aux Hollandais puis aux Anglais. Mais le contexte politique incertain et la violence rendaient les marchés chaotiques et peu fiables. Sur fond de spéculation immobilière, seize ans après la Déclaration d'Indépendance, des financiers décidèrent, en 1792, de fonder le premier marché boursier de New York. Il ne reste plus grand chose de cette première époque coloniale, d'abord parce qu'un incendie a pratiquement tout détruit en 1835, mais surtout parce que la fièvre immobilière a motivé les destructions et reconstructions successives. Parmi les témoins du passé, la Fraunces Tavern, la maison Watson, Trinity Church et quelques rues pavées permettent de se replonger dans l'histoire. Et, à l'autre bout du spectre, le vide que laisse sur l'horizon les tours jumelles détruites rappelle que New York reste le symbole haï ou vénéré du monde occidental.

CIVIC CENTER★

Comptez 1h. (Plan D1)

M° lignes R, W, 4, 5, 6, arrêt City Hall.

Ⓐ Si vous avez peu de temps, vous pouvez passer ce quartier, mais ne manquez pas le pont de Brooklyn : à la sortie du métro vous êtes juste en face.

On nomme ainsi le centre administratif de New York, qui occupe la partie la plus au nord de la pointe de Manhattan. C'est le deuxième des États-Unis, après

Washington. Plus de 50000 personnes y travaillent et le maire de la ville y a ses bureaux. Malheureusement, depuis les attentats du 11 septembre, la plupart des immeubles sont interdits au public, comme, d'ailleurs, dans le reste de Lower Manhattan.

AUTOUR DU CITY HALL

La première chose que l'on remarque en sortant du métro, c'est le **parc du City Hall★**, triangle bordé par Broadway et Park Row. Du temps de leur domination, les Anglais y pendaient les traîtres. C'est là que la Déclaration d'Indépendance fut lue devant la foule, en juillet 1776.

City Hall★

(Plan D2)

Reconnaissable à son élégante symétrie et à son clocheton surmonté de la statue de la Justice, c'est un mélange de style Renaissance français et georgien anglais (1812), comme on en construisait beaucoup aux États-Unis au 19e s. Détail amusant : à l'époque, on n'imaginait pas que la ville s'étendrait vers le nord et, par économie, on réalisa la façade arrière en grès brun, réservant le marbre à la seule façade sud. Ce n'est qu'en 1954 qu'on lui rajouta une garniture en pierre blanche d'Alabama.

Municipal Building

Impossible de manquer son énorme masse qui domine le City Hall, face au pont de Brooklyn. On l'érigea en 1914, à la suite de l'intégration dans l'agglomération de Brooklyn, du Queens, du Bronx et de Staten Island. Massif (l'architecture soviétique s'en est inspirée), il reprend les recettes du siècle précédent (colonnades, clochetons, rangées de statues), mais en les multipliant pour en faire un curieux gratte-ciel qui enjambe la rue menant au pont, et forme une sorte de « porte de la cité ».

Woolworth Building★★

(Plan C/D2)

233 Broadway, à l'angle de Barclay St.

Frank Woolworth, originaire du nord de l'État de New York, avait fait fortune en créant une chaîne de grands magasins

à bas prix. Lorsqu'il fit construire le siège de sa compagnie, il choisit un terrain stratégique, sur Broadway, face au City Hall et proche de Wall Street. Il chargea l'architecte Cass Gilbert de construire le plus haut gratte-ciel du monde, ce qui lui coûta, en 1913, 13,5 millions de dollars, payés comptant. Avec 241 m de haut et 60 étages, il conserva son record jusqu'à l'achèvement du Chrysler Building en 1930. Lors de son inauguration, le président Wilson en personne en alluma les 80000 ampoules d'un coup d'interrupteur, depuis la Maison Blanche. Les consignes de sécurité draconiennes *(en semaine, tentez quand même de jeter un œil depuis la porte)* ne permettent plus de voir le **hall** spectaculaire, haut de trois étages, mêlant fresques et mosaïques de styles gothique et byzantin. Mais vous pouvez admirer l'extérieur et son étonnante profusion de tourelles, gargouilles et pinacles. Le **toit** à clocheton vert, en cuivre, en fait l'une des silhouettes les plus distinctives du quartier.

Park Row

(Plan D2)

Cette rue longe au sud le parc du City Hall. Si elle n'attire plus que les fans d'électronique qui se rendent au magasin J & R, il ne faut pas oublier qu'au 19e s., c'était une promenade très courue et que les principaux journaux, dont le *Times* ou le *Herald*, y avaient leurs bureaux (on la surnommait *Newspaper Row*). Le **Park Row Building**, au nº 15, couronné de deux tours, était le plus haut du monde à sa construction en 1899. Vers le sud, en face du carrefour avec Broadway, la petite **chapelle St. Paul** (1766) est la plus ancienne église de Manhattan, construite dans le style georgien en vogue à Londres. C'est là que les pompiers et les sauveteurs venaient se recueillir après l'effondrement du World Trade Center.

BROOKLYN BRIDGE★★★

Comptez 40 à 50mn. (Plan E3)

Accès par le passage piétons, à l'est du City Hall, près du Municipal Building, puis en empruntant la voie centrale réservée aux piétons et aux cyclistes.

Des bancs disposés à intervalles permettent de se reposer. Si vous ne voulez pas faire le retour à pied, vous pouvez prendre le métro A ou C à la station High Street à Brooklyn et descendre à Fulton Street côté Manhattan.

Le temps indiqué correspond à une traversée aller et retour, mais pour la vue, vous pouvez vous arrêter à la moitié. Pour photographier les gratte-ciel depuis le pont, la meilleure heure est le matin, le plus tôt possible. En soirée, vous les aurez à contre-jour. La nuit tombante est splendide en hiver, car la ville bourdonne encore d'activité et reste bien éclairée. Évitez cependant d'y traîner seul(e) tard le soir.

Si vous ne devez faire qu'une balade dans le quartier, c'est celle-là. L'allée centrale s'élève au-dessus des voitures, dont on n'entend plus que le sourd grondement, elle étire ses planches de bois patiné, passe sous les arches néogothiques en granit, file entre les puissants réseaux de câbles. Loin en bas, l'East River charrie ses eaux beiges et le flux des bateaux. Derrière, Manhattan hérisse la ligne irrégulière de ses gratte-ciel, gris, verts, noirs, bleus, avec, en contrepoint, la fine spire verte du Woolworth Building.

Conception à toute épreuve

En 1857, on émit pour la première fois l'idée d'un pont pour relier le Civic Center à Brooklyn Heights. En 1869, on

Le pont en chiffres

Officiellement, 27 ouvriers trouvèrent la mort sur le chantier. Les travaux prirent 14 ans et coûtèrent 25 millions de dollars. Durant 20 ans, il resta le plus long pont suspendu du monde. La travée centrale en acier, longue de 486 m, est soutenue par deux pylônes en granit qui plongent dans les eaux de l'East River, 41 m plus bas. Les deux arches culminent à près de 48 m au-dessus du tablier. Les câbles principaux du réseau de suspension métallique font 40 cm d'épaisseur. Leur couleur gris et brun clair est reproduite exactement comme à l'origine. Le passage piétonnier fut reconstruit entre 1981 et 1983.

fit appel à **John Augustus Roebling**, architecte du pont suspendu au-dessus des chutes du Niagara. Mais, à peine ses plans acceptés, il se fit écraser le pied sur le chantier et mourut de gangrène. Son fils prit le relais, apportant les nouvelles techniques européennes. Pour travailler sous l'eau, on immergeait les ouvriers dans des caissons pressurisés, mais le système n'était pas très au point et nombre d'entre eux souffrirent de tympans crevés.

Anecdotes

Avant la construction du pont, 50 millions de personnes environ prenaient chaque année le ferry pour traverser l'East River (la ligne avait été créée en 1814). Le jour de l'inauguration du pont, le 24 mai 1883, 150300 piétons se précipitèrent pour l'essayer, suivis par 1800 véhicules. Une semaine plus tard, les hurlements d'une femme, qui tombait dans l'escalier, causèrent un mouvement de panique. Dans la débâcle, on dénombra une douzaine de morts et de nombreux blessés. Initialement, les piétons devaient acquitter un péage de trois cents par traversée. Mais cela attira des délinquants qui, se livrant à un racket, soutiraient finalement plus d'argent aux passants que le péage lui-même.

FINANCIAL DISTRICT★★

Comptez 1h30 pour flâner, 3 à 4h si vous visitez les musées. (Plan C3)

M° lignes 4 et 5, arrêt Wall Street ou Bowling Green, M° lignes R et W, arrêt Cortland Street, Rector Street ou Whitehall Street.

Si vous ne comptez pas visiter la statue de la Liberté, commencez à la station Cortland Street, réalisée par Calatrava, et finissez par le bord de mer.

Cette partie de Lower Manhattan, située juste au sud du Civic Center, occupe le site précis de la Nouvelle Amsterdam. La colonie était gardée par une palissade qui isolait la pointe de l'île, d'une rivière à l'autre. Les 1 000 habitants avaient construit 120 maisons de brique et de bois. Les hautes façades à pignon, un moulin et un canal central donnaient une allure très hollandaise à l'ensemble. Ce qui n'empêchait pas la petite communauté d'être très cosmopolite : en 1642, on y parlait déjà 18 langues. Comme pour tout comptoir commercial qui se respecte, le personnage le plus important était l'agent de la Compagnie hollandaise des Indes occidentales. Quand les Anglais prirent le pouvoir, en 1664, ils modifièrent peu à peu la physionomie de la ville, construisant d'élégantes maisons coloniales de style georgien.

Malgré la création d'un marché boursier en 1792, l'explosion financière de la ville n'eut vraiment lieu que dans les années 1840, après que les traces de l'incendie de 1835, qui avait détruit 700 maisons, furent effacées.

AUTOUR DE WALL STREET★

(Plan C3)

Wall Street doit son nom à la palissade qui protégeait la ville hollandaise. Elle fut finalement abattue par les Anglais en 1699 et remplacée par une rue, qui allait devenir le symbole du capitalisme à l'américaine. En fait, au début, elle était surtout bordée de belles demeures géorgiennes et de cafés. C'est l'une d'entre elles, la **Tontine Coffee House**, qui abrita le premier siège du New York Stock Exchange, à l'angle de Wall Street et de Broad Street.

La Bourse de New York finira par supplanter celle de Londres en 1920 et restera la première du monde, malgré les krachs de 1929 et de 1987. Lors de ce dernier, les faillites vidèrent plus du quart des bureaux, dont beaucoup furent transformés en résidences. Les attentats de 2001, contribuèrent également à l'exode des entreprises vers Midtown ou le New Jersey, de l'autre côté de l'Hudson River. Mais cela n'a pas fait perdre à New York sa place de capitale mondiale des affaires.

New York Stock Exchange (NYSE)

8-18 Broad St. Ne se visite plus depuis les attentats de 2001.

Quand les Anglais comblèrent le canal, il le remplacèrent par **Broad Street**, sur laquelle ouvre aujourd'hui le NYSE. La taille apparemment modeste de l'édifice (1903), coincé entre ses hauts voisins, est trompeuse : il compte 17 étages, dont deux juste pour la base. Une immense bannière étoilée détourne l'attention de son architecture élégante, conçue à la manière d'un temple, avec hautes colonnes corinthiennes et fronton sculpté d'une allégorie du commerce. Les sculptures actuelles ne sont que des copies en plomb recouvert pour simuler le marbre d'origine, rongé par la pollution. Si vous ne pourrez rien voir de ce qui se passe à l'intérieur, quand les traders achètent ou vendent avec frénésie, vous les croiserez à l'extérieur, reconnaissables à la veste verte qu'ils portent souvent, lorsqu'ils sortent fumer une cigarette.

Federal Hall National Memorial★

Comptez 10 à 15mn. (Plan C3)

26 Wall St., ✆ 212 825 6888, www. nps.gov/feha. Lun.-vend. 9h-17h. Entrée libre.

Tout proche du NYSE, surplombant la pente de Broad Street, cet autre bâtiment en forme de temple romain s'élève sur le site du tout premier hôtel de ville de New York (City Hall), construit en 1699 puis utilisé comme palais de justice. Devant le perron, un pilori servait à exhiber les malfaiteurs. Après l'Indépendance, on le réaménagea entièrement pour en faire le Federal Hall, siège du tout premier Congrès des États-Unis, à l'époque où l'on rédigeait la Constitution, quand New York était encore la capitale *(voir p. 77)*. Après son élection à la présidence, c'est ici que George Washington prêta serment (la statue devant l'édifice le représente). Quand le gouvernement partit à Philadelphie, on en fit des bureaux. Le bâtiment actuel date de 1842. Il abrita successivement les Douanes et des services du Trésor.

Federal Reserve Bank★

Comptez 1h. (Plan C/D-2/3)

33 Liberty St. (entre Nassau et William). Visite guidée uniquement (1h), gratuite, mais à réserver impérativement environ 1 mois à l'avance. Pièce d'identité valide obligatoire. Réservations ℘ 212 720 6130, www.ny.frb.org.

L'austère façade aux fenêtre gardées de grilles et le sobre hall de pierre soulignent d'emblée que l'argent est une chose sérieuse et que vous êtes ici dans le « saint des saints ». La « Fed », comme on la surnomme, établit la politique monétaire des États-Unis, influant par ricochet sur l'économie mondiale. Entre autres, elle fixe les taux d'intérêts.

▶ La visite commence par la **chambre forte**, enterrée à plus de 24 m sous la rue, 15 m sous le niveau de la mer, où sont gardés les milliards de dollars de réserves d'or appartenant aux États-Unis (dont la plus grosse partie se partage entre Fort Knox, dans le Kentucky, et Westpoint, dans l'État de New York) et aux banques centrales d'une soixantaine de pays, soit 25 à 30 % des réserves mondiales. Il s'agit du plus important stock existant (plus de 10000 tonnes). Les visiteurs découvrent ensuite une **exposition interactive** expliquant le rôle de la Fed dans l'économie.

Stone Street Historic District★

(Plan C-3/4)

Portion de Stone St. descendant de Hanover Square vers Coenties Slip.

Protégée depuis 1996, cette courte portion de rue a conservé ses immeubles de brique aux escaliers extérieurs en métal peint. Première rue pavée de Manhattan, descendant de Wall Street vers l'East River, elle bourdonnait d'activité. Bordée de restaurants et de cafés, elle offre une enclave curieusement hors du temps, à deux pas des gratte-ciel les plus impersonnels et de la folie des salles de marché. Dès les beaux jours, tables et parasols envahissent les trottoirs, pour une pause bien agréable.

NYC Police Museum★

Comptez 15 à 30mn. (Plan D4)

100 Old Slip, ℘ 212 480 3100, www. nycpolicemuseum.org. Lun.-sam. 10h-17h. 7 $, enf. 5 $, gratuit - 6 ans.

Les enfants (et les fans de la série *NYPD Blue*… qui, soit dit en passant, est tournée presque intégralement à Los Angeles) apprécieront cette collection de véhicules, armes et équipements divers qui ont accompagné la police de New York à travers les décennies.

Trinity Church★

(Plan C3)

74 Trinity Place (angle de Broadway et Wall St.). Lun.-vend. 7h-18h, sam. 8h-16h, dim. 7h-16h. Concerts certains lundis à 13h. Renseignements www.trinitywallstreet.org.

Lors de sa construction (1846), c'était le plus haut monument new-yorkais. Construite en grès rouge, dans un style néogothique plutôt sobre, elle ne fut pas trop affectée par l'effondrement du World Trade Center, pourtant très proche. Ne manquez pas de flâner dans le **cimetière★** adjacent, où se trouvent des tombes remontant à 1681.

Museum of American Finance

Comptez 45mn. (Plan C3)

48 Wall St. (anciennement Museum of Financial History, 28 Broadway), ℘ 212 908 4110, www.financialhistory.org. Mar.-sam. 10h-16h. 8 $.

Ce musée, rouvert au printemps 2008, occupe l'ancien siège de la Bank of New York, fondée en 1784 par Alexander Hamilton. Les amateurs découvriront des expositions sur le capitalisme américain et les leçons à tirer de ses succès et de ses échecs. La collection permanente rassemble des documents sur l'histoire de Wall Street, le crash de 1929 et l'évolution des marchés financiers.

AUTOUR DE GROUND ZERO

(Plan C2)

New York et les États-Unis ont définitivement changé le **11 septembre 2001**, quand des avions détournés par des terroristes ont foncé dans les tours jumelles du **World Trade Center**. 1h40 plus tard, elles s'étaient effondrées sur elles-mêmes sous les yeux du monde qui regardait, horrifié, l'effroyable nuage de poussière avaler les symboles les plus orgueilleux de la réussite américaine. Deux fois 110 étages disparaissaient, engloutissant 2768 victimes. Achevées en 1973, après 11 ans de travaux, les tours culminaient à 411 m (pour vous en faire une idée, c'était deux fois plus haut, à peu près, que les tours environnantes) et représentaient 16 % de la surface de bureaux de tout Downtown. Environ 50000 personnes y travaillaient.

Aujourd'hui, l'immense surface vide laissée par la catastrophe, et surnommée Ground Zero, tarde à se remplir : les intérêts divergents des politiques et des exploitants du site ont abouti à un imbroglio juridique et financier.

Le projet

Les projets proposés ne satisfont personne pleinement, et même celui qui fut finalement retenu laisse des réticences. la **Freedom Tower**, tour de 541 m, soit 1776 pieds (évocation de la date de l'Indépendance), est vue par certains comme une provocation, alors que les locataires potentiels se dédisent les uns après les autres par peur d'un nouvel attentat. Les plans initiaux de **Daniel Libeskind** en ont été modifiés par l'architecte **David Childs**, si bien que la première pierre, posée en grande pompe en 2004, a dû être déplacée en 2006. Les familles des victimes s'attachent, naturellement, plus au mémorial, et voudraient que le site reste aéré, tandis que les gestionnaires pensent en terme de rentabilité, dans un endroit de Manhattan où le terrain a toujours valu de l'or. Les échéances électorales compliquent encore le problème, chacun essayant de surfer sur la vague d'une opinion elle-même plutôt fluctuante. En juin 2006, le projet de **mémorial aux victimes** était simplifié pour faire des économies. Il ne devrait pas être achevé avant 2009. À terme (2011-2012), l'ensemble comportera donc le mémorial, un jardin, un musée, la Freedom Tower et quatre autres immeubles.

Découverte du site

C'est de la partie sud-est du site que l'on voit le mieux l'ensemble du chantier et que l'on mesure son énormité. L'angle de **Church et Vesey Streets** et les portions de part et d'autre sont gardés par de hautes grilles et de sobres plaques évoquant le drame. Hélas, malgré les interdictions, prophètes en tout genre, théoriciens du complot et vendeurs à la sauvette se disputent l'attention des visiteurs.

Du côté ouest, se dresse le **World Financial Center**, au-delà du **Winter Garden**. Ses quatres tours rutilantes, conçues par l'architecte Cesar Pelli, forment le cœur de **Battery Park City**, le nouveau quartier résidentiel pour jeunes cadres dynamiques qui s'est développé entre la voie rapide de la West Side Highway et l'Hudson River.

AUTOUR DE BATTERY PARK

(Plan B/C-3/4)

Avant l'arrivée des Hollandais, l'extrême sud de Manhattan et le front de mer se composaient de terres basses, marécageuses, aux berges irrégulières. La mer arrivait jusqu'à Greenwich Street à l'ouest et Water Street à l'est. Toute la ceinture que forment actuellement le Battery Park et les quais de chaque côté ont été gagnés progressivement sur la mer. Le parc doit son nom aux deux **batteries d'artillerie défensive** installées pour écarter une attaque anglaise, lors de la guerre de 1812. La première est située sur Governor's Island, au sud-est, la seconde, Castle Clinton *(voir plus loin)*, occupait un autre îlot, à 100 m du rivage, au sud-ouest. En 1870, on combla le passage entre le rivage et Castle Clinton, ménageant l'emplacement actuel de Battery Park.

La **promenade**★ qui longe le confluent des deux rivières permet d'apercevoir la statue de la Liberté, Ellis Island et les rives du New Jersey, en face, où se sont déplacées nombre d'entreprises après le 11 septembre.

Parmi les sculptures qui ponctuent le parc, ne manquez pas la **Sphere★** (*entre Castle Clinton et Bowling Green*) qui sert de mémorial temporaire pour les victimes du 11 septembre. Installée sur la Plaza centrale du World Trade Center mais épargnée lors de l'effondrement des tours, elle fut réalisée en 1971 par le sculpteur Fritz Koenig et devrait être replacée à terme dans le mémorial définitif.

Castle Clinton

(Plan B4)

Battery Park, ✆ 212 344 7220, www. nps.gov/cacl. 8h30-17h. Entrée libre.

Ce fortin circulaire (1808-1811), construit sur un îlot rocheux, abritait l'une des batteries d'artillerie protégeant la ville. Libéré par l'armée en 1821, il fut reconverti en salle d'opéra et baptisé Castle Garden.

De 1855 à 1890, il servit de centre d'accueil des immigrants arrivant à New York, avant la construction de celui d'Ellis Island. En 34 ans, plus de 8 millions de personnes transitèrent par ses murs. De 1896 à 1941, il abrita le New York City Aquarium.

Pier A★

Les interminables queues pour la statue de la Liberté vous signaleront le plus vieux quai de Manhattan, une vénérable structure de style victorien qui se termine par une tour à horloge. Le long de la promenade, juste au sud du Pier A, le saisissant **American Merchant Marine Memorial**, de la sculptrice new-yorkaise Marisol, fait référence aux naufragés d'un navire marchand torpillé durant la Seconde Guerre mondiale.

Museum of the Jewish Heritage★★

Comptez 1h. (Plan B3)

36 Battery Place, ✆ 646 437 4305, www.mjhnyc.org. M° lignes 4 et 5, arrêt Bowling Green, M° lignes W et R, arrêt

Whitehall Street. Tlj sf sam. 10h-17h45 (20h le merc., 15h le vend.). Fermé Thanksgiving et fêtes juives. 10 $.

♿ L'entrée est gratuite le mercredi, de 16h à 20h. Le café offre l'une des plus belles vues sur le port et sert des snacks et des muffins délicieux.

Un édifice d'une belle sobriété et une muséographie réussie en font l'un des plus passionnants musées de l'histoire juive.

▸ Le bâtiment comporte 6 façades et 6 niveaux de taille décroissante, pour évoquer les 6 millions de morts durant l'Holocauste et les 6 pointes de l'étoile de David.

▸ Le 1er étage est consacré à **l'holocauste**, avec les émouvantes colonnes Klarsfeld, portant la liste des 2000 Français déportés et les photos et curriculum de tous les enfants tués.

▸ Le 2e étage explique les différentes **immigrations juives** aux États-Unis, leur quotidien et leur **culture**, au moyen d'une foule de documents historiques, photos, objets usuels ou sacrés, adaptés peu à peu à la vie sur le nouveau continent. Une section aborde avec clarté le renouveau de la **religion** juive.

Skyscraper Museum★

Comptez 15 à 30mn. (Plan B3)

39 Battery Place (côté First Place), ✆ 212 968 1961, www.skyscraper.org. Merc.-dim. 12h-18h. 5 $.

Ce petit musée du gratte-ciel est audacieusement agencé pour mettre en valeur les lignes verticales qui symbolisent la ville. Des expositions temporaires, des maquettes, photos et plans mettent en valeur le patrimoine architectural de façon attrayante.

National Museum of the American Indian★★

Comptez 30mn. (Plan C3)

1 Bowling Green, ✆ 212 514 3700, www. americanindian.si.edu. M° lignes 4 et 5,

La statue de la Liberté garde le port de New York.

arrêt Bowling Green, lignes W et R, arrêt Whitehall Street. 10h-17h (20h le jeu.). Fermé 25 déc. Entrée libre.

En 1994, la **Smithsonian Institution** ouvrait cette branche new-yorkaise, la seule jusqu'à l'ouverture de celle de Washington, en 2004. Elle est consacrée à la présentation et à la préservation de la culture des Indiens d'Amérique, les *Native Americans*. Le musée est hébergé dans l'imposant **bâtiment des Douanes** (1907), précédé de 44 colonnes et conçu par **Cass Gilbert**, architecte du Woolworth Building. Le plus spectaculaire est son immense **rotonde en ellipse** décorée de fresques par le peintre new-yorkais Reginald Marsh (1898-1954).

▶ Les trois salles ouvrent sur la rotonde centrale, chacune présentant un aspect de la **culture indienne**, passée ou contemporaine, de l'art ou de l'artisanat, du sacré ou du profane. Tout au long de l'année, le musée organise également des projections de film, des concerts et des spectacles de danse.

Sports Museum of America

(Plan C3)

26 Broadway (angle avec Whitehall), ✆ 212 747 0900, www.sportsmuseum. com. M° lignes 4 et 5, arrêt Bowling Green, lignes 1, W et R, arrêt Rector St. Lun.-vend. 9h-19h, w.-end. 9h-21h. 27 $.

Ouvert au printemps 2008, il s'agit du premier musée du genre aux États-Unis. L'environnement interactif permet d'explorer l'histoire et la signification du sport dans la culture américaine.

James Watson House

(Plan C4)

7 State St. (entre Pearl et Water St.).

Cette gracieuse demeure en brique rouge et colonnade blanche (1793-1806) surprend, sous l'aplomb vertigineux d'un gratte-ciel. Mêlant les styles géorgien et fédéral, elle appartenait à un armateur qui surveillait ses bateaux du balcon. La chapelle attenante, **Notre-Dame-du-Rosaire**, est dédiée à **Elizabeth Ann Seton** (1774-1821),

une riche New-Yorkaise convertie au catholicisme, fondatrice des sœurs de la Charité aux États-Unis, et la première « sainte » américaine, canonisée en 1975.

Fraunces Tavern★

Comptez 15mn. (Plan C4)

54 Pearl St. (angle de Broad St.), ✆ 212 425 1778, www.frauncestavernmuseum. org. Mar.-vend. 12h-17h, sam. 10h-17h. 4 $.

Ce haut-lieu de la révolution américaine était à l'origine la demeure d'un riche négociant, Étienne de Lancey (la famille devint plus tard Delancey, comme la rue du même nom). Samuel Fraunces l'acheta en 1762 pour en faire une taverne. Les **Fils de la Liberté** s'y réunissaient *(voir p. 76)* couramment, et George Washington y célébra la victoire sur les Anglais, puis y séjourna brièvement en 1783. Pendant les années où New York était capitale, de nombreuses réunions politiques s'y tinrent. Entièrement restaurée au début du 20e s., elle abrite désormais un petit musée présentant des pièces aménagées comme à l'époque de la révolution et des documents sur l'**histoire de l'Indépendance** à New York.

Battery Maritime Building★

(Plan C4)

11 South St. (au bout de Whitehall St.).

À côté du tout nouveau terminal du ferry pour Staten Island, on ne peut pas manquer ce joli bâtiment de style **Beaux-Arts** (1909), dont la façade en fonte a retrouvé ses couleurs d'origine. Jusqu'en 1938, il en partait un ferry pour Brooklyn. Il dessert trois quais (5, 6 et 7), dont celui vers **Governors Island**, et devrait prochainement accueillir des espaces commerciaux.

Staten Island Ferry★★

Traversée 25mn. Comptez 1h30, juste pour l'aller-retour, plus si vous restez sur Staten Island. (Plan C4)

Au bout de Whitehall St., www.siferry. com. Ttes les 30mn en journée, ttes les

15mn aux heures de pointe (7h-9h30 et 17h-19h). Piétons uniquement. Gratuit.

⊙ Prenez une petite laine et un coupe-vent, il fait très frais au large. À l'aller, placez-vous sur la droite du bateau pour voir au large la statue de la Liberté. Au retour, mettez-vous à l'avant pour contempler l'arrivée sur Manhattan.

Environ 20 millions de personnes empruntent chaque année ce ferry, principalement des employés se rendant à leur travail. Pour le visiteur, c'est une façon unique et gratuite (trop rare à New York !) de voir Manhattan surgir de la rivière, comme devaient l'apercevoir les immigrants qui arrivaient autrefois par la mer. Les cinéphiles se rappelleront les scènes de *Working Girl*, où Melanie Griffith emprunte chaque jour le ferry, ou de *Panique à Needle Park*, avec Al Pacino et Kitty Winn se droguant dans les toilettes, oubliant leur chien sur le pont.

STATEN ISLAND★

www.statenislandusa.com

Le *borough* le moins connu de New York est aussi le plus rural, épargné par la folie de Manhattan. Les Hollandais et les huguenots français y établirent des fermes dès le 17e siècle. Sa rive sud est bordée de longues plages de sable.

▶ Tout près du débarcadère, il est prévu depuis quelques années d'ouvrir le **National Lighthouse Museum** (℘ 718 556 1681, *www.lighthousemuseum. org*), consacré à l'histoire des phares.

▶ Pour la plage ou un pique-nique, **South Beach**, la plus fréquentée, juste au sud du Verrazano Bridge, est bordée d'une longue promenade *(bus S52).*

▶ Vous pouvez aussi rejoindre le **Wolfe's Pond Park** *(Cornelia Ave., bus S78, 40mn de trajet)*, plus sauvage, avec une longue plage et un étang entouré de bosquets.

▶ À l'intérieur de l'île, l'**Historic Richmond Town★** *(441 Clarke Ave., bus S74, ℘ 718 351 1611, www.historicrichmondtown.org. 5 $)* permet de retracer l'histoire d'un village entre le 17e et le 19e s., à travers 27 maisons

et édifices d'époque, y compris la plus vieille école du pays.

▶ Non loin de là, le **Jacques Marchais Museum of Tibetan Art★** *(338 Lighthouse Ave., bus S74, ℘ 718 987 3500, www.tibetanmuseum.org. Merc.-dim. 13h-17h. 5 $)* présente depuis 1947 une rare collection d'objets tibétains, dans un cadre reposant inspiré du Potala de Lhasa.

STATUE DE LA LIBERTÉ★★★

Comptez une demi-journée. (Plan B4)

La visite pratique

Accès - M° lignes **4** et **5**, arrêt Bowling Green, lignes **W** et **R**, arrêt Whitehall Street. Billeterie dans Castle Clinton, ferry au départ du quai adjacent.

Information et horaires - Informations : ℘ 212 363 3200, www.nps.gov/stli. 8h30-17h. Fermé 25 déc. Juin-août : 1er ferry à 8h30, dernier à 16h30, ttes les 25mn. Sept.-mai : 1er ferry à 9h, dernier à 15h30, ttes les 45mn. Traversée 15mn. Attention, les sacs à dos ne sont pas acceptés sur les îles.

⊙ Pour l'intérieur de la statue, on vous délivrera un *time pass* d'entrée compris dans le tarif du ferry, indiquant une heure précise de visite. Comme les *passes* sont limités, on vous conseille de venir dès le premier bateau ou de réserver au ℘ 1 877 523 9849 ou sur Internet (www.statuecruises.com). Dans tous les cas, venez 2h avant, à cause de la queue, sauf si vous arrivez vers 8h (8h30 en hiver), pour le premier bateau.

Tarifs - On ne paye que pour le ferry, billet combiné pour la statue de la Liberté et Ellis Island. 12 $.

Audio-tours - Conseillé si vous ne parlez pas anglais, disponible en français pour les deux sites. 6,50 $.

Visites guidées - Des visites à thème sont assurées gratuitement par les *park rangers*, uniquement en anglais.

Handicapés - Le ferry et les sites sont accessibles en fauteuil roulant.

Restauration - Prévoyez un pique-nique, car les cafés sont bondés.

Un peu d'histoire

La statue de la Liberté est le témoin de l'amitié qui lie les États-Unis à la France depuis la révolution américaine. En 1865, un professeur français lança l'idée d'offrir un monument en cet honneur. Le sculpteur alsacien **Frédéric-Auguste Bartholdi** fut choisi. Très vite il se fixa sur le symbole de la Liberté, qu'il voyait bien ponctuer l'arrivée dans le Nouveau Monde. Une union franco-américaine fut fondée pour lever des fonds, à charge pour les Français de fournir la statue et pour les Américains l'emplacement et le socle.

En 1884, les Français ayant réussi à trouver le financement, la statue de la « **Liberté éclairant le monde** » était finie, présentée officiellement à l'ambassadeur des États-Unis à Paris, puis démontée pour traverser l'Atlantique. Mais, de l'autre côté de l'océan, l'argent ne rentrait pas pour construire le piédestal et la statue sembla un moment condamnée à rester dans ses caisses ! Finalement, grâce à l'intervention du patron du *New York World*, **Joseph Pulitzer**, on put achever les travaux.

En juin 1885, le navire amenant la statue arriva à New York, et le 28 octobre 1886, ce fut enfin l'inauguration.

Découverte de la statue

À noter : la couronne de la statue est désormais fermée aux visiteurs.

▶ La visite de l'intérieur du monument (avec *time pass*) se fait uniquement avec un guide. Le **Promenade Tour** (1h) comprend l'intérieur du piédestal, l'exposition du 2e étage et la salle où est conservée la torche d'origine, remplacée depuis. L'**Observatory Tour** (1h30) est le même que le précédent, avec, en plus, la montée à l'Observatoire, un balcon au sommet du piédestal et une salle d'où l'on voit l'intérieur de la statue à travers un plafond de verre.

▶ Ceux qui n'ont pas de *pass* devront se contenter de l'îlot, du socle du piédestal et des premières terrasses qui offrent tout de même une belle **vue★★★** sur Manhattan.

▶ En ce qui concerne la statue elle-même, la tradition veut que Bartholdi lui ait donné le corps de sa femme et le visage de sa mère. Il fit d'abord un modèle en plâtre, puis fit appel à **Gustave Eiffel**. Ce dernier construisit alors une **carcasse** de fer et d'acier de 125 tonnes (suivant les principes qu'il avait appliqués à la tour Eiffel), qu'il recouvrit de 300 **plaques de cuivre**, d'un poids de 100 tonnes, pour former la « peau » verte de la statue. Elle mesure plus de 45 m de la base à la torche. Un homme tiendrait dans sa main (4,80 m de long) et son pied l'écraserait sans problème. La **torche**, plaquée d'or, a été remplacée lors de la série de travaux des années 1980.

ELLIS ISLAND★★

Comptez une demi-journée. (Plan B4)

La visite pratique

Accès, tarifs, audio-tours - Par ferry *(voir ci-dessus, statue de la Liberté).*

Information et horaires - Informations : www.nps.gov/elis. 9h30-17h15. Fermé 25 déc. Le même ferry dessert la statue de la Liberté, puis Ellis Island.

Visites guidées - Des visites gratuites de 45mn sont assurées en anglais, toute la journée.

L'histoire du site

Après avoir servi, au 18e s., de lieu d'exécution des criminels, l'île fut achetée par un certain **Samuel Ellis**, puis revendue à l'État de New York en 1808. Quand on ferma le centre d'accueil des immigrants de Castle Clinton *(voir p.134)*, Ellis Island fut choisie comme porte d'entrée (à partir de 1892). En 1900, on inaugura un imposant bâtiment de **style Beaux-Arts**, agrandi au fil des années devant l'immigration devenue massive.

Entre 1900 et 1924, on « traita » une moyenne de 5000 arrivants par jour, dont une centaine étaient refoulés, le plus souvent pour des raisons de santé déficiente. Puis, dans les années 1920, le gouvernement lança une politique sévère de restrictions de l'immigration et de quotas, si bien qu'en 1953, le site devint trop cher à entretenir pour le nombre de personnes « accueillies ». À ce moment-là, il y avait 250 employés pour superviser un quota moyen de 230 immigrés... Le centre de rétention ferma en 1954.

Immigration Museum★★

Visites guidées gratuites (45mn) ou découverte en liberté.

Dès votre arrivée, allez au comptoir retirer les billets *(gratuits)* pour le film, car les séances sont vite complètes.

▸ La visite, très émouvante, commence par la « **salle des bagages** », où les immigrants étaient séparés, parfois pour ne plus se revoir, car certains étaient refoulés. Elle se poursuit par un **film** *(30mn)* décrivant les origines et les espoirs des arrivants.

Vous verrez ensuite le **grand hall** où ils étaient soigneusement inspectés, en imaginant la promiscuité et la peur du refoulement qui devait les tarauder.

Enfin, une 3e partie rassemble les **objets personnels** donnés par des immigrants ou leur famille, photos, robe de mariée, chaussures, nounours... Vous découvrirez les **dortoirs** et toutes sortes de documents évoquant le quotidien des « retenus » du centre.

▸ Achevez la visite à l'extérieur, le long de l'**American Immigrant Wall of Honor**, un mur long de 195 m portant les noms de plus de 600 000 personnes ayant transité par Ellis Island.

SOUTH STREET SEAPORT HISTORIC DISTRICT★★

(Plan D3)

Au bout de Fulton St. M° A et C, arrêt Broadway-Nassau Street. M° 2, 3, 4, 5, M, Z, arrêt Fulton Street.

Juste au sud de Brooklyn Bridge, ce quartier, le port originel de New York, fondé au 17e s., fut le point de départ de son économie. Quais, entrepôts, maisons de négoce prirent peu à peu de l'importance, au fur et à mesure que le commerce international se développait. La création de la ligne de ferry entre **Fulton Street** et Brooklyn en 1814, celle de **Fulton Market** (l'ancien marché au poisson converti en centre commercial), en 1822, et finalement l'ouverture du canal Érié en 1825 en firent un quartier encore plus actif et bourdonnant d'activité. Mais peu à peu, durant la seconde moitié du 19e s., l'East River vit décroître le trafic maritime au profit des nouveaux quais en eau profonde de l'Hudson River. Ce n'est qu'à partir de 1967, avec le classement du quartier en zone historique, que le port a retrouvé progressivement de son attrait. C'est désormais l'un des endroits les plus agréables du sud de Manhattan, où retrouver un peu de l'atmosphère du New York des débuts.

South Street Seaport Museum★

Pier 16 & 17, au bout de Fulton St., dans l'Historic District, ☏ 212 748 8600, www.southstreetseaportmuseum.org. Avr.-oct. : mar.-dim. 10h-18h ; nov.-mars : vend.-lun. 10h-17h. 10 $ (lun. navires fermés, entrée 5 $).

▸ Le musée comporte d'abord la **Street of Ships★**, une collection de vieux navires apponrés le long des Piers 15 et 16, le plus spectaculaire étant le **Peking**, un quatre-mâts de 1911.

▸ Visitez ensuite les rues de l'Historic District, notamment **Fulton Street★** et **Water Street★**, réhabilitées comme au début du 19e s., avec leurs boutiques à l'ancienne, leurs cafés et leurs galeries (expositions temporaires, entrée payante variable).

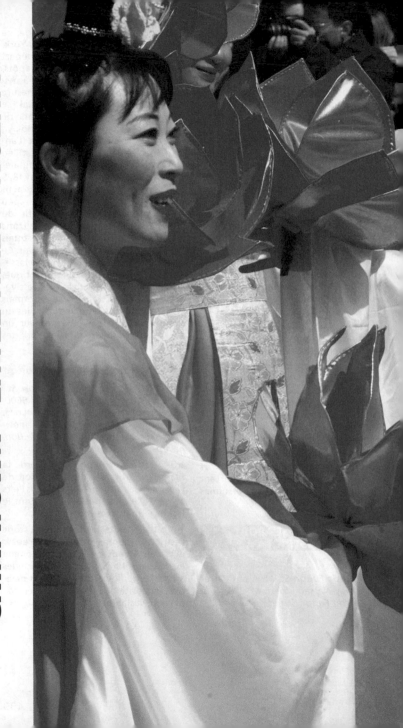

PROPOSITIONS DE BALADES ET « BEST OF »

Une journée en prenant votre temps	😊 Dépaysement et exotisme
Suggestion de programme	Commencez le matin par Canal Street et ses boutiques *(voir p. 146)*, flânez dans la foule des Chinois venus faire leur marché, puis descendez Mott Street pour entrer au cœur de Chinatown *(voir p. 146)*. Déjeunez dans un restaurant chinois, allez voir les joueurs de dames de Columbus Park puis remontez Mulberry Street vers Little Italy *(voir p. 147)* où vous ferez une pause café et du shopping, avant de dîner et de boire un verre à Nolita *(voir p. 147)*.
Transport	Le matin prenez le métro jusqu'à Canal Street. Faites le reste à pied et rentrez le soir par le métro, que vous reprendrez le long de Houston St. ou Lafayette St.
Conseils	Commencez le matin par les bazars de Canal Street : ils sont trop bondés l'après-midi et le marchandage devient difficile. Les commerces chinois d'alimentation sont aussi plus animés le matin. En revanche, Little Italy et surtout Nolita ne se réveillent vraiment que dans l'après-midi.

Si vous aimez	Le best of
Le shopping	Vous trouverez tee-shirts et copies d'accessoires de mode sur Canal Street *(voir p. 146)*, tous les souvenirs plus typiquement chinois sur Mott Street *(voir p. 147)*. Pour la mode plus branchée, remontez plutôt sur Little Italy et Nolita *(voir p. 147)*.
Les produits et les ambiances exotiques	Canal Street, vers l'est, et East Broadway, au sud *(voir p. 146)*, comptent le plus de magasins d'alimentation chinoise et d'herboristes. Entrez dans les boutiques pour humer toutes les senteurs exotiques, acheter des thés et des plantes médicinales ou écouter les musiques pour karaoke chinois ! Mangez une glace au parfum original et goûtez au *dim sum*. À Little Italy *(voir p. 147)*, achetez du parmesan et buvez un expresso.
L'histoire	Retrouvez le site des Five Points et la mémoire des *Gangs of New York (voir p. 147)*, visitez le Museum of Chinese in the Americas et suivez la trace de la Mafia dans Mulberry Street *(voir p. 147)*.

Fêtes exotiques et colorées...

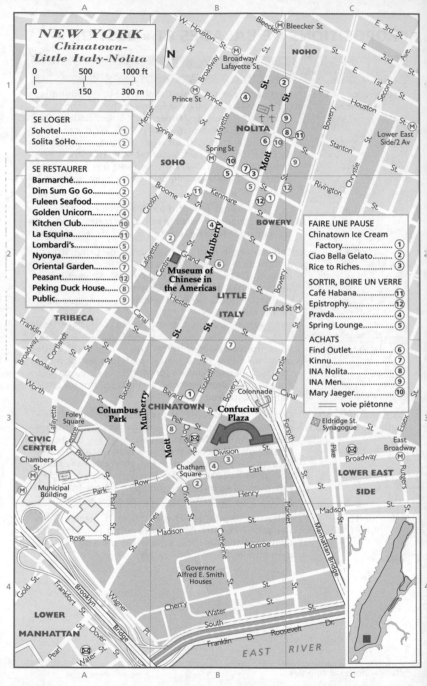

NEW YORK
Chinatown-
Little Italy-Nolita

0   500   1000 ft
0   150   300 m

N

SE LOGER
Sohotel.....................①
Solita SoHo................②

SE RESTAURER
Barmarché..................①
Dim Sum Go Go............②
Fuleen Seafood...........③
Golden Unicorn...........④
Kitchen Club..............⑩
La Esquina.................⑪
Lombardi's.................⑤
Nyonya.....................⑥
Oriental Garden..........⑦
Peasant....................⑫
Peking Duck House......⑧
Public.......................⑨

FAIRE UNE PAUSE
Chinatown Ice Cream
   Factory....................①
Ciao Bella Gelato.........②
Rice to Riches............③

SORTIR, BOIRE UN VERRE
Café Habana...............⑪
Epistrophy.................⑫
Pravda......................④
Spring Lounge............⑤

ACHATS
Find Outlet................⑥
Kinnu.......................⑦
INA Nolita.................⑧
INA Men....................⑨
Mary Jaeger..............⑩
═══ voie piétonne

NOHO

NOLITA

SOHO

BOWERY

LITTLE
ITALY

TRIBECA

Museum of
Chinese in
the Americas

Lower East
Side/2 Av

Eldridge St.
Synagogue

CIVIC
CENTER

Columbus
Park

CHINATOWN

Confucius
Plaza

Colonnade

LOWER EAST
SIDE

Governor
Alfred E. Smith
Houses

LOWER
MANHATTAN

EAST RIVER

142

CHINATOWN - LITTLE ITALY - NOLITA

LES QUARTIERS COSMOPOLITES DU SUD

😊 **Le dépaysement total dans Chinatown**

😞 **On est déçu par Little Italy**

Quelques repères

Chinatown : Robert F. Wagner Pl. au sud, Lafayette St. à l'ouest, Rutgers St. à l'est et Canal St. au nord.

Little Italy et Nolita : Canal St. au sud, Lafayette St. à l'ouest, Bowery à l'est et Houston St. au nord.

À ne pas manquer

Les joueurs de cartes dans Columbus Park.

Manger une glace en flânant dans les bazars de Chinatown

Conseils

Visitez Chinatown le matin, quand les Chinois font leur marché.

Essayez au moins une fois de goûter au *dim sum*.

Si vous imaginiez que New York n'est qu'une affaire de gratte-ciel et de financiers survoltés, allez faire un tour à Chinatown. C'est l'Asie qui vous attend, industrieuse et colorée. Rouge et or, comme les grappes de porte-bonheur qui pendent aux étals des bazars, rouge, encore, et jaune, comme aux pagodes inattendues des immeubles, énigmatique, comme les mystérieux tiroirs des herboristes ou les idéogrammes des affichettes... Envahissante, empiétant peu à peu sur les quartiers voisins, se glissant entre les trattorias de Little Italy, où de rares étals vendent encore jambons et parmesan, convoquant pour les touristes le souvenir enfui de Cosa Nostra.

Se rendre dans le quartier

En métro - Lignes **B** et **D**, arrêt Grand Street. Lignes **6**, **N**, **Q**, **R**, **W**, **J**, **M**, **Z**, arrêt Canal Street.

En bus - Ligne **103** (relie East Harlem à City Hall).

Adresses utiles

Informations touristiques - **Chinatown Info Kiosk**, Canal St. (angle Walker et Baxter), www.explorechinatown.com. Tlj 10h-18h (sam. 19h).

Banques - Distributeurs de billets dans Chinatown, sur East Broadway et Canal St. et sur Bowery, à Little Italy.

Poste - 6 Doyers St. (près de Confucius Plaza). Lun.-sam. 9h-17h30 (sam. 16h).

Internet - **Game Players Station**, 28 Elizabeth St. ℘ 212 619 1019, à Chinatown. Haut débit. Tlj 12h-0h.

Se loger

De 200 à 250 $

Sohotel ①, 341 Broome St. ℘ 212 226 1482, www.thesohotel.com - 125 ch. ♨ 🖵 Entre Little Italy et Bowery, des chambres petites et confortables. L'ensemble a été rénové, mais ça reste cher.

Solita SoHo Clarion Hotel ②, 159 Grand St. ℘ 212 925 3600, www.clarionhotel.com - 42 ch. Dans Little Italy, petit hôtel de chaîne, récent (2004) et bien tenu. Un peu cher si l'on considère la taille des chambres.

Se restaurer

Chinatown est idéal pour les petits budgets. Munissez-vous d'espèces, car certains restaurants ne prennent la carte de crédit qu'au-delà d'une certaine somme.

Moins de 10 $

😊 **Fuleen Seafood** ③, 11 Division St. ℘ 212 941 6888. L'un des meilleurs rapports qualité-prix de la ville pour des *lunch menus* à 5 $ et une carte au choix impressionnant, tout aussi bon marché. Ferme à 4h du matin.

De 10 à 20 $

Golden Unicorn ④, 18 East Broadway (angle de Catherine St.), ☏ 212 941 0911. On vient ici, non pas pour le décor, mais pour goûter au *dim sum*. On choisit sur les chariots qui passent ou au comptoir des fritures. Spécialités de Hong Kong et de Canton. On ne sait pas toujours ce que l'on mange, mais c'est souvent bon…

Oriental Garden ⑦, 14 Elizabeth St., ☏ 212 619 0085. Une carte bien fournie et des spécialités cantonaises, avec une préférence pour les poissons et le homard, que l'on sort tout frais des grands viviers. Décor un peu kitsch autour de grandes tables rondes.

☺ **Peking Duck House** ⑧, 28 Mott St. (entre Chatham Sq. et Pell), ☏ 212 227 1810, www.pekingduckhousenyc. com. Une peau rôtie et bien croustillante, des oignons verts, une sauce parfumée, le tout roulé dans de petites crêpes : le canard laqué de la maison est un délice à ne pas manquer.

Dim Sum Go Go ②, 5 East Broadway, ☏ 212 732 0797. Dans un décor qui se veut design, on choisit à la carte, ce qui pose des problèmes pour se faire traduire les noms, surtout quand la prononciation du serveur laisse à désirer : pour goûter une sélection, commandez l'assiette de *dim sum*.

Nyonya ⑥, 194 Grand St., ☏ 212 334 3669. Dans Little Italy, ce restaurant propose en fait une cuisine *fusion*, entre ingrédients chinois et recettes malaisiennes. C'est parfumé, épicé, la carte est longue et les prix modestes.

Lombardi's ⑤, 32 Spring St., ☏ 212 941 7994. Se vante d'être la plus ancienne pizzeria de la ville (ouverte depuis 1905 !). Belle variété et une petite cour bien sympathique à l'arrière.

☺ **La Esquina** ⑪, 106 Kenmare St. (angle avec Lafayette St.), ☏ 646 613 7100. Formule 3 en 1 pour ce mexicain branché. Donnant sur la rue, la « taqueria » propose jusqu'à 5h du matin de délicieux *burritos* et autres *quesadillas* pour quelques dollars. Le « café » (terrasse en été) offre une cuisine plus éla-

borée. Au sous-sol, la « brasserie » (cuisine inventive) vaut le détour : on doit passer par les cuisines pour y accéder…

De 20 à 40 $

Barmarché ①, 14 Spring St., ☏ 212 219 2399. Bistro typique de Nolita, fréquenté par la jeunesse branchée, pour une cuisine métissée, d'inspiration méditerranéenne et néoaméricaine.

Public ⑨, 210 Elizabeth St., ☏ 212 343 7011, www.public-nyc.com. Autre adresse de Nolita, où les plats internationaux se dégustent dans un cadre design chic. Les prix sont un peu trop élevés.

Peasant ⑫, 194 Elizabeth St., ☏ 212 965 9511, www.peasantnyc.com. Restaurant italien à la mode. Délicieuse cuisine du jour, à base de produits frais. Au sous-sol, éclairage à la bougie et grandes tables en bois pour une ambiance rustique.

Kitchen Club ⑩, 30 Prince St., ☏ 212 274 0025. Très bonne table de cuisine fusion, sous la houlette de la chef hollandaise Marja Samson. Accueil très chaleureux et ambiance cosy.

Faire une petite pause

Rice to Riches ③, 37 Spring St., ☏ 212 274 0008, www.ricetoriches.com. Dans Little Italy, un décor minimaliste, clair et coloré, pour s'adonner à la passion du gâteau de riz, à tous les parfums et de toutes les couleurs.

Chinatown Ice Cream Factory ①, 65 Bayard St. (entre Mott et Elizabeth), ☏ 212 608 4170. Pour une pause douceur en plein cœur du quartier chinois, des glaces délicieuses à des parfums exotiques et inattendus.

Ciao Bella Gelato ②, 285 Mott St. (entre Houston et Prince), ☏ 212 431 3591. 12h-21h. Des glaces riches et incroyablement crémeuses. Goûtez le parfum « pétales de rose » ou « lait malté ».

Sortir, boire un verre

C'est à Nolita que l'on trouve les bars les plus agréables pour sortir le soir.

Marchand des quatre saisons, Chinatown.

Spring Lounge ⑤, 48 Spring St. (angle de Mulberry), ☎ 212 965 1774. Un vrai bar de quartier : rien de trop tendance, une ambiance jeune et décontractée et des consommations à prix abordable.

Pravda ④, 281 Lafayette St. (entre Houston et Prince), ☎ 212 226 4944. Entre Nolita et Soho, ce bar à caviar et à vodka possède deux chaleureuses salles voûtées, au décor inspiré de l'ex-URSS. Celle du sous-sol entretient l'illusion de clandestinité branchée. Bon choix de cocktails.

Epistrophy ⑫, 200 Mott St. (entre Spring et Kenmare), ☎ 212 966 0904. Bonne sélection de vins, et petite terrasse pour les fumeurs dans ce bar à l'européenne. Plats italiens de qualité à des prix raisonnables.

Café Habana ⑪, 17 Prince St. (angle avec Elizabeth St.), ☎ 212 625 2002. Ambiance *muy caliente* dans ce bar cubain où l'on boit de délicieux cocktails et où l'on se régale d'*empanadas*.

Où pique-niquer ?

Columbus Park est la seule option. Vous pouvez y grignoter des plats chinois à emporter, achetés à bon compte dans Mott St. ou sur East Broadway.

Achats

☺ Les adeptes du shopping à petit prix sortiront du métro à l'arrêt **Canal Street** et longeront la rue vers l'est pour y trouver tous les bazars à tee-shirts, sacs, montres... Marchandez ferme et, si le prix est trop élevé, partez sans regret : souvenez-vous que tout n'est pas en cuir ou en or, comme on vous le jurera... Ceci étant, on s'y fait plaisir à peu de frais.

Mode - ☺ **Kinnu** ⑦, 43 Spring St., ☎ 212 334 4775, dans Little Italy. De merveilleuses tuniques et vestes en soie ou en coton, des ensembles pantalons raffinés, mais un peu chers.

Mary Jaeger ⑩, 51 Spring St., ☎ 212 941 5877, www.maryjaeger.com. Une styliste new-yorkaise assez chère, mais on y trouve des tee-shirts et des écharpes abordables.

☺ **INA Nolita** ⑧, 21 Prince St. ☎ 212 334 9048. 12h-19h (vend. et sam. 20h). Friperie de luxe, articles souvent peu portés, en très bon état et à bon prix.

INA Men ⑨, 262 Mott St., ☎ 212 334 2210. Tlj 12h-19h (vend. et sam. 20h). Même principe, pour les hommes.

☺ **Find Outlet** ⑥, 229 Mott St., ☎ 212 226 5167, www.findoutlet.com. Tlj 12h-19h. Fins de collection, articles de marques et de designers à prix cassé.

Loisirs

Festivals - Le **Nouvel An chinois** est la manifestation inévitable de Chinatown, en janvier ou février, avec défilés et marchés de rue. La **fête de San Gennaro** (Mulberry Street en septembre) tente de faire renaître l'esprit communautaire de Little Italy, au moyen de stands de jeux et de dégustations.

CHINATOWN★★

Les frontières de Chinatown sont fluctuantes et en constante expansion. Elles débordent désormais largement au nord de Canal Street et s'étendent vers l'est, en direction de Lower East Side.

L'immigration chinoise à New York a commencé dans les années 1870, après l'épuisement des mines d'or de Californie et avec la construction des chemins de fer, où de nombreux Chinois étaient embauchés. Contrairement aux Irlandais, aux Juifs et aux Italiens, qui arrivaient par familles entières, les Chinois étaient souvent des hommes seuls, venus faire fortune avant de repartir au pays. Dans les années 1880, on en dénombrait environ 10000 à Manhattan, la plupart incapables de gagner l'argent de leur retour, végétant dans des taudis. Le quartier acquit une sinistre réputation en raison de ses maisons closes, établissements de jeu et fumeries d'opium. Ce n'est qu'après 1943 et la révision des lois sur l'immigration que des familles commencèrent à s'installer.

Aujourd'hui, environ 200000 Asiatiques vivent à Chinatown, qui est devenue l'une des plus importantes communautés chinoises en dehors d'Asie.

Autour de Columbus Park

(Plan A3)

▶ **Columbus Park** est l'espace vert où se retrouvent les grands-mères et les vieux Chinois jouant au mah-jong ou aux dames. Son calme fait oublier que ce fut au début du 19e s. l'un des quartiers les plus mal famés de la ville : c'est vers le bas du parc que commençaient les **Five Points** *(voir p. 80)*, un amas de taudis et de bouis-bouis mal fréquentés. À l'époque, cette partie du quartier était surtout peuplée de féroces Irlandais, tels ceux dépeints par Martin Scorsese dans *Gangs of New York*...

▶ Vers l'est, **Chatham Square** était au 19e s. l'un des carrefours commerciaux de New York. C'est là que fut ouvert le premier magasin de la future chaîne de vêtements Brooks Brothers. Au sud du square, dans St. James Place, le **First Shearith Israel Cemetery** est le plus ancien cimetière juif de New York (1683) : chassés du Brésil par l'Inquisition espagnole, les Juifs furent les premiers occupants du quartier.

Museum of Chinese in the Americas (Moca)

Comptez 45mn. (Plan B2)

211-215 Centre St. (angle avec Grand St), ℰ 212 619 4785, www.mocanyc.org. Mar.-dim. 12h-18h (vend. 19h)

Ce musée d'ambition nationale, qui présente les modes de vie de la diaspora chinoise en Amérique autour d'expositions thématiques, occupe un espace conçu par la designer Maya Lin.

Le tour des bazars★

Le cœur le plus pittoresque de Chinatown se situe autour de **Mott Street** et **Mulberry Street**. Leurs échoppes sont bourrées de toutes sortes de gadgets, foulards, lampions, alternant avec les marchands de thés ou la pharmacopée exotique. Bifurquez le long des axes perpendiculaires, **Pell, Doyers et Bayard Streets**, avant de remonter au nord vers **Canal Street** et ses stands de copies d'articles de luxe, souvent très éloignées des modèles réels.

Attention, la contrefaçon est un délit ! En achetant un produit contrefaisant, vous risquez, en plus de l'amende pénale et de la confiscation de l'objet, une amende douanière du double de la valeur du produit authentique.

LITTLE ITALY

La sulfureuse Little Italy, où les parrains de la Mafia new-yorkaise complotaient derrière l'écran de fumée des cigares, n'est plus que l'ombre d'elle-même.

On la devine fugitivement en remontant **Mulberry Street**, au nord de Canal Street. Mais Chinatown, qui s'étend, la mite déjà de ses bazars à porte-bonheur. Tout juste en reste-t-il quelques terrasses aux effluves méditerranéennes, du fromage séchant aux devantures, des fanions aux couleurs de l'Italie et des tee-shirts frappés au nom du « Mafia Boss »... Comme toutes les vagues successives d'immigrants, les Italiens installés ici au 19e s. se sont dispersés à travers la ville. Pour en retrouver aujourd'hui la saveur surannée, c'est dans le Bronx qu'il faut aller *(voir p. 348)*.

NOLITA

La partie nord du quartier, **Nolita** *(raccourci pour North of Little Italy)*, concentre cafés, petits restaurants et boutiques branchées, sans avoir l'élégance d'un Soho ou d'un Chelsea.

Cosa Nostra

Comme dans toutes les communautés, les Italiens se serraient les coudes, se procurant des emplois ou protégeant leurs intérêts contre les communautés rivales ou mieux considérées. Mais avec l'arrivée de la Prohibition, les clubs et bars italiens devinrent des plaques tournantes du trafic de l'alcool, instaurant un véritable syndicat du crime organisé. Par la suite, après la fin des restrictions, les patrons de ce nouveau banditisme s'orientèrent vers les jeux illégaux, les prêts à taux usuraire, le racket, la pornographie et le trafic de drogue. Les parrains new-yorkais les plus célèbres furent Lucky Luciano et Al Capone.

TRIBECA ET SOHO

PROPOSITIONS DE BALADES ET « BEST OF »

Une journée en prenant votre temps	🚶 Balade en quartier bobo
Suggestion de programme	Commencez par Tribeca *(voir p. 156)* et visitez le Harrison Street Row *(voir p. 157)* pour son style fédéral. Alternez ensuite les immeubles entre Broadway et West Broadway et les galeries d'art *(voir p. 157)*. Longez Broadway en admirant les façades et en regardant les vitrines des boutiques chic. Suivez ensuite Greene Street et Prince Street, visitez le New York City Fire Museum *(voir p. 159)*.
Transport	Métro le matin jusqu'à Chambers Street, dans Tribeca. À pied à travers les deux quartiers, puis retour en métro aux stations Prince Street ou Houston Street.
Conseils	Ne commencez pas trop tôt, rien n'ouvre avant 10h. Procurez-vous le *Gallery Guide (voir p. 33)* avant de faire cette balade. La partie Tribeca est à recommander à ceux qui aiment l'architecture et l'art. Ceux qui préfèrent le shopping peuvent se contenter de Soho.
Si vous aimez	**Le best of**
L'art et l'architecture	Harrison Street Row, White Street et Walker Street *(voir p. 157)*, Greene Street, Prince Street et les galeries d'art *(voir p. 159)*, à répertorier grâce au *Gallery Guide*.
Le shopping	Si vous êtes pour une table authentique et saine, prenez le petit-déjeuner à la Vesuvio Bakery *(voir p. 153)*, le déjeuner chez Raoul's *(voir p. 154)* et le dîner au Salt *(voir p. 154)*. Pour l'exotisme, misez sur Snack ou Nam à midi *(voir p. 153)*, Antique Garage ou l'Orange Bleue le soir *(voir p. 154)*. Les gastronomes dépensiers iront chez Bouley Upstairs, Next Door Nobu ou Fresh *(voir p. 154)*. Les familles avec des enfants choisiront entre Dekk et Bubby's, sans oublier une pause au Soda Shop *(voir p. 153-154)*.
Les sorties	Pour un verre tranquille dans un cadre pittoresque, Milady's ou le Broome Street Bar. Pour danser, le S.O.B.'S. Pour écouter de la musique, la Knitting Factory. Pour un cocktail chic et cher, le Bubble Lounge ou le Café Noir *(voir p. 155)*.

Les façades à structure de fonte, Greene Street, Soho.

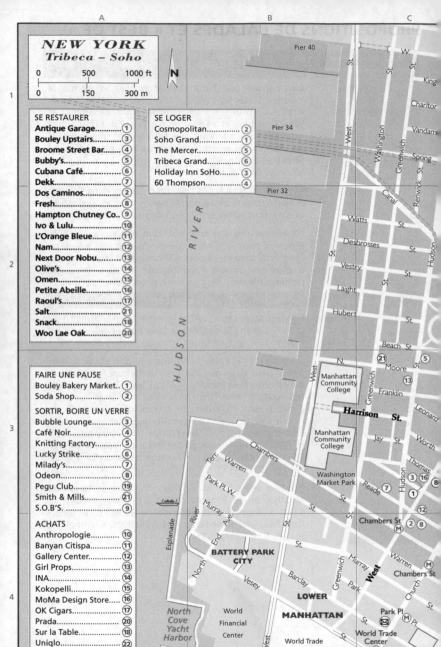

NEW YORK
Tribeca – Soho

| 0 | 500 | 1000 ft |
| 0 | 150 | 300 m |

N

SE RESTAURER
- Antique Garage............①
- Bouley Upstairs............③
- Broome Street Bar........④
- Bubby's........................⑤
- Cubana Café................⑥
- Dekk............................⑦
- Dos Caminos................②
- Fresh............................⑧
- Hampton Chutney Co...⑨
- Ivo & Lulu....................⑩
- L'Orange Bleue............⑪
- Nam............................⑫
- Next Door Nobu...........⑬
- Olive's..........................⑭
- Omen..........................⑮
- Petite Abeille...............⑯
- Raoul's........................⑰
- Salt.............................㉑
- Snack..........................⑱
- Woo Lae Oak................⑳

SE LOGER
- Cosmopolitan................②
- Soho Grand..................①
- The Mercer...................⑤
- Tribeca Grand..............⑥
- Holiday Inn SoHo.........③
- 60 Thompson...............④

FAIRE UNE PAUSE
- Bouley Bakery Market..①
- Soda Shop....................②

SORTIR, BOIRE UN VERRE
- Bubble Lounge.............③
- Café Noir.....................④
- Knitting Factory............⑤
- Lucky Strike.................⑥
- Milady's.......................⑦
- Odeon.........................⑧
- Pegu Club....................⑲
- Smith & Mills...............㉑
- S.O.B'S........................⑨

ACHATS
- Anthropologie..............⑩
- Banyan Citispa.............⑪
- Gallery Center..............⑫
- Girl Props....................⑬
- INA.............................⑭
- Kokopelli.....................⑮
- MoMa Design Store.....⑯
- OK Cigars....................⑰
- Prada..........................⑳
- Sur la Table.................⑱
- Uniqlo.........................㉒
- Zachary's Smile............㉓
- ═══ voie piétonne

Pier 40
Pier 34
Pier 32
HUDSON RIVER

Manhattan Community College
Harrison St.
Manhattan Community College
Washington Market Park
Chambers
Warren
Park Pl. W.
Murray
River Terr.
Esplanade
North End Ave.
BATTERY PARK CITY
North Cove Yacht Harbor
World Financial Center
LOWER MANHATTAN
World Trade Center Site and Ground Zero
Vesey
Barclay
World Trade Center
Park Pl
Woolworth Building
Chambers St
Church St

Watts St.
Desbrosses
Vestry St.
Laight St.
Hubert St.
Beach St.
Moore
Franklin
Leonard
Worth
Thomas
Jay St.
Reade
Hudson
Canal
Renwick St.
Spring
Vandam
Charlton
King
Washington
Greenwich
West

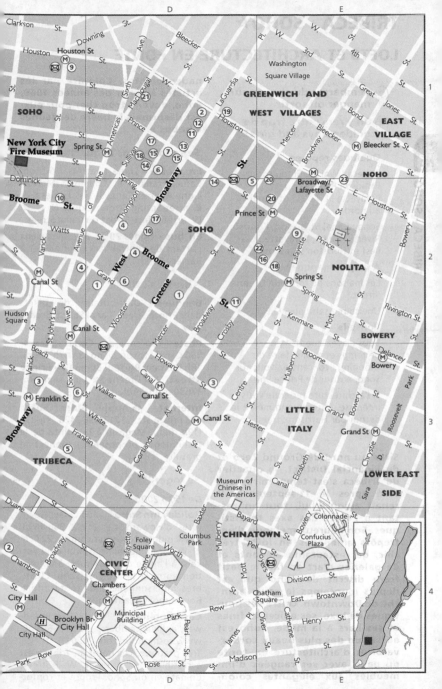

TRIBECA - SOHO★

LOFTS ET ARCHITECTURE EN FONTE

😊 **L'embarras du choix pour manger ou sortir**

😟 **On y rencontre trop de golden boys and girls !**

Quelques repères

Tribeca : Warren St. au sud, l'Hudson River à l'ouest, Lafayette St. à l'est et Canal St. au nord.

Soho : Canal St. au sud, l'Hudson River à l'ouest, Lafayette St. à l'est et Houston St. au nord.

À ne pas manquer

Les maisons de fonte de Greene Street.

Une soirée salsa au S.O.B.'S.

Conseils

Vous n'avez que très peu de temps et voulez faire du shopping : concentrez-vous sur Soho, autour de Prince Street.

Si l'architecture fédérale vous intéresse, faites quand même le détour par Harrison Street.

Situé au nord de Ground Zero et du Financial District, le quartier de Tribeca s'est temporairement vidé après le 11 septembre. Il renaît aujourd'hui, tout en restant à l'écart des axes touristiques. Son heureux mélange d'entrepôts aménagés en lofts très chic, de restaurants élégants et de galeries d'art en fait le petit frère discret de Soho qui est depuis longtemps le cœur branché de Downtown. Outre ses boutiques de luxe, ses épiceries fines et ses bars à la mode, Soho est aussi l'un des plus beaux conservatoires d'architecture en fonte du pays, avec ses rangées d'immeubles aux élégantes colon-

nades peintes. Colonisé par les artistes à partir des années 1960, Soho, devenu trop cher pour eux, est désormais le havre des jeunes « bobos ».

Se rendre dans le quartier

En métro - Ligne **1**, arrêts Houston, Canal, Franklin et Chambers Streets. Ligne **A**, arrêt Canal Street. Lignes **C** et **E**, arrêt Spring Street. Lignes **N**, **Q**, **R**, **W**, arrêt Prince Street ou Canal Street.

En bus - Lignes **20** et **6** (toutes deux partant de Central Park pour arriver à Battery Park).

Adresses utiles

Banques - Distributeurs de billets dans Prince Street, Canal Street, Broadway...

Poste - Bureau de **Canal Street**, 350 Canal St. Lun.-vend. 8h-17h30 (eu. 18h30), sam. 9h-16h. Bureau de **Prince Street**, 124 Greene St. Lun.-sam. 9h-17h30 (sam. 16h).

Internet - 😊 **Apple Store Soho**, 103 Prince St., ✆ 212 226 3126. 9h-21h (19h dim.). Magasin à la pointe de la technologie, proposant la connection gratuite.

Se loger

De 150 à 200 $

Holiday Inn SoHo ③, 138 Lafayette St. (près d'Howard St.), ✆ 212 966 8898, www.hidowntown-nyc.com - 227 ch. 🛗 ▤ ✕ Immeuble classique new-yorkais, à l'angle de deux rues, à la jonction entre Little Italy et Soho. Chambres impersonnelles mais tout confort. Bon rapport qualité-prix.

Cosmopolitan ②, 95 West Broadway, angle Chambers, ✆ 212 566 1900, www.cosmohotel.com - 120 ch. 🛗 ▤ Très pratique, cet hôtel de Tribeca est accessible à pied depuis Wall Street, Chinatown ou Soho. Propre et confortable, mais un peu bruyant côté rue. L'un des rares hôtels à ce prix dans le quartier.

De 300 à 400 $

60 Thompson ④, 60 Thompson St. (entre Broome et Spring), ☏ 212 431 0400, www.60thompson.com - 87 ch. et 11 suites ⌁ ✕ ▤ Beaucoup de classe, avec une déco élégante et dépouillée. Emplacement idéal et service vraiment impeccable. Agréable bar sur le toit.

Soho Grand ①, 310 West Broadway (entre Grand St. et Canal St.), ☏ 212 965 3000, www.sohogrand.com - 363 ch. ⌁ ✕ ▤ La décoration de cet hôtel de luxe, au cœur de Soho, mêle agréablement architecture industrielle et charme rétro. Chambres très confortables, et service de grande qualité. Animaux acceptés.

Tribeca Grand Hotel ⑥, 2 6th Ave. (entre White St. et Walker St.), ☏ 212 519 6600, www.tribecagrand.com - 203 ch. ⌁ ✕ ▤ En plein Tribeca, des chambres spacieuses et une ambiance très glamour. Le brunch du week-end, servi dans le patio de l'hôtel, est délicieux (env. 30 $).

Autour de 500 $

The Mercer ⑤, 147 Mercer St. (angle avec Prince St.), ☏ 212 966 6060, www.mercerhotel.com - 75 ch. ⌁ ✕ ▤ Dans un bel immeuble d'angle en plein centre du quartier de shopping, des mini-lofts à la décoration signée Christian Liaigre, et un service impeccable. Un véritable must !

Se restaurer

Moins de 10 $

Olive's ⑭, 120 Prince St., ☏ 212 941 0111, www.olivesnyc.com. Adresse douce pour le porte-monnaie. Soupes, salades et sandwiches, entre 4 et 9 $.

Broome Street Bar ④, 363 West Broadway, ☏ 212 925 2086. Un vrai pub à l'ancienne, dont on aime la patine un peu fatiguée et l'atmosphère décontractée. On y mange des snacks copieux et bon marché (sandwiches, burgers, chili et salades à moins de 10 $) et on

peut y boire une bière en refaisant le monde, comme à la grande époque.

Hampton Chutney Co. ⑨, 68 Prince St. (entre Crosby St. et Lafayette St.), ☏ 212 226 9996. Un concept original, à mi-chemin entre restaurant indien et snack *healthy* : de grandes galettes croustillantes que l'on garnit de poulet au curry, légumes grillés, fromage de chèvre… Ferme à 21h.

De 10 à 20 $

Snack ⑱, 105 Thompson St. (entre Prince et Spring), ☏ 212 925 1040. Lun.-merc. 12h-22h, jeu.-sam. 12h-23h, dim. 12h-21h. Une salle minuscule pour ce restaurant grec délicieux. On y vient pour les salades, les chaussons à la viande ou les *mezzes*.

Petite Abeille ⑯, 134 West Broadway, ☏ 212 791 1360, www.petiteabeille.com. Table belge sans prétention mais très populaire, à des prix abordables pour le quartier. On y commande salades, copieux sandwiches (8-12 $) ou plats complets (13-18 $), style carbonnade flamande ou moules marinières. Terrasse. Brunch le week-end.

Cubana Café ⑥, 110 Thompson St., ☏ 212 966 5366. Une devanture bleu et blanc, quelques tables et de délicieux plats cubains. Dommage qu'il n'y ait pas plus de place.

Omen ⑮, 113 Thompson St., ☏ 212 925 8923. Un bistro japonais sobre et élégant où l'on vous recommande les menus, nettement plus abordables que la carte. Fermé le midi.

Nam ⑫, 110 Reade St., ☏ 212 267 1777. Un vietnamien plutôt chic, dont le décor discret attire une clientèle de jeunes branchés. Les plats y sont bons et pas trop chers à midi (10-15 $).

Dekk ⑦, 134 Reade St., ☏ 212 941 9401, www.thedekk.com. Décor design tout de noir et blanc et de photographies, pour une cuisine classique, d'inspiration plutôt italienne. Formule entrée + plat à 17 $ à midi et astucieux menus enfants. Plus cher le soir.

De 20 à 30 $

🔥 **Fresh** ⑧, 105 Reade St., ☎ 212 406 1900, www.freshrestaurantnyc. com. Chic, sobre et spacieux, ce restaurant doit sa réputation à ses fruits de mer et à ses poissons. La carte suit au plus près les arrivages du marché. Les formules à 20 et 28 $ pour deux plats sont de bonnes affaires.

Bubby's ⑤, 120 Hudson St., ☎ 212 219 0666, www.bubbys.com. Cuisine des familles, roborative et simple dans ce restaurant qui reste très populaire quelle que soit la mode. John Kennedy Jr. en était un habitué. On y mange toutes les recettes traditionnelles américaines, soupes et gratins, salades, grillades ou burgers. Moins cher à midi.

Raoul's ⑰, 180 Prince St. (entre Sullivan et Thompson), ☎ 212 966 3518, www.raouls.com. Tout le charme désinvolte et les plats traditionnels d'un bistro français, avec jolie véranda à l'arrière. Ambiance chaleureuse.

Ivo & Lulu ⑩, 558 Broome St. (entre Varick et 6th Ave.), ☎ 212 226 4399. Un petit restaurant chaleureux où l'on se régale de spécialités françaises et caribéennes. Chacun peut y apporter sa bouteille de vin (BYOB, pour *bring your own bottle*).

🔥 **L'Orange Bleue** ⑪, 430 Broome St., ☎ 212 226 4999, www.lorangebleue. com. Lun.-vend. 17h-0h, w.-end 12h-0h. Happy hour 17h-19h : 1 $ l'huître. Ce restaurant méditerranéen propose soupes et salades à moins de 10 $, tajines et plats principaux à partir de 18 $. Bruyant et chaleureux. Le lundi, nuit marocaine de 20h30 à 22h, avec menu fixe à 35 $ et danse du ventre !

🔥 **Antique Garage** ①, 41 Mercer St. (entre Broome et Grand), ☎ 212 219 1019, www.antiquegaragesoho.com. 12h-0h. Un bon restaurant turc dans un magasin d'antiquités un rien bric-à-brac (on peut acheter certaines pièces du décor !). On a l'impression d'être chez des amis. Concerts le week-end.

De 30 à 50 $

🔥 **Next Door Nobu** ⑬, 105 Hudson St., ☎ 212 334 4445, www.nobu-

restaurants.com. On vous parlera peut-être de **Nobu**, l'hyper chic restaurant japonais décoré par David Rockwell : celui-ci est son petit frère, juste à côté, un peu moins snob, un peu moins cher et tout aussi bon. Décor du même architecte, mais sur le thème de la pêche japonaise. Superbe préparation de sushis et sashimis.

Dos Caminos ②, 475 West Broadway (angle avec Houston), ☎ 212 277 4300, www.brguestrestaurants.com. Un restaurant mexicain chic et branché, avec une grande terrasse. Délicieuses margaritas.

🔥 **Salt** ㉑, 58 Mac Dougal St. (entre Prince et Houston), ☎ 212 674 4968, www.saltnyc.com. Wifi. Dans la journée, ce petit établissement à la lisière de Soho et de Greenwich Village sert quelques plats simples (salades et sandwiches, autour de 15 $). Le soir, la carte propose une excellente cuisine à base de produits frais, autour de 25 $.

🔥 **Bouley Upstairs** ③, 130 West Broadway, ☎ 212 608 5829, www. davidbouley.com. Uniquement le soir. Réservation impérative, ☎ 212 964 2525. Petit frère de l'une des tables les plus raffinées de New York, ce restaurant situé au-dessus de la pâtisserie propose une carte plus simple et surtout plus abordable que le célèbre **Bouley** du n° 120 de la même rue (là, la cuisine est de très haute volée mais l'addition va de 50 à 150 $!). On y goûte des salades et des plats d'inspiration japonaise ou *fusion*, légers.

Woo Lae Oak ⑳, 148 Mercer St., ☎ 212 925 8200, www.woolaeoaksoho.com. Restaurant coréen, où l'on peut faire ses propres grillades sur une pierre au centre de la table. Décor de loft revisité par le *feng shui* extrême-oriental. Chic, très bon, mais l'addition monte vite !

Faire une petite pause

Soda Shop ②, 125 Chambers St., ☎ 212 571 1100. Dans un décor en marbre clair récupéré à l'hôtel Plaza, on savoure des glaces crémeuses, à ces parfums mêlés dont les Américains ont le secret. Également des snacks.

Bouley Bakery Market ①, 130 West Broadway, ☎ 212 219 1011. La boulangerie-pâtisserie du célèbre restaurant permet de savourer en terrasse les snacks et les viennoiseries de la maison. Idéal pour un petit-déjeuner, un goûter ou un déjeuner léger.

Sortir, boire un verre

Milady's ⑦, 162 Prince St. (angle Thompson), ☎ 212 226 9340. Un vestige des bons vieux bars de jadis au cœur d'un quartier gagné par la branchitude design. Ici tout est de guingois, patiné, fatigué, pas forcément propre sur soi, mais authentique, chaleureux et parfois… très distrayant !

The Bubble Lounge ③, 288 West Broadway, ☎ 212 431 3433. Tlj sf dim. 17h-2h (4h vend. et sam.). Admirablement décoré entre brique, velours couleur feu et fauteuils. C'est un *champagne bar*, évidemment cher et un peu snob, mais grand style…

Odeon ⑧, 145 West Broadway, ☎ 212 233 0507, www.theodeonrestaurant. com. Un restaurant-lounge de qualité, où l'on vous recommande de faire l'impasse sur la nourriture et de venir pour les excellents cocktails (autour de 10 $), grande tradition new-yorkaise.

Café Noir ④, 32 Grand St., ☎ 212 431 7910. Une clientèle régulière et une popularité qui dure. On y tourna certaines scènes torrides des films *9 semaines et demi* et *Liaison Fatale*. On peut y dîner, mais on vous conseille plutôt d'y prolonger simplement l'apéritif. Cher quand même.

Broome Street Bar, *voir p. 153 « Se restaurer »*. Nettement moins chic et cher que les précédents, moins *fashion victim* aussi.

Lucky Strike ⑥, 59 Grand St., ☎ 212 941 0479, www.luckystrikeny.com Dans un cadre évoquant les bistros à la française, on peut boire un verre tranquillement et grignoter à tous les prix, jusque tard dans la soirée (1h en semaine, 2h30 vend. et sam.).

Smith & Mills ㉑, 71 North Moore St. (entre Greenwich et Hudson), ☎ 212 219 8568, www.smithandmills. com. C'est, à Tribeca, le dernier lieu à la mode : un bar rétro et minuscule qui semble tout droit sorti d'un décor de film. On peut y dîner à prix raisonnable, et les cocktails sont très bons. Ouvert jusqu'à 3h.

Pegu Club ⑲, 77 West Houston St. (angle avec West Broadway), ☎ 212 473 7348, www.peguclub.com. Dans un décor inspiré des clubs britanniques de l'époque coloniale en Birmanie, délicieux cocktails, et ambiance très chaude le week-end.

Sortir, écouter de la musique

🎵 **The Knitting Factory** ⑤, 74 Leonard St., ☎ 212 219 3006, www.knitting factory.com. Un endroit hors norme, à la fois salle de concert et bar, où l'on produit aussi plusieurs labels de disques. La programmation est éclectique, du jazz à l'acid jazz en passant par le rock et la world music. Ambiance excellente. Programme sur Internet.

🎵 **S.O.B.'S (Sound of Brazil's)** ⑨, 204 Varick St. (at Houston), ☎ 212 243 4940, www.sobs.com. Encore une adresse échappant aux classements, restaurant-bar-club-salle de concert. Ambiance chaleureuse et lumières tamisées, concerts tous les soirs, salsa, samba, reggae ou hip-hop. Le mercredi, cours de salsa gratuits pour pouvoir danser pendant le concert ! Le samedi, spectacle de danse brésilienne et de capoeira avant le concert. Et le *mojito* y est vraiment délicieux…

Où pique-niquer ?

Le **Washington Market Park** offre ses parterres de fleurs, son kiosque victorien et son espace de jeux pour enfants. Vous pouvez aussi emmener vos victuailles le long de l'**Hudson River**, à l'ouest, mais il vous faudra traverser la très passante West Side Highway.

Achats

Pour faire du shopping, votre meilleure option est de descendre à l'arrêt de métro Prince Street, au cœur de Soho, et de longer cette rue et ses abords.

Mode - _(Ⓐ)**Anthropologie** ⑩, 375 West Broadway, ℘ 212 343 7070. Mode décontractée très « côte est ». Les icônes sont Jackie Kennedy et Audrey Hepburn, mais on y trouve de petites robes sympas, des accessoires et des objets pour la maison. Un peu de l'art de vivre des jeune bobos locaux...

_(Ⓐ) **Girl Props** ⑬, 153 Prince St., ℘ 212 505 7615, www.girlprops.com. Vous avez le sens de l'humour et pratiquez le deuxième, voire le troisième degré ? Voici des bijoux de pacotille à tout petit prix, pour une occasion rigolote, soirée à thème, costumée ou décalée. Vous aurez du mal à dépenser plus de 10 $. Pour les souvenirs, les petites filles adorent !

Kokopelli ⑮, 152 Prince St., ℘ 212 925 4411. Des bijoux authentiques des tribus indiennes du Sud-Ouest américain. Argent, pierres semi-précieuses et motifs traditionnels revus à la mode contemporaine. Très beau.

INA ⑭, 101 Thompson St. (entre Prince et Spring), ℘ 212 941 4757, www.ina-nyc.com. Les *fashion victims* se pressent dans cette friperie de luxe, spécialisées dans les meilleurs designers. C'est ici qu'on été mis en vente les costumes de *Sex and the City* à la fin de la série.

_(Ⓐ) **Prada** ⑳, 575 Broadway (angle avec Prince), ℘ 212 334 8888. On vient surtout pour l'architecture hallucinante imaginée par Rem Koolhaas : design aéré et gigantesque vague en bois qui ressemble à une piste de skateboard !

Uniqlo ㉒, 546 Broadway (près de Spring), ℘ 212 237 8800. Toute la créativité de la mode japonaise dans cette enseigne à bas prix : pulls en cachemire de toutes les couleurs, vestes et pantalons aux coupes impeccables et T-shirts d'artistes.

Zachary's Smile ㉓, 317 Lafayette St. (près de Houston), ℘ 212 965 8248. Vêtements vintage et petites marques pointues pour une mode urbaine et colorée.

Beauté - Banyan Citispa ⑪, 474 West Broadway, ℘ 212 388 1288, www.bc spa.com. 10h-20h (dim. 18h). Toutes sortes de soins de beauté et de bienêtre, inspirés des techniques orientales. Luxueux et très cher.

Maison et décoration - Sur la Table ⑱, 75 Spring St., ℘ 212 966 3375. Entre Little Italy et Nolita, tout ce que les jeunes qui montent utilisent à New York pour cuisiner ou décorer la table.

_(Ⓐ) **MoMa Design Store** ⑯, 81 Spring St., ℘ 646 613 1367. Les objets les plus design, les plus fous ou les gadgets les plus rigolos, tous inspirés des collections du célèbre musée.

Divers - OK Cigars ⑰, 383 West Broadway, ℘ 212 965 9065, www. okcigars.com. Pour les inconditionnels du bâton de chaise ou ceux qui veulent « se la jouer » juste une fois, un bon choix de cigares et tous les accessoires.

Art - Gallery Center ⑫, 478 West Broadway, ℘ 212 475 9939. Cette galerie éclectique vend de jeunes artistes déjà connus et des lithographies des plus grands noms de l'art contemporain américain. Très cher.

Loisirs

Cinéma - Tribeca Film Center, 375 Greenwich St. (entre North Moore et Franklin St.) ℘ 212 941 2000, www. tribecafilm.com, et **Tribeca Cinemas**, 54 Varick St. (mêmes coordonnées). C'est dans ces salles que sont projetés les films du **Tribeca Film Festival** (fin avril-début mai) ou d'autres manifestations cinématographiques. Programmes sur Internet.

Tour des galeries d'art - À la fin du mois d'avril, le **TOAST** (Tribeca Open Artists Studio Tour) organise des manifestations dans différentes galeries du quartier. Renseignements et liste des galeries sur www.toastartwalk.com.

TRIBECA

Comptez 1 à 2h.

Le nom de ce quartier *(prononcer traillebica)* vient de la contraction de TRIangle BElow CAnal, bien que sa forme générale ressemble plus à un trapèze.

Au début du 18e s., ces territoires, attribués à Trinity Church par la reine Anne, accueillirent peu à peu les résidences de familles riches. Ce n'est qu'au milieu du 19e s., quand les quais de l'Hudson River supplantèrent le South Street Seaport, que les **entrepôts** envahirent le quartier. C'était la grande époque des immeubles à **structure de fonte** ou en **brique**. Il s'en construisit des centaines le long des ruelles de Tribeca, hauts de 5 ou 6 étages, abritant des bureaux ou des espaces de stockage. À la veille de la Seconde Guerre mondiale, le quartier était l'un des plus actifs de la ville, conjuguant industrie, services et commerce.

À partir des années 1960, avec le déclin de l'industrie et du port, les urbanistes décidèrent de revoir le front de l'Hudson, démolissant de nombreux entrepôts, fermant la fenêtre sur la rivière à tous les autres et condamnant le reste du quartier à une lente agonie. En 1970, on ne comptait plus que 243 habitants et au début des années 1980, Tribeca ne payait guère de mine, alternant de nouvelles constructions très contestées et des immeubles dégradés et vidés de leur sens.

Heureusement, un grand nombre d'artistes, chassés de Soho par la flambée des prix et demandeurs de ces vastes lofts aérés, ont commencé à reconvertir les entrepôts en ateliers et en **galeries d'art**. Aujourd'hui, le quartier est redevenu très désirable (trop pour les artistes qui le fuient peu à peu), peuplé de plus de 10000 personnes, dont un nombre toujours croissant de célébrités, dont **Robert De Niro** (John Kennedy Jr y vivait aussi, avant de trouver la mort dans l'accident de son avion).

Découverte du quartier

🎨 Si vous voulez ajouter les galeries d'art à la balade architecturale, procurez-vous le *New York Gallery Guide*, gratuit et disponible à l'office de tourisme et dans la plupart des galeries.

Commencez à la station de métro Chambers Street. Filez vers l'ouest pour emprunter Greenwich Street.

▶ En remontant **Greenwich Street**, vous passerez le Washington Market Park, jadis l'un des marchés les plus actifs de New York. Arrêtez-vous à l'angle de Jay Street pour jeter un coup

d'œil à **Bazzini Co**, une maison spécialisée dans l'importation de noix et douceurs en tous genres. Remontez ensuite vers Harrison Street, pour voir le **Harrison Street Row** *(25-41 Harrison St.)*, une rangée de maisons de style fédéral, construites entre 1796 et 1828. Toutes ne se trouvaient pas là à l'origine mais y furent replacées pour donner une idée de ce que pouvait être Tribeca.

▶ Traversez West Broadway pour prendre **Leonard Street**, où vous verrez quelques immeubles imposants comme celui de la *New York Life Insurance Company (n° 108)*, dit le **Clocktower** en raison de son horloge mécanique, la dernière de la ville en activité.

▶ Flânez dans les rues perpendiculaires, entre West Broadway et Broadway, pour admirer l'architecture urbaine du 19e siècle, avec ses façades en briques de plusieurs couleurs ou ses jeux de colonnes en fonte. **White Street** en est un bon exemple *(voir les n°s 13 à 17)*, avec sa portion pavée, ses immeubles typiques et ses galeries. La **Synagogue for the Arts** se reconnaît à sa façade rebondie : ce centre judaïque abrite une galerie d'art aux expositions très éclectiques *(49 White St., ☎ 212 966 7141. Lun.-jeu. 13h-17h, mar. 19h, entrée libre)*.

▶ Un bloc plus au nord, **Walker Street** compte elle aussi nombre de galeries et d'ateliers d'artistes. À l'angle de l'Avenue of the Americas *(6th Ave.)*, vers l'ouest, **l'AT & T Headquarters Building** adopte le style Art déco si prisé à New York. Construit en 1918, il possède un hall aux mosaïques spectaculaires. En repartant vers l'est, de l'autre côté de Broadway, la galerie **Art in General** expose de jeunes artistes intéressants *(79 Walker St., ☎ 212 219 0473. Mar.-sam. 12h-18h)*.

SOHO ★

Comptez 1 à 3h.

Soho (raccourci pour SOuth of HOuston) n'a pas toujours été La Mecque de la mode et du style qu'elle est devenue, avec ses boutiques chic, ses

Tribeca, capitale du cinéma ?

Depuis quelques années, sous le parrainage de Robert De Niro, Tribeca est devenu le centre du cinéma new-yorkais. En 2002, l'acteur y a créé, avec Jane Rosenthal, le Tribeca Film Festival, estimant que New York méritait un festival de renom et que le quartier, durement touché par les attentats du 11 septembre, y retrouverait du panache. Le nombre de films et la fréquentation sont au rendez-vous. On projette dans toute un série de salles de Lower Manhattan une sélection des meilleurs films produits dans le monde entier.

restaurants exclusifs et ses galeries d'art aux prix inabordables. En 1644, ce fut même là que se fixa la première **communauté noire** de Manhattan, après que les Hollandais eurent libéré leurs esclaves. Vers la fin du 18e siècle, le quartier s'était dégradé, mais au début du 19e siècle, de plus en plus de bourgeois aisés commencèrent à y emménager, comme James Fenimore Cooper, l'auteur du *Dernier des Mohicans*. À mi-chemin entre le Manhattan des affaires, au sud, et les grands manoirs chic des quartiers nord, les environs devinrent rapidement les plus densément peuplés de la ville. Théâtres, hôtels, restaurants, casinos et magasins se multipliaient le long de Broadway et des rues environnantes. Pour accommoder les joyeux fêtards, **Mercer Street** se fit une spécialité des maisons closes, à tel point que les deux tiers des prostituées new-yorkaises en arpentaient les trottoirs… Devant tant de licence, les bourgeois bien pensants commencèrent rapidement à fuir Soho pour les quartiers plus au nord, tandis que les commerces les plus florissants remontaient le long de 5th Avenue.

La révolution de la fonte

Durant la seconde moitié du 19e siècle, les résidences furent peu à peu remplacées par des entreprises, qui y installèrent bureaux et entrepôts. Pour cela, on fit appel à une toute nouvelle technique de construction : la **structure en fonte** (*voir encadré*), première technique de préfabriqué qui allait permettre d'ériger rapidement des immeubles présentant une variété et un raffinement de style inconnus jusqu'alors. Des rues entières furent ainsi bordées de gracieuses colonnades, de frontons et de corniches peints de délicates couleurs pastel. Puis, au cours du 20e siècle, Soho perdit à nouveau de son attrait et on en vint même à envisager de tout raser pour y faire passer une voie express. Heureusement, depuis les années 1950, artistes et marginaux avaient vu l'intérêt de ces vastes lofts et de ces immenses surfaces aux larges fenêtres et les avaient peu à peu colonisés, parfois en toute illégalité. Un mouvement très dynamique naquit pour sauver les façades de fonte et, en 1973, Soho fut finalement classé **quartier historique**. Les ateliers d'artistes et les **galeries d'art** s'y firent encore plus nombreux, des musées y ouvrirent, comme le Guggenheim. Soho devint le grand centre d'art contemporain de New York, attirant de nouveaux résidents qui pensaient y acquérir de grands lofts à bon compte. Mais les prix s'en ressentirent, amorçant un nouvel exode. La scène artistique se déplaça vers Chelsea, les musées partirent ailleurs et le caractère bohème, créatif et vibrant du quartier laissa la place aux enfilades de boutiques chics, les *fashion victims* remplaçant les peintres et les sculpteurs…

Balade dans Soho

Commencez à la station de métro Prince Street et empruntez Broadway vers le sud.

Comme pour Tribeca, munissez-vous du *New York Gallery Guide*, mais ne comptez pas voir d'expositions très novatrices. Ici, tout (ou presque) est fermement établi et absolument hors de prix. Évitez les dimanche et lundi, jours de fermeture des galeries d'art.

▶ À cet endroit de la ville, **Broadway** n'est pas le fief des théâtres mais celui du commerce et des boutiques. À l'angle de Prince Street, l'immeuble de **Prada** (*no 575*) donne le ton : jadis site du Guggenheim Soho, il abrite désormais un élégant décor design de l'architecte Rem Koolhaas. En face (n⁰ˢ 561-563), le **Singer Building** (1903) arbore un style Beaux-Arts typique, avec ses motifs floraux délicats. Plus loin, de l'autre côté de Broadway, le **Haughwout Building** (n⁰ˢ 488-492), investi par un magasin inesthétique, fut considéré en son temps (1857) comme un véritable « palais vénitien » avec ses arcades et ses colonnes : ce fut le premier immeuble de la ville à façade de fonte et le premier équipé d'un ascenseur installé par Elisha G. Otis.

▶ Tournez ensuite vers l'ouest pour rejoindre **Greene Street★** qui aligne la plus importante collection de façades en fonte. Les deux plus belles sont surnommées **King and Queen of Greene Street** (n⁰ˢ 72-76 et 28-30), exemples de style Second Empire. En remontant vers **Prince Street**, où se trouvent encore de nombreuses boutiques et galeries, notez, à l'angle, le pan de mur peint en **trompe l'œil** figurant une façade de fonte : elle fut réalisée avec humour par le peintre Richard Haas, en 1975.

▶ Vous pouvez compléter votre flânerie en redescendant par la tranquille **Wooster Street**, puis par **Broome Street**. Dans cette rue, à l'angle de Greene Street, notez le **Gunther**

Fonte et architecture

Découverte par les Anglais à la fin du 18ᵉ s., cette technique permet de réaliser des façades plus légères qu'en brique ou en pierre, plus aérées et comptant plus de fenêtres, ouvrant la voie aux futurs gratte-ciel. L'architecte dessine le modèle et le ferronnier en réalise un moule dans lequel il coule la fonte. Le motif peut ainsi être reproduit en nombre et ses composants peuvent être conjugués entre eux à l'infini, en fonction de la taille ou des demandes du client : c'est le début du préfabriqué. On peut ensuite le peindre à son goût. Le rendu est criant de vérité. Sans la rouille, ici ou là, on croirait de la pierre !

Building (n⁰ˢ 469-475), une belle réalisation en fonte, ou encore l'élégant édifice au n⁰ 448.

New York City Fire Museum

(Plan C1)

278 Spring St., ☏ 212 691 1303, www. nycfiremuseum.org. Mar.-dim. 10h-17h (dim. 16h). 5 $.

Les enfants adorent ce musée des pompiers, installé dans une ancienne caserne, exposant une foule d'objets et de véhicules remontant au 18ᵉ s.

Las Venus

20th Century Pop Culture

GE FURNITURE, COLLECTIBLES, and

LOWER EAST SIDE

PROPOSITIONS DE BALADES ET « BEST OF »

Une journée en prenant votre temps	🚶 Dans les pas des immigrants
Suggestion de programme	Commencez par Orchard Street *(voir p. 170)*, visitez le Lower East Side Tenement Museum *(voir p. 170)*, faites une pause glace au Laboratorio del Gelato *(voir p. 166)*. Redescendez Ludlow Street pour faire les boutiques *(voir p. 169)*. Visitez l'Eldridge Street Synagogue *(voir p. 171)*, faites un détour par Henry Street et terminez par la visite du New Museum of Contemporary Art *(voir p. 171)*. Dînez tôt chez Katz's Delicatessen *(voir p. 165)* et allez écouter de la musique dans un bar.
Transport	Métro jusqu'à Delancey Street/Essex Street, puis marche.
Conseils	Si vous le pouvez, venez le dimanche en fin de matinée et commencez par un brunch, puis flânez le long des étals d'Orchard Street. Sinon, venez plutôt l'après-midi et restez le soir pour dîner et sortir. Évitez le samedi, jour du sabbat des juifs, car certains commerces sont fermés.
Si vous aimez	**Le best of**
Les marchés de rue	Le marché de rue d'Orchard Street *(voir p. 170)*, le dimanche, à partir de 11h.
L'histoire	Lower East Side Tenement Museum *(voir p. 170)*, Eldridge Street Synagogue et Henry Street *(voir p. 171)*.
Les vêtements de créateurs	La boutique Apollo Braun *(voir p. 168)* et une balade dans Ludlow Street *(voir p. 169)*.
Sortir le soir, écouter de la musique	Une soirée-concert au Rockwood Music Hall, à l'Arlene's Grocery *(voir p. 166)*, au Bowery Ballroom *(voir p. 168)*. Un spectacle échevelé au Slipper Room ou au Box *(voir p. 166)*.

Les vitrines colorées de Ludlow Street.

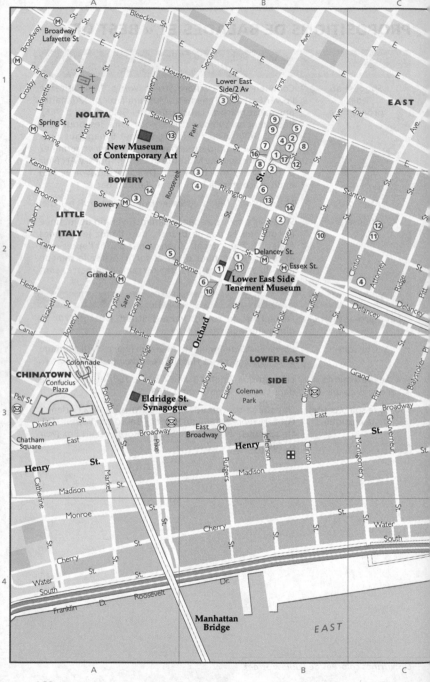

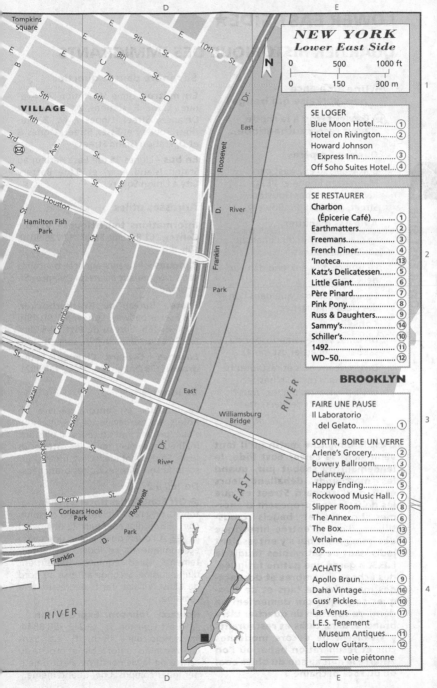

NEW YORK
Lower East Side

0 — 500 — 1000 ft

0 — 150 — 300 m

N

SE LOGER
Blue Moon Hotel.......... ①
Hotel on Rivington....... ②
Howard Johnson
  Express Inn................. ③
Off Soho Suites Hotel... ④

SE RESTAURER
Charbon
  (Épicerie Café).......... ①
Earthmatters................ ②
Freemans...................... ③
French Diner................. ④
'Inoteca........................ ⑬
Katz's Delicatessen....... ⑤
Little Giant.................... ⑥
Père Pinard.................... ⑦
Pink Pony...................... ⑧
Russ & Daughters......... ⑨
Sammy's....................... ⑭
Schiller's...................... ⑩
1492............................ ⑪
WD~50........................ ⑫

BROOKLYN

FAIRE UNE PAUSE
Il Laboratorio
  del Gelato................ ①

SORTIR, BOIRE UN VERRE
Arlene's Grocery........... ②
Bowery Ballroom.......... ③
Delancey....................... ④
Happy Ending............... ⑤
Rockwood Music Hall.... ⑦
Slipper Room................. ⑧
The Annex..................... ⑥
The Box........................ ⑬
Verlaine........................ ⑭
205.............................. ⑮

ACHATS
Apollo Braun................. ⑨
Daha Vintage................ ⑯
Guss' Pickles................. ⑩
Las Venus..................... ⑰
L.E.S. Tenement
  Museum Antiques..... ⑪
Ludlow Guitars............. ⑫
══ voie piétonne

Tompkins Square

VILLAGE

Hamilton Fish Park

Houston St.

River

Franklin

Park

Williamsburg Bridge

Corlears Hook Park

Cherry St.

Columbia

A. Kazan St.

Lewis

Jackson

East

Roosevelt Dr.

River

RIVER

EAST RIVER

163

LOWER EAST SIDE★

QUARTIER HISTORIQUE DES IMMIGRANTS

😊 **Une ambiance new-yorkaise qui bouge !**

☹️ **Devient trop à la mode pour rester authentique...**

Quelques repères

Bordé au sud et à l'est par Manhattan Bridge et l'East River, au nord par Houston Street, à l'ouest par Bowery.

À ne pas manquer

Le marché de rue du dimanche, sur Orchard Street.

Le brunch du week-end dans un delicatessen.

Écouter de la musique dans l'un des clubs du quartier.

Conseils

Ne venez pas le samedi, jour du sabbat : le quartier est mort.

De nouveaux bars et restaurants ouvrent sans cesse : n'hésitez pas à pousser les portes, vous aurez parfois de renversantes surprises.

C'est le dimanche matin qu'il faut venir dans le **Lower East Side**, le lendemain du sabbat juif, quand les marchands déballent leurs étals dans Orchard Street et que les delicatessen proposent d'énormes brunchs et bagels croustillants. Porte d'entrée historique des immigrants qui s'y entassaient jadis dans de pitoyables taudis le L.E.S. a gardé une patine fatiguée, des échoppes sombres et des façades marquées de tags et de fresques sauvages, qui démentent sa dernière vocation de quartier ultra branché. Bars, clubs et restaurants y rivalisent de décors modernes chic et récupération baba, où l'on enterre la nuit au son du blues cool ou du rock déchaîné.

Se rendre dans le quartier

En métro - Ligne **V**, station 2nd Avenue. Ligne **F**, stations 2nd Avenue et Delancey Street. Lignes **J**, **M**, **Z**, stations Bowery et Essex Street. Lignes **B** et **D**, station Grand Street.

En bus - Lignes **15** (de East Harlem au Staten Island ferry) et **9** (de Battery City à Union Square).

Adresses utiles

Informations touristiques - Visitor Center, 261 Broome St. ☎ 212 226 9010. 10h-16h.

Banques - Plusieurs agences bancaires et distributeurs de billets sur Delancey St. et Grand St.

Poste - Bureau de **Knickerbocker**, 128 East Broadway. Lun.-vend. 9h-19h, sam. 9h-16h. Bureau de **Pitt**, 185 Clinton St. Lun.-vend. 9h-17h, sam. 9h-16h.

Laveries - **Orchard Cleaner & Laundromat**, 28 Orchard St., ☎ 212 334 0821.

Se loger

Le quartier est encore pauvre en hôtels, mais se développe très vite. Plusieurs projets sont en cours, la plupart, malheureusement, dans les catégories luxe. Seul avantage : c'est idéal pour sortir le soir dans les boîtes branchées.

De 160 à 220 $

😊 **Off Soho Suites Hotel** ④, 11 Rivington St., ☎ 212 979 9808, www.offsoho. com - 38 studios et appart. (2 et 4 pers.) 🍴 🖥 À l'ouest du quartier, une façon économique de se loger. Les appartements, bien équipés, bénéficient d'une cuisine. Seconde adresse au nord de l'East Village. Tarifs dégressifs à la semaine.

Howard Johnson Express Inn ③, 135 East Houston St., ☎ 212 358 8844, www.hojo.com - 45 ch. 🍴 🖥 Sans charme, mais confortable, et proche du centre de la vie nocturne. Petit-déjeuner léger compris. Cher quand même.

Plus de 300 $

Blue Moon Hotel ①, 100 Orchard St., ℘ 212 533 9080, www.bluemoon-nyc. com - 22 ch. ⌁ ▤ Au cœur du quartier, un immeuble traditionnel en brique, bien restauré. Les parties communes assez tristes et les chambres impersonnelles et un peu étroites le rendent cher pour ce qu'il est.

☺Hotel on Rivington ②, 107 Rivington St., ℘ 212 475 2600, www.hotelon rivington.com - 90 ch. et 20 suites. ⌁ ▤ ✕ Vingt-et-un étages, tout en verre, et chambres dotées de parois vitrées du sol au plafond, pour bénéficier de la vue sur la ville. L'ensemble est décoré dans un style design dépouillé très réussi et équipé du meilleur confort. Rapport qualité-prix nettement meilleur que la précédente adresse.

Se restaurer

Moins de 10 $

☺Earthmatters ②,   177 Ludlow St., ℘ 212 475 4180. Une épicerie bio fort sympathique, qui propose toutes sortes de formules à emporter, sandwiches, salades, soupes et de délicieux milk-shakes aux saveurs exotiques.

Russ & Daughters ⑨,   179 East Houston St., ℘ 212 475 4880. Delicatessen traditionnel juif, depuis 1914! Goûtez les spécialités, bagel artisanal et fromage crémeux, ou saumon sauvage et autres poissons fumés, foie de poulet haché aux oignons caramélisés ou salade de hareng, betterave et pomme…

Entre 10 et 20 $

Katz'sDelicatessen ⑤,205 East Houston St., ℘ 212 254 2246, www.katzdeli. com. Le plus célèbre delicatessen de New York, où l'on peut manger à tous les prix. Pour les sandwiches, comptez entre 8 et 15 $, pour les salades environ 10 $. Un must dans le L.E.S. Pour les fans de cinéma, c'est là que se déroulait la scène de l'orgasme mimé par Meg Ryan, dans le film *Quand Harry rencontre Sally.*

Le French Diner ④, 188 Orchard St., ℘ 212 677 52000. Une salle minuscule derrière une vitrine à l'inscription gentiment provocatrice et un bar au fouillis sympathique, pour manger une cuisine simple mais bien de chez nous (le patron est un Français qui a eu un coup de cœur pour New York) : quiche-salade, moules-frites ou filet mignon de porc. Souvent plein.

Épicerie Café Charbon ①, 170 Orchard St., ℘ 212 420 7520. Lun.-vend. dîner uniquement 17h-0h, w.-end 11h-0h. Cet établissement sent la France provinciale des années 1960, du temps des épiceries-cafés des campagnes. On y mange une cuisine familiale (12-18 $ le plat) ou un excellent brunch le w.-end.

☺'Inoteca ⑬, 98 Rivington St., ℘ 212 614 0473. Une sorte de bar à tapas italien : plateaux de fromages et de charcuterie, paninis, salades… Des produits de qualité à prix raisonnables. Excellente cave. Une bonne adresse pour combler un petit creux, ou à l'heure de l'apéro.

Entre 20 et 30 $

Little Giant ⑥, 85 Orchard St., ℘ 212 226 5047. Dans un cadre clair et reposant, tout de bois blond, on savoure des plats bien préparés, des salades (10-12 $) ainsi que des assiettes charcuterie-fromage-*pickles* (18 $) et des plats complets, style confit de canard ou porc au cidre (autour de 20 $).

☺Pink Pony ⑧, 176 Ludlow St., ℘ 212 253 1922. ✉ Encore une adresse au décor « récup » chaleureux, photos, vieux livres et comptoir en acajou, où l'on mange parmi les meilleurs *french toasts* (pain perdu) de New York. Le patron, un Marocain né en France, propose salades et plats d'inspiration méditerranéenne.

☺Freemans ③, 8 Rivington St., dans Freeman Alley, ℘ 212 420 0012, www. freemansrestaurant.com. 17h-23h, brunch le w.-end 11h-15h30. D'incongrus trophées au mur et une ambiance de pavillon de chasse annoncent des spécialités rustiques, telles la terrine de sanglier ou la truite de rivière. Clientèle plutôt élégante et de plus en plus à la mode.

☺Le Père Pinard ⑦, 175 Ludlow St., ℘ 212 777 4917. Tlj au dîner 17h-23h, brunch le w.-end 11h-16h30. Toute l'atmosphère d'un bistro parisien et des plats d'inspiration française, comme la soupe à l'oignon ou le steak tartare. Une mention spéciale au menu pré-théâtre à 16 $. Petit jardin à l'arrière.

1492 ⑪, 60 Clinton St., ☏ 646 654 1114. Spécialisé dans les plats espagnols (paellas, gambas, tortillas, etc.) et les tapas, à déguster à table ou au bar, avec de la sangria ou un cocktail. Atmosphère intime et petite cour agréable.

De 25 à 40 $

☺ **Schiller's** ⑩, 131 Rivington St., ☏ 212 260 4555, www.schillersny.com. Carrelages tout simples, tables de bistro et miroirs : le chic new-yorkais, ni coincé ni laisser-aller, où il faut être vu. C'est bon, les plats sont de style brasserie, et on peut y manger à prix raisonnable, surtout à midi (10-20 $). Un peu plus cher le soir. Au bar, on sert des snacks jusqu'à 2 ou 3h du matin le w.-end.

Sammy's Roumanian Steak House ⑭, 157 Chrystie St., ☏ 212 673 0330. L'éclairage au néon et l'ambiance surannée ne doivent pas tromper le passant : on sert ici une très bonne cuisine juive d'Europe de l'Est, ainsi que d'excellents steaks. Portions très copieuses. Ouvert le soir uniquement.

Plus de 50 $

☺ **WD~50** ⑫, 50 Clinton St., ☏ 212 477 2900, www.wd-50.com. Élégant, design, cher et de qualité. Le chef réputé, Columbus Wylie Dufresne marie les saveurs avec audace, comme la lotte aux raisins et au fenouil ou le poulet aux radis, pois verts et épices. Les desserts sont tout aussi inattendus, tel le mariage chocolat-avocat-réglisse.

Faire une petite pause

☺ **Il Laboratorio del Gelato** ①, 95 Orchard St., ☏ 212 343 9922. Des glaces crémeuses à souhait et une petite boutique donnant directement sur le « laboratoire », où sont élaborés les quelque 75 parfums différents. Misez sur les saveurs originales comme le chocolat à la cannelle, le thé vert ou, pourquoi pas, l'estragon au poivre rose…

Sortir, écouter de la musique

205 ⑮, 205 Chrystie St., ☏ 212 477 6688. Inspiré de la Factory d'Andy Warhol, ce bar est devenu un haut-lieu de la nuit new-yorkaise, où il faut voir et être vu. Faune branchée et décor déglingué.

The Annex ⑥, 152 Orchard St., ☏ 212 673 3410. Un club très en vogue, à la programmation éclectique. Soirée hip hop le mercredi et concerts le samedi.

Arlene's Grocery ②, 95 Stanton St., ☏ 212 995 1652, www.arlenesgrocery. net. Un bar avec petite salle où, chaque soir, les concerts rock, punk rock ou heavy metal se succèdent. Ouvre à 18h, concerts 19h-0h (w.-end 1h), karaoké rock tous les lun. à 22h.

☺ **The Box** ⑬, 189 Chrystie St., ☏ 212 982 9301, www.theboxnyc.com. Installé dans un immeuble en brique de 1935, ce café-théâtre entend recréer une atmosphère de cabaret : numéros burlesques, contorsionnistes, marionnettes, claquettes, beatboxing… Décapant ! Espace bar et restaurant.

Verlaine ⑭, 110 Rivington St., ☏ 212 614 2494, www.verlainenyc.com. Un bar très fréquenté, surtout durant les *happy hours* : les *martini cocktails* sont à 4 $ jusqu'à 22h.

☺ **Rockwood Music Hall** ⑦, 196 Allen St., ☏ 212 477 4155, www.rockwood musichall.com. Plus de 21 ans. Pas de *cover charge*. Petite salle et plusieurs concerts intimistes chaque soir, dans des genres variés, rock acoustique, blues, chanteurs indépendants. Arrivez tôt, il y a peu de places assises et les gens restent d'un bout à l'autre de la soirée.

Slipper Room ⑧, 167 Orchard St., ☏ 212 253 7246, www.slipperroom.com. « Mon truc en plumes », version *drag queen*, voici un bar très peu conventionnel, où gays et hétéros se côtoient dans un festival de paillettes plein d'humour. Un cabaret burlesque, sans provocation, qui ne génère vraiment pas l'ennui.

L'identité de Lower East Side, fresque murale éphémère.

Happy Ending ⑤ , 302 Broome St., ☏ 212 334 9676, www.happyending lounge.com. Une ancienne maison de massages érotiques, transformée en bar aux lumières tamisées. Les box permettent désormais les conversations langoureuses. DJ et clientèle hyper branchée. Un peu calme certains soirs.

Delancey ④, 168 Delancey St., ☏ 212 254 9920, www.thedelancey.com. Plus de 21 ans. Sur deux niveaux, plus un jardin chauffé sur le toit pour les soirées exotiques. DJ ou concerts tous les soirs, rock, disco, clientèle jeune et décontractée, pas snob, bien pour danser.

🎧 **Bowery Ballroom** ③, 6 Delancey St., ☏ 212 533 2111, www.boweryballroom. com. Salle de concert, l'une des meilleures de New York, et bar, accueillant les groupes de rock les plus connus et les nouveaux venus les plus talentueux. L'acoustique y est très bonne. Attention, les meilleurs concerts sont souvent réservés (voir le site Internet).

Où pique-niquer ?

À part le petit **Seward Park**, sur East Broadway, à côté du métro ligne F, station East Brodway, il n'y a pas vraiment d'endroit pour pique-niquer. Flânez plutôt dans les rues en mangeant un sandwich acheté au delicatessen.

Achats

Devenu très tendance, L.E.S. concentre boutiques de designers, de friperies et d'antiquaires. À l'exception des magasins les plus anciens, la plupart sont assez chers, mais on y découvre de jeunes créateurs et quelques galeries d'art.

Mode - Apollo Braun ⑨, 193 Orchard St., ☏ 212 726 8075, www.apollobraun. com. 12h-22h. Vêtements et bijoux de jeunes designers. Chaque pièce est unique et les prix restent abordables (tee-shirts à partir de 29 $).

DahaVintage ⑯, 175 Orchard St., ☏ 212 388 1176. Vêtements vintage présentés dans un bel et grand espace : robes fifties, manteaux de fourrure, un grand choix de chaussures. Ca reste assez cher, mais on peut y faire de vraies trouvailles.

Antiquités - L.E.S. Tenement Museum Antiques ⑪, 90 Orchard St., ☏ 212 387 0341. Non loin du musée, cette boutique propose une collection d'articles de brocante, principalement de la fin du 19e et de la première moitié du 20e s. Quelques jolis objets.

Las Venus ⑰, 163 Ludlow St., ☏ 212 982 0608. Belle sélection de meubles des années 1930 à 1980. Certaines pièces rares de designers célèbres. Deuxième boutique à quelques dizaines de mètres (**LV2**, 113 Stanton St., ☏ 212 358 8000).

Musique - Ludlow Guitars ⑫ , 164 Ludlow St., ☏ 212 353 1775, www. ludlowguitars.com. Guitares de collection ou à échanger, à tous les prix.

Commerces d'alimentation - Guss' Pickles ⑩, 87 Orchard St., ☏ 212 334 3616. Fermé sam. Depuis 1910, cette échoppe vend sa choucroute dans de gros bidons rouges, des pickles et toutes sortes de délices à grignoter.

Loisirs

Visites guidées - Un **circuit autour d'Orchard Street**, gratuit, en anglais et d'une durée de 2h, commence chaque dimanche à 11h, d'avril à décembre. Point de rendez-vous devant Katz's Delicatessen, à l'angle de Houston et Ludlow Streets. Inutile de réserver.

HISTOIRE

Au 17e siècle et au début du 18e, il n'y avait sur ces anciennes terres de chasse des Indiens que la campagne. Les Hollandais l'avaient partagée entre huit fermes (boweries).

La porte de l'Amérique

Mais avec la croissance, toute la zone bordant l'**East River** s'est peu à peu couverte de chantiers navals, d'usines et d'abattoirs. Naturellement, lorsque les **immigrants** arrivaient, c'est là qu'ils cherchaient du travail. Les spéculateurs immobiliers virent rapidement l'intérêt de construire des logements rudimentaires et bon marché près des entreprises, pour y entasser les nouveaux arrivants, puis leurs familles. Au maximum de son occupation, le Lower East Side est ainsi devenu la zone la plus densément peuplée au monde.

Un patchwork multiethnique

Dès 1820, des communautés de **Noirs** affranchis, et principalement d'Irlandais (des catholiques dépossédés par la colonisation anglaise) se constituent dans le quartier, les premiers les plus proches du rivage, les seconds aux abords de Five Points, désormais absorbé dans le quartier chinois *(voir p 144)*. Une importante **communauté chinoise**, venue initialement pour travailler à la construction des chemins de fer, s'installe à l'ouest de cette zone. Chassés de leur pays par la famine, après 1840, les **Irlandais** continuent d'arriver par centaines de milliers durant tout le 19e s., rejoints par les **Allemands**, fuyant guerres et ségrégation religieuse, alors en si grand nombre qu'on appelait le quartier la « petite Allemagne » (sa population en faisait la 5e ville de l'Empire allemand !). La première vague d'Immigration juive est elle aussi allemande, vite grossie par les **juifs russes et polonais**, rescapés des pogroms. Les **Italiens** débarquent également dans la seconde moitié du 19e s., s'installant dans les mêmes zones que les Irlandais, fondant Little Italy (ces deux communautés rivaliseront au sein des gangs de New York *(voir p. 78-80)*. La dernière grande vague concerne les **Portoricains**, dès la fin du 19e s. et durant la première moitié du 20e s., attirés par les salaires plus élevés. Jusque très récemment, le Lower East Side, bon marché et multicolore, est resté le quartier des nouveaux arrivants, sorte de sas, tampon entre leur pays d'origine et l'immense New York. Ensuite seulement, les communautés se dispersent et essaiment dans le reste de la ville.

VISITE DU QUARTIER

Comptez 2h, mais revenez pour y sortir le soir.

Même s'il reste une petite communauté juive, attestée par les synagogues, les derniers immigrants à vivre

Les cigares de New York

Sous la domination espagnole, Porto Rico s'était fait une spécialité de la culture du tabac. Dès les 17e et 18e s., de riches Portoricains de souche espagnole établirent un important commerce de tabac et de sucre avec le port de New York. Ils ouvrirent aussi des manufactures de tabac. Par la suite, des fabriques de cigares furent fondées, notamment après que l'indépendance de Porto Rico eut lancé l'émigration vers les États-Unis. À la fin du 19e s., il y en avait cinq entre le Lower East Side et Chelsea. Les immigrants venus des Caraïbes y trouvaient naturellement du travail. Aujourd'hui, la communauté portoricaine reste importante dans le Lower East Side, qu'elle surnomme Loisaida. Le sud du Bronx est l'autre grand quartier portoricain *(voir p. 338)*.

encore ici sont principalement latinos et asiatiques. Le Lower East Side perd aujourd'hui de plus en plus son caractère si particulier pour devenir l'un des endroits les plus à la mode chez les jeunes noctambules. En revanche, sa longue pauvreté laisse des traces et, si beaucoup d'immeubles ont été rasés, certaines rues conservent un peu de l'atmosphère de la première New York, avec ses étroites constructions de briques et ses rues bordées d'échoppes et de cafés. Mais la récente flambée des prix de l'immobilier, l'apparition de restaurants et hôtels de luxe et une clientèle de plus en plus branchée ne lui laissent sans doute qu'un bref sursis. Il n'en reste pas moins que la remontée de Ludlow Street ou Orchard Street, de bar en terrasse de café, et les pauses casse-croûte dans les épiceries juives gardent un charme incomparable.

🚶 La meilleure façon de visiter le L.E.S. est de sillonner les rues sans but réel, mais en prenant le temps de regarder en l'air, pour noter ce qui reste de l'architecture initiale, les immeubles tous un peu identiques, hauts de 4 à 6 étages, en brique ou grès brun, avec de hautes fenêtres étroites et des escaliers à incendie en fer.

Orchard Street

Comptez 1h30 à 2h, avec la visite du Tenement Museum. (Plan B1/2/3)

Commencez votre circuit à partir de la station de métro Delancey Street-Essex Street. Suivez Delancey St. vers l'ouest et prenez Orchard Street vers le sud.

Cette rue tient son nom d'un ancien chemin rural, qui menait au verger *(orchard)* de la riche propriété Delancey. À l'Indépendance, ces terres furent confisquées (Delancey avait sou-

La ville des couturières

Si le Fashion District *(voir p. 234)* est aujourd'hui au cœur de la confection new-yorkaise, le Lower East Side en vit les débuts. Pendant que les hommes sortaient travailler, les femmes prenaient des commandes de couture à domicile, pour les fournisseurs de vêtements. Les filatures livraient le tissu à des sous-traitants qui, à leur tour, fournissaient les couturières, les payant à la pièce. Avec la production de masse, elles se mirent à ne réaliser que des parties de vêtements, toujours les mêmes, pour augmenter le rendement. Elles s'installaient un petit atelier dans le coin de la pièce la moins sombre ou se réunissaient à plusieurs. Au début du 19e s., les plantations des États du Sud constituaient le principal débouché, avec les vêtements bon marché pour les esclaves. C'était le début d'un prêt-à-porter rudimentaire. Lors de la guerre de Sécession, devant la demande des deux armées qui avaient besoin rapidement d'uniformes, on standardisa les tailles et on accéléra la cadence de production. Vers la fin du 19e s., quand les styles vestimentaires commencèrent à se simplifier, on étendit le prêt-à-porter à la classe populaire. En 1910, 70 % des vêtements féminins manufacturés américains étaient fabriqués à New York, en grande partie dans le L.E.S. Le faible coût et la densité de la main-d'œuvre du quartier conduisit à la création de *sweat shops*, ateliers collectifs gérés à rythme d'enfer par le sous-traitant, souvent un immigrant plus ancien qui profitait de la détresse matérielle et du besoin de travail des nouveaux arrivants.

tenu les Anglais) et redistribuées à des investisseurs. Aujourd'hui, sa partie sud est occupée par des magasins bon marché de vêtements et bagages de cuir, de confection bas de gamme, et par quelques ateliers de décorateurs et tapissiers. Sa partie nord est annexée par les boutiques chic et les restaurants.

Tous les dimanches, la rue est fermée à la circulation pour un **marché en plein air** *(attention, rien ne commence vraiment avant 10-11h)*. Vous n'y trouverez sans doute rien de très particulier, il y a de plus en plus de produits chinois, mais les vêtements de cuir y sont parfois bon marché. C'est surtout son ambiance décontractée et hors du temps qui séduit.

Lower East Side Tenement Museum★★

Comptez 1h. (Plan B2)

108 Orchard St., ✆ 212 431 0233, www. tenement.org. Visite guidée uniquement : mar.-vend. 13h20-17h, w.-end 11h15-16h45. 17 $. Film gratuit, à l'arrière de la boutique du musée.

Attention, les groupes pour les visites guidées étant limités à 15 personnes, réservez la veille par Internet ou au ✆ 866 811 4111. Un document en français est disponible sur le site web du musée. Les visites partent de la boutique du musée.

▶ L'essentiel de la visite consiste à découvrir l'un de ces fameux immeubles de rapport, les *tenements*, un peu l'équivalent d'une H.L.M., autour du **97 Orchard Street**. Selon les horaires, on visite deux **logements** de **familles** différentes, chacune issue d'une immigration particulière. On apprend leur histoire, grâce à des objets personnels, des documents, et des pièces d'habitation conservées dans l'état de l'époque. C'est ainsi que l'on fait la connaissance de tailleurs et couturières juifs, d'Italiens immigrés illégalement, d'un barman irlandais et de sa famille… Leurs misérables conditions de vie, l'entassement, le récit des malheurs qui s'accumulent sur eux servent de toile de fond à un périple très émouvant.

▶ En ressortant, ne manquez pas de regarder le **film** évoquant les vagues successives d'immigrants. Il retrace, à l'aide de documents d'époque et d'interviews, le quotidien de ces arrivants, souvent perdus dans un pays dont ils parlaient rarement la langue.

▶ Parallèle à Orchard Street, à l'est, **Ludlow Street★** offre une balade plus légère, avec ses cafés et ses vitrines élégantes. C'est là que vous pourrez prendre un verre ou écouter de la musique.

Eldridge Street Synagogue★

Comptez 30mn. (Plan A3)

12 Eldridge St., ✆ 212 219 0888, www. eldridgestreet.org. Dim.-jeu. 10h-16h. Fermé vacances juives et j. fériés. Visite guidée jusqu'à 15h, 10 $.

Achevée en 1887, elle fut la première synagogue fondée par les juifs d'Europe orientale. Derrière une **façade** éclectique, mêlant styles roman, gothique et pseudo-mauresque, l'intérieur recèle un riche **mobilier** en bois travaillé, dont l'arche sacrée contenant la Torah et le pupitre d'où on la lit. Notez la tribune des femmes, au balcon : dans une congrégation orthodoxe, elles n'ont pas le droit de se mélanger aux hommes.

L'édifice est restauré par étapes, notamment les vitraux et les **fresques en trompe l'œil**

Henry Street

Un peu à l'écart, au sud d'East Broadway, cette rue tranquille était le cœur du premier quartier juif. Elle conserve quelques intéressantes architectures de la fin du 19e s.

▶ Fondé en 1893, le **Henry Street Settlement** (*n° 263*) occupe un groupe de maisons de brique rénovées : c'est là qu'une certaine Lillian Wald fonda une sorte de maison de quartier et centre social (le *settlement*), fournissant aux habitants pauvres des soins, une aide financière et des services sociaux. Un *settlement* se présente comme un petit immeuble occupé en général par des femmes, infirmières, institutrices, assistantes sociales, qui se dévouent pour les défavorisés et maintiennent dans les quartiers difficiles un minimum de mixité sociale. À l'époque, la moitié des *settlements* de Manhattan se trouvaient dans le Lower East Side.

New Museum of Contemporary Art★★

(Plan A1)

235 Bowery, ✆ 212 219 1222, www.new museum.org. Mer. et sam.-dim. 12h-18h, jeu.-vend. 12h-22h. 12 $.

Le nouvel espace de ce musée pionnier de l'art contemporain a été inauguré début 2008. Les architectes japonais Sejima et Nishizawa ont conçu une accumulation de cubes en zinc, qui abritent des collections orientées vers les nouveaux médias, le *digital pop art* et les installations.

Manhattan Bridge

Piétons (voie sud) et cyclistes (voie nord) peuvent l'emprunter.

Au sud du quartier, ce beau pont métallique à la structure peinte en bleu doux assure la liaison entre Lower Manhattan et le quartier montant de Dumbo, à Brooklyn. Construit en 1912, il est le 4e des ponts sur l'East River, après le Brooklyn Bridge (*voir p. 130*), le Williamsburg Bridge (1903) et le Queensboro Bridge (1909). Après un premier projet de tours couronnées de minarets, qui fut refusé, un deuxième modèle proposait un système de suspension complètement innovant, constitué de chaînes plutôt que de câbles torsadés. Il fut lui aussi rejeté. Le projet finalement adopté n'en conserve que les tours, au profil nettement plus léger que celui du Brooklyn Bridge. Commencé en 1901, le pont ne fut inauguré que 11 ans plus tard, en raison de ces atermoiements, largement dus aux magouilles politiciennes d'un maire lié à Tammany Hall, (*voir p. 78*). Il est aujourd'hui réhabilité après une longue restauration, achevée en 2008.

PROPOSITIONS DE BALADES ET « BEST OF »

Une journée en prenant votre temps	🅰 New York intello-jazz
Suggestion de programme	Commencez le matin par Washington Square, visitez la Church of the Ascension, les Forbes Galleries et la Jefferson Market Library *(voir p. 183)*. S'il fait beau, pique-niquez à Washington Square ou déjeunez dans les rues au sud. Explorez ensuite l'Historic Greenwich Village *(voir p. 184)*, avant de filer vers le Meatpacking District *(voir p. 185)* pour le shopping chic et le dîner. Pour le soir, voyez nos conseils ci-dessous.
Transport	En métro, descendez à Astor Place ou 8th Street. En bus, demandez l'arrêt le plus proche de Washington Square.
Conseils	Ce quartier est plus vivant à partir de midi, quand Washington Square se remplit d'étudiants qui y font la pause, ou en soirée quand les bars s'animent. Le week-end, venez vers 11h pour un brunch et une promenade digestive. Si vous êtes plutôt jazz, passez la soirée autour de Bleecker St. Si vous aimez les clubs branchés, optez pour le Meatpacking District.
Si vous aimez	**Le best of**
Les brownstones et l'architecture	West 4th St., Grove et Bedford St., St. Luke's Place. Church of the Ascension et Jefferson Market Library.
Les balades en famille	Washington Square, ses musiciens informels et artistes de rue, ses joueurs d'échecs *(voir p. 183)*.
L'histoire	Se rappeler la République de Greenwich Village à Washington Square. Évoquer la lutte pour les droits des homosexuels sur Christopher Street et au Stonewall *(voir p. 182)*.
Le jazz et le blues	Bars et clubs de jazz : Village Vanguard, Blue Note, Bitter End, Back Fence, Terra Blues. Plus touristique : Café Wha ? En journée, une pause au Caffe Vivaldi *(voir p. 179-180)*.
Les séries télé	Cherchez l'immeuble de *Friends*, au 90 Bedford Street.
Le shopping	Jeux d'échecs originaux au Chess Forum ou au Village Chess Shop, CDs de qualité à Other Music *(voir p. 181)*. De nombreux commerces tibétains, indiens ou New Age. Designers et boutiques chic dans le Meatpacking District.
Les artistes et les intellectuels	Greenwich Village fut habité ou fréquenté par l'élite intellectuelle américaine : Washington Square et ses abords *(voir p. 183)*, McDougal St., le Chumley's sur Bedford St., la White Horse Tavern sur Hudson St., le Cherry Lane Theater sur Commerce St...
Les animations de rue	Washington Square, ses musiciens informels et artistes de rue, ses joueurs d'échecs *(voir p. 183)*.

La porte d'un saloon, dans le Meatpacking District.

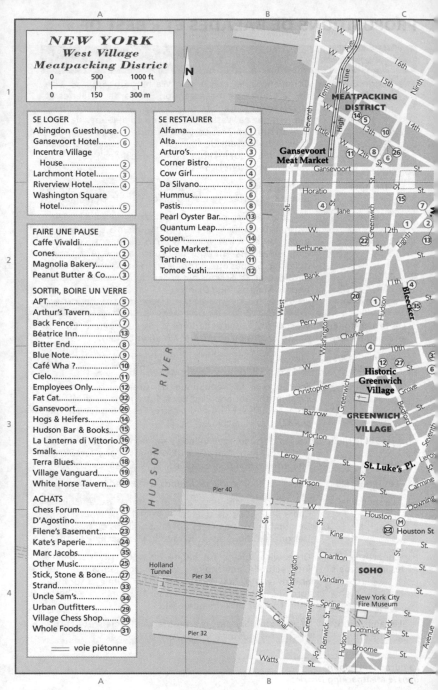

NEW YORK
West Village
Meatpacking District

0 500 1000 ft
0 150 300 m

N

SE LOGER
Abingdon Guesthouse. ①
Gansevoort Hotel......... ⑥
Incentra Village
  House.................... ②
Larchmont Hotel.......... ③
Riverview Hotel........... ④
Washington Square
  Hotel.................... ⑤

FAIRE UNE PAUSE
Caffe Vivaldi................ ①
Cones....................... ②
Magnolia Bakery......... ④
Peanut Butter & Co...... ③

SORTIR, BOIRE UN VERRE
APT.......................... ⑤
Arthur's Tavern............ ⑥
Back Fence................. ⑦
Béatrice Inn................ ⑬
Bitter End.................. ⑧
Blue Note.................. ⑨
Café Wha ?................. ⑩
Cielo........................ ⑪
Employees Only........... ⑫
Fat Cat..................... ㉜
Gansevoort................ ㉖
Hogs & Heifers............ ⑭
Hudson Bar & Books.... ⑮
La Lanterna di Vittorio. ⑯
Smalls...................... ⑰
Terra Blues................ ⑱
Village Vanguard.......... ⑲
White Horse Tavern.... ⑳

ACHATS
Chess Forum............... ㉑
D'Agostino................. ㉒
Filene's Basement......... ㉓
Kate's Paperie............. ㉔
Marc Jacobs............... ㉟
Other Music................ ㉕
Stick, Stone & Bone...... ㉗
Strand...................... ㉝
Uncle Sam's................ ㉞
Urban Outfitters.......... ㉙
Village Chess Shop....... ㉚
Whole Foods.............. ㉛

═══ voie piétonne

SE RESTAURER
Alfama....................... ①
Alta......................... ②
Arturo's.................... ③
Corner Bistro............... ⑦
Cow Girl................... ④
Da Silvano................. ⑤
Hummus.................... ⑥
Pastis....................... ⑧
Pearl Oyster Bar........... ⑬
Quantum Leap............. ⑨
Souen...................... ⑭
Spice Market............... ⑩
Tartine..................... ⑪
Tomoe Sushi................ ⑫

MEATPACKING DISTRICT

Gansevoort Meat Market

Historic Greenwich Village

GREENWICH VILLAGE

St. Luke's Pl.

SOHO

New York City Fire Museum

Holland Tunnel

Pier 40

Pier 34

Pier 32

HUDSON RIVER

Houston St

174

WEST VILLAGE★★

ET LE MEATPACKING DISTRICT★

😊 **Une douceur de vivre**

😊 **Meatpacking devient snob**

Quelques repères

Bordé au sud par Houston Street, à l'est par Lafayette Street, à l'ouest par l'Hudson River, au nord par 14th Street.

À ne pas manquer

Pique-niquer à Washington Square, à l'heure où les étudiants font la pause.

Les contrastes du Meatpacking District.

Flâner dans les rues du Village historique.

Conseils

Plutôt que les clubs de jazz historiques, choisissez les plus innovants.

Si vous voulez sortir branché, préparez votre portefeuille.

Les familles aimeront Washington Square le week-end, quand les artistes de rue se donnent en spectacle.

La simple évocation de Greenwich Village convoque tout un imaginaire poétique ou contestataire, souvenir de poètes hallucinés ou d'écrivains universels. Il résonne des marches protestataires et des accords de jazz ou de blues. C'est le terreau intellectuel de New York, quand on y pensait le monde dans les cafés enfumés ou derrière les façades de brique rouge des ruelles plantées d'arbres. C'est au printemps qu'il faut s'y perdre, quand les pruniers du Japon posent leurs nuages de fleurs blanches au-dessus des perrons, que les tables des bars débordent sur les trottoirs et que le soleil perce sur Washington Square.

Se rendre dans le quartier

En métro - Ligne **6**, stations Astor Place et Bleeker Street. Lignes **N**, **R**, **W**, station 8th Street. Lignes **A**, **B**, **C**, **D**, **E**, **F**, **V**, station 4th Street. Ligne **1**, stations Christopher St./Sheridan Sq. et Houston Street.

En bus - Ligne **20** (de Battery City au Lincoln Center), ligne **5** (Houston Street à Washington Heights), ligne **6** (Central Park à South Ferry). La ligne **21** est transversale le long de Houston Street (West Village à East Village et Lower East Side). La ligne **8** relie West et East Village le long de 8th et 9th Streets.

Adresses utiles

Banques - Distributeurs en de très nombreux endroits, sur Lafayette, Broadway, Hudson, West 4th et West 12th Sts.

Poste - **Village Station**, 201 Varick St., ✆ 212 645 0327. Lun.-vend. 8h-17h30 (jeu. 18h30), sam. 8h-16h. Bureau de **West Village**, 527 Hudson St. Lun.-vend. 9h-17h30, sam. 9h-16h.

Internet - **FedEx Kinko's**, 245 7th Ave., ✆ 212 929 0623. Ces bureaux permettent à la fois d'envoyer des colis express et de se connecter à Internet.

Apple Store, 401 West 14th St. (angle avec 9th Ave.), ✆ 212 444 3400. 9h-minuit (dim. 19h). Le dernier-né des magasins Apple, qui propose la connection à l'Internet gratuite.

Laveries - **West Lake Laundromat**, 149 Sullivan St., ✆ 212 228 1805. **Lee Ngun Mui**, 304 West 4th St., ✆ 212 243 6584.

Se loger

De 40 à 80 $

Riverview Hotel ④, 113 Jane St. (entre 12th et 14th St.), ✆ 212 929 0060, www.hotelriverview.com - 211 ch. Attention, les chambres de base sont petites et mal insonorisées, la clientèle de routards internationaux parfois bruyante, le confort minimum, plutôt celui d'une auberge de jeunesse, mais les adresses à ce prix sont rares dans ce quartier, à proximité des lieux de sortie. Apportez des boules Quiès et contentez-vous d'y dormir. À nettement moins de 100 $ et avec des tarifs négociables à la semaine, c'est très économique.

De 100 à 150 $

Larchmont Hotel ③, 27 West 11th St., ✆ 212 989 9333, www.larchmonthotel. com - 55 ch. 🖿 Une rue calme, bordée d'arbres, pour ce petit hotel agréable et très propre. Les chambres, décorées dans des tons doux, ne sont pas immenses mais elles sont toutes équipées d'un lavabo. Salles de bains communes et petit-déjeuner léger compris.

De 150 à 200 $

Incentra Village House ②, 32 8th Ave., ✆ 212 206 0007, www.incentravillage. com - 12 studios 🍴 🖿 Une demeure traditionnelle new-yorkaise convertie en pension et fréquentée par une clientèle gay, mais sans exclusive. Décor traditionnel américain, bon confort et possibilité de se préparer des repas léger dans les chambres. Réservez longtemps à l'avance.

De 200 à 300 $

Washington Square Hotel ⑤, 103 Waverly Pl., ✆ 212 777 9515, www. washingtonsquarehotel.com - 160 ch. 🍴 🖿 ✘ Idéalement situé, cet hôtel familial de style Art déco offre un cadre très personnel et raffiné, tournant autour de belles photos de stars de cinéma. Chambres assez petites pour les moins chères, mais claires et agréables. Service efficace et petit-déjeuner continental inclus.

⊛ **Abingdon Guesthouse** ①, 21 8th Ave. (entre West 12th and Jane St.), ✆ 212 243 5384, www.abingdon-guesthouse.com - 9 ch. 🍴 🖿 Deux maisons traditionnelles de brique abritent cette pension raffinée. Décorées avec soin, chacune dans un style différent, les chambres donnent envie de s'installer pour ne plus bouger. Tout l'art de vivre à la new-yorkaise... Mais on

n'y sert pas le petit-déjeuner. Adresse très recherchée : réservez longtemps à l'avance.

Autour de 300 $

Gansevoort Hotel ⑥, 18 9th Ave., ✆ 877 426 7386, www.hotelgansevoort.com - 187 ch. et 23 suites 🍴 🖿 ✘ Un des signes de la transformation de Meatpacking en enclave chic et branchée : chambres luxueuses, tour en verre, et toit-terrasse avec bar et piscine. Promotions intéressantes sur le site Internet.

Se restaurer

Moins de 10 $

Quantum Leap ⑨, 226 Thompson St., ✆ 212 677 8050. Juste quelques tables qui débordent sur le trottoir et des spécialités végétariennes, salades, sandwiches et wraps, mêlant influence moyenne-orientale et mexicaine. Idéal pour emporter en pique-nique.

Hummus ⑥, 99 McDougal St., ✆ 212 533 3089. Nourrissant et vraiment pas cher. L'idée est de proposer des salades et assiettes déclinant la traditionnelle purée à base de pois chiche. Essayez, c'est loin de se limiter à cela !

⊛ **Corner Bistro** ⑦, 331 West 4th St. (angle Jane), ✆ 212 242 9502. Ouvert jusqu'à 4h. Une institution du West Village ! Les meilleurs burgers de la ville selon certains, et assurément les moins chers (env. 5 $). Bières à la pression et écrans TV retransmettant des matches de base-ball. Beaucoup de monde le soir.

De 10 à 20 $

Alta ②, 64 West 10th St., ✆ 212 505 7777, www.altarestaurant.com. 18h-23h (dim. 22h30). Sert quelques plats jusqu'à 1h vend. et sam. Un bar au comptoir tout en longueur et une salle chaleureuse et contemporaine, le tout en sous-sol. La carte propose des plats *fusion*, librement inspirés d'Asie, de la Méditerranée et des Amériques.

⊛ **Cow Girl** ④, 519 Hudson St., ✆ 212 633 1133, www.cowgirlnyc.com. Atmosphère très western, à la gloire des pin-up des calendriers des années 1950. On mange une cuisine américaine simple, le long du comptoir, dans une petite salle ou dehors, dès qu'il fait beau. Salades et snacks variés (6-12 $), brunch (8-12 $). Le *french toast* à la cannelle accompagné de bacon croustillant est un délice.

Alfama ①, 551 Hudson St., ℘ 212 645 2500, www.alfamarestaurant.com. Dans un décor rétro, de nappes blanches et d'azulejos, on goûte des spécialités portugaises sans prétention, servies avec une grande gentillesse. Concerts *live* de fado le merc. et de jazz le jeu.

☺ **Tartine** ⑪, 253 West 11th St., ℘ 212 229 2611. Une institution du Village, cette table conviviale où l'on peut apporter sa bouteille (aux tarifs des vins en ville, ça vaut le coup!) et manger des plats simples, dans l'esprit des bistros à la française. Attention, c'est très à la mode, vite bondé et on ne peut pas réserver. Mais les jeunes, beaux et branchés s'y retrouvent, c'est donc devenu un *must*!

Souen ⑭, 28 13th St. (près d'University Pl.), ℘ 212 627 7150, www.souen.net. Restaurant végétarien macrobiotique ouvert depuis 1971. Cuisine d'inspiration japonaise : essayez les sushis au riz complet et les plats de poisson. Formules déjeuner autour de 10 $. Une option saine et délicieuse !

Arturo's ③, 106 West Houston St. (angle Thompson St.), ℘ 212 677 3820. Énormes pizzas bien croustillantes (entre 10 et 20 $, peuvent se partager à deux), copieux plats de pâtes, assiettes en plastique, atmosphère bon enfant et *live jazz* tous les soirs : c'est la formule gagnante de cette institution du Village.

De 20 à 30 $

Tomoe Sushi ⑫, 172 Thompson St. (entre Houston et Bleecker), ℘ 212 777 9346. ⌨ Près de Soho, cette cantine japonaise sert des spécialités originales : foie de lotte, cassolette d'huîtres et champignons... Les sushis sont un délice, et le poisson est ultra-frais ! Il peut y avoir du monde le soir.

☺ **Pastis** ⑧, 9 9th Ave. (angle Little 12th St.), ℘ 212 929 4844, www.pastisny. com. Un décor reprenant le style méridional français, vieilles réclames à l'appui, et où se retrouvent les bobos en mal de moules-frites ou de steak tartare. Agréable terrasse et atmosphère joviale.

Autour de 40 $

Spice Market ⑩, 403 West 13th St., ℘ 212 675 2322, www.jean-georges. com. Cuisine de l'Asie du Sud-Est, subtile et parfumée, dans un décor oriental dont l'opulence et les riches couleurs sont signées par Jacques Garcia. On se croirait transporté en Thaïlande. Chic, raffiné et assez cher, mais *so beautiful*...

Da Silvano ⑤, 260 6th Ave. (entre Bleecker et Houston), ℘ 212 982 2343, www.dasilvano.com. Encore un Italien, trop cher sans doute, sauf qu'ici on rencontre des stars et qu'on se rince l'œil en savourant la cuisine toscane...

Pearl Oyster Bar ⑬, 18 Cornelia St. (entre Bleecker et West 4th), ℘ 212 691 8211, www.pearloysterbar.com. Fermé sam. au déjeuner et dim. Un *raw bar* réputé, très fréquenté le soir, où déguster huîtres, homard et autres fruits de mer.

Faire une petite pause

Cones ②, 272 Bleecker St. (entre Morton et Jones), ℘ 212 414 1795. On dit dans le quartier que c'est ici que l'on mange les meilleures glaces de la ville. Bien qu'un peu trop sucrées, elles se déclinent en une impressionnante liste de parfums, à la crème ou sorbets.

Peanut Butter & Co ③, 240 Sullivan St. (entre Bleecker et West 3rd St.), ℘ 212 677 3995. Si vous vous êtes demandé à quoi ressemblent les sandwiches au beurre de cacahuète dont les Américains vous rabattent les oreilles, voici l'adresse idéale, où le produit est préparé sur place selon toutes sortes de recettes parfumées, la plus populaire étant l'« Elvis », mélange de beurre de cacahuète, banane et miel...

Magnolia Bakery ④, 401 Bleecker St, ℘ 212 462 2572. Cette pâtisserie ne désemplit pas depuis qu'elle a été immortalisée dans *Sex and the City*. *Cupcakes* multicolores, *cheesecakes* et autres desserts américains y sont délicieusement régressifs.

🎵 **Caffe Vivaldi** ①, 32 Jones St., ☎ 212 691 7538. Un bar calme et cosy, avec sa cheminée, son plancher et ses murs de brique ornés de portraits de musiciens. L'ambiance y est très européenne mais le propriétaire, un Pakistanais, y apporte une touche d'éclectisme très réussie. On y écoute de la musique classique ou du jazz, en grignotant un gâteau ou un panini. Le soir, concerts *live* de jazz, blues ou jeunes compositeurs. On peut aussi y dîner à prix raisonnable.

Sortir, boire un verre

Hudson Bar & Books ⑮, 636 Hudson St. (entre Horatio et Jane), ☎ 212 229 2642, www.barandbooks.net. Un endroit à part, mi-bibliothèque, mi-bar, où l'on coule de paisibles moments dans une atmosphère feutrée de club british. C'est aussi l'un des derniers lieux fumeurs de la ville. Mais cocktails et snacks sont chers.

🎵 **White Horse Tavern** ⑳, 567 Hudson St. (à 11th), ☎ 212 989 3956. Indémodable depuis la fin du 19e s., un bar à l'ancienne, où Dylan Thomas s'adonna à son penchant pour l'alcool. Le cadre a gardé une patine douce et un charme suranné. La clientèle, pas snob du tout, n'en finit plus de refaire le monde plus ou moins bruyamment, ne se décidant pas entre les mérites de la poésie et ceux du whisky...

🏛 **Employees Only** ⑫, 510 Hudson St., ☎ 212 242 3021, www.employeesonlynyc.com. Pour entrer, on passe par une échoppe de voyance et derrière un rideau, puis c'est une plongée en pleine ambiance des années 1920, à l'époque de la Prohibition. On y vient pour les superbes cocktails (12 $) et l'atmosphère chaleureuse, mais on peut aussi y dîner (assez cher, plus de 20 $ le plat).

Béatrice Inn ⑬, 285 West 12th St. (près de West 4th), ☎ 212 243 4626. La façade de trattoria décrépite et l'escalier menant à un sous-sol laissent plutôt supposer que cet endroit est à l'abandon... C'est pourtant LE club sélect de New York, né de l'alliance du patron du Baron à Paris, et du propriétaire de l'Employees Only! Fréquenté par les stars et la jeunesse dorée.

Gansevoort ㉖, 18 9th Ave. (angle 13th), ☎ 212 206 6700. Rendez-vous incontournable des jeunes argentés, qui aiment draguer sur la terrasse de l'hôtel chic du même nom (au 15e étage). Design et belle vue, mais cher et assez snob. On vous dira que c'est le *must*, mais vous n'y verrez sans doute rien de bien authentique...

Hogs & Heifers ⑭, 859 Washington St. (angle 13th St.), ☎ 212 929 0655, www.hogsandheifers.com. Pour ceux qui recherchent les sensations fortes, un *saloon*, rendez-vous de *bikers*, où les serveuses font assaut de leurs avantages, et où la clientèle est priée de surenchérir à coup de généreux pourboires... Bruyant, un peu grivois mais bon enfant, très animé en tout cas!

Sortir, écouter de la musique

🎵 **Terra Blues** ⑱, 149 Bleecker St. (entre LaGuardia et Thompson), ☎ 212 777 7776, www.terrablues.com. À partir de 19h. Concerts acoustiques 19h-22h, suivis de blues bands. L'un des meilleurs clubs de blues de Greenwich Village, moins touristique que les plus célèbres, avec une programmation moins convenue (voir le site Internet).

🎵 **BitterEnd** ⑧, 147 Bleecker St. (entre LaGuardia et Thompson), ☎ 212 673 7030, www.bitterend.com. 16h-4h, lecture de poésie le dim. 15h-17h. Un club de rock, blues et country, où se sont produits les plus grands, tels Joan Baez, Les Paul, Billy Joel, Tracy Chapman, Chick Corea, Miles Davis ou Bob Dylan. Programme sur Internet.

🎵 **Fat Cat** ㉜, 75 Christopher St. (près de 7th Ave.), ☎ 212 675 6056, www.fatcatjazz.com. Ouvert jusqu'à 5h. Un grand espace en sous-sol où l'on peut écouter des *live bands* (programmation très éclectique, allant du jazz jusqu'au tango) tout en jouant aux échecs, au billard ou au ping-pong! Ambiance jeune et décontractée. Entrée 2-3 $ et boissons pas chères.

La Lanterna di Vittorio ⑯, 129 MacDougal St. (près de 3ʳᵈ St.), ℘ 212 529 5945, www.lalanternacaffe. com. À quelques mètres du Blue Note, un petit club sans prétention, en sous-sol, où jouent de jeunes musiciens de jazz au talent certain. Bonne cuisine italienne et éclairage à la bougie. Trois sets par soirée en semaine (10 \$ pour la soirée), 2 sets le w.-end (10 \$ par set).

Back Fence ⑦, 155 Bleecker St. (angle de Thompson), ℘ 212 475 9221, www. thebackfenceonline.com. Presque inchangé depuis plus de 60 ans, ce bar chaleureux sert chaque soir de cadre à des concerts de blues, country, folk…

Village Vanguard ⑲, 178 7ᵗʰ Ave. (près 11ᵗʰ St.), ℘ 212 255 4037, www. villagevanguard.com. ✉ (sauf par Internet). Ouvre à 20h, concert à 21h. L'un des clubs de jazz mythiques de New York, depuis son ouverture en 1935. Il reste inévitable pour les fans, bien que la programmation soit très classique et les touristes nombreux. La qualité est cependant au rendez-vous et les noms célèbres, depuis que Sonny Rollins y enregistra *A Night at the Village Vanguard*, en 1957. 30-35 \$ l'entrée avec une consommation, plus pour certains artistes. On vous conseille de réserver sur Internet et d'arriver tôt car les premiers arrivés sont les premiers placés.

Blue Note ⑨, 131 West 3ʳᵈ St. (6ᵗʰ Ave.), ℘ 212 475 8592, www.bluenotejazz. com. Une autre institution de la scène jazz, mettant à l'affiche de grands noms, à des prix tout aussi élevés. On peut réserver par Internet. Une bonne formule, le brunch du dimanche, à 12h30 ou 14h30 : 19,50 \$, incluant le brunch, une boisson et le concert.

Smalls ⑰, 183 West 10ᵗʰ St. (près de 7ᵗʰ Ave.), ℘ 212 252 5091, www. smalljazzclub.com. Le même propriétaire que le Fat Cat. Excellente programmation de jazz pour ce petit club sans prétention. Trois sets par soir (entre 10 et 30 \$ par set).

Arthur's Tavern ⑥, 57 Grove St. (entre Bleecker et 7ᵗʰ Ave.), ℘ 212 675 6879, www.arthurstavernnyc.com. Encore du jazz, mais plutôt New Orleans et moins touristique, à des prix plus abordables. Pas de *cover charge*, on ne paye que pour les consommations. De très grands y ont joué régulièrement, tel Charlie Parker. On peut y dîner.

Café Wha ? ⑩, 115 McDougal St. (entre Bleecker and West 3ʳᵈ St.), ℘ 212 254 3706, www.cafewha.com. Pas de *cover charge* le merc. Un rendez-vous légendaire, où se retrouvaient ou ont commencé leur carrière bien des figures des années 1960-1970 : Allen Ginsberg, Abbie Hoffman, Bob Dylan, Jimi Hendrix, Bruce Springsteen, Kool and the Gang, Bill Cosby, Richard Pryor, pour ne citer que les plus célèbres d'une liste interminable… Bien que très touristique, l'atmosphère et la musique y sont bonnes et on peut y dîner à prix abordable.

Cielo ⑪, 18 Little West 12ᵗʰ St. (entre 9ᵗʰ Ave. et Washington), ℘ 212 645 5700, www.cieloclub.com. Ambiance de luxe design et musique house.

APT ⑤, 419 West 13ᵗʰ St., ℘ 212 414 4245, www.aptwebsite.com. Club sélect pour jeunes branchés, dans une atmosphère de loft chaleureux. À l'étage, on se détend, tandis qu'en bas, le DJ fait bouger la foule sur de l'électro et du hip hop (Afrika Bambataa y anime parfois des soirées).

Où pique-niquer ?

À Washington Square ou Christopher Park.

Achats

Tout le Village regorge de boutiques en tout genre. Les enseignes changent souvent et de plus en plus de chaînes s'y installent, lui ôtant, hélas, l'essentiel de son caractère.

Mode - Urban Outfitters ㉙, angle de 14ᵗʰ St. et 6ᵗʰ Ave., ℘ 646 638 1646, www.urbanoutfitters.com. Sur deux niveaux, l'enseigne des aspirants *yuppies* propose vêtements *streetwear* et objets de déco, collant au plus près à la mode du moment.

Marc Jacobs ㉟, 385 Bleecker St. (angle Perry), ℘ 212 924 6126. 12h-22h. La boutique *discount* du styliste emblématique du New York de ces deux dernières décennies : sacs, bijoux, portemonnaies, tee-shirts en série limitée… À quelques dizaines de mètres, boutiques pour l'homme et la femme.

Uncle Sam's Army Navy Outfitters ③④, 37 West 8th St. (entre 5th et 6th Ave.), ✆ 212 674 2222. Surplus militaire : treillis, canadiennes, besaces…

Discount - Filene's Basement ㉓, 40 East 14th St., ✆ 212 358 0169. Un assortiment d'invendus de marque, tassés sur des portants surchargés. En fouillant, on fait de bonnes affaires.

Librairie - ㊛ **Strand** ㉝, 828 Broadway. (angle 12nd St.), ✆ 212 473 1452, www. strandbooks.com. Tlj 9h30 (dim. 11h)-22h30. Une librairie sur trois niveaux, pratiquant des prix cassés : livres d'art épuisés, livres en anglais toutes disciplines confondues, littérature étrangère… Section de livres rares.

Musique - ㊛ **Other Music** ㉕, 15 East 4th St. (entre Lafayette et Broadway), ✆ 212 477 8150, www.othermusic.com. Un petit disquaire comme on les aime, privilégiant les indépendants et les auteurs-compositeurs rares. Suivez les conseils de la maison et vous dénicherez des pépites, introuvables en Europe.

Loisirs créatifs - Kate's Paperie ㉔, 8 West 13th St., ✆ 212 633 0570, www. katespaperie.com. Les passionnés d'écriture, de dessin ou de bricolage y dénicheront papiers artisanaux, jolis agendas, crayons raffinés et des fournitures très originales pour fabriquer des *scrap books*.

Divers - Chess Forum ㉑, 219 Thompson St., ✆ 212 475 2369, www.chess forum.com. 12h-0h. Si vous aimez les échecs, ne manquez pas cette incroyable boutique qui propose des jeux aux pièces de styles et de thèmes les plus variés, à partir de 50 $. Du set en plexiglass design vert et violet au jeu du plombier, tout en tuyaux et écrous, ou sur le thème BD, en passant par les splendides designs Bauhaus, il n'y a que l'embarras du choix.

Village Chess Shop ㉚, 230 Thompson St., ✆ 212 475 9580, www.chess shop.com. Tlj 12h-0h. Même genre que le précédent, même passion, avec également un vaste choix de pièces.

Stick, Stone & Bone ㉗, 111 Christopher St., ✆ 212 807 7024, www.stick stoneandbone.com. Autre aspect typiquement américain, l'engouement pour le New Age : vous dénicherez ici toutes les pierres qui « soignent », encens et autres équipements du parfait chaman.

Commerces d'alimentation - D'Agostino ㉒, à l'angle de Greenwich et Bethune St., est le supermarché des jeunes bobos, très bien fourni, notamment en salades toutes prêtes, sushis et autres gourmandises pour un pique-nique réussi.

Whole Foods Market ㉛, 4 Union Sq. South, ✆ 212 673 5388. 8h-23h. Épicerie fine de très bonne qualité, proposant une belle variété de produits bio, frais ou en conserve, et de plats préparés.

HISTOIRE

Quand on parle de Village, on désigne en général le West Village, dont ce chapitre fait l'objet. L'East Village *(voir p. 186)* n'a pris sa dénomination que beaucoup plus tardivement. Avant la colonisation, il n'y avait ici qu'une vaste zone boisée où vivait une petite communauté indienne. Du temps des Hollandais, on y cultivait du tabac. En 1696, les Anglais y fondèrent un modeste village baptisé Greenwich. Durant le 18e siècle, de riches propriétaires s'y installèrent. Après l'Indépendance, Greenwich Village commença à s'organiser et six nouvelles rues furent tracées au sud de ce qui est aujourd'hui Washington Square, suivant le modèle géométrique qui s'imposait dans le reste de la ville. Mais l'ensemble gardait une allure campagnarde et les habitants refusèrent d'étendre la grille urbaine *(voir p. 77)* au reste de leur village, ce qui explique que le quartier ait conservé son plan irrégulier.

Les débuts de la bohème

Le 19e siècle marque un tournant à de nombreux égards. Dans un premier temps, le développement de la 5th Avenue, au nord du Village, se traduit par la construction de beaux hôtels particuliers. Parallèlement, le développement des quais le long de l'Hudson chasse la bourgeoisie qui y était installée. Entrepôts et usines s'étendent en retrait de la rivière, attirant des résidents plus populaires, immigrés irlandais, italiens ou chinois, et Afro-Américains. Les loyers baissent en conséquence. Ajouté à la nouvelle **pluralité culturelle**, ce facteur attire les écrivains, les artistes et les activistes de tout poil qui y fondent une petite société intellectuellement féconde et affranchie des idées préconçues.

Au tournant du 20e siècle, le Village est devenu le pôle de l'**avant-garde américaine**. Les clubs et les cafés sont le cadre de réunions animées, où les radicaux refont la politique, où les poètes lisent leurs œuvres dans des sortes de cercles littéraires, et où les peintres organisent l'art du nouveau siècle. Parmi eux, le groupe des Huit, aussi baptisé *Ashcan school*, se distingue en organisant l'Armory Show de 1913 *(voir p. 96)*.

En matière de littérature, à la suite d'Edgar Allan Poe, Walt Whitman, Mark Twain, Henry James *(voir ci-dessous, Washington Square)* ou encore le dramaturge Eugene O'Neill *(voir p. 104)* font la réputation de la petite communauté qui regorge de théâtres novateurs. Tous ces brillants esprits ont laissé la trace de leur quotidien dans ce quartier, comme

à la White Horse Tavern *(voir p. 179)*, où Dylan Thomas prit sa dernière cuite, où au Chumley's *(86 Bedford St.)*, que fréquentèrent John Dos Passos, Scott Fitzgerald, William Faulkner et John Steinbeck.

Du côté de la scène musicale, le Village assiste à la naissance de quelques clubs mythiques. C'est le cas du Village Vanguard, en 1934. L'entre-deux-guerres, dès les années 1920-1930, est l'âge d'or du jazz à New York.

Pour ce qui concerne les peintres, les années 1940 voient l'éclosion de l'expressionnisme abstrait *(voir p. 97)*, avec des talents comme Jackson Pollock, Robert Motherwell ou Mark Rothko, qui ont emménagé aux environs. Plus tard, dans les années 1950, ce sera le tour de la génération *beat*, menée par Allen Ginsberg et Jack Kerouac, tandis que les années 1960 seront marquées, dans les bars du quartier, par l'effervescence musicale folk, conduite par Bob Dylan. C'est dans l'un de ces bars que Barbra Streisand, originaire de Brooklyn, fut remarquée pour la première fois, lors d'un concours de chanteurs amateurs.

La bannière gay

Cette ambiance de tolérance et d'ouverture favorise par ailleurs la constitution d'une communauté gay, qui se retrouve dans les bars de **Christopher Street**. Mais, à la fin des années 1960, tout cela fait froncer les sourcils des « bien-pensants » et la police harcèle les « contrevenants » par de fréquents contrôles. En 1969, la situation dégénère en violents affrontements, à la **Stonewall Inn** *(53 Christopher St.)*. Les émeutes et les *sit in* qui s'ensuivent deviennent un symbole de la lutte pour les droits des homosexuels et donnent le signal de la contestation dans tout le pays.

AUTOUR DE WASHINGTON SQUARE★★

À l'origine, il n'y avait là qu'une zone marécageuse, traversée par le ruisseau Minetta, où l'on chassait le canard. Puis on l'utilisa comme fosse commune durant les épidémies, et pour pendre

---

Les people du Village

Son ambiance bohème et la concentration d'artistes et d'intellectuels qui en fréquentent les cafés ont valu au Village de compter un nombre respectable de célébrités. Outre les incontournables écrivains, artistes et musiciens déjà cités, bien des vedettes du petit ou du grand écran ont élu domicile dans le Village. Bedford Street accueillit Cary Grant. Lauren Bacall résida sur Bank Street. Dustin Hoffman fut aussi du Village, avant que le harcèlement des paparazzi ne le fasse fuir. D'autres lui ont succédé, dont Richard Gere, Tom Cruise, Nicole Kidman, Susan Sarandon, Tim Robbins ou Sarah Jessica Parker, star de *Sex and the City*.

les criminels (l'arbre qui servait de potence existe toujours à l'angle nord-ouest du parc). Le voisinage était très contrasté. La haute société avait investi le côté nord du futur parc, là où commence le tracé de la 5th Avenue. Côté sud, une rangée de *tenements*, ces immeubles à bas loyer *(voir p. 170)*, en faisait une adresse nettement moins élégante. Aujourd'hui, les abords du parcs sont progressivement envahis par les différents bâtiments de l'université de New York *(voir page suivante)*.

Washington Square★

(Plan D3)

Souvent considéré comme le centre du Village, même si ce n'est pas topographiquement le cas, ce square, parmi les plus populaires de New York, ouvre sur la 5th Avenue par un **arc de triomphe** de style Beaux-Arts. Achevé en 1892, succédant à une première structure en bois, il ne fut inauguré qu'en 1895. Jusqu'en 1971, quand le parc fut partiellement redessiné, les voitures passaient dessous. L'imposante **fontaine**, au sud de l'arc, a été transformée en *plaza* et sert de scène aux artistes de rue et aux enfants pour leurs jeux. Côté sud, des **échiquiers** rassemblent un cercle de passionnés d'échecs, qui y jouent en plein air. Un financement ambitieux prévoit la rénovation complète du parc, mais les objections diverses des usagers et les controverses ne cessent d'en retarder l'exécution, qui devrait débuter en 2007. Au fil du temps, Washington Square est devenu à la fois un espace de loisirs pour les habitants, un lieu de pique-nique pour les étudiants du voisinage, une scène improvisée pour artistes en devenir et le site idéal pour exprimer toute contestation. En 1917, par exemple, un groupe de radicaux grimpa sur l'arc pour y proclamer la « République indépendante de Greenwich Village », dédiée au « socialisme, au sexe, à la poésie, (...) à n'importe quoi, pourvu que ce soit un tabou dans le Midwest » !

Plus sérieusement, les abords du parc ont toujours été fréquentés par les élites intellectuelles. Du côté nord, le plus chic, avec ses élégantes demeures néo-grecques *(n°s 1 à 13)*, vécurent **Henry** James (chez sa grand-mère) ou **Edith Wharton**, qui dépeint admirablement la haute société new-yorkaise au tournant du 20e s. C'est là aussi que John Dos Passos écrivit *Manhattan Transfer*.

▶ Contournez la rangée de maisons en passant par la 5th Avenue et prenez aussitôt à droite, à travers les grilles, dans **Washington Mews**. Cette petite allée aux modestes maisons était le quartier des domestiques. Parmi les artistes qui y vécurent, on compte le peintre **Edward Hopper**.

Church of the Ascension

(Plan D3)

36-38 5th Avenue. 12h-13h.

En remontant le long de 5th Avenue, on aborde ce qui fut surnommé la **Gold Coast**, partie très élitiste du quartier où s'était établie la haute bourgeoisie blanche américaine. L'église épiscopalienne de l'Ascension (1841) est le reflet de cette élégance. De style néogothique, elle s'enorgueillit d'un intérieur particulièrement ambitieux, avec son imposante fresque murale.

Forbes Galleries★

(Plan D2)

62 5th Avenue, ℘ 212 206 5548, www.forbesgalleries.com. 10h-16h, fermé dim., lun., jeu. et j. fériés. Gratuit.

Situé au rez-de-chaussée de l'immeuble du *Forbes Magazine*, ce petit musée expose les collections de la famille du magnat de la finance, notamment une série de plus de 10000 soldats miniature rangés en ordre de bataille. Ne manquez pas non plus les plus de 500 modèles réduits de bateaux ou la collection de jeux de Monopoly.

Jefferson Market Library

(Plan D2)

425 Avenue of the Americas (6th Ave.), angle 10th St., ℘ 212 243 4334, www.nypl.org. Lun., merc. 10h-20h, mar., jeu. 10h-18h, vend.-sam. 10h-17h. Fermé dim. Gratuit.

Les amateurs d'architecture feront ce détour pour voir un exemple impressionnant de style éclectique de la fin du 19ᵉ s. Construit en 1877 sur le modèle d'un château bavarois, avec force tourelles et pilastres alternant briques rouges et pierres blanches, cet ancien palais de justice sert désormais de bibliothèque municipale. La cage d'escalier en spirale et les boiseries intérieures valent le coup d'œil.

New York University

(Plan E3)

À l'est de Washington Square se trouvent les bâtiments principaux de l'Université de New York, fondée en 1831. La plus grande université privée des États-Unis est aussi le second plus gros propriétaire foncier de la ville, derrière l'Église catholique. Le site de Washington Square en est le centre historique et le plus important. Parmi ses 14 départements, NYCU compte la prestigieuse Tisch School of the Arts, qu'ont fréquentée Woody Allen, Joel Coen, Martin Scorsese, Jim Jarmusch et Ang Lee. Elle se vante aussi de compter 23 prix Nobel et 12 prix Pulitzer.

Les rues au sud du Square★

▶ Quittez Washington Square en empruntant **MacDougal Street**, bordée de cafés. Parmi les plus célèbres, le **Caffe Reggio** *(nᵒ 119)* servit de cadre à des films comme *Serpico* ou *Le Parrain II*. Au coin de Minetta Lane, la **Minetta Tavern** compta parmi ses convives Ezra Pound et Ernest Hemingway. Dans un registre nettement moins élitiste, c'est au sous-sol que fut édité à ses débuts le très populaire *Reader's Digest*. Parmi les habitants de la rue, on citera Louisa May Alcott, qui y écrivit *Les Quatre Filles du docteur March*. Le **Figaro Cafe** *(à l'angle de Bleecker St.)* accueillait régulièrement Jack Kerouac et Allen Ginsberg. **Bleecker Street**, très fréquentée par les étudiants de la NYCU, compte plusieurs cabarets de jazz, blues ou rock.

HISTORIC GREENWICH VILLAGE★★★

À l'ouest de l'Avenue of the Americas (6th Ave.) s'étend la partie la plus ancienne de Greenwich Village, avec ses rues plantées d'arbres, son tracé irrégulier et son atmosphère provinciale.

▶ **West 4th Street**, qui part à l'ouest de Washington Square, en est un bon exemple. On y trouve de jolies maisons en brique rouge ou en grès brun, évocatrices de la vie du Village au début du 20ᵉ siècle.

▶ West 4th Street débouche sur **Christopher Park**, orné de sculptures figurant deux couples gays, évoquant la lutte pour les droits des homosexuels, qui commença juste au nord, le long de Christopher Street, au **Stonewall** *(nᵒ 51)*, un bar toujours fréquenté par les gays.

▶ Au sud-est du parc, **Grove Street** aligne elle aussi des rangées surannées de maisons de style fédéral *(voir p. 90)*. Elle débouche sur **Bedford Street**, dont le nᵒ 77 serait la plus ancienne maison du Village, datée de 1799, malgré une façade néogrecque rajoutée ultérieurement. Au nᵒ 86, le **Chumley's** est un ancien bar hanté par tous les écrivains du Village, de Dos Passos à Steinbeck en passant par Scott Fitzgerald et Faulkner.

Tout ce quartier regorge de lieux historiques liés à la création littéraire et théâtrale.

▶ **Commerce Street**, en continuant vers le sud, abrite le **Cherry Lane Theater** *(nᵒ 38)*, fondé par la poétesse Edna St. Vincent Millay, lauréate du prix Pulitzer en 1923, avant de devenir l'une des scènes les plus innovantes du *off Broadway (voir p. 104)*, il produisit Samuel Beckett, Eugene Ionesco ou Harold Pinter. Barbra Streisand y fut ouvreuse avant de connaître la célébrité. Au nᵒ 11, Washington Irving écrivit sa *Légende de Sleepy Hollow*.

▶ En continuant sur Bedford Street vers le sud, on atteint **St. Luke's Place** et encore une rangée de maisons traditionnelles de style italianisant, qui donne une parfaite idée de l'atmosphère du Village à ses débuts.

MEATPACKING DISTRICT★

Au nord du West Village, le long de l'Hudson, au sud de la 15th Street et autour de Gansevoort Street, voici l'ancien **quartier des abattoirs**, le centre de production de viande de bœuf le plus important du pays en 1850. L'écrivain Herman Melville, auteur de *Moby Dick*, y travailla comme inspecteur des douanes durant 19 ans. Avec l'amélioration des transports et des systèmes de réfrigération, les abattoirs se sont déplacés désormais à proximité des grandes zones d'élevage du Midwest, ne laissant plus à **Gansevoort Meat Market** que le marché de gros. Dans les années 1990, avant que la criminalité ne diminue, le quartier avait sinistre réputation, hanté dès la nuit tombée par les dealers et les prostituées.

Pourtant, son caractère un peu rude, ses rues pavées, ses vastes entrepôts et le goût actuel pour le style postindustriel en ont fait le dernier endroit à la mode, investi par les boîtes de nuit branchées et les créateurs de mode les plus exclusifs, tels Alexander McQueen ou Stella McCartney. Gansevoort et Washington Streets, Little 12th Street, et West 13th et 14th Streets concentrent les adresses les plus fréquentées.

High Line★

Parallèle à l'Hudson, cette ligne de chemin de fer désaffectée servait au transport des marchandises pour la partie industrialisée de l'ouest de Manhattan.

Ross, Rachel et les autres

Bien que de nombreuses rues du Village servent de cadre pour le cinéma, l'une de celles qui attirent le plus les visiteurs est Bedford Street. C'est là, au n° 90, que résidaient Rachel, Monica, Joey et Chandler, la bande de la série *Friends*. Au-dessus du restaurant qui fait l'angle avec Grove Street, l'immeuble de brique a abrité pendant 10 ans les épisodes de la série culte. Non loin de là, l'angle de Christopher Street et de 7th Avenue est censé être l'adresse du café *Central Perk*, qui en fait n'existe pas : c'est une boutique de cigares. L'ensemble de la série fut en réalité tourné en Californie. Les plans new-yorkais étaient juste insérés au montage.

La portion aérienne reliant Gansevoort Market à la 34th Street, vers Chelsea et Penn Station, doit être reconvertie en **coulée verte suspendue**, inspirée par la promenade plantée du quartier de la Bastille à Paris. Ce long parc permettra de commencer la balade au Meatpacking District et de remonter tout le quartier de Chelsea, à pied, au milieu des arbres et des fleurs. Officiellement lancé en avril 2006, le projet s'étendra sur plusieurs années. La première section, de la 14th à la 20th Street, a été inaugurée en 2008.

PROPOSITIONS DE BALADES ET « BEST OF »

Une journée en prenant votre temps	ⓐ New York, baba cool ou gothique
Suggestion de programme	Commencez par Lafayette St., Astor Place et le Renwick Triangle *(voir p. 196-197)*. Longez ensuite 9th St. et St. Marks Place pour voir les boutiques et faites une pause thé et muffins à Sympathy for the Kettle *(voir p. 192)*. Après le shopping, filez pique-niquer à Tompkins Square ou déjeuner au Flea Market Cafe ou au Momofuku Noodle Bar *(voir p. 192)*. Terminez par la visite du Merchant's House Museum *(voir p. 197)*. Prenez l'apéro et grignotez ensuite à l'Anyway Café *(voir p. 193)* avant de choisir un concert pour la soirée *(voir ci-dessous)*.
Transport	Rejoignez le quartier en métro ou en bus, puis flânez à pied.
Conseils	Inutile d'arriver trop tôt le matin : ici, on se couche et on se lève tard. Comme il n'y a pas grand-chose à visiter, vous pouvez conjuguer ce quartier avec la visite de Lower East Side *(voir p. 160)* ou celle de West Village *(voir p. 172)*.
Si vous aimez	Le best of
L'ambiance baba cool	St. Mark's Place et ses boutiques de fripes et d'artisanat oriental *(voir p. 196)*.
L'architecture	Astor Place, Lafayette St., Renwick Triangle et St. Marks-in-the-Bowery *(voir p. 196-197)*.
L'histoire	Merchant's House Museum *(voir p. 197)*.
Les fresques murales	Flânez autour de St. Marks Place et 9th St. ainsi qu'autour de Tompkins Square *(voir p. 196-197)* et ouvrez l'œil car il y en a régulièrement de nouvelles.
Sortir le soir	Littéraire : le K.G.B. Bar. Bière et potes : D.B.A , Coyote Ugly Saloon ou Nevada Smiths. Ambiance chaleureuse et musique : Anyway Café, Rue B ou Detour. Original ou décalé : Lucky Cheng's. Concerts : Webster Hall ou Joe's Pub *(voir p. 193-194)*.

L'une des nombreuses friperies de St. Marks Place.

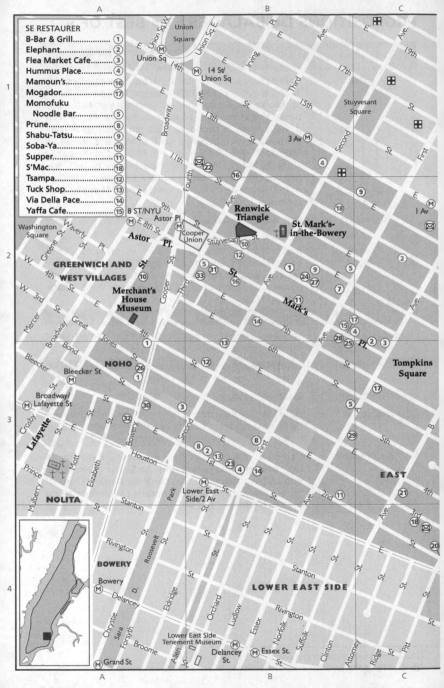

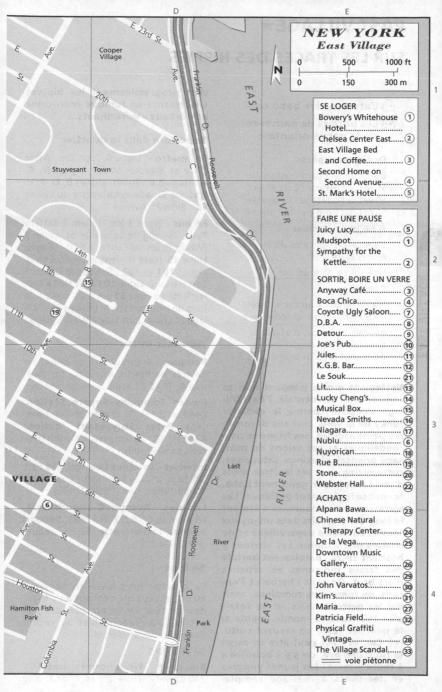

NEW YORK
East Village

0   500   1000 ft
0   150   300 m

N

SE LOGER
Bowery's Whitehouse Hotel.................... ①
Chelsea Center East...... ②
East Village Bed and Coffee................ ③
Second Home on Second Avenue............ ④
St. Mark's Hotel............ ⑤

FAIRE UNE PAUSE
Juicy Lucy..................... ⑤
Mudspot........................ ①
Sympathy for the Kettle...................... ②

SORTIR, BOIRE UN VERRE
Anyway Café............... ③
Boca Chica.................. ④
Coyote Ugly Saloon..... ⑦
D.B.A. .... ⑧
Detour.......................... ⑨
Joe's Pub..................... ⑩
Jules............................. ⑪
K.G.B. Bar.................... ⑫
Le Souk....................... ㉑
Lit................................ ⑬
Lucky Cheng's............. ⑭
Musical Box................. ⑮
Nevada Smiths............. ⑯
Niagara........................ ⑰
Nublu.......................... ⑥
Nuyorican.................... ⑱
Rue B.......................... ⑲
Stone........................... ⑳
Webster Hall................ ㉒

ACHATS
Alpana Bawa................ ㉓
Chinese Natural Therapy Center....... ㉔
De la Vega................... ㉕
Downtown Music Gallery.................... ㉖
Etherea........................ ㉙
John Varvatos.............. ㉚
Kim's............................ ㉛
Maria............................ ㉗
Patricia Field............... ㉜
Physical Graffiti Vintage...................... ㉘
The Village Scandal...... ㉝

═══ voie piétonne

EAST VILLAGE★

SUR LES TRACES DES HIPPIES

😊 **L'atmosphère baba cool**

😟 **Les poches de pauvreté de la partie orientale**

Quelques repères

Bordé au sud par Houston Street, à l'est par l'East River Street, à l'ouest par Lafayette Street, au nord par 14th Street.

À ne pas manquer

L'ambiance des cafés de St. Marks Place.

Une soirée dans un bar.

Conseils

Ne venez pas trop tôt le matin, il ne s'y passe pas grand-chose.

Pour sortir le soir, préférez le vendredi ou le samedi où les nuits sont les plus animées.

Nettement moins pimpant que sa contrepartie occidentale, l'East Village s'impose comme le quartier funky de la ville, avec ses devantures peinturlurées, ses friperies psychédéliques et ses salons de massage oriental. Piercings, tatouages, customizing sont les maîtres mots d'une faune jeune, gentiment baba, tendance légèrement gothique. Les terrasses des restaurants s'étalent le long des trottoirs dans un joyeux fouillis de tables dépareillées et de chaises multicolores. Les vitrines y hésitent entre chatoiement bariolé des fripes indiennes et affiches d'art brut. On sent l'herbe et l'encens, on fume sans complexe, assis sur les perrons, mais on ne refait plus tellement le monde, même si le quartier reste un creuset culturel. Car, et c'est peut-être ici aussi la fin d'une ère, on s'y « boboïse » à toute vitesse ! Les jeunes yuppies en tee-shirts à message rempla-

cent progressivement les hippies vieillissants en tunique marocaine et « dreads » grisonnants...

Se rendre dans le quartier

En métro - Ligne **6**, stations Astor Place et Bleecker Street. Lignes **N**, **R**, **W**, station 8th Street. Lignes **B**, **D**, **F**, **V**, stations Broadway/Lafayette ou Lower East Side/2nd Avenue.

En bus - Ligne **1** (de Harlem à Battery Park), le long de Lafayette St. Ligne **9** (World Financial Center à East Village). Ligne **15** (East Harlem à South Ferry). Lignes **101** et **102** (de Cooper Union à East Harlem). Ligne **103** (City Hall à East Harlem). La ligne **21** est transversale, le long de Houston Street (reliant East Village et Lower East Side à West Village).

Adresses utiles

Banques - Distributeurs de billets en de très nombreux endroits, sur Avenue A, 1st et 2nd Avenues, Astor Place...

Poste - Tompkins Square Station, 244 East 3rd St. Tlj sf dim. 9h-17h (sam. 16h). **Peter Stuyvesant Station**, 432 East 14th St. Lun.-vend. 8h-18h (jeu. 19h), sam. 9h-16h.

Internet - Internet Lounge, 246 East 14th St., ✆ 212 529 4650. Lun.-vend. 10h30-19h30, sam. 11h30-17h30.

Laveries - Avenue C Laundromat, 69 Avenue C, ✆ 212 388 9933. **Second Avenue Launderette**, 97 2nd Avenue, ✆ 212 674 7151.

Se loger

Ce quartier est pauvre en hébergements, et ceux qui tiennent à s'y loger devront réserver, et accepter des prix pas toujours raisonnables au regard des prestations offertes.

De 40 à 80 $

Bowery's Whitehouse Hotel ①, 340 Bowery (entre 2nd et 3rd St.), côté

West Village, 📞 212 477 5623, www.whitehousehotelofny.com - 200 lits 🖵 Toutes les chambres de cette auberge de jeunesse sont à 1 (35 $), 2 (65 $) ou 3 lits (95 $), et s'apparentent un peu à des cabines de bateau. Les plafonds en grillage laissent passer les sons d'une pièce à l'autre, mais vous aurez quand même moins de promiscuité que dans un dortoir, à prix comparable. Laverie, distributeur de billets, accès Internet, cuisine. Pas de couvre-feu.

Chelsea Center East ②, East 12th St., réservations au 📞 212 643 0214, www.chelseacenterhostel.com. Cette annexe de l'auberge de jeunesse de Chelsea *(voir p. 202)* permet de se loger, en dortoir, à petit prix pour le quartier (35 $ par lit, petit-déjeuner léger inclus).

De 100 à 150 $

East Village Bed and Coffee ③, 110 Ave. C, 📞 917 816 0071, www.bedandcoffee.com - 10 ch. Accueil chaleureux et familial dans une grande maison conviviale, où les chambres, toutes simples mais très gaies, partagent les salles de bains. Le moins cher de cette catégorie (à partir de 120 $). Bonne adresse.

☺ **Second Home on Second Avenue** ④, 221 2nd Ave. (entre 13th et 14th St.), 📞 212 677 3161, www.secondhomesecondavenue.com - 6 ch. 🖵, wifi. De 125 $ à 220 $. Chaque chambre est décorée dans un style ethnique différent, sobre et reposant. Salles de bains partagées. Un établissement propre et confortable, avec une cuisine équipée à disposition des hôtes.

St. Mark's Hotel ⑤, 2 St. Mark's Pl., 📞 212 674 0100, www.stmarkshotel.net - 70 ch. 🛏, TV, wifi. 140-170 $. Le confort de base et des chambres très petites, pas toujours très bien insonorisées, mais abordables et idéalement situées pour sortir le soir. Attention, pas d'ascenseur.

Se restaurer

L'East Village est l'endroit où manger, quelle que soit l'heure. L'ambiance y est vraiment sympathique, jeune et animée, et les prix sont le plus souvent très doux.

☺ Attention, c'est souvent bondé pour le brunch du week-end. Venez entre 10h et 11h si vous voulez avoir encore le choix de l'endroit.

Moins de 10 $

Tuck Shop ⑬, 68 1st St. (entre 1st et 2nd Ave.), 📞 212 979 5200, www.tuckshopnyc.com. Un fast-food australien où quelques tables permettent de manger sur place à tout petit prix des *pies* délicieux ou des sandwiches comme là-bas…

Hummus Place ④, 109 St. Mark's Pl., 📞 212 529 9198, www.hummusplace.com. Des spécialités du Moyen-Orient, avec des formules « hoummous, pita, salade, limonade » ou « ragoût de légumes, pita, salade, limonade » à 9 $.

☺ **Mamoun's** ⑯, 22 St. Mark's Place, 📞 212 674 8685, www.mamounsfalafel.com. Fast-food également inspiré du Moyen-Orient. Les sandwiches sont servis dans des pitas, fourrées de poulet ou d'agneau grillé, ou encore de falafels et de salade. À partir de 4 $. Ouvert jusqu'à 5h.

S'Mac ⑱, 345 East 12th St., 📞 212 358 7912, www.smacnyc.com. Un restaurant servant uniquement des mac'n'cheese (gratin de pâtes) ! On peut « customiser » la recette à son goût, ou suivre les suggestions : style masala, méditerranéen, parisien… À partir de 4 $. Bien roboratif en hiver.

De 10 à 20 $

Via Della Pace ⑭, 48 East 7th St., 📞 212 253 5803. Un petit restaurant italien pas cher du tout et excellent, dans un cadre cosy et romantique. On peut y déjeuner léger pour moins de 15 $.

Yaffa Cafe ⑮, 97 St. Mark's Pl., 📞 212 674 9302, www.yaffacafe.com. Ouvert 24h/24. Une salle très plaisante aux murs de brique, une petite cour à l'arrière, une terrasse devant et un sous-sol intime, le tout dans une ambiance musicale réussie : le cadre est planté pour une cuisine variée, à tous les prix, plutôt d'inspiration méditerranéenne orientale. Plats végétariens.

Flea Market Cafe ③, 131 Avenue A, 𝒫 212 358 9280. Café brasserie au look bien français, en cas de déprime loin de la maison. Outre les plats de bistro, on y déguste un bon brunch, dans une atmosphère décontractée, devant Tompkins Square.

Tsampa ⑫, 212 East 9th St. (entre 2nd & 3rd St.), 𝒫 212 614 3226. Une ambiance très zen, un décor sombre et une table tibétaine originale, avec un bon choix de plats, végétariens ou non.

Momofuku Noodle Bar ⑤, 163 1st Ave. (entre 10th et 11th St.), 𝒫 212 777 7773, www.eatmomofuku.com. Inspiré de la cuisine de la rue en Asie, délicieux restaurant informel. On mange le long d'un comptoir des plats de croquettes de porc, des pâtes chinoises ou de succulents petits pâtés. On se rassasie à moins de 15 $.

Soba-Ya ⑩, 229 East 9th St., 𝒫 212 533 6966, www.sobaya-nyc.com. Une petite cantine japonaise au décor minimaliste, pour déguster à prix doux tout un choix de nouilles en sauces variées.

B-Bar & Grill ①, angle Bowery et 4th St., 𝒫 212 475 2220, www.bbarandgrill.com. Ouvert jusqu'à 4h le w.-end. Installé dans une ancienne station-service, ce *diner* très sympathique sert une bonne cuisine internationale : burgers, salades, poulet rôti, *quesadillas*… Grande terrasse avec coin fumeur, éclairée par des lampions multicolores.

De 20 à 30 $

Prune ⑧, 54 East 1st St. (entre 1st et 2nd Ave.), 𝒫 212 677 6221, www.prunerestaurant.com. Le brunch du week-end y vaut le détour, si vous réussissez à avoir une table. Le reste du temps, on y savoure une excellente cuisine américaine comme à la maison, dans un décor bistro discret et réussi. Plats de 10 à 18 $.

Elephant ②, 58 East 1st St. (entre 1st et 2nd Ave.), 𝒫 212 505 7739, www.elephantrestaurant.com. Petit restaurant thaï aux recettes très variées et aux saveurs délicieuses. Il est possible d'y manger à prix abordable. Salades autour de 7 $, plats de 15 à 18 $.

Shabu-Tatsu ⑨, 216 East 10th St., 𝒫 212 477 2972. Le *shabu* est une tradition culinaire japonaise de type fondue : chaque table est équipée d'un réchaud et d'un grand bol de bouillon où l'on plonge toutes sortes d'ingrédients ultrafrais. Très convivial.

Supper ⑪, 156 East 2nd St. (entre A et B Ave.), 𝒫 212 477 7600, www.supper-restaurant.com. ✉ Toute la cuisine de l'Italie du Nord, dans un cadre sobre et chaleureux. Terrasse pour les beaux jours.

Mogador ⑰, 101 St. Mark's Pl. (entre 1st Ave. et Avenue A), 𝒫 212 677 2226, www.cafemogador.com. Pionnier de la cuisine marocaine à New York depuis 25 ans, ce restaurant au décor élégant est toujours aussi apprécié. Délicieux couscous et plats d'inspiration méditerranéenne à prix abordables. Brunch le w.-end.

Faire une petite pause

Mudspot ①, 307 East 9th St., 𝒫 212 228 9074, www.mudnyc.com. L'un des meilleurs cafés des environs. On peut aussi y commander des snacks et des salades qui feront un parfait déjeuner. Brunch le week-end. Toute petite salle aux murs de brique et cour à l'arrière. Bonne musique rock. Sympa pour prendre un verre à toute heure. Happy hour pour la bière, de 15h à 19h (sf w.-end).

Sympathy for the Kettle ②, 109 St. Mark's Pl., 𝒫 212 979 1650. Tlj sf lun. 11h-23h. Minuscule salon de thé, rose et féminin mais où l'on peut aussi bien écouter du rock, en goûtant l'un des 150 thés du monde entier et en savourant cookies ou muffins.

Juicy Lucy ⑤, 85 Avenue A (entre 5th et 6th St.), 𝒫 212 777 5829. Une minuscule échoppe bio à proximité du parc : très bons cafés, cookies et cakes, délicieux jus de fruits frais et autres *smoothies*.

Boire un verre

Boca Chica ④, 13 1st Ave., angle 1st St., 212 473 0108. Bruyant et chaleureux, ce bistro sud-américain sert à manger, mais allez-y le soir pour les très exotiques cocktails. Souvent bondé.

Anyway Café ③, 34 East 2nd St. (entre Bowery et 2nd Ave.), 212 533 3412, www.anywaycafe.com. Entre ambiance russe et tsigane, on y boit de la vodka et on y grignote des blinis, au son d'une chaleureuse musique slave ou bossa nova (les paradoxes font le charme de cette adresse peu connue des touristes).

K.G.B. Bar ⑫, 85 East 4th St. (entre 2nd et 3rd Ave.), 212 505 3360, www.kgb-bar.com. Ce bar à l'étage cultive aussi le genre russe mais dans le registre nostalgie du communisme. Bien que fréquenté par une clientèle intellectuelle plutôt de gauche, l'ensemble reste sagement élitiste. Ambiance intéressante, lectures de poésie, débats et soirées littéraires.

D.B.A. ⑧, 41 1st Ave. (entre 2nd et 3rd St.), 212 677 0437, www.drinkgoodstuff.com. Jusqu'à 4h du matin. Nettement plus terre-à-terre : ici, on vient pour boire et on prend ça très sérieusement : pour preuve la très riche carte des bières et whiskies. Rien que les listes inscrites à la craie sur des tableaux noirs sont impressionnantes !

Coyote Ugly Saloon ⑦, 153 1st Ave. (angle 9th St.), 212 477 4431, www.coyoteuglysaloon.com. Déco Far West patinée et serveuses qui chantent et dansent sur le bar, pour une ambiance électrique et macho. Bière et whisky coulent à flot. Pas vraiment la classe, mais très animé : le spectacle est aussi dans la salle...

Lucky Cheng's ⑭, 24 1st Ave. (entre 1st et 2nd St.), 212 995 5500, www.planetluckychengs.com. N'y allez pas pour le restaurant, mais pour le lounge du sous-sol, à la déco chinoise ultra-kitsch et à l'ambiance délirante. Ne soyez pas surpris d'être servis par des *drag queens* : ce bar se prétend leur capitale mondiale.

Musical Box ⑮, 219 Ave. B (entre 13th et 14th St.), 212 254 1731. 19h30-4h. Des canapés confortables, des tables de billard, un jukebox et quelques concerts acoustiques font de cette adresse une solution de sortie pour tous les goûts. Bonne ambiance, mais beaucoup de monde en fin de semaine. On y danse aussi.

Le Souk ㉑, 47 Ave. B (entre 3rd et 4th St.), 212 777 5454, www.lesoukny.com. Ici, le thème est nord-africain et la musique assortie. Les *hookahs* parfument l'atmosphère et la danse du ventre peut distraire ceux qui rêvent d'évasion, à moins qu'ils ne préfèrent goûter la cuisine du Maghreb. Tajines et couscous (15-20 $).

Nevada Smiths ⑯, 74 3rd Ave. (entre 11th et 12th St.), 212 982 2591, www.nevadasmiths.net. Le bar des passionnés de football à New York. Ambiance chaude pour certains matchs. Il y a même un fan club de l'OM !

Sortir, écouter de la musique

Rue B ⑲, 188 Ave. B (entre 11th et 12th St.), 212 358 1700. À l'opposé du précédent, ce charmant bar opte pour le charme parisien et de plaisants concerts de jazz, tous les soirs.

Detour ⑨, 349 East 13th St. (entre 1st et 2nd Ave.), 212 533 6212, www.jazzatdetour.com. Sombre et cosy, on y écoute du jazz, la programmation étant de qualité et souvent innovante. Pas de *cover charge*, mais deux consommations demandées.

Niagara ⑰, 112 Ave. A (angle 7th St.), 212 420 9517, www.niagarabar.com. 16h-4h. Pièce d'identité obligatoire. C'est surtout les vend. et sam. qu'il faut venir ici, pour le Tiki Lounge, bar au toit de paille et aux danseuses en bikini qui se trémoussent sur des airs nostalgiques. Sinon, concerts *live* de jazz, punk ou rock en semaine. *Happy hours* 16h-20h.

Lit ⑬, 93 2nd Ave. (entre 5th et 6th St.), 212 777 7987, www.litloungenyc.com. L'endroit où venir pour écouter du rock underground sous la houlette de très bons DJs. Clientèle jeune, pas snob. Deux niveaux, l'un pour le bar et le lounge, l'autre pour la musique. Le principe : l'« anti-chic » et l'« anti-*gentrification* ». Bonne programmation.

🎧 **Webster Hall** ②, 125 East 11ᵗʰ St. (entre 3ʳᵈ et 4ᵗʰ Ave.), ✆ 212 353 1600, www.websterhall.com. Autre lieu mythique pour sortir le soir, une succession de salles aux ambiances et aux styles différents pour danser ou écouter un concert. Programmation riche et variée (réservez).

Joe's Pub ⑩, Joseph Papp Public Theater, 425 Lafayette St. (entre East 4ᵗʰ St. et Astor Place), ✆ 212 539 8778/967 7555, www.joespub.com. 18h-4h. Un cabaret à l'acoustique impeccable pour des concerts éclectiques, jazz, fusion, world, blues, pop et rock. Des pointures s'y produisent parfois, depuis Norah Jones ou Alice Coltrane jusqu'à Elvis Costello, David Krakauer, Jamie Cullum, Susheela Raman. On y dîne aux chandelles (comptez au moins 20 $). Pour être sûr d'avoir une place assise (et une table) réservez le dîner en même temps que le concert.

Jules ⑪, 65 St. Mark's Pl. (entre 1ˢᵗ et 2ⁿᵈ Ave.), ✆ 212 477 5560, www.jules-bistro.com. Un de ces endroits dont New York a le secret, où l'on peut manger tout en écoutant de la musique *live*. Très bien pour le jazz et les moules-frites.

🎧 **Nuyorican Poets Cafe** ⑱, 236 East 3ʳᵈ St. (entre Ave. A et Ave. C). ✆ 212 505 8183, www.nuyorican.org. Un incontournable de la scène slam (soirées *open mike* le mercredi, et slammers « confirmés » le vendredi), ce bar accueille aussi soirées salsa, concerts de jazz et projections. 10 $ l'entrée.

🎧 **Stone** ⑳, angle Avenue C et 2ⁿᵈ St, www.thestonenyc.com. Fermé lun. À l'opposé des grands jazz clubs de la ville, cette salle se veut uniquement dédiée à la découverte de talents : programmation très pointue, pas d'activité marchande (on peut apporter son dîner ou sa boisson). Concerts à 20h et 22h. 10 $ par *set*.

🎧 **Nublu** ⑥, 62 Avenue C (entre 4ᵗʰ et 5ᵗʰ St.), ✆ 212 979 9925, www.nublu.

net. 19h-4h. Ouvert par un saxophoniste, ce bar au cadre assez informel, éclairé d'une douce lumière bleutée, propose une programmation très éclectique.

Où pique-niquer ?

À Tompkins Square Park, pour une bronzette sur les pelouses, pour les terrains de jeux et de basket, et pour la pataugeoire gratuite (90 cm de profondeur).

Achats

Mode - Alpana Bawa ㉓, 70 1ˢᵗ St., ✆ 212 254 1249, www.alpanabawa. com. Des créations librement inspirées de l'Inde pour des chemises colorées et rebrodées (homme ou femme), des robes au style ethnique discrètement raffiné et des accessoires variés. Cher quand même.

Physical Graffiti Vintage ㉘, 96 St. Mark's Pl., ✆ 212 477 7334. L'une de ces friperies tellement à la mode à New York. On y trouve des robes des années 1940 à 1960, des sacs rétro, des bijoux fantaisie...

Maria ㉗, 321 East 9ᵗʰ St., ✆ 212 673 6219. Jolis bijoux et accessoires aux couleurs douces ou chatoyantes.

Patricia Field ㉜, 302 Bowery., ✆ 212 966 4066. La boutique de la styliste de *Sex and the City* et du *Diable s'habille en Prada* : sélection de vêtements, lunettes, accessoires... à tous les prix.

The Village Scandal ㉝, 19 East 7ᵗʰ St., ✆ 212 460 9358, www.villagescandal. com. 12h-0h (dim. 13h). Petite boutique de chapeaux, du panama à la casquette, en passant par le haut-de-forme !

🎧 **John Varvatos** ㉚, 313-315 Bowery., ✆ 212 358 0315, www.johnvarvatos. com. Une boutique de mode (chère) dans l'ancien CBGB (club de rock mythique où ont démarré Blondie et les Ramones) ! Certains crieront au sacrilège, mais les autres peuvent s'y rendre en pèlerinage : le styliste a voulu conserver l'esprit des lieux, les murs et la scène sont restés intacts.

Déco, souvenirs - **De la Vega** ㉕, 102 St. Mark's Pl., *☎* 212 876 8649, www.delavegaart.com. Gadgets, affiches, objets en tous genres, débordant d'un humour décalé.

Musique - ㉖ **Downtown Music Gallery** ㉖, 342 Bowery, *☎* 212 473 0043, www.downtownmusicgallery.com. 12h-20h. Associé au Stone, ce disquaire vend des enregistrements rares de concerts qui y sont donnés, et une sélection très pointue de CD et vinyles. Les deux propriétaires sont des passionnés et vous conseilleront avec plaisir.

Etherea ㉙, 66 Avenue A., *☎* 212 358 1126, www.etherea.net. 12h-22h (vend.-sam. 23h). CD neufs et d'occasion, que l'on peut écouter à la demande, dans tous les styles : rock, country, électro… Vendeurs très sympathiques et toujours prêts à vous faire découvrir de nouveaux artistes !

㉚ **Kim's** ㉛, 6 St. Mark's Pl., *☎* 212 598 9985, www.mondokims.com. C'est LE vendeur indépendant de CD et de DVD, où trouver le dernier album de Madonna, aussi bien que le dernier groupe de rock en vogue dans l'underground new-yorkais, les films de Spielberg et ceux d'Amos Kollek… Location de DVD également.

Beauté, santé - **Chinese Natural Therapy Center** ㉔, 321 East 9th St., *☎* 212 388 9938. 11h-23h. Massages thérapeutiques du dos ou des pieds, massopuncture, etc. Les secrets des soins à la chinoise. De 10 à 45 $.

Commerces d'alimentation - **Associated Supermarkets**, 123 Avenue C. **D'Agostino**, 341 3rd Ave. **Gristede's**, 355 1st Ave.

Loisirs

Cinéma - **Anthology Film Archives**, 32 2nd Avenue, *☎* 212 505 5181, www.anthologyfilmarchives.org. Créée dans les années 1970, cette institution fréquentée par les étudiants et les artistes conserve et projette les films du cinéma indépendant américain et international.

Danse - PS 122, 150 1st Avenue (angle 9th St.), *☎* 212 477 5829, www.ps122.org. Dans les bâtiments d'une ancienne école publique, ce centre dédié à la performance offre une scène à de jeunes artistes prometteurs.

HISTOIRE

La réputation grunge et souvent sulfureuse de l'East Village n'est née que dans les années 1960. Son histoire est bien plus ancienne et, au moins au départ, beaucoup plus sage.

La ferme du gouverneur

Jusqu'en 1651, les terres de ce qui constitue le quartier appartenaient aux Indiens. Cette année-là, **Peter Stuyvesant**, le gouverneur de la jeune colonie hollandaise, en fit l'acquisition pour y implanter une ferme et y construire un manoir, où il se retira après avoir quitté ses fonctions. Lors de la première urbanisation, les environs attirèrent d'abord de belles demeures. Mais l'occupation progressive du Lower East Side par les populations immigrées amena des Allemands, puis des Polonais et des Ukrainiens, juifs d'Europe orientale. Le quartier devint nettement plus populaire et la valeur de l'immobilier s'effondra. Jusqu'aux années 1960, il faisait d'ailleurs encore partie de Lower East Side.

De la beat generation au grunge

De la même façon qu'au 19e s. pour Greenwich Village, la mixité culturelle et les loyers bon marché commencèrent à attirer les artistes, à partir des années 1950. Jack Kerouac ou Charlie Parker furent parmi les premiers. C'est alors que, au début des années 1960, on commença à utiliser le surnom d'East Village, à la fois pour se distinguer du Lower East Side et pour faire référence à Greenwich Village, dont on voulait aussi reprendre la réputation de bouillon de culture artistique. Malgré les problèmes de drogue et de trafics qui gangrenèrent le quartier dans les années 1970, artistes, activistes politiques et marginaux en rupture continuaient d'affluer. L'East Village devint le centre du mouvement hippie new-yorkais, avec son cortège de yogis occidentaux et d'aspirants rastas. Dans les années 1980, plusieurs groupes musicaux y parvinrent à la célébrité, comme les Talking Heads ou les Ramones, tandis que les galeries d'art lançaient des artistes comme Keith Haring ou Jean-Michel Basquiat. La vogue punk prit la place du *flower power* et le look gothique succéda aux tresses fleuries.

Aujourd'hui, malgré les poches de pauvreté qui subsistent à l'est du quartier, la remontée des prix amène une nouvelle vague de jeunes branchés qui ont réussi dans la vie. Pourtant, l'atmosphère décalée et contestataire flotte encore sur les rues historiques de l'East Village.

DÉCOUVERTE DU QUARTIER

Comptez 2 à 3h.

La partie la plus intéressante s'étend à l'ouest de Tompkins Square, autour de l'axe central de St. Mark's Place.

Tompkins Square Park★

(Plan C2/3)

Initialement un vaste marécage, cet agréable parc planté d'ormes centenaires servit souvent de point de ralliement aux protestataires en tout genre, depuis les socialistes du début du 20e s. jusqu'aux opposants à la guerre du Vietnam et aux concerts de rock. Longtemps occupé par un grand nombre de sans-abri, il en fut vidé *manu militari* par la police en 1988, causant la dernière violente émeute de l'histoire du quartier.

▸ Autour du parc, les avenues aux noms en lettres (A à D) forment **Alphabet City**, jadis fief de l'immigration latino puis des dealers de drogue, mais de plus en plus occupée par la jeune bourgeoisie montante.

St. Mark's Place★

(Plan B2)

La rue la plus animée et la plus colorée du quartier reflète sa diversité. Entre les boutiques hippies, les échoppes des tatoueurs et les cafés à la mode, on devine tout juste son passé anarchiste. Difficile d'imaginer que **Trotsky** y tint une imprimerie en 1917 ! **Andy Warhol** avait installé l'*Electric Circus* du côté nord *(nos 19-25)*, dans un immeuble devenu centre social pour drogués et sans-abri. Pour le reste de la petite histoire, au début du 20e s., la rue faisait partie d'un territoire contrôlé par les gangs de la mafia juive.

St. Mark's-in-the-Bowery

(Plan B2)

131 East 10th St.

De style néogrec, cette église remplaça en 1799 l'ancienne chapelle familiale des Stuyvesant.

Porche et clocher datent du 19e s. **Peter Stuyvesant** lui-même est enterré dans le petit cimetière, avec sept générations de sa famille.

L'église, très impliquée dans la vie artistique du quartier, servit de scène à des spectacles du *off Broadway* (les deux premières pièces de Sam Shepard, par exemple) et à des ballets. Isadora Duncan, Martha Graham et Merce Cunningham y dansèrent. De nombreux poètes y firent des lectures publiques, dont Kahlil Gibran ou Allen Ginsberg.

Renwick Triangle★

(Plan B2)

▸ Au sud-ouest de l'église, à l'angle formé par 10th Street et Stuyvesant Street, se dresse un ensemble de 16 **demeures de style italianisant**, en brique et en grès brun. On les doit à l'architecte James Renwick qui conçut la cathédrale St. Patrick, sur 5th Avenue. Le long de **Stuyvesant Street**, vous verrez d'autres beaux exemples d'architecture fédérale.

▸ Si vous revenez sur **10th Street** et la suivez vers l'est, vous trouverez les **Russian & Turkish Baths** *(268 East 10th St., entre 1st Ave. et Ave. A. Lun.-vend. 11h-22h, sam.-dim. 7h-22h, réservé aux hommes le dim. matin, aux femmes le merc. matin. 25 $ la journée)*, ouverts en 1892. Dans un cadre vieillot inchangé depuis l'ouverture de l'établissement, on goûte au hammam, tel que le pratiquent les juifs d'Europe centrale et orientale qui en ont importé la coutume.

Astor Place

(Plan A2)

Cette rue relie l'East et le West Village. Elle doit son nom au fourreur milliardaire John Astor, qui s'enrichit également grâce au développement immobilier du quartier. Le cube noir posé sur l'une de ses pointes, autour duquel les jeunes pratiquent le skate-board, répond au nom d'**Alamo** : c'est une sculpture de Tony Rosenthal (1967), que l'on peut faire tourner sur son axe.

Lafayette Street

(Plan A2/3)

Baptisée ainsi en l'honneur du célèbre marquis français, cette artère était jadis parmi les plus élégantes de la ville. Le magnat Cornelius Vanderbilt, John Astor ou le grand-père du président Roosevelt y habitaient. Il ne reste plus grand-chose de cette splendeur, à l'exception de quatre anciens hôtels particuliers précédés de colonnades néogrecques *(de l'autre côté de la rue, en redescendant vers le sud)*.

Un théâtre du off Broadway

Le Joseph Papp Public Theater, au 425 Lafayette Street, abrita initialement l'Astor Library, première bibliothèque gratuite de la ville, puis une institution juive, avant d'ouvrir comme théâtre en 1967, pour le compte du New York Shakespeare Festival. Au fil des années, beaucoup de pièces à succès furent créées ici, comme *Hair*, qui fut remontée ensuite à Broadway. Les meilleurs auteurs, comme Sam Shepard, firent vivre l'établissement, qui produit toujours dans ses cinq salles les nouveaux auteurs et metteurs en scène américains.

Merchant's House Museum

(Plan A2)

29 East 4th St., ☎ 212 777 1089, www. merchantshouse.org. Tlj sf mar. et merc. 12h-17h. 8 $.

Cette jolie maison de brique de style fédéral est l'un des derniers témoins de la façon de vivre d'une famille aisée au 19e s. Construite en 1832, elle appartenait à un riche commerçant. La visite permet d'en découvrir trois niveaux, de la cuisine en sous-sol aux pièces de réception et aux chambres. On y voit également des costumes d'époque et de petites expositions temporaires.

6

EAST VILLAGE

PROPOSITIONS DE BALADES ET « BEST OF »

Une journée en prenant votre temps	☺ Entre art contemporain et shopping malin
Suggestion de programme	Commencez la journée par Chelsea Market *(voir p. 208)*, puis faites une pause thé au Prudence Café *(voir p. 204)*, avant d'attaquer le tour des galeries d'art. Déjeunez à l'Empire Diner *(voir p. 204)* puis visitez le Chelsea Art Museum *(voir p. 208)*. Flânez dans le Chelsea Historic District *(voir p. 208)*, arrêtez-vous au Rubin Museum of Art *(voir p. 209)*. Terminez par le shopping.
Transport	Arrivez par le métro station 14th Street. Faites tout le quartier à pied et repartez par l'une des stations de la 23rd Street.
Conseils	Attention : les galeries d'art sont en général fermées le dimanche et le lundi et n'ouvrent pas les autres jours avant 11h ou 12h.
Si vous aimez	**Le best of**
L'art contemporain et les musées	Chelsea Art Museum et le circuit des galeries d'art *(voir p. 208)*. Rubin Museum of Art *(voir p. 209)*.
Les gourmandises et la cuisine	Chelsea Market pour l'épicerie fine, les cookies, les chocolats et acheter des ustensiles de cuisine professionnels *(voir p. 208)*.
L'architecture	Chelsea Market, Chelsea Historic District *(voir p. 208)*, les belles réhabilitations du Gallery District, le Chelsea Hotel *(voir p. 209)*.
Le plein air et le sport	Chelsea Piers *(voir p. 208)*.
Le shopping	Pour les articles discount, les grands magasins de dégrlffés : T.J. Maxx, Filene's Basement et Burlington Coat Factory *(voir p. 207)*. Pour la mode pas chère : Old Navy *(voir p. 206)* ou la friperie de luxe Find Outlet *(voir p. 207)*.

*Le charme postindustriel
de Chelsea Market.*

NEW YORK
Chelsea

0   500   1000 ft
0   150   300 m

N

SE LOGER
Chelsea Center
  Hostel West.............②
Chelsea Hotel.............③
Chelsea International
  Hostel.....................⑤
Chelsea Lodge............⑥
Chelsea Lodge Suites....⑦
Chelsea Pines Inn........⑧
Chelsea Savoy.............⑨
Chelsea Star Hotel........⑪
Colonial House Inn.......⑫
The Inn on 23rd..........⑬
The Maritime Hotel......①

FAIRE UNE PAUSE
La Bergamote..............①
Prudence Café.............②

SORTIR, BOIRE UN VERRE
Cain.........................⑤
Guesthouse et Home...⑦
Lotus........................⑧
Marquee....................⑨
Pink Elephant.............⑩
Tillman's....................③
Trailer Park.................⑪

ACHATS
Angel Thrift Shop.........④
Bed, Bath & Beyond.....⑫
Burlington Coat
  Factory....................⑬
Chelsea Guitars...........⑭
Filene's Basement........⑮
Find Outlet.................⑯
Fisch for the Hip..........⑰
Garden of Eden..........⑱
Jazz Record Center.......⑲
Manhattan Fruit
  Exchange..................⑳
O.M.G. ....㉑
Old Navy....................㉒
Pippin.......................⑥
Sports Authority..........㉓
T.J. Maxx....................㉔
The Family Jewels.........㉕
Whole Foods Market.....㉖
══ voie piétonne

Starrett-Lehigh Building

Pier 63

HUDSON

GALLERY DISTRICT

Chelsea Park

Chelsea

Chelsea Art Museum

Chelsea Historic District

Piers

RIVER

Cushman Row

Chelsea Market

MEATPACKING DISTRICT

Gansevoort Meat Market

8 Av — 14 St

GREENWICH VILLAGE

200

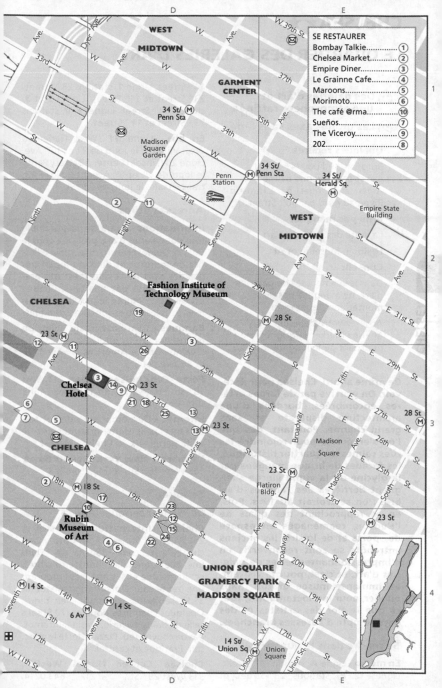

SE RESTAURER

CHELSEA★★

LE QUARTIER DES GALERIES D'ART

😊 **Des galeries d'art et une atmosphère raffinée**

☹ **Les grands axes sans âme**

Quelques repères

Bordé au sud par 14th Street, à l'est par l'Avenue of the Americas, à l'ouest par L'Hudson River, au nord par 30th Street.

À ne pas manquer

La visite des galeries d'art.

Le Rubin Museum of Art.

Conseils

Dans les immeubles de galeries d'art, ne manquez pas de monter dans les étages.

Achetez votre déjeuner au Chelsea Market et grignotez en marchant ou le long des quais.

De prime abord, Chelsea peut décevoir. On y arrive par de larges artères encombrées, bordées d'une architecture disparate et sans grand charme. Pourtant, dès que l'on s'en écarte pour rejoindre les rues calmes du quartier historique, les façades de brique mangées par la glycine ou la vigne vierge s'alignent derrières des rangées d'arbres : on se croirait au 19e s. Puis, en se rapprochant des quais de l'Hudson, réaménagés en espace de sports et de loisirs, les anciens entrepôts se sont reconvertis en d'impressionnantes séries de galeries d'art, et c'est, pour le visiteur, un immense musée gratuit. Sans oublier, pour les noctambules, tout ce que le fief des artistes et des gays compte d'adresses branchées.

Se rendre dans le quartier

En métro - Ligne **A**, station 14th Street. Lignes **C**, **E**, stations 23rd Street et 14th Street. Ligne **1**, stations 28th Street, 23rd Street et 14th Street. Lignes **2** et **3**, station 14th Street. Lignes **F**, **V**, stations 23rd Street et 14th Street.

En bus - Ligne **11** (West Harlem à West Village), le long de 9th et 10th Ave. Ligne **20** (Lincoln Center à Battery Park), le long de 7th et 8th Avenues. Ligne **23**, transversale, le long de 23rd St.

Adresses utiles

Informations - Avant de partir faire le tour des galeries d'art, procurez-vous le *Gallery Guide*, gratuit, disponible à l'office de tourisme et dans la plupart des galeries d'art de la ville. Il est très pratique, organisé par quartiers. Chelsea est celui qui compte le plus de galeries, mais tous les autres sont aussi indiqués.

Banques - Distributeurs de billets en de très nombreux endroits, sur 23rd St., l'Avenue of the Americas (6th Ave.), 7th et 8th Ave., etc.

Poste - Old Chelsea Station, 217 West 18th St. Lun.-vend. 8h-18h (jeu. 16h), sam. 9h-16h.

Internet - De nombreux cafés et restaurants proposent gratuitement le wi-fi, parmi eux, le Chelsea Market.

Laveries - New York Laundromat, 105 West 16th St., ✆ 212 255 4775.

Se loger

De 35 $ (par personne) à 100 $

Chelsea International Hostel ⑤, 251 West 20th St., ✆ 212 647 0010, www.chelseahostel.com - 350 lits 🛏 Dans une rue tranquille, bordée d'arbres, cet immeuble et ses annexes entourent une petite cour. Dortoirs non mixtes (lit 35 $), sanitaires communs bien tenus. Quelques chambres doubles (70 $) sans salle de bains. Laverie, cuisine, Internet, pas de couvre-feu. Pizza offerte le merc. soir. Pratique et central.

Chelsea Center Hostel West ②, 313 West 29th St., ✆ 212 643 0214,

www.chelseacenterhostel.com - 18 lits
Une petite auberge de jeunesse plutôt calme, sur deux étages d'une maison traditionnelle en grès. Les lits (35 $) sont en dortoir ; il y a une cuisine, une pièce commune, une petite cour. Tenu par deux femmes sympathiques.

☺ **Chelsea Star Hotel** ⑪, 300 West 30th St. (angle 8th Ave.), ✆ 212 244 7827, www.starhotelny.com - 38 ch. ⚑ ▤ Les chambres doubles (sans salle de bains, autour de 100 $) sont colorées et originales, voire délirantes, toutes différentes mais assez petites. Les plus luxueuses (autour de 200 $) sont aussi plus conventionnelles. Suites familiales avantageuses, si l'on est quatre. Également des dortoirs (30 $ environ).

De 100 à 150 $

☺ **ChelseaLodge** ⑥, 318 West 20th St., ✆ 212 243 4499 www.chelsealodge.com - 22 ch. ⚑ ▤ Une belle maison de brique, calme et très bien tenue. Les chambres sont petites mais impeccables et fraîchement rénovées. Service attentif. Pas de petit-déjeuner.

☺ **Colonial House Inn** ⑫, 318 West 22nd St. (entre 8th et 9th Ave.), ✆ 212 243 9669, www.colonialhouseinn.com - 20 ch. Installée dans une maison traditionnelle en brique, cette pension de famille conviviale est conçue pour la clientèle gay, mais ouverte à tous. Excellent rapport qualité-prix (petit-déjeuner compris) et emplacement privilégié. Petit solarium sur le toit, où l'on peut bronzer en tenue d'Adam ou d'Ève.

Chelsea Savoy ⑨, 204 West 23rd St., ✆ 212 929 9353, www.chelseasavoy.com - 90 ch. ⚑ ▤ Bien situé, près des transports en commun (un peu bruyant côté rue), cet hôtel très confortable est bien équipé, selon les normes classiques des hôtels internationaux. Chambre double autour de 100 $.

De 150 à 200 $

☺ **Chelsea Pines Inn** ⑧, 317 West 14th St., ✆ 212 929 1023, www.chelseapinesinn.com - 26 ch. ⚑ ▤ Adresse de charme à destination de la clientèle gay, mais pas exclusivement. Déco entièrement dédiée au cinéma. Cha-

que chambre, ornée d'immenses affiches, se place sous le patronage d'un acteur. Petit jardin à l'arrière, service attentionné.

De 200 à 250 $

Chelsea Lodge Suites ⑦, 318 West 20th St., ✆ 212 243 4499, www.chelsealodgesuites.com - 4 studios ⚑ ▤ cc Géré avec le Chelsea Lodge *(voir plus haut)*. Même style élégant, mais on bénéficie d'une kitchenette et de plus de place.

Chelsea Hotel ③, 222 West 23rd St., ✆ 212 243 3700, www.hotelchelsea.com - 240 ch. ⚑ cc Cet hôtel a hébergé les plus grands noms du monde des arts *(voir p. 209)*. Le hall, décoré des œuvres des habitués, ressemble à une galerie. Chambres spacieuses, mais déco fatiguée. Si vous n'êtes pas célèbre, le service risque d'être un brin condescendant. Cher pour ce que c'est, mais c'est le prix à payer pour le mythe…

Plus de 250 $

☺ **The Inn on 23rd** ⑬, 131 West 23rd St. (entre 6th et 7th), ✆ 212 463 0330, www.innon23rd.com - 14 ch. ⚑ ▤ B & B de charme, installé dans une demeure classique du 19e s. Chambres spacieuses, belles pièces communes, le tout décoré d'antiquités. Atmosphère élégante et feutrée, petit-déjeuner copieux inclus.

The Maritime Hotel ①, 363 West 16th St., ✆ 212 242 4300, www.themaritimehotel.com. ⚑ ▤ cc Un hôtel de luxe au décor marin : l'immeuble évoque un peu un paquebot, avec ses fenêtres en forme de hublot, les nuances de bleu qui dominent, et les meubles en teck. Les chambres sont un peu petites. Restaurants italien et japonais.

Se restaurer

Moins de 10 $

☺ **Chelsea Market** ②, 9th et 10th Ave. (entre 15th et 16th St.), ✆ 212 243 6005, www.chelseamarket.com. Tlj 7h-21h (dim. 10h-20h). Voici l'endroit où acheter de quoi faire un pique-nique. On y trouve aussi bien des fruits frais ou secs que des pâtisseries, des sandwiches raffinés, des soupes ou des salades (par exemple au **Bowery Kitchen**). S'il ne fait pas beau, on peut aussi s'y asseoir ou choisir l'un des petits *fast-foods*.

The Café @ RMA ⑩, 150 West 17th St., ✆ 212 620 5000. Tlj sf mar. 11h-17h (merc. 19h, vend. 22h, w.-end 18h). Dans le Rubin Museum of Art. Si les thés, bien que délicieux, sont chers, on peut y manger de très bons sandwiches ou salades pour environ 8 \$.

De 10 à 15 \$

Le Grainne Cafe ④, 183 9th Ave. (angle 21st), ✆ 646 486 3000, www.legrainne-cafe.com. Une bonne adresse pour un déjeuner léger, avec une longue carte de spécialités françaises, de la soupe à l'oignon à la salade niçoise en passant par les quiches ou les sandwiches (il y en a même à la merguez !). Les crêpes salées, bien garnies, sont aussi une option (9-11 \$). Les plats sont un peu plus chers (comptez 15 à 20 \$).

The Viceroy ⑨, 160 8th Ave. (angle avec 18th St.), ✆ 212 633 8484. Grande salle de style Art déco, et cuisine de *diner* : salades, burgers, steaks… Petite terrasse très agréable en été.

De 15 à 25 \$

😊 **Empire Diner** ③, 210 10th Ave. (et 22nd St.), ✆ 212 243 2736. Posé à l'angle de la rue, comme un gros wagon oublié sur le trottoir, ce *diner*, construit en 1946 dans le style Art moderne, est un incontournable du quartier. On y retrouve le long comptoir brillant et les sièges en moleskine populaires après-guerre, tandis que les tables en terrasse permettent de regarder passer le monde. Carte classique américaine. Salades copieuses, fraîches et délicieuses, burgers variés.

Maroons ⑤, 244 West 16th St., ✆ 212 206 8640, www.maroonsnyc.com. À l'écart de la circulation des avenues, ce petit restaurant propose une délicieuse cuisine du Sud, jamaïcaine ou cajun. Les parts sont énormes. Essayez le poulet frit croustillant ou le poisson-chat du Mississipi au four. Le w.-end, le brunch (14,50 \$) est avantageux.

Bombay Talkie ①, 189 9th Ave., ✆ 212 242 1900, www.bombaytalkie.com. Un mélange de chic design et de kitsch Bollywood pour ce restaurant à la mode. Les portions ne sont pas énormes et il y a beaucoup de monde, mais c'est bon. Un peu cher quand même.

Sueños ⑦, 311 West 17th St., ✆ 212 243 1333, www.suenosnyc.com. On est ici sous le signe du Mexique. Le cadre est coloré et intime, et la carte propose tous les incontournables, bien épicés et préparés avec soin. Un peu cher (35 \$), mais délicieux, le menu *Taco & Tostada*, à composer soi-même.

😊 **202** ⑧, 75 9th Ave. (entrée de Chelsea Market), ✆ 646 638 1173. 11h-22h, fermé lun. soir. Le restaurant partage une grande salle aux murs de brique avec la boutique de mode Nicole Farhi. La déco est simple mais chaleureuse, et on y déguste aussi bien un steak, qu'un burger de thon, un curry ou une salade. Le brunch du w.-end (à partir de 10h) est très bon.

Plus de 50 \$

Morimoto ⑥, 88 10th Ave. (entre 15th et 16th Sts.), ✆ 212 989 8883, www.morimotonyc.com. Près du Chelsea Market, restaurant japonais de haute volée où officie l'ancien chef du Nobu, Masaharu Morimoto. L'intérieur a été conçu par l'architecte Tadao Ando, pour un résultat époustouflant ! Cher mais exceptionnel.

Faire une petite pause

Prudence Café ②, 228 West 18th St., ✆ 212 691 1541. Mignon petit salon de thé, où se réchauffer d'un chocolat chaud lové dans un fauteuil bien moelleux. Bon choix de thés également, et on peut y grignoter à toute heure.

La Bergamote ①, 169 9th Ave. (angle 20th), ✆ 212 627 9010. Un autre salon de thé, où siroter un thé en mangeant une succulente pâtisserie à la française.

Sortir, boire un verre

À New York, les modes se suivent et ne se ressemblent pas. Après le Meat-

Bar pittoresque sur 23rd Street, Chelsea.

packing District *(voir p. 185)*, les 27th et 28th Streets, entre les 10th et 11th Avenues, sont devenues le *nec plus ultra* pour *night clubbers* avertis. Les boîtes ouvrent ou changent de nom et se démodent tout aussi vite, mais il semblerait qu'au moins pour un an ou deux, ce soit l'endroit le plus *hot*. Attention, le prix des consommations est à la hauteur.

Cain ⑤, 544 West 27th St. (entre 10th & 11th Ave.), ✆ 212 947 8000, www.cainnyc.com. Ici, quand on veut dire branché, on dit *über hot*, c'est dire… Le style est *Out of Africa*, genre safari au Kenya, la clientèle dorée sur tranche, la musique excellente. En contrepartie, il n'est pas toujours facile d'entrer, surtout pour les hommes qui devront être bien habillés (pas de jeans-baskets).

Guesthouse et **Home** ⑦, 532 et 542 West 27th St. (entre 10th & 11th Ave.), ✆ 212 273 3700. Deux établissements jumeaux, cuir matelassé, lumières tamisées et grands murs de briques. Le premier est l'un des seuls à autoriser les fumeurs. Bonne musique house, surtout le samedi soir.

Marquee ⑨, 289 10th Ave., ✆ 646 473 0202, www.marqueeny.com. Très chic club, fréquenté par les Français de New York et (accessoirement !) par les *top models* et les stars du moment. En bas, on boit tranquillement au son d'une musique éclectique, plutôt cool. En haut, on danse sur du hip-hop.

Pink Elephant ⑩, 527 West 27th St., ✆ 212 463 0000, www.pinkelephant-club.com. L'un des derniers-nés, ce club met les moyens : *sound system* très sophistiqué, bouffées parfumées envahissant les box, programmation musicale soignée. Quelques stars y passent, il faut y être vu et les clients ne regardent visiblement pas l'addition (il vaut mieux). Tout le monde est très *chic & style*. Décor élégant, tout de bois, pierre et cascades de verdure.

Lotus ⑧, 409 West 14th St. (entre 9th Ave. et Washington), ✆ 212 243 4420, www.lotusnewyork.com. Encore une boîte qui a fait la pluie et le beau temps et dont l'exclusivité s'est

clairement estompée, mais pour les nouveaux venus il est désormais plus facile d'y entrer.

☺ **Trailer Park** ⑪, 271 West 23rd St., ✆ 212 463 8000, www.trailerpark-lounge.com. 12h-4h. Devanture colorée et pleine d'humour (la cuvette de WC rose sert de cendrier) qui se joue du kitsch américain de base. Parfois c'est même plus vrai que nature ! On ne sait plus si on est chez Elvis, à Hawaï ou dans un calendrier des années 1950. En tout cas, on ne s'ennuie pas avec cette tranche d'Amérique, décalée à côté des bars design chic.

Tillman's ③, 165 West 26th St, ✆ 212 627 8320, www.tillmansnyc.com. La dernière sensation de Chelsea est un *lounge bar* inspiré des *jazzclubs* mythiques de Harlem ! Décor rétro à souhait, jazz classique, banquettes moelleuses et éclairage tamisé : un lieu agréable et romantique. On peut également y dîner.

Où pique-niquer ?

Il n'y a pas vraiment de parc agréable à Chelsea. Le minuscule **Chelsea Waterside Park**, près des Chelsea Piers, est très bien avec des enfants, pour les jeux, mais il est entouré de rues et très fréquenté. La meilleure option reste les **Chelsea Piers**, surtout celui qui est le plus au nord. Allez au-delà des pistes de skate, le long de la rivière.

Achats

Mode - Old Navy ㉒, 610 6th Ave., ✆ 212 645 0063, www.oldnavy.com. Sur trois niveaux, tout ce que fut Gap à ses débuts (appartient au même groupe, avec Banana Republic) : des tee-shirts, jeans et pulls sympas, pas trop chers, ni trop *fashion*. Un joli rayon bébé et enfant.

Fisch for the Hip ⑰, 153 West 18th St., ✆ 212 633 9053. Que des articles de designers, à des prix défiant l'imagination. La raison ? Ce sont des modèles à peine portés, en superbe condition, revendus par des mannequins, journalistes de mode et actrices.

The Family Jewels ㉕, 130 West 23rd St., ☏ 212 633 6020. L'une des nombreuses adresses proposant des vêtements *vintage*, avec un bon choix de robes des années 1950 et 1960 et de jolis bijoux fantaisie.

● **Find Outlet** ⑯, 361 West 17th St., ☏ 212 243 3177, www.findoutlet.com. Jeu.-dim.-12h-19h. Des marques, vêtements et accessoires de designers, à prix cassé. Parfois de bonnes trouvailles.

O.M.G. ㉑, 217 7th Ave. (entre 22nd et 23rd St.), ☏ 212 807 8650. L'une des adresses d'une chaîne de jeaneries. On y achète les marques classiques, Levi's, Lee, Wrangler, Pepe Jeans, Calvin Klein ou Ralph Lauren, mais à prix réduit. Si vous n'êtes pas fixé sur un modèle, vous y ferez de bonnes affaires.

🅰 **Angel Thrift Shop** ④, 118 West 17th St., ☏ 212 229 0546, www.angel thriftshop.org. Les recettes de ce dépôt-vente bénéficient à des associations de toxicomanes, séropositifs et malades mentaux. Grandes marques et particuliers y cèdent vêtements, meubles et accessoires. Belles pièces à des prix imbattables.

Pippin ⑥, 112 West 17th St., ☏ 212 505 5159. Juste à côté du magasin précédent, une boutique de bijoux vintage, à tous les prix et dans tous les styles.

Discount - Burlington Coat Factory ⑬, 707 6th Ave., ☏ 212 229 1300. Il faut vraiment fouiller parmi les articles de marques en tout genre, mais on peut y trouver de petites perles. Le style n'est quand même pas très jeune…

T.J. Maxx ㉔, 620 Avenue of the Americas, ☏ 212 229 0875. Autre concentration de fins de séries de grandes marques. Là aussi, il faut fouiller, mais on est souvent bien récompensé.

Filene's Basement ⑮, 620 Avenue of the Americas, ☏ 212 620 3100. Même système que les précédents.

Maison, décoration - Bed, Bath & Beyond ⑫, 620 6th Ave., ☏ 212 255 3550. Une foule d'objets utiles, malins ou décoratifs, pour la salle de bains, la cuisine et la chambre.

Sports - Sports Authority ㉓, 636 6th Ave., ☏ 212 929 8971. Belle sélection d'articles de sport en tous genres, surtout pour le golf et le roller.

Musique - 🅐 **Jazz Record Center** ⑲, 236 West 26th & 7th Ave., ☏ 212 675 4480. LE grand spécialiste new-yorkais des enregistrements de jazz. Des albums rares, introuvables ailleurs.

Chelsea Guitars ⑭, 220 West 23rd St., ☏ 212 675 4993, www.chelseaguitars.com. Belle sélection de guitares, classiques ou électriques, neuves ou d'occasion.

Commerces d'alimentation - Whole Foods Market ㉖, 250 7th Ave., ☏ 212 924 5969. L'une des adresses de cette chaîne d'aliments sains et de bonne qualité. Idéal pour composer soi-même son repas ou faire provision de vitamines ou de produits de beauté naturels.

Garden of Eden ⑱, 162 West 23rd St., ☏ 212 675 6300. Superbe épicerie fine, pour préparer son pique-nique, composer une salade ou rapporter sauces, condiments ou confitures.

Manhattan Fruit Exchange ⑳, 75 9th Ave. (dans Chelsea Market), ☏ 212 989 2444. Outre les fruits frais, on y trouve toute une sélection de fruits confits ou séchés, de noix et graines ou de bonbons et chocolats.

Loisirs

Sports - Chelsea Piers, Entre 17th et 23rd Streets, ☏ 212 336 6666, www.chelseapiers.com. Énorme complexe englobant quatre jetées et comptant plusieurs clubs de sport. On y pratique le skate, la natation, le bowling, etc.

HISTOIRE

Le premier colon à s'être installé ici était un officier anglais. Quand il acheta sa ferme, en 1750, il la baptisa Chelsea, comme le quartier londonien. Dans les années 1820, son petit-fils s'impliqua dans son urbanisation, imposant l'existence de squares plantés et de jardins devant les maisons. Il souhaitait lui conserver une allure de ville anglaise, malgré l'arrivée en masse des nouveaux immigrants.

7

CHELSEA

Grandeur et décadence industrielle

Mais, comme pour les autres quartiers des bords de l'Hudson, l'aménagement du port et de ses environs a sonné le glas de la zone résidentielle. En 1851, l'ouverture de la ligne de chemin de fer de l'Hudson amena un cortège de nouvelles usines et de logements à bas coût, consacrant définitivement l'ouest du quartier à l'**industrialisation**. Il fallut attendre les années 1960 et le déclin du port pour que l'on envisage une nouvelle orientation. Chassés de Greenwich Village par la flambée des loyers, les artistes commencèrent à s'intéresser aux entrepôts et aux immeubles de bureaux. Parallèlement, dans les années 1970, l'engorgement permanent des axes de circulation aboutit à un plan ambitieux de voies rapides pour remonter l'est de Manhattan. L'idée était d'éventrer carrément toute la partie est de Chelsea et d'en raser les équipements portuaires et industriels.

Le renouveau artistique

Finalement, la mobilisation générale eut raison de ce projet. On réaménagea les **Chelsea Piers** (voir plus loin) et, peu à peu, les grands lofts et les usines désaffectées devinrent des galeries d'art. La concentration en est telle aujourd'hui, autour de la 22nd Street et de la 11th Avenue, que l'on parle même de **Gallery District**.

DÉCOUVERTE DU QUARTIER

Comptez une demi-journée.

Commencez le matin par Chelsea Market, puis remontez vers le nord, pour arriver dans Gallery District vers 11h, quand les galeries ouvrent leurs portes. Terminez par le shopping sur 6th Avenue, où se concentrent les grandes enseignes et les magasins de discount.

Chelsea Market★

9th et 10th Ave. (entre 15th et 16th St.). 7h-21h, dim. 10h-20h.

Le rez-de-chaussée de l'ancienne **usine Nabisco** (NAtional BIScuit COmpany) a été astucieusement reconverti en marché gourmand. Bien que l'espace ait été divisé en échoppes, on en distingue parfaitement la structure, tuyauteries, murs de brique et anciens ascenseurs. Construit en 1898, progressivement abandonné dans les années 1980, le bâtiment fut le berceau, en 1912, de l'un des plus célèbres biscuits américains, l'**Oreo**, une crème prise en sandwich entre deux biscuits au chocolat.

Chelsea Historic Distric★

Il ne reste pas grand-chose du Chelsea à l'anglaise, juste quelques rues très calmes, bordées de hautes maisons précédées de perrons. L'essentiel se concentre entre les 9th et 10th Avenues, le long des West 20th, 21st et 22nd Streets.

▶ Les mieux conservées se trouvent sur le **Cushman Row★** (406-418 West 20th St.). Leurs façades néogrecques de brique rouge sont précédées de hauts perrons et de grilles en fer forgé encadrant de petits jardins identiques et la rue est plantée de verdure.

Chelsea Art Museum★

556 West 22nd St., ℰ 212 255 0719, www.chelseaartmuseum.org. Mar.-sam. 11h-18h (jeu. 20h). 8 $.

Il rassemble une belle collection d'œuvres d'art abstrait des 20e et 21e s. exécutées par des artistes américains, européens et asiatiques. Parmi eux, on compte Robert Motherwell, Jean Miotte ou Mimmo Rotella. Des expositions temporaires s'attachent à replacer les différentes facettes de l'art contemporain dans leur contexte géographique, social et culturel.

Chelsea Piers

Le long de l'Hudson, de 18th à 23rd St.

Inaugurés en grande pompe en 1910, ces quais, aujourd'hui reconvertis en complexe de loisirs, servaient aux prestigieux **paquebots** de la Cunard. C'est là que le *Titanic* aurait dû accoster s'il n'avait pas sombré, le 14 avril 1912. C'est de là que partit le *Lusitania*, en 1915, avant d'être torpillé par un sous-marin allemand, contribuant à faire basculer l'opinion américaine en faveur de l'entrée dans la guerre. Mais dans les années 1930, l'apparition de paquebots géants, tels le *Normandie* ou le *Queen Mary*, rendirent les Chelsea Piers obsolètes. Ils servirent aux cargos jusqu'en 1967, quand les dernières activités furent transférées dans le New Jersey, moins coûteux.

Gallery District★★

Comptez de 1h à 3h.

Beaucoup d'entre elles sont fermées le dim. et lun. et n'ouvrent que vers 11h. Si vous le pouvez, faites la visite avec le Gallery Guide qui référence toutes les galeries et signale les expositions.

Le jeudi est le soir des vernissages, réunissant artistes, galeristes, étudiants et pique-assiettes! L'occasion rêvée pour plonger dans la faune du New York *arty*.

La plus grosse concentration de galeries s'étend à l'ouest de la 10th Avenue. Commencez au sud par la 22nd St. et remontez les rues parallèles vers le nord, jusqu'à la 26th St. À moins d'être très au courant du marché de l'art, contentez-vous de pousser les portes *(attention, certaines sont très discrètement signalées et beaucoup sont dans les étages)* et de découvrir les accrochages sans a priori. Les styles sont très variés. Chez les galeristes les plus célèbres, vous verrez aussi bien des toiles de Jean-Michel Basquiat et des lithographies d'Andy Warhol que des installations ou des vidéos. Les autres sont souvent plus innovantes, voire provocatrices. Ne craignez pas de passer vite : tout l'intérêt du quartier est de proposer gratuitement un panorama assez exhaustif de tout ce que l'**art contemporain** produit et de donner une idée aux non-initiés de ce qu'est son évolution actuelle.

▶ Notez la belle reconversion du **Starrett-Lehigh Building** *(601 West 26th St., entre 11th et 12th Ave.)*, une usine construite en 1931, superbe exemple d'architecture industrielle.

Les wagons de la *High Line (voir p. 185)* y entraient directement.

Fashion Institute of Technology

(Plan D2)

Angle de 7th Ave. et 27th St, ✆ 212 217 4558. Tlj sf dim. et lun. 12h-20h, sam. 10h-17h. Gratuit.

Au sud du Garment District *(voir p. 234)*, cet institut de la **mode** possède son **musée**, quelques salles où sont exposées des réalisations des élèves ou des anciens (dont Calvin Klein).

Chelsea Hotel

(Plan D3)
222 West 23rd St.

Si vous passez par 23rd Street, levez les yeux sur cet impressionnant immeuble en brique : c'est l'un des hôtels mythiques de la ville, où vécurent un nombre impressionnant d'artistes, écrivains, musiciens ou acteurs. De retour de beuverie, Dylan Thomas y passa sa dernière nuit avant d'aller mourir à l'hôpital St. Vincent tout proche. Le livre d'or est un *Who's who* : Sarah Bernhardt, Diego Rivera, Willem de Kooning, Leo Katz, Jasper Johns, Arthur Miller, Vladimir Nabokov, Tennessee Williams, Thomas Wolfe, Bob Dylan, Leonard Cohen et bien d'autres…

Rubin Museum of Art★★

(Plan D3/4)

150 West 17th St., ✆ 212 620 5000. Tlj sf mar. 11h-17h (merc. 19h, vend. 22h, w.-end 18h). 10 $. Le vend. de 18h à 22h, soirée K2 Lounge avec DJ, happy hour de 18h à 19h, et entrée gratuite au musée de 19h à 22h.

Entièrement consacré à l'art des pays de l'**Himalaya** – Tibet, Népal, Bhoutan – ce musée rassemble peintures, sculptures, textiles, objets profanes ou sacrés permettant de comprendre plus de deux millénaires de culture. Leur spiritualité et leur approche du monde sont mises en valeur, de même que le raffinement de leurs artisanats. L'ensemble est présenté avec beaucoup de goût.

PROPOSITIONS DE BALADES ET « BEST OF »

Une journée en prenant votre temps	🚶 Marchés de rue, squares et gratte-ciel
Suggestion de programme	Démarrez à Union Square (*voir p. 218*) (le samedi, arrêtez-vous au marché du terroir) et remontez le Ladies Mile pour le shopping (*voir p. 218*). Mangez sur le pouce un burger de Shake Shack (*voir p. 215*), jetez un coup d'œil à Gramercy Park et ses abords (*voir p. 218*) et visitez la maison natale de Theodore Roosevelt (*voir p. 219*). Reprenez Broadway pour prendre des photos du Flatiron Building (*voir p. 219*). Passez Madison Square et visitez le Museum of Sex (*voir p. 219*). Si vous êtes dans le quartier le week-end, faites un détour par le marché aux puces de la 25th Street (*voir p. 219*). Dînez à bon compte dans l'un des restaurants indiens de Lexington ou 3rd Ave. (*voir p. 215-216*) ou passez la soirée au Jazz Standard (*voir p. 217*).
Transport	Métro ou bus.
Conseils	Si vous voulez prendre de belles photos du Flatiron, il vaut mieux commencer par là le matin de bonne heure et inverser la balade.
Si vous aimez	Le best of
L'architecture	Le Flatiron Building (*voir p. 219*), Broadway, le long du Ladies Mile, Gramercy Park et ses environs, les alentours d'Union Square (*voir p. 218*).
Le shopping exotique	Pour la déco : ne manquez pas ABC Home (*voir p. 218*). Pour les vêtements indiens, saris, foulards et autres objets ou accessoires pakistanais ou bengalis, flânez autour du quadrilatère formé par Lexington et 3rd Ave., 27th et 28th St. (*voir p. 217*).
L'histoire	La maison natale de Theodore Roosevelt (*voir p. 219*) et les abords de Union Square et Gramercy Park (*voir p. 218*).
Les marchés	Le samedi matin, marché du terroir (Green Market) sur Union Square (*voir p. 218*). Samedi et dimanche, marché aux puces sur la 25th St. (*voir p. 219*).
Les célébrités	Gramercy Park et ses locataires prestigieux. Le Decker Building sur Union Square, où Andy Warhol installa sa célèbre *Factory* en 1968 (*voir p. 218*).

L'une des terrasses les plus sympathiques du quartier.

SE RESTAURER

CHELSEA

Museum of Sex

Madison Square

Flatiron Bldg.

LADIES

Theodore Roosevelt Birthplace NHS

Gramercy Park

MILE

Union Square

Stuyvesant Square

GREENWICH AND

WEST VILLAGES

8 ST/NYU

Astor Pl

Cooper Union

Renwick Triangle

St. Mark's-in-the-Bowery

EAST VILLAGE

Merchant's House Museum

NOHO

Tompkins Square

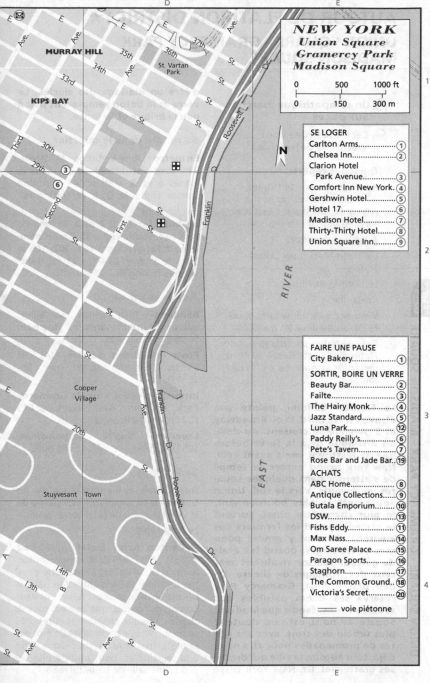

NEW YORK
Union Square
Gramercy Park
Madison Square

0	500	1000 ft
0	150	300 m

SE LOGER
Carlton Arms..................①
Chelsea Inn....................②
Clarion Hotel
   Park Avenue..............③
Comfort Inn New York. ④
Gershwin Hotel.............⑤
Hotel 17........................⑥
Madison Hotel..............⑦
Thirty-Thirty Hotel........⑧
Union Square Inn..........⑨

FAIRE UNE PAUSE
City Bakery....................①

SORTIR, BOIRE UN VERRE
Beauty Bar....................②
Failte............................③
The Hairy Monk............④
Jazz Standard...............⑤
Luna Park.....................⑫
Paddy Reilly's...............⑥
Pete's Tavern................⑦
Rose Bar and Jade Bar..⑲

ACHATS
ABC Home.....................⑧
Antique Collections.......⑨
Butala Emporium...........⑩
DSW.............................⑬
Fishs Eddy....................⑪
Max Nass......................⑭
Om Saree Palace...........⑮
Paragon Sports.............⑯
Staghorn.......................⑰
The Common Ground.. ⑱
Victoria's Secret............⑳

═══ voie piétonne

MURRAY HILL
KIPS BAY
St. Vartan Park
Cooper Village
Stuyvesant Town
EAST RIVER
Roosevelt Dr.
Franklin D. Roosevelt Dr.
N

AUTOUR DE FLATIRON DISTRICT★

UNION SQUARE - GRAMERCY PARK
MADISON SQUARE

😊 **Un sympathique marché aux puces**

😞 **Certaines rues sont vraiment défraîchies**

Quelques repères

Bordé au sud par 14th Street, à l'ouest par l'Avenue of the Americas, à l'est par L'East River, au nord par 30th Street.

À ne pas manger

Le Green Market sur Union Square.

Le Flatiron Building.

Conseils

Visitez ce quartier le samedi ou le dimanche pour les marchés.

Pour de belles photographies du Flatiron, qui est orienté au nord, venez tôt le matin ou en fin de journée.

Le **Flatiron Building** pointe son étrave vers le nord, là où Broadway et 5th Avenue se croisent. Au-delà, on distingue déjà la forêt bétonnée de Midtown, mais avant cela, New York prend encore le temps de s'attarder dans quelques squares verdoyants. Vers le sud, **Union Square** est le plus bourdonnant, le plus champêtre aussi, surtout le samedi, quand les fermiers des environs viennent y vendre pommes et fromages, quand les étals de gâteaux maison rivalisent avec ceux des fromages de chèvre. Un peu plus à l'est, **Gramercy Park** réserve ses bancs paisibles aux seuls riverains, tandis que **Madison Square**, au nord, est sans doute le plus urbain des trois, avec ses pistes de promenades pour chiens et déjà, tout autour, la ville qui dresse ses gratte-ciel. Ici, New York cesse

d'être un mariage des siècles. Le verre et le béton remplacent peu à peu la brique et la fonte.

Se rendre dans le quartier

En métro - Ligne **6**, stations 28th Street, 23rd Street et 14th St./Union Square. Lignes **4** et **5**, station 14th St./Union Square. Lignes **N**, **Q**, **R**, **W**, station 14th St./Union Square.

En bus - Lignes **1**, **2** et **3**, le long de Park Ave. South. Ligne **15** (East Harlem à South Ferry). Lignes **101**, **102**, **103** le long de 3rd Ave. La ligne **23** est transversale, le long de 23rd Street.

Adresses utiles

Banques - Distributeurs de billets autour d'Union Square, Madison Square et Broadway.

Poste - **Madison Square**, 149 East 23rd St. Tlj sf dim. 8h-19h (sam. 9h-15h45).

Internet - FedEx Kinko's Gramercy Park, 257 Park Ave. South, ☎ 649 602 0074. 8h-21h (w.-end 23h).

Laveries - **Super Laundromat**, 105 Lexington Ave., ☎ 212 545 8662.

Se loger

Très centrale et bien desservie par les transports en commun, cette partie de la ville est pratique pour sortir le soir.

De 40 à 100 $

😊 **Carlton Arms Hotel** ①, 160 East 25th St., ☎ 212 679 0680, www.carlton arms.com - 54 ch. 📧 L'entrée ne paye pas de mine, et l'ensemble fait parfois bricolé, mais le tout est tellement exubérant, gai et fou, que l'on est sous le charme. Chaque chambre (petite) présente un décor personnalisé (le mot est faible!), frisant le psychédélique. Prix à la semaine et, pour un peu plus de 100 $, une salle de bains privée.

De 100 à 150 $

Hotel 17 ⑥, 225 East 17th St. (entre 2nd et 3rd), ✆ 212 475 2845, www. hotel17ny.com - 120 ch. ⌐ Très calme, près de Gramercy Park. Atmosphère un peu désuète, mais établissement très bien tenu. Demandez les chambres dans les étages élevés, elles sont plus claires, avec (120-150 $) ou sans (100-120 $) salle de bains. Woody Allen y a tourné des scènes de *Meurtre mystérieux à Manhattan* !

Gershwin Hotel ⑤, 7 East 27th St. (entre Madison et 5th), ✆ 212 545 8000, www.gershwinhotel.com - 132 ch. ⌐ ▤ La façade au décor flamboyant et le décor coloré sont l'un des atouts de cet hôtel qui attire beaucoup de jeunes artistes et de professionnels de la mode. Il y a des chambres à tous les prix et même quelques lits en dortoir.

Madison Hotel ⑦, 62 Madison Ave. (angle 27th St.), ✆ 212 532 7373, www. madison-hotel.com - 74 ch. ⌐ ▤ Au pied du quartier de Murray Hill, petit hôtel familial impeccable, sans prétention mais confortable, avec petit-déj. inclus. Bon rapport qualité-prix, notamment pour les chambres de 4 personnes.

Chelsea Inn ②, 46 West 17th St., ✆ 212 645 8989, www.chelseainn.com - 30 ch. ▥ À la limite du quartier de Chelsea (*ne pas confondre avec l'hôtel p. 203*), cet hôtel sans ascenseur est bien situé, mais les chambres sont petites et la rue bruyante. Petit-déj. inclus.

Union Square Inn ⑨, 209 East 14th St., ✆ 212 614 0500, www.unionsquareinn. com - 41 ch. ⌐ ▤ ▥ Des chambres petites, avec le confort de base et un emplacement en or. Attention, il n'y a pas d'ascenseur et certaines chambres sont en sous-sol (refusez-les).

Clarion Hotel Park Avenue ③, 429 Park Ave. South, ✆ 212 532 4860, www.choicehotels.com - 60 ch. ⌐ ▤ Un hôtel à taille humaine, où les chambres de taille moyenne sont bien tenues. Celles de l'arrière sont un peu sombres. Petit-déjeuner continental inclus.

De 150 à 250 $

Comfort Inn New York ④ (anciennement Arlington Hotel), 18 West 25th St., ✆ 212 645 3990 - 97 ch. ⌐ ▤ Remis à neuf en 2006, cet hôtel sans caractère est surtout valable pour son emplacement, central. Demandez une chambre dans les étages élevés, si possible côté Empire State Building.

Thirty-Thirty Hotel ⑧, 30 East 30th St., ✆ 212 689 1900, www.thirtythirty-nyc. com - 253 ch. ⌐ ▤ Parties communes et décor assez froids, mais hôtel propre et confortable, malgré des chambres standard trop petites. Bien situé mais un peu cher pour ce qu'il est.

Se restaurer

Autour d'Union Square et de Gramercy Park se trouvent les tables les plus chic et les plus chères. Plus au nord, en remontant vers Murray Hill, le quartier indien offre de petits restaurants ethniques bon marché et très bons.

Moins de 10 $

Roomali ⑭, 97 Lexington Ave. et 27th St., ✆ 212 679 8900, www.roomali. tripod.com. Kebabs, *wraps*, sandwiches à base de pain indien, à tout petit prix.

Shake Shack ⑯, Madison Square Park, angle Madison Ave. et 23rd St., ✆ 212 889 6600. Dans le parc, ce kiosque sans chichi propose l'un des meilleurs burgers de la ville.

De 10 à 15 $

Tarallucci e Vino ⑰, 15 East 18th St., ✆ 212 228 5400, www.taralluccievino. net. On mange à toute heure dans ce bar à vin qui fait aussi salon de thé ou café. Snacks copieux entre 6 et 9 $, vins au verre et bon choix de pâtisseries.

Chez le Chef ④, 127 Lexington Ave., ✆ 212 685 1888, www.cheffrederic. com. Quiches, omelettes, salades à petit prix, plats un peu plus chers. Décor bistro, dîner aux chandelles le soir.

Curry Leaf ⑥, 99 Lexington Ave., ✆ 212 725 5558/0059, www.curry leafnyc.com. Bon restaurant indien proposant un large éventail de plats, y compris végétariens, et des menus lunch à moins de 10 $.

Bamiyan ②, 358 3rd Ave. (angle 26th), ☎ 212 481 3232, www.bamiyan.com. Dans un décor dépaysant, on découvre la cuisine afghane, notamment des pâtes en sauce au yaourt, des brochettes et des recettes végétariennes.

Baluchi's ①, 329 3rd Ave. (entre 24th et 25th), ☎ 212 679 3434, www.baluchis.com. Cette chaîne de restaurants indiens au décor sobre permet de composer soi-même un menu à moins de 15 $. Plats à moitié prix le midi.

Le Pain Quotidien ⑪, 38 East 19th St., ☎ 212 673 7900. Tartines chaudes garnies ou salades copieuses. On peut acheter une bonne baguette à l'ancienne !

Pipa ⑫, 38 East 19th St., au rez-de-chaussée d'ABC Home, ☎ 212 677 2233. Plats légers, d'origine catalane, notamment une jolie variété de salades ou de *cocas* (servies sur de la pâte à pain). Les plats complets sont plus chers (15 à 20 $).

Turkish Kitchen ⑱, 386 3rd Ave. (entre 27th et 28th), ☎ 212 679 6633, www.turkishkitchenny.com. Dans un décor tout rouge, on savoure une délicieuse cuisine de la Méditerranée orientale. Menus lunch et brunch très avantageux.

Big Daddy's Diner ⑧, 239 Park Avenue South (entre 19th et 20th St.), ☎ 212 477 1500. En plein quartier chic, ce *diner* très deuxième degré détonne. Aux murs, tous les symboles de la *pop culture* des années 1980. Dans l'assiette, les « classiques » de la cuisine américaine.

Gaam ⑳, 11 West 30th St. (entre 5th Ave. et Broadway), ☎ 212 239 0666. Tlj sf lun., dîner uniquement le dimanche. Ambiance orientale pour ce resto indien. Formules déjeuner autour de 10 $. Le soir, les gros appétits opteront pour le menu « à volonté », pour tester toutes les spécialités (autour de 25 $).

De 15 à 30 $

Friend of a Farmer ⑲, 77 Irving Pl. (entre 18th et 19th St.), ☎ 212 477 2188. Le rustique au cœur de la ville : la déco fait penser à une vraie maison de campagne ! Produits ultrafrais, cuisine simple et savoureuse.

Rosa Mexicano ⑮, 9 East 18th St., ☎ 212 533 3350, www.rosamexicano.com. Beaucoup d'espace et un chaleureux décor design d'inspiration mexicaine, pour une cuisine de même origine. On y déjeune de salades complètes, *quesadillas* ou *tacos*. Le soir, vous aurez un choix plus large de plats de viande ou de poisson.

Pure Food and Wine ⑬, 54 Irving Pl., ☎ 212 477 1010. Dîner seulement, à partir de 17h30. Comptoir de plats et snacks à emporter à l'angle de la rue. Ne sert que des plats végétariens et bio, crus ou à peine chauffés pour ne pas en détruire les vitamines. Le tout est servi dans un décor contemporain très chic. Et c'est très bon !

Dévi ⑦, 8 East 18th St. (entre Broadway et 5th), ☎ 212 691 1300, www.devi-nyc.com. Encore un indien, mais celui-ci est très théâtral, avec un décor digne d'un maharajah. La cuisine est à la hauteur, mais les prix sont plus élevés que dans la partie indienne du quartier.

De 30 à 60 $

Craft ⑤, 43 East 19th St. (entre Broadway et Park Ave. South), ☎ 212 780 0880, www.craftrestaurant.com. Très chic, élégant et très bon : on peut décliner son plat à partir des ingrédients de base, toujours très frais.

BLT Fish ③, 21 West 17th St. (entre 5th et 6th), ☎ 212 691 8888, www.blt-fish.com. Comme son nom l'indique, ne se consacre qu'aux produits de la mer, à l'exception d'un plat optionnel. Le chef, très réputé, les accommode avec une élégance qui leur rend justice.

Gramercy Tavern ⑨, 42 East 20th St. (entre Broadway et Park Ave. South), ☎ 212 477 0777, www.gramercytavern.com. Dans un cadre d'auberge à l'ancienne, la cuisine créative met en valeur de superbes produits du marché.

Blue Water Grill ⑩, 31 Union Square West (angle 16th St.), ☎ 212 675 9500. Chic et très fréquenté, il fait la part belle aux produits de la mer traditionnels, avec quelques incursions très créatives (les sushis sont délicieux). Concerts de jazz au sous-sol.

Faire une petite pause

City Bakery ①, 3 West 18th St. (entre 5th et 6th), ℰ 212 366 1414. Célèbre et reconnu dans toute la ville pour ses pâtisseries, cet établissement propose aussi des snacks délicieux, notamment un opulent buffet de salades.

Sortir, boire un verre

Le quartier est surtout résidentiel. Pour sortir le soir, il vaut mieux se rendre dans l'East Village *(voir p. 186)*, au sud, ou dans Chelsea *(voir p. 198)*, à l'ouest.

Luna Park ⑫, 50 East 17th St. (Union Square Park), ℰ 212 475 8464. Grande terrasse à l'intérieur d'Union Square Park. Les cocktails ne sont pas très bons, mais le lieu est agréable et très animé.

Beauty Bar ②, 231 East 14th St., ℰ 212 539 1389. Un bar original, installé dans un ancien salon de beauté très années 1960, qui a conservé son décor, jusqu'aux casques électriques pour sécher les mises-en-plis. Boisson gratuite avec la manucure.

Pete's Tavern ⑦, 129 East 18th St., ℰ 212 473 7676. Ouvert depuis 1864, ce bar (on peut y manger) restitue tout le caractère du New York d'antan, avec son décor de pub anglais.

The Hairy Monk ④, 337 3rd Ave. (angle 25th), ℰ 212 532 2929. Voici un bar bien patiné, à l'ambiance délicieusement désuète, fréquenté par les gens du coin. On y mange à tout petit prix.

Failte ③, 531 2nd Ave. (entre 29th et 30th), ℰ 212 725 9440. Un vrai pub irlandais à l'ambiance conviviale et chaleureuse, loin des bars branchés.

Rose Bar and Jade Bar ⑲, 2 Lexington Ave. (angle 21st St.), ℰ 212 920 3300. Le bar du Gramercy Park Hotel, un des lieux les plus branchés de la ville ! Atmosphère très bobo, et sur les murs des œuvres des plus grands artistes des trente dernières années (Basquiat, Schnabel...).

Sortir, écouter de la musique

Jazz Standard ⑤, 116 East 27th St. (entre Lexington et Park Ave. South), ℰ 212 576 2232, www.jazzstandard. com. Un bar où l'on peut manger, boire et écouter du bon jazz. Moins touristique et plus jeune que les grands clubs classiques. Concerts de 15 à 35 $.

Paddy Reilly's ⑥, 519 2nd Ave. (entre 28th et 29th), ℰ 212 686 1210. Bar irlandais chaleureux. Musique traditionnelle tous les soirs. Ambiance assurée.

Où pique-niquer ?

Union Square est idéal le samedi en raison du marché. **Madison Square** est une autre option possible.

Vous trouverez de quoi remplir votre panier au **Whole Foods Market** (*4 Union Square South, ℰ 212 673 5388. 8h-23h*), excellente adresse, et à l'**Union Square Green Market** (*Union Square, lun., merc., vend. et sam. 8h-18h*), vrai marché en plein air, alimenté par les fermiers des environs.

Achats

Prévoyez d'aller chiner dans les marchés aux puces *(voir plus loin)*. On y trouve, pêle-mêle, livres et vieux vinyls, fripes, art africain et petite bocante.

Mode - Antique Collections ⑨, 28 West 25th St. Plusieurs antiquaires se partagent cet entrepôt, mais on y vient surtout pour les vêtements et tissus anciens transformés avec talent. Lingerie fine, robes vaporeuses, châles brodés et bijoux fantaisie d'un autre siècle raviront les ultraféminines...

Om Saree Palace ⑮, 134 East 27th St., ℰ 212 532 5620. Tissus pour saris, jupes et ensembles pantalons indiens.

Victoria's Secret ⑳, 115 5th Ave., ℰ 212 477 4118. Une des boutiques de la célèbre marque de lingerie américaine, colorée et très *girly*.

DSW ⑬, 4 Union Sq. South, 1er étage, ℰ 212 674 2146. Solderie de chaussures de grandes marques, à 60 %.

Bijoux, artisanat d'art - The Common Ground ⑱, 55 West 16th St. (entre 5th et 6th), ℰ 212 989 4178. Fermé dim. Superbes bijoux indiens, exécutés par les principales tribus du Sud-Ouest américain, des Navajos et des Pueblos.

Max Nass ⑭, 118 East 28th St., ✆ 212 679 8154. Une minuscule boutique poussiéreuse qui répare et vend des bijoux anciens et ethniques. Quelques jolies pièces à prix abordables.

Maison, décoration - Home ⑧, ⑭ ABC **Home** ⑧, 888 Broadway (angle 19th St), ✆ 212 473 3000, www.abchome. com. Dès le rez-de-chaussée de cette immense caverne d'Ali Baba, on plonge dans un bain de couleurs et de parfums d'Orient : bibelots, coussins, linge de maison, meubles anciens, tapis… Somptueux et cher, mais on y flâne rien que pour le plaisir…

Fishs Eddy ⑪, 889 Broadway & 19th St, ✆ 212 420 9020, www.fishseddy.com. Faïences traditionnelles classiques et amusantes séries ornées de gratte-ciel, à la gloire de Brooklyn ou aux logos de clubs ou d'associations.

Staghorn ⑰, 362 3rd Ave., ✆ 212 689 0858. Pour les cadeaux, objets déco et gadgets amusants, tee-shirts humoristiques pour bébé…

Butala Emporium ⑩, 108 East 28th St., ✆ 212 684 4447. Bazar à l'indienne avec CDs et objets de déco kitsch.

Sport - Paragon Sports ⑯, 867 Broadway (angle 18th St.), ✆ 212 255 8036, www.paragonsports.com. Aussi bien pour les vêtements que pour le matériel (tennis, golf, danse, plein air, etc.). Large choix de grandes marques.

UN PATCHWORK DE SQUARES

Cet ensemble de quartiers, qui assure la liaison entre Downtown et Midtown, est ponctué par trois grands squares, et présente des caractéristiques très différentes : à l'ouest, le long des grandes avenues, les enseignes des grandes chaînes ; vers l'est, autour de Gramercy Park, les zones plus résidentielles, avec leurs élégantes demeures.

Union Square

Au moment de la création d'Union Square, en 1831, le quartier avait vocation à être à la fois résidentielle et commerciale. Après la guerre de Sécession, il a accueilli les théâtres, puis vers la fin du 19e s., les grands magasins, avant que l'ensemble ne se déplace à nouveau vers le nord, suivant la constante expansion de la ville. La proximité de West et d'East Village attire la jeunesse et l'animation.

Au début du 20e s., on commença à tenir dans le square des **manifestations** en tout genre. En effet, les environs abritaient les bureaux de plusieurs syndicats ou des journaux radicaux de l'opposition politique au gouvernement. Parmi les rassemblements les plus célèbres, il faut citer la mobilisation pour sauver Sacco et Vanzetti de la peine de mort, en 1927, ou les marches protestataires des chômeurs, durant la Grande Dépression. Nettement plus pacifique est le **marché du terroir** qui s'y tient aujourd'hui le samedi, de même que les chevalets des artistes en devenir ou des musiciens de rue.

▸ Les abords du square comptent quelques uns des premiers gratte-ciel de New York, principalement dans des styles néoroman, néo-Renaissance ou éclectique. Ainsi, le **Decker Building** *(33 Union Sq. West)* hébergea sous ses ornements compliqués la célèbre *Factory* d'Andy Warhol, à partir de 1968. À l'angle nord-est du square, la New York Film Academy occupe un bâtiment néoclassique, construit en 1928 par l'officine démocrate **Tammany Society** *(voir p. 78),* dont la corruption gangrena la vie politique new-yorkaise.

Ladies Mile

Au début du 20e siècle, on appelait ainsi la portion de Broadway qui se déroule jusqu'à 24th Street, entre Union et Madison Squares. Elle était bordée de grands magasins, tels Tiffany's ou Lord's & Taylor's, dont les immmeubles ont été délaissés quand le centre commercial chic a émigré vers le nord, et réinvestis par de grandes enseignes.

Gramercy Park★

Nettement plus calme, ce parc n'est accessible qu'aux riverains qui en possèdent la clé. Caché derrière ses grilles, c'est l'un des plus jolis de New York. Il est entouré de belles maisons de ville.

▶ Du **côté sud**, le **National Arts Club** *(15 Gramercy Park South)* occupe un manoir qui appartenait à un gouverneur de New York. Parmi les membres du club figure l'élite du monde des arts et du cinéma, comme Martin Scorsese, Dennis Hopper ou Robert Redford. Juste à côté *(n° 16)*, le club de théâtre **The Players** a toujours compté dans ses rangs des acteurs célèbres tels Rex Harrison, Jack Lemmon, Laurence Olivier ou Richard Gere.

▶ Plus harmonieux sur le plan architectural, le **côté ouest** conserve de jolies maisons de brique rouge, dont les porches de fer forgé évoquent le style de La Nouvelle-Orléans. Julia Roberts vécut au n° 7, tandis que le n° 4 appartenait à l'un des frères Harper, fondateurs de la maison d'édition devenue Harper Collins.

Theodore Roosevelt Birthplace

28 East 20th St., ☏ 212 260 1616, www. nps.gov. Tlj sf dim. et lun. 9h-17h. Visite guidée ttes les heures, 10h-16h. 3 $.

La maison natale du 26e président des États-Unis, construite en 1848, fut détruite en 1916. Celle-ci fut édifiée en 1920 pour la remplacer. À la tête du pays de 1901 à 1909, Theodore Roosevelt (1858-1919) naquit dans une famille privilégiée de ce qui était à l'époque l'un des quartiers les plus chic de la ville. La famille quitta les lieux dans les années 1870, au moment où l'élite se rapprochait de Central Park. La visite permet de découvrir cinq pièces décorées avec des objets ayant appartenu à la famille Roosevelt. Elle dévoile également des anecdotes instructives sur le style de vie bourgeois de la fin du 19e s.

Le Flatiron★★

Angle de Broadway et 5th Avenue.

L'un des plus célèbres gratte-ciel de New York, le **Flatiron** *(175 5th Ave.)* fut aussi le premier. Il a même donné son nom au quartier. Quand on l'érigea, en 1902, il était l'immeuble le plus

élevé du monde, avec 21 étages et plus de 87 m de haut. C'est grâce à sa structure en fonte que l'on put atteindre ce résultat, tout en intégrant un grand nombre de fenêtres. On doit son style Beaux-Arts italianisant à un architecte de Chicago, **Daniel Burnham**. Mais plus que sa hauteur et l'élégance de ses corniches, c'est sa forme qui émerveille. Conçu pour occuper la pointe d'un pâté de maison en triangle, là où Broadway rencontre la 5th Avenue, il est étonnamment étroit : son étrave n'est large que d'1,80 m à son sommet. Lorsque l'on est au pied, l'effet visuel est encore accentué, donnant l'impression qu'il est plat. Sa forme triangulaire, en « fer à repasser », lui a valu son surnom.

Madison Square

Il fournit une halte agréable pour un pique-nique, et les amoureux des chiens s'amuseront d'y voir les maîtres les amener au terrain qui leur est consacré… Jadis cœur d'un quartier très élégant, le square fut le terrain de jeux des **New York Knickerbockers**, premier club de base-ball de la ville. La salle du Madison Square Garden était située sur son côté nord jusqu'en 1925. Elle a été déplacée au-dessus de Penn Station, dans West Midtown *(voir p. 236)*.

▶ Si vous venez dans le quartier le week-end, quittez Madison Square vers l'ouest, le long de 25th Street. C'est là que se tient un sympathique **marché aux puces★★**. Ne manquez pas la partie qui se tient dans un grand parking à niveaux, sur la droite (entre 5th et 6th Ave.).

Museum of Sex★

233 5th Ave., ☏ 212 689 6337, www. museumofsex.com. 11h-18h30 (20h sam.). 14,50 $ + taxe.

Ses trois salles retracent l'histoire de l'industrie new-yorkaise du sexe, des premières pin-up du 19e s. aux films et magazines pronographiques, en passant par les godemichés et affiches. Des expositions à thème se succèdent, certaines pleines d'humour, toutes très explicites…

PROPOSITIONS DE BALADES ET « BEST OF »

Une journée en prenant votre temps	🚶 Les attractions les plus populaires
Suggestion de programme	Commencez à l'angle sud-est de Central Park et descendez 5th Avenue *(voir p. 246)*. Arrêtez-vous au MoMA *(voir p. 241)*, au Folk Art Museum *(voir p. 245)* et au Rockefeller Center *(voir p. 239)* puis continuez jusqu'à la New York Public Library *(voir p. 238)*, puis à l'Empire State Building *(voir p. 237)*. Longez ensuite la 34th St. jusqu'à Macy's *(voir p. 236)*, puis revenez vers la 6th Ave., que vous remontez jusqu'à Bryant Park et l'International Center of Photography *(voir p. 247)*. Bifurquez ensuite vers l'ouest pour aller à Times Square *(voir p. 231)*. Prenez un verre dans l'un des bars panoramiques, Blue Fin ou Broadway Lounge *(voir p. 228)*. Si vos finances le permettent, finissez la journée par une comédie musicale.
Transport	Pour tout voir, il faut beaucoup marcher. Pour sillonner rapidement les avenues, prenez un bus (lignes 1, 2, 3 et 4) pour descendre la 5th Ave., un autre pour remonter la 6th Ave. (5, 6, 7). Vous pouvez aussi longer la 7th Ave. et Broadway en bus, du nord au sud (lignes 6 et 7).
Conseils	Arrangez-vous pour arriver à Times Square à la nuit tombante, quand le ciel est encore clair et que la circulation y est à son comble. Ces quartiers sont très fréquentés : n'espérez pas marcher vite.

Si vous aimez	Le best of
Voir la ville de haut	Empire State *(voir p. 237)*. Top of the Rock *(voir p. 240)*.
L'art et les musées	Le MoMA *(voir p. 241)*, le Folk Art Museum *(voir p. 245)* et la New York Public Library *(voir p. 238)*.
La photographie	Photographier Times Square *(voir p. 231)*, visiter l'International Center of Photography *(voir p. 247)* et le MoMA *(voir p. 241)*.
L'architecture	Empire State *(voir p. 237)*, Rockefeller Center *(voir p. 239)*, alentours de Times Square, de Bryant Park, des 5th et 6th Avenues.
L'histoire du théâtre	Broadway, autour de Times Square : le circuit des théâtres et Carnegie Hall *(voir p. 233-234)*.
Les loisirs créatifs	New York Beads, Fun 2 Bead, Beads on Fifth, M&J Trimmings et les merceries de la 38th Street *(voir p. 229)*.
Le shopping	5th et 6th Avenues et les rues perpendiculaires, autour de Times Square, autour de Herald Square et de 7th Avenue. La 47th Street pour les diamantaires *(voir p. 247)*.

Cruelle ironie de la pub...,
Times Square.

Ch. Barrely / MICHELIN.

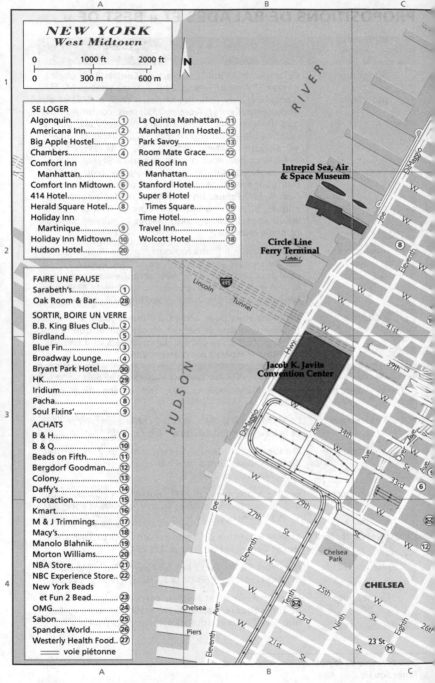

NEW YORK
West Midtown

```
0        1000 ft      2000 ft
0        300 m        600 m
```

N

SE LOGER

Algonquin	①
Americana Inn	②
Big Apple Hostel	③
Chambers	④
Comfort Inn Manhattan	⑤
Comfort Inn Midtown	⑥
414 Hotel	⑦
Herald Square Hotel	⑧
Holiday Inn Martinique	⑨
Holiday Inn Midtown	⑩
Hudson Hotel	⑳
La Quinta Manhattan	⑪
Manhattan Inn Hostel	⑫
Park Savoy	⑬
Room Mate Grace	㉒
Red Roof Inn Manhattan	⑭
Stanford Hotel	⑮
Super 8 Hotel Times Square	⑯
Time Hotel	㉓
Travel Inn	⑰
Wolcott Hotel	⑱

FAIRE UNE PAUSE

Sarabeth's	①
Oak Room & Bar	㉘

SORTIR, BOIRE UN VERRE

B.B. King Blues Club	②
Birdland	⑤
Blue Fin	③
Broadway Lounge	④
Bryant Park Hotel	㉚
HK	㉙
Iridium	⑦
Pacha	⑧
Soul Fixins'	⑨

ACHATS

B & H	⑥
B & Q	⑩
Beads on Fifth	⑪
Bergdorf Goodman	⑫
Colony	⑬
Daffy's	⑭
Footaction	⑮
Kmart	⑯
M & J Trimmings	⑰
Macy's	⑱
Manolo Blahnik	⑲
Morton Williams	⑳
NBA Store	㉑
NBC Experience Store	㉒
New York Beads et Fun 2 Bead	㉓
OMG	㉔
Sabon	㉕
Spandex World	㉖
Westerly Health Food	㉗
═══ voie piétonne	

Intrepid Sea, Air & Space Museum

Circle Line Ferry Terminal

Jacob K. Javits Convention Center

Chelsea Park

CHELSEA

Chelsea Piers

SE RESTAURER

Applebee's	①
Burger Joint	②
Dean & Deluca	⑦
Gallagher's	③
Ginger's	④
Jewel of India	⑨
Marseille	⑤
Masa	⑩
Pain Quotidien	⑥
Thai Grill and Sushi Bar	⑧

LINCOLN CENTER

66 St-Lincoln Center

UPPER WEST SIDE

Dewitt Clinton Park

Time Warner Center

59 St-Columbus Circle

CENTRAL PARK

The Pond

UPPER EAST SIDE

5 Av-59 St

Carnegie Hall

57 St-7 Av

57 St

52nd

HELL'S KITCHEN

50 St

American Folk Art Museum

MoMa

St. Thomas

Radio City Music Hall

Museum of Arts & Design

5 Av-53 St

49 St

THEATER DISTRICT

47-50 Sts-Rockefeller Ctr

Rockefeller Center

St. Patrick's Cathedral

Lexington Av-53 St

Port Authority Bus Terminal

42 St-Port Authority Bus Terminal

Diamond & Jewelry Way

51 St

EAST MIDTOWN

Hell's Kitchen Flea Market

Times Square

Times Sq

International Center of Photography

42 St-Bryant Pk

5 Av

Madame Tussaud's Wax Museum

Times Sq-42 St

Bryant Park

Grand Central Terminal

MetLife Bldg

GARMENT DISTRICT

Macy's

NY Public Library

42 St-Grand Central

Grand Central-42 St

Chrysler Building

34 St-Penn Sta

Herald Square

42 St-Grand Central

MADISON SQUARE GARDEN

PENN STATION

34 St-Penn Sta

34 St-Herald Sq

Empire State Building

28 St

33 St

QUARTIER DES THÉÂTRES - FASHION DISTRICT

😊 **L'émerveillement du MoMA**

😊 **La cohue de Times Square**

Quelques repères

Bordé au sud par 30th Street, à l'ouest par l'Hudson River, à l'est par la 5th Avenue, au nord par Central Park et 59th Street.

À ne pas manquer

La visite du MoMA.

Monter au Top of the Rock.

Un brunch gospel au B.B. King Blues Club.

Conseils

Planifiez la visite du MoMA un vendredi après 16h, c'est gratuit.

Si vous voulez voir une comédie musicale, achetez votre billet à TKTS (voir p. 228).

Prévoyez le temps d'une longue queue si vous voulez monter en haut de l'Empire State Building.

Voilà, c'est fini, le New York des rues ombragées de prunus laisse la place à celui des gratte-ciel de verre et d'acier, à Times Square et ses néons gigantesques, Broadway et son collier de théâtres, où se jouent les plus grandes comédies musicales. La 5th Avenue y devient de plus en plus chic, alignant les boutiques prestigieuses, à mesure que l'on monte vers le nord. Les adeptes du shopping ne se lassent pas d'en lécher les vitrines... D'autres grands incontournables d'une visite à New York se concentrent dans cette partie de la ville. L'Empire State Building convoque les grands classiques du cinéma, tandis que le Rockefeller Center offre un panorama fantastique depuis sa plus haute tour ou encore, après l'automne, sa patinoire et son énorme sapin de Noël. Et puis il y a le MoMA, entièrement reconstruit et repensé, avec une collection d'art moderne et contemporain à vous donner le tournis...

Se rendre dans le quartier

La station de métro **Times Square** est la mieux desservie et la plus centrale pour visiter le quartier à pied.

En métro - Ligne **A**, stations 59th St./Columbus Circle, 42nd St. et 34th St./Penn Station. Lignes **C et E**, stations 59th St./Columbus Circle, 50th St., 42nd et 34th St./Penn Station. Ligne **1**, stations 59th St./Columbus Circle, 50th St., 42nd St./Times Square et 34th St./Penn Station. Lignes **2, 3, 7**, station 42nd St./Times Square. Lignes **N, Q, R, W**, stations 57th St./7th Ave., 49th St., 42nd St./Times Square, 34th St./Herald Square. Lignes **B, D, F et V**, stations 47th-50th St./Rockefeller Center, 42nd St., 34th St./Herald Square.

En bus - Lignes **5, 6 et 7**, le long des 5th, 6th et 7th Avenues. Ligne **10**, le long de Broadway, 7th et 8th Avenues. Ligne **20**, le long des 7th et 8th Ave. Ligne **11**, le long des 9th et 10th Avenues. Quatre lignes transversales : **34** (34th St.), **42** (42nd St.), **50** (50th St.), **57** (57th St.).

Adresses utiles

Informations touristiques - Times Square Visitor Center, 1560 Broadway (entre 46th et 47th St.), ✆ 212 768 1560, www.timessquarenyc.org. 8h-20h. Fournit des plans de la ville, des brochures sur les attractions, musées, excursions, etc. Documentation disponible en français. Vous trouverez aussi le Village Voice, L Magazine et le Gallery Guide.

😊 Brochures et dépliants comportent des réductions pour des spectacles et attractions. Prévoyez de vous les procurer tôt dans votre séjour, avant de commencer les visites.

Banques - Distributeurs de billets autour de Times Square, Herald Square ou Penn Station, et le long des 5th, 6th et 7th Avenues.

Poste - Bureau central de New York, 421 8th Ave. 24h/24. **Times Square**, 340 West 42nd St. Lun.-vend. 8h30-17h30. **Rockefeller Center**, 610 5th Ave. Lun.-vend. 9h-17h30.

Internet - Cybercafe Times Square, 250 West 49th St. (entre Broadway et 8th Ave.), ℰ 212 333 4109. Lun.-vend. 8h-23h, w.-end 11h-23h.

ⓔ Possibilité de consultation gratuite d'Internet au Times Square Visitor Center *(voir p. 224)* et à la Public Library.

Laverie - Zanussi Automatic Laundry, 794 9th Ave., ℰ 212 265 6164.

Se loger

À l'exception des auberges de jeunesse, il n'est pas particulièrement bon marché de loger dans ce quartier. Ce n'est pas non plus le meilleur endroit pour sortir boire un verre, mais si vous souhaitez mettre votre séjour à profit pour voir une comédie musicale à Broadway ou rapporter des dizaines de sacs de shopping, c'est le principal quartier des théâtres et des grands magasins. Il est assez sûr le soir (vous pourrez facilement faire l'économie du taxi), très bien desservi par les transports en commun et proche de tous les grands musées.

De 40 $ (par personne) à 100 $

Manhattan Inn Hostel ⑫, 303 West 30th St., ℰ 212 629 4064, www.manhattaninnhostel.com - ⁂ 🖥 Choix de dortoirs à 4, 6 ou 8 lits et quelques chambres doubles avec salle de bains (110 $). Pas de caractère particulier mais propre, pratique et d'un bon rapport qualité-prix.

Big Apple Hostel ③, 119 West 45th St. (entre 6th et 7th St.), ℰ 212 302 2603, www.bigapplehostel.com - 112 lits et 11 ch. Seules les chambres bénéficient de la clim et l'ensemble est très basique, mais exceptionnellement situé et très propre.

De 100 à 150 $

Park Savoy Hotel ⑬, 158 West 58th St., ℰ 212 245 5755, www.parksavoyhotel.

com - 105 ch. ⁂ 🖥 Une entrée très discrète, à un bloc de Central Park, pour un hôtel abordable. Les *double* sont très petites mais idéales pour les petits budgets, les *queen* sont un peu plus spacieuses mais leur prix, proche de ceux des concurrents mieux équipés, ne justifie pas forcément ce choix.

Wolcott Hotel ⑱, 4 West 31st St., ℰ 212 268 2900, www.wolcott.com - 160 ch. ⁂ 🖥 Le splendide hall ne doit pas cacher que les chambres ont quelques défauts, souvent petites, avec une clim bruyante. Les couloirs sont assez sonores la nuit, mais l'emplacement et le prix en font quand même une affaire.

De 150 à 200 $

414 Hotel ⑦, 414 West 46th St. (entre 9th et 10th Ave.), ℰ 212 399 0006, www.414hotel.com - 22 ch. ⁂ 🖥 Situé au calme, dans une rue plantée d'arbres, cet immeuble en brique rouge propose des chambres là encore un peu petites mais très confortables. Petit-déj. inclus. Un récent changement de direction semble toutefois affecter un peu la qualité du service.

Holiday Inn Midtown 57th St. ⑩, 440 West 57th St. (entre 9th et 10th Ave.), ℰ 212 581 8100, www.holiday-inn.com - 596 ch. ⁂ 🖥 ✕ 🏊 L'un des moins chers des grands hôtels de chaînes du quartier, un peu à l'écart. Moderne et totalement impersonnel mais tout confort, et la piscine peut être agréable quand il fait très chaud !

● **Herald Square Hotel** ⑧, 19 West 31th St., ℰ 212 279 4017, www.heraldsquarehotel.com - 130 ch. ⁂ 🖥 Au cœur du Garment District, un hôtel impeccable, dont les chambres standard sont petites mais confortables. Bon accueil.

Americana Inn ②, 69 West 38th St., ℰ 212 840 6700, www.theamericanainn.com - ⁂ 🖥 Pour dépanner car un peu trop cher, surtout pour les chambres qui partagent une salle de bains. Sinon, l'établissement est très bien tenu et idéalement situé.

Comfort Inn Manhattan ⑤, 42 West 35th St., ℰ 212 947 0200, www.comfortinnmanhattan.com - 131 ch. ⁂ 🖥 Le confort classique des grandes chaînes hôtelières, malgré des couloirs un peu vieillots. Si vous le pouvez, demandez à avoir la vue sur l'Empire State.

Comfort Inn Midtown ⑥, 129 West 46th St., ✆ 212 221 2600, www.applecorehotels.com - 79 ch. ⚑ 🖥 Tout près de Times Square, cet hôtel de chaîne est bien situé, bien tenu et pas trop grand. Chambres très confortables et agréablement décorées. Petit-déj. léger compris.

Time Hotel ㉓, 224 West 49th St. (entre Broadway et 8th Ave.), ✆ 212 246 5252, www.thetimeny.com - 164 ch. ⚑ ✗ 🖥 Les chambres, design et confortables, mettent à l'honneur les couleurs primaires et les lignes épurées. Très bon rapport qualité-prix pour cette catégorie.

De 200 à 250 $

Red Roof Inn Manhattan ⑭, 6 West 32nd St., ✆ 212-643-7100, www.applecorehotels.com - 171 ch. ⚑ 🖥 Une déco sobre typiquement newyorkaise, tout le confort et un excellent emplacement font de cet hôtel de chaîne un très bon choix dans le quartier. Petit-déjeuner léger compris.

Super 8 Hotel Times Square ⑯, 59 West 46th St., ✆ 212 719 2300, www.applecorehotels.com - 206 ch. ⚑ 🖥 Proche du précédent et géré par le même groupe. Le lobby est spacieux et très classique. Les chambres, très bien équipées, ne sont pas très grandes. Petit-déj. léger compris.

La Quinta Manhattan ⑪, 17 West 32nd St., ✆ 212 736 1600, www.applecorehotels.com - 182 ch. ⚑ 🖥 Bien qu'appartenant à une chaîne populaire, cet hôtel élégant et très bien situé offre une alternative économique aux hôtels de luxe. Bar en terrasse sur le toit. Chambres grand confort. Fitness. Petit-déj. léger compris.

Travel Inn ⑰, 515 West 42nd St. (entre 10th et 11th), ✆ 212 695 7171, www.thetravelinnhotel.com - 160 ch. ⚑ 🖥 ⚊ Moins bien placé que les précédents, dans un quartier tristounet et désert le

soir (on n'est quand même pas très loin de Times Square), mais très confortable et doté d'une piscine. Surveillez les discounts sur Internet.

Stanford Hotel ⑮, 43 West 32nd St., ✆ 212 563 1500, www.hotelstanford.com - 122 ch. ⚑ 🖥 Le hall d'accueil est tristounet, mais les chambres, de taille variable, sont confortables. L'ensemble est très bien tenu et d'un bon rapport qualité-prix pour le quartier. Le moins cher de cette catégorie. Petit-déjeuner léger compris.

Holiday Inn Martinique on Broadway ⑨, 49 West 32nd St. (angle Broadway), ✆ 212 736 3800, www.holidayinn.com - 532 ch. ⚑ 🖥 ✗ Grand hôtel rénové en 2005, très bien situé. Le décor est impersonnel mais impeccable et les chambres sont assez grandes.

Room Mate Grace ㉒, 125 West 45th St. (entre 6th et 7th Ave.), ✆ 212 3542323, www.room-matehotels.com - 139 ch. ⚑ ✗ 🖥 En plein Times Square, le luxe à un prix accessible. Les chambres, comme des cabines de bateau, sont petites, mais très propres et confortables. Piscine et sauna très glamour. Très bon rapport qualité-prix.

De 300 à 400 $

Algonquin ①, 59 West 44th St. (entre 5th et 6th Ave.), ✆ 212 840 6800, www.algonquinhotel.com - 150 ch. ⚑ 🖥 Cet hôtel mythique, fréquenté jadis par l'élite littéraire de la ville, a conservé toute son élégance. C'est un mélange raffiné de boiseries, d'épaisses moquettes et de draperies, associées à tout le confort moderne. Le cabaret propose des soirées de qualité.

Plus de 400 $

Hudson Hotel ⑳, 356 West 58th St. (entre 8th et 9th Ave.), ✆ 212 554 6000, www.hudsonhotel.com. - 1 000 ch. ⚑ ✗ 🖥 On entre dans cet ancien pensionnat de jeunes filles par un escalator. L'intérieur, complètement rénové par Starck, allie folie des grandeurs et éclectisme. Très agréable terrasse, avec vue sur Central Park. Les chambres sont assez petites, mais les promotions sur

Mode - 🅰 **Manolo Blahnik** ⑲, 31 West 54th St. (entre 5th et 6th Ave.), ☏ 212 582 3007. Les adeptes de *Sex and the City* ou de *Bridget Jones* assiègent ce snobissime chausseur, mythique chez les *fashion victims*. On y trouve les plus exquises et improbables pantoufles...

OMG ㉔, 270 West 38th (angle 8th Ave.), ☏ 212 768 4220. Spécialiste des jeans et des tee-shirts de marque (Levi's, Miss Sixty, Calvin Klein, Ralph Lauren, etc.) à prix cassés.

Footaction ⑮, 430 7th Ave. (entre 33rd et 34th St.), ☏ 646 473 1945. Principalement des chaussures de sport et du *streetwear* des grandes marques les plus populaires. Lots de tee-shirts ou polos de toutes les couleurs, à prix défiant toute concurrence.

Discount - Daffy's ⑭, 1 Herald Sq., ☏ 212 736 4477, www.daffys.com. Tout un fouillis de marques à prix discount. Du choix pour les bébés, la bagagerie ou les vêtements, mais arrivages d'intérêt irrégulier.

Photo/vidéo - B & H ⑥, 420 9th Ave. (près de 34th St), ☏ 212 502 6380, www.bhphotovideo.com. Fermé vend. apr.-midi et sam. Le magasin des professionnels de l'image. Vaste choix de matériel photo, vidéo et audio.

Souvenirs, divers - NBC Experience Store ㉒, Rockefeller Center, 50th St. (entre 5th et 6th Ave.), ☏ 212 664 7174, www.NBCExperienceStore.com. Pour les fans de séries télé ou d'émission américaines, des DVD, gadgets et tee-shirts à prendre au troisième degré, vantant *Urgences*, *Will & Grace*, *Friends*, *Law & Order*...

Sabon ㉕, 1371 6th Ave., ☏ 212 974 7352, www.SabonNyc.com. Délicate ligne de produits de beauté, à base d'ingrédients naturels, pour le corps ou le visage. Jolis savons, sels de bain, lotions crémeuses à souhait...

Sport - 🅰 **NBA Store** ㉑, angle 5th Ave. et 52nd St., ☏ 212 515 6221, www.nbastore.com. C'est là que l'on trouve tous les maillots et accessoires des grandes équipes de basket et de leurs stars. Les rayons casquettes, chaussu-

res et ballons sont une mine pour *aficionados*.

Musique - 🅰 **Colony** ⑬, 1619 Broadway (angle de 49th St.), ☏ 212 265 2050, www.colonymusic.com. Outre les partitions pour à peu près tout ce que vous voudriez jouer ou chanter, vous y trouverez les CDs et DVDs d'une foule de comédies musicales, des CDs spéciaux pour karaoké, de vieux vinyls introuvables ailleurs, des affiches des grands shows produits sur Broadway.

Loisirs créatifs - 🅰 **M & J Trimmings** ⑰, 1008 6th Ave. (entre 36th et 37th St.), ☏ 212 391 6200, www.mjtrim.com. Même si vous n'êtes pas un fée de la couture, entrez dans cette merveilleuse boutique, où rubans, boutons, pompons et galons sont arrangés en subtiles gammes de couleur. Les appliqués brodés prêts-à-poser vous donneront des idées pour customiser le moindre objet.

🅰 **New York Beads** ㉓, 1026 6th Ave., ☏ 212 382 2994, et **Fun 2 Bead**, 1028 6th Ave., ☏ 212 966 2748, www.fun2bead.com. Voici deux magasins de perles et fournitures pour fabriquer ses bijoux. Ils proposent un grand choix de perles dures et semi-précieuses à prix très intéressant, ainsi que des centaines de fermoirs et breloques en tout genre.

Beads on Fifth ⑪, 376 5th Ave., ☏ 212 244 6616. Pour les bricoleuses et celles qui rêvent de concevoir leurs bijoux, un choix étonnant de perles et pierres de toutes les formes et couleurs, outils, fermoirs et autres gadgets pour créer soi-même sa parure. Quelques objets finis à prix mini (importés d'Asie).

B & Q ⑩, 210 West 38th St., **Match Feather**, 224 West 38th St., et **Lin's Trimming**, 238 West 38th St., au cœur de Garment District, proposent une incroyable variété d'articles de mercerie, dont des broderies à appliquer, des bordures de perles tissées, des boucles de ceinture, des boutons, des plumes ou des rubans, à des prix nettement plus bas qu'en France.

Spandex World ㉖, 228 West 38th St., dans la même rue que les précédentes adresses, vend exclusivement des tissus élastiques, jerseys lycra, dans une foule de couleurs et d'imprimés.

- **Commerces d'alimentation - Morton Williams** ⑳, 225 West 57th (autre entrée sur 58th St.), ℘ 212 586 7750. Ouvert 24h/24. Belle sélection de produits de qualité, rayon plats cuisinés à réchauffer, végétariens ou non, et bar à salades et plats chauds à 5 $ la livre. Très pratique pour le pique-nique à Central Park, tout proche.

- **Westerly Health Food** ㉗, 911-13 8th Ave., ℘ 212 586 5262. Ouvert 7j/7. On y trouve tous les produits naturels classiques, salades toutes prêtes, sandwiches, céréales, noix et noisettes, fruits secs et produits laitiers bio, pour manger sur le pouce.

Grande surface - Kmart ⑯, 34th St. et 1 Penn Plaza, près de 7th Ave. Adjacent à Penn Station, supermarché discount, idéal pour les petits budgets.

Marché aux puces - Hell's Kitchen Flea Market, le long de 39th St., entre 9th et 10th Ave. ℘ 212 243 5343. Au sud de la voie d'accès au Lincoln Tunnel, marché à la brocante, sam. et dim. toute la journée. On y trouve de petits meubles, des livres et disques, des quolifichets en tous genres.

Ⓢ Une navette circule le week-end, durant toute la journée, entre le marché aux puces de Hell's Kitchen et celui de la 25th Street. Ticket 1 $.

Loisirs

Théâtre - Broadway est LE quartier où aller voir une **comédie musicale**. Consultez les sites Internet qui donnent de bons tuyaux pour réserver votre spectacle en ligne *(voir p. 50)*. Pour la liste des spectacles, allez sur le site officiel (existe en français), **www.livebroadway.com**, qui permet d'acheter son billet.

Certaines comédies musicales rencontrent un succès tel qu'elles bénéficient d'une programmation au long cours. Pensez à les répertorier et à consulter les résumés et critiques sur Internet *(voir p. 50)*.

TKTS, Duffy Sq. *(angle Broadway et 42nd St.)*, vend les spectacles du soir-même à prix cassé *(voir p. 50)*.

Concerts - Pour les concerts au **Carnegie Hall**, ℘ 212 247 7800, le site www.carnegiehall.org donne les programmes et permet d'acheter son billet en ligne. Box office, sur place : 11h-18h, sf w.-end en juil.-août *(voir p. 234)*.

Patinage sur glace - La **patinoire du Rockefeller Center** *(voir p. 239)* ouvre d'oct. à avr. 9h-22h30 (vend. et sam. 0h), avec 2 interruptions quotidiennes de 30mn pour rafraîchir la glace. Lun.-jeu. 10 $, vend.-dim. et j. fériés 14 $. Lunchtime skating (11h30-13h), lun.-jeu. 5 $. Location de patins 7,50 $.

HISTOIRE

Quand New York fut créée, ce qui est aujourd'hui Midtown n'était qu'une campagne doucement ondulée. Canal Street, au sud de Soho, marquait sa limite. Mais, à mesure que l'immigration amenait ses vagues d'habitants pauvres et avides de réussite, ceux qui avaient déjà trouvé fortune déménageaient et se réinstallaient plus au nord, s'éloignant des zones portuaires et industrielles de la pointe de l'île. Au milieu du 19e siècle, la plupart de Midtown était devenue une zone résidentielle tranquille, couverte de jolies demeures de ville en grès brun, les fameuses *brownstones*. Ses quartiers étaient principalement occupés par la bourgeoisie aisée. Les plus riches commençaient déjà à construire leurs manoirs le long de **5th Avenue** et autour des squares. La création de Central Park, dans la seconde moitié du siècle, accentua encore ce mouvement de population, d'autant plus facilement que les New-Yorkais, même les plus prospères et les mieux établis, n'ont jamais hésité longtemps avant de démolir leur maison, soit pour en construire une plus belle, soit pour partir ailleurs. Mieux, plus grand, plus beau, plus cher, voilà le moteur du développement de la ville. Emboîtant le pas à leurs riches clients, les **grands**

magasins et **hôtels** chic ont suivi. C'est ainsi qu'au fil des décennies, le paysage urbain a énormément changé dans Midtown. L'idée de préserver le patrimoine architectural n'a commencé à se manifester que très tardivement, ce qui explique que l'on trouve relativement peu de bâtiments antérieurs au 20e s. dans cette partie de la ville.

Des paillettes et des robes

Il fallait naturellement distraire tout ce beau monde. Les théâtres migrèrent donc eux aussi, essaimant de part et d'autres de Broadway, autour de ce qui est devenu Times Square, formant le **Theater District**. Durant la Prohibition, les bars et les **clubs de jazz**, de plus en plus populaires, attiraient les New-Yorkais en mal de distraction, mais hésitant à se rendre à Harlem.

Parallèlement, l'industrie de la confection, qui éclot à la fin du 19e s., s'étend progressivement à partir de Lower East Side *(voir p. 160)* et remonte le long de Broadway et de la 6th Avenue, donnant naissance à un véritable quartier de la mode, appelé **Garment District** (ou encore Fashion Center).

L'ascension vers le ciel

Si l'on a commencé à construire des gratte-ciel dans Midtown dès le tournant du 20e s., paradoxalement, c'est au moment de la Grande Dépression de 1929 qu'ont pris naissance les deux plus imposants projets, l'**Empire State Building** et le **Rockefeller Center**. Ce dernier, surtout, marqua un tournant : pour lui faire la place, il fallut détruire plus de 225 *brownstones*.

VISITE DU QUARTIER

Composant la plus vaste partie de Midtown, à l'ouest de 5th Avenue (séparation Est-Ouest officielle de la ville), cette zone est immense et comporte un bon nombre des incontournables de la ville, tels Times Square *(voir ci-dessous)*, l'Empire State *(voir p. 237)*, le Rockefeller Center *(voir p. 239)* et le MoMA *(voir p. 241)*.

🚶 Si vous avez peu de temps, contentez-vous de passer de l'un à l'autre, en prévoyant de monter en haut de l'un des deux gratte-ciel pour le panorama. Si vous pouvez flâner, le plus agréable est de parcourir la 5th Avenue en visitant ce qui vous y intéresse, puis d'emprunter la 6th Avenue ou Broadway.

DE BROADWAY À L'HUDSON RIVER★

À l'exception de la visite du navire *Intrepid*, le principal intérêt de cette partie de Midtown réside dans ses avenues bourdonnantes d'activité, principalement les 6th et 7th Avenues ainsi que Broadway elle-même, bordées d'une succession d'immeubles et d'hôtels de styles et d'époques très disparates. La partie occidentale, appelée Clinton (ou Hell's Kitchen) est beaucoup plus triste, bien qu'elle commence sérieusement à intéresser les bobos en quête d'une résidence à Manhattan.

🚶 Le meilleur moment pour arpenter les avenues est la fin d'après-midi, quand la nuit commence à tomber et que les néons prennent tout leur relief. Flânez sans but précis, en vous contentant de regarder les affiches des théâtres, le flot des taxis jaunes et les réclames multicolores.

TIMES SQUARE★★

(Plan D3)

Croisement de Broadway et 7th Ave.

🚶 C'est, on l'a dit, mieux le soir, mais à éviter les jours de grandes célébrations, en particulier le soir du Nouvel An, à moins que vous n'aimiez vous faire écraser dans une cohue indescriptible.

Au cœur du Theater District, Times Square n'a rien d'un paisible jardin public : c'est au contraire le symbole absolu de la frénésie new-yorkaise portée à son comble. Des trottoirs bondés quelle que soit l'heure, une orgie de lumière dégoulinant de néons gigantesques, un concert de klaxons... Quand il pleut, c'est encore mieux :

Et l'architecture

En arpentant les rues de Midtown, vous verrez à peu près tout ce qui a pu se faire en terme de gratte-ciel, du plus alambiqué au plus étonnant, du noir au rouge en passant par le verre transparent. Levez les yeux et regardez les détails de chaque façade, les décrochements, les toits : la diversité est stupéfiante !

tout se dédouble, se reflète, scintille, les balais des essuie-glaces aux pare-brise des taxis ajoutent leur va-et-vient à la pulsation électrique des lumières, la foule se presse. Voici l'endroit où revivre des scènes sinistres sorties de films culte, comme *Taxi Driver*.

Au 19e s., Longacre Square, comme on l'appelait alors, servait de centre au marché des chevaux. Quand le quotidien *The New York Times* décida d'y construire ses bureaux, en 1904, on en changea le nom. En 1916, on autorisa l'installation des premières grandes **enseignes électriques** qui allaient donner son caractère à Times Square. À la grande époque du cinéma new-yorkais, avant qu'il n'émigre à Hollywood, le quartier comptait de célèbres studios, comme la Paramount ou, plus tard, la Twentieth Century Fox. Pourtant, à partir des années 1970, Times Square avait une épouvantable réputation, en raison des trafics de drogue et des sex-shops des rues avoisinantes. Depuis les mesures sécuritaires des années 1990, le commerce interlope est parti et les familles ont réintégré les environs. Walt Disney peut y produire ses spectacles familiaux en toute sécurité. Les murs de lumière rivalisent d'inventivité et de technologie : on peut rester plus de 10mn à regarder les écrans sans jamais voir la même image ! Outre les *megastores* et les bazars à touristes, ne manquez pas de repérer quelques immeubles dignes d'intérêt.

▶ Le **n° 1 Times Square** est désormais bien caché derrière les écrans de pub, mais c'est là que logeait le *New York Times* (il a déménagé en 2007 dans une tour de 318 m conçue par l'architecte Renzo Piano, au croisement de 40th St. et de 8th Avenue). En 1928, l'immeuble fut le premier à arborer des textes lumineux défilant (aujourd'hui, on y lit les cotations du Dow Jones). C'est le long de cette façade que l'on lâche, depuis 1905, un ballon lumineux, pour marquer le passage à une nouvelle année.

▶ Le **n° 3 Times Square**, occupé par l'agence de presse **Reuters**, affiche d'immmenses photographies de reportages dans les coins les plus chauds de la planète et les accompagne de messages politiques. Ainsi, durant la guerre d'Irak, l'agence a tenu le compte des journalistes tués dans ce pays.

▶ En face, au **n° 4 Times Square**, se dresse le très *high tech* gratte-ciel de la **Condé Nast** (1999), reconnaissable à sa tour ronde entièrement drapée d'écrans. La base annonce les cours du Nasdaq, le contraste étant parfois cynique avec les pubs qui la surmontent.

▶ Au 1500 Broadway, ses immenses fenêtres ouvrant sur Times Square, se trouve l'**ABC Studio** (American Broadcasting Company), d'où est diffusée la célèbre émission *Good Morning America*.

▶ Dans le prolongement de Times Square vers le nord, le kiosque du TKTS, qui vend des billets de théâtre à prix cassé, occupe **Duffy Square**, dominé par les scintillements de la pub.

Madame Tussaud's Wax Museum

(Plan D3)

234 42nd St., ✆ 800 246 8872, www. nycwax.com. 10h-20h. 29 $.

⊛ Vous trouverez d'importants bons de réductions dans le fascicule *Museums, museumgoers handbook*.

Vous rêvez de rencontrer les célébrités américaines ? Ce musée en met en scène plus de 200, moulées dans la cire et étonnamment réalistes ! Seul problème, à moins d'avoir mémorisé toutes les vedettes des sitcoms, du sport et de la politique, vous ne reconnaîtrez pas tout le monde.

(Plan D3)

Le quartier des théâtres autour de Times Square prit naissance avec l'ouverture, en 1895, de l'Olympia, à l'angle de Broadway et de la 45th Street. Par la suite, il s'en créa plus de 80, dans un périmètre allant de la 6th à la 8th Avenue, entre les 40th et 57th Streets. Au début, on y programmait surtout des comédies légères et des revues, puis, dans les années 1920, on commença à y produire le répertoire des grands dramaturges américains, tel Eugene O'Neill *(voir p. 104)*. À peu près à la même époque, entre les deux guerres, la **comédie musicale** fit son apparition, croisement de théâtre et d'opérette *(voir p. 104)*. Durant la Seconde Guerre mondiale, les établissements fermèrent leurs portes durant deux ans, sonnant le glas de nombreuses compagnies. Beaucoup de salles glissèrent alors vers le cinéma ou les shows érotiques et pornos. Le quartier subissait la loi des gangs mafieux qui se disputaient les bénéfices de l'industrie du sexe et de la prostitution. Ce n'est qu'avec les années 1990 et la grande purge de la criminalité que l'on renoua avec le succès populaire. Les restaurants se multiplièrent et la plupart des anciens théâtres furent rénovés. Il en reste actuellement environ une quarantaine.

Circuit des théâtres historiques

(Plan D3)

Commencez au sud par la 42nd Street, puis remontez vers le nord.

▶ La **42nd Street** aligne parmi les plus anciennes et les plus prestigieuses salles du Theater District.

Parmi les salles historiques, les passionnés pourront chercher le **New Amsterdam Theater** *(214 West 42nd St., entre 7th et 8th Ave.)*, racheté par Disney pour ses adaptations musicales, dont *The Lion King (Le Roi Lion)* ou *Mary Poppins*. Construit en 1903 pour Florenz Ziegfeld, qui y produisit ses fameuses *Ziegfeld Follies*, il accueillit les spectacles new-yorkais de Maurice Chevalier.

Marketing avant la lettre...

En 1926, la star vénérée du cinéma muet, Rudolf Valentino, meurt prématurément à New York. Sa dépouille, exposée dans une chapelle funéraire de Broadway, attire tellement de monde que les studios qui l'employaient imaginent d'orchestrer un enterrement à grand spectacle et choisissent l'église catholique St. Malachy, sur la 59th Street. L'acteur est deux fois divorcé, ce qui empêche un enterrement catholique ? Pas de problème. On procède rapidement à des arrangements avec l'Église qui déclare ces mariages nuls. La fête peut commencer. Les moindres points de vue depuis les immeubles de la rue sont loués aux spectateurs qui se bousculent pour acclamer les vedettes entrant dans la chapelle. La dernière maîtresse du beau ténébreux joue avec maestria les veuves éplorées. Mais cela ne suffit pas. Il faut prolonger l'exposition du cercueil pour que la foule puisse payer ses respects et que le frère du défunt ait le temps d'arriver d'Italie ! L'enterrement, après l'ultime voyage vers un cimetière d'Hollywood, ne se déroule finalement qu'après deux semaines d'un invraisemblable show. Les studios peuvent se frotter les mains : après ces funérailles bien « marketées », les films de l'acteur atteignent des records de fréquentation.

En face, le **New Victory Theater** *(209 West 42nd St.)* fut ouvert en 1899 par Oscar Hammerstein (dont l'Olympia avait lancé le quartier). C'est le plus vieux de New York. On y joua des films porno dans les années 1970.

En s'éloignant de Broadway vers l'ouest, le **Theater Row** *(entre 9th et 10th Ave.)* aligne plusieurs salles consacrées aux shows du off Broadway, voire du *off-off (voir p. 104)*. On y regarde des productions plus confidentielles.

▶ La **44th Street** *(entre 7th et 8th Ave.)* multiplie les salles riches d'histoire, le **Majestic** (1927), le **Shubert Theater** (1913), qui vit les débuts à Broadway de Barbra Streisand, ou le **Lambs Theater** (1904), dont le club accueillit Spencer Tracy ou John Barrymore. Au n° 432, dans une ancienne église, se tenait l'**Actors Studio** de Lee et Paula Strasberg, où étudièrent Marlon Brando, Dustin Hoffman ou Al Pacino.

▶ Une rue plus haut, sur **45th Street**, le **Lyceum Theater** *(149-157 West 45th St., entre Broadway et 6th Ave.)* conserve sa façade Beaux-Arts (1903) : c'est l'un des plus anciens encore en activité. Cadre de comédies musicales célèbres, l'**Imperial Theater** *(249 West 45th St., entre Broadway et 8th Ave.)* produisit les plus grands, notamment Cole Porter, Gershwin et Leonard Bernstein.

▶ Sur **46th Street**, le **Lunt Fontanne Theater** *(205 West 46th St., entre Broadway et 8th Ave.)* a prêté son allure de palais italien à la première représentation de *Sound of Music (La Mélodie du bonheur)*, et au show de Marlene Dietrich.

▶ Une rue plus haut, le **Barrymore Theater** *(243-251 West 47th St., entre Broadway et 8th Ave.)* abrita derrière ses grilles en fer forgé la pièce *A Streetcar named Desire (Un Tramway nommé Désir)*, créée en 1947, où le jeune et beau Marlon Brando se fit remarquer.

▶ À l'angle de Broadway et de la 50th Street, le **Cadillac Winter Garden** résonne encore des *Ziegfeld Follies* qui s'y donnèrent en spectacle avec Josephine Baker. On put aussi y voir *West Side Story* ou *Funny Girl*.

Carnegie Hall

(Plan E2)

156 West 57th St., angle de 7th Ave.

Sans doute la plus célèbre salle de concert de New York, cet édifice imposant est un bel exemple de ce que les mécènes sont à la ville. **Andrew Carnegie** était un magnat de l'acier, fils d'immigrants écossais qui commença sa vie active, encore enfant, dans une usine. Profondément conscient de ce que les fossés sociaux pouvaient causer comme dommages, il s'investit très tôt dans les œuvres caritatives, fondant écoles, bibliothèques et salles de concert. À la fin du 19e s., il décida de financer la construction à New York d'une salle de niveau international. Érigé dans un style évoquant la Renaissance italienne, Carnegie Hall fut inauguré en grande pompe le 9 mai 1891, sous la baguette de Tchaïkovsky. De 1892 à 1962, ce fut la salle du New York Philarmonic Orchestra. Les plus grands interprètes y firent leurs débuts, comme le violoniste Isaac Stern. L'intérieur comporte trois salles qui alternent concerts classiques, jazz, world et variétés.

Le **Rose Museum** *(2e étage. Sept.-juin 11h-16h30. Gratuit)* rassemble des documents et objets racontant plus d'un siècle d'histoire du Carnegie Hall. On y voit entre autres la baguette de chef d'orchestre de Toscanini, la clarinette de Benny Goodman et une foule d'affiches et de programmes.

GARMENT DISTRICT

(Plan C/D-3/4)

Au sud de Times Square, ce quartier s'étend de la 30th à la 40th Street. Son importance rappelle que la confection fut longtemps l'une des principales industries de New York. Dans les années 1870, la ville produisait à elle seule plus que ses quatre principales rivales réunies. À l'époque, on dénombrait près de 35000 couturières. Avec l'invention de la machine à coudre et des patrons en papier, ce métier s'ouvrit à toujours plus de candidates. Puis, avec l'amélioration des techniques et l'automatisation, les tâches devinrent simples et répétitives, ouvrant la voie aux ateliers organisés. Le Garment District, à mi-chemin entre les quartiers populaires des berges de l'Hudson et les **grands magasins** de Midtown, apparut comme un endroit idéal pour développer ce secteur. Macy's, Lord & Taylor ou Brooks Brothers devinrent les grands donneurs d'ordre. Chaque grand magasin imprimait et distribuait son **catalogue**. Les clients choisissaient un modèle, envoyaient leurs mensurations et on leur faisait faire l'article commandé. Enfin, la mode sobre et moins ajustée des années 1920 et 1930 permit

Affiche de comédie musicale à Broadway.

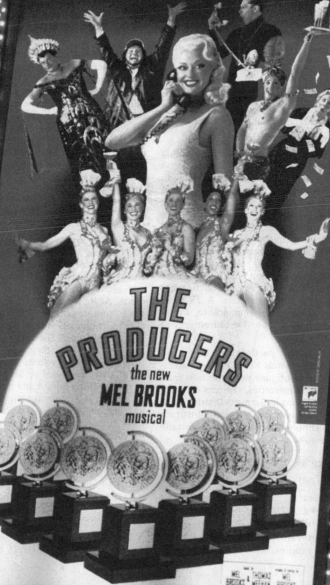

de lancer le véritable **prêt-à-porter**, indépendamment des mensurations précises de tout un chacun.

Désindustrialisation

Des ateliers, on passa aux usines. En 1950, la confection représentait le tiers des emplois manufacturiers et 10 % de tous les emplois de la ville. Aujourd'hui, elle ne compte plus que 8 % des premiers et 2 % de l'emploi total, soit une chute de près de 75 % ! La plupart des ateliers sont partis ailleurs en raison des loyers prohibitifs et de la mutation new-yorkaise de l'industrie vers les services. Bien que le Garment District en soit le grand pôle, c'est dans Lower East Side, Chinatown et certains quartiers de Brooklyn que se trouvent désormais de nombreux ateliers.

Quelques exceptions

Le principal de l'activité concerne la **confection féminine** (70 %) et la fabrication d'uniformes scolaires ou militaires. Pourtant, même si le gros de la fabrication a été délocalisé au Mexique ou en Chine, New York reste l'une des plaques tournantes de la mode. La rapidité de la réponse aux commandes permet à quelques petites entreprises de perdurer, surtout dans les secteurs en pointe de la mode qui changent très vite en fonction des réactions de la clientèle. À 75 %, la main-d'œuvre est immigrante, asiatique (chinoise pour l'encadrement) et latino.

▶ Le visiteur ne découvre que quelques marchands de gros, une succession de boutiques de mode bon marché et de merceries, témoins de cette activité dans le Garment District. Pour valeur de symbole, le Fashion Institute of Technology *(voir p. 209)* s'est installé juste au sud, à Chelsea.

Macy's★

(Plan D4)

151 West 34th St. (entre Broadway et 7th Ave.), ☎ 212 695 4400, www.macys. com. 10h-21h, dim. 11h-20h.

Construit en 1901, puis aggrandi à plusieurs reprises, Macy's se vante depuis 1924 d'être le plus grand magasin du monde. Même s'il a sûrement été dépassé, ses dix étages rassemblent certainement la plus belle variété de marchandises. Son fondateur, qui avait commencé comme capitaine de baleinier, était un visionnaire du commerce qui n'hésitait pas à rapporter aux New-Yorkais des denrées venues d'ailleurs. Chaque année, le magasin organise la **Thanksgiving Day Parade**, un défilé haut en couleur *(voir p. 57)*.

▶ Un bloc vers le sud, sur la 7th Avenue, le complexe du **Madison Square Garden**, où se tiennent concerts et événements sportifs, se dresse au-dessus de la gare ferroviaire souterraine de **Penn Station**. La démolition de la gare originelle, en 1963, souleva un tollé, car elle comportait de très intéressants éléments d'architecture. Quant au complexe (1968), c'est son troisième emplacement, depuis le premier site de Madison Square *(voir p. 219)*.

VERS L'HUDSON RIVER

(Plan B/C-2/3)

Suivant l'industrialisation des berges de l'Hudson, l'arrivée de la High Line, le long de la 9th Avenue *(voir p. 185)*, chassa la bourgeoisie, laissant la place aux immigrants, irlandais principalement. Au tournant du 20e s., la zone était l'une des plus mal famées de la ville, surnommée **Hell's Kitchen** (la porte de l'enfer). Elle servit de cadre au film *West Side Story*. C'était le territoire d'un gang redouté qui a donné au quartier son nom actuel, **Clinton**, et qui continua durant une bonne partie du 20e s. à racketter propriétaires et commerçants à l'ouest de la 8th Avenue. Aujourd'hui, il a disparu. De plus en plus de restaurants ouvrent dans Hell's Kitchen et sa proximité avec le **Jacob K. Javits Convention Center** *(11th Ave., entre 34th et 39th St.)*, conçu en 1986 par Pei, l'architecte de la pyramide du Louvre, à Paris, amène séminaires et manifestations en tout genre.

▶ Un peu plus loin au nord, le **Pier 83** *(au niveau de 42nd St.)* sert d'embarcadère pour les croisières de la **Circle Line**, autour de Manhattan.

▶ Encore plus loin au nord *(au niveau de la 52nd St.)*, les quais accueillaient les grands **navires transatlantiques**, tel le *France*. Aujourd'hui, c'est là que le *Queen Mary II* vient accoster.

Intrepid Sea-Air-Space Museum★

(Plan B/C-2)

Pier 86, niveau 46th St., ☎ 212 245 0072, www.intrepidmuseum.org.

Ce musée en plein air rassemble des navires de la marine américaine et une collection d'avions, dont le *Concorde*.

▶ Le plus spectaculaire est l'**Intrepid**, un **porte-avions** de la Seconde Guerre mondiale, utilisé pendant la guerre du Vietnam et le blocus de Cuba. La visite comprend aussi un court film et des expositions sur **Pearl Harbor** et sur les voyages au-dessus de l'Atlantique, avec le **Concorde** en point d'orgue.

DE 5TH AVENUE À 6TH AVENUE★★★

Tout autant que Broadway et ses théâtres, la Cinquième Avenue et ses enseignes chic sont un symbole de New York. Cet impressionnant canyon rectiligne partage la ville en deux : depuis sa naissance à Washington Square *(voir p. 183)*, toutes les adresses des rues de Manhattan se répartissent en West et East, selon leur position par rapport à l'avenue mythique. Jadis le cadre des plus imposants manoirs, elle est devenue, depuis le début du 20e s., celui des grands magasins et des boutiques. Ses abords comptent quelques-uns des joyaux architecturaux de la ville, et sa partie ouest *(voir aussi East Midtown, p. 248)*, jusqu'à la 6e Avenue, se vante de posséder quelques passionnants musées, dont l'imparable MoMA.

🐾 Commencez votre périple au sud, à l'Empire State Building, pour le visiter de bonne heure avant que la queue ne soit interminable. Remontez ensuite vers le nord. Outre les visites décrites ci-dessous, ne manquez pas de lever les yeux et de regarder dans les rues transversales, pour goûter l'incroyable diversité architecturale du quartier.

EMPIRE STATE BUILDING★★★

Comptez 2h avec la queue. (Plan D4)

350 5th Ave., entre 33rd et 34th St., ☎ 212 736 3100, www.esbnyc.com. 8h-2h (dernier ascenseur 1h15). Observatoire du 86e étage 18 \$ (20 \$ par Internet). Audio-tour en français 7 \$. Montée optionnelle au 102e étage 15 \$ en plus du ticket normal.

Accès - M° lignes **6** (33rd Street) ou **B, D, F, N, Q, R, W** (34th Street). Bus lignes **2, 3, 4, 5.**

🐾 Même avec le City Pass, qui comprend la montée à l'Observatoire, ou un billet acheté sur Internet, vous devrez faire la queue, pour le contrôle sécurité, puis pour l'ascenseur. Si vous n'avez pas le City Pass, il vous faudra en plus faire la queue pour acheter le billet. Pour éviter tout cela, vous pouvez acheter à l'avance, au guichet, un billet *express pass* (coupe-file) mais il vous en coûtera plus de 30 \$!

Depuis l'effondrement des tours jumelles du World Trade Center, ce gratte-ciel légendaire est redevenu le plus haut de la ville, à 443 m de haut (y compris l'antenne). Jusqu'en 1893, le site était occupé par deux manoirs appartenant à la famille Astor, puis on y construisit le premier hôtel Waldorf-Astoria, démoli à son tour en 1929 pour laisser la place à ce projet pharaonique. L'affaire aurait pu être un terrible fiasco puisque, les contrats à peine signés, les États-Unis s'enfonçaient dans la Grande Dépression de 1929. Au contraire, cela sembla galvaniser tout le monde puisque les travaux s'achevèrent avec un mois et demi d'avance, à un coût inférieur de 9 millions aux prévisions ! L'Empire State fut inauguré le 1er mai 1931.

Le gratte-ciel fétiche

Dès le début, l'édifice éveille tous les fantasmes. On imagine que le mât, haut de seize étages, va servir à amarrer des dirigeables, pour lesquels on ferait la

Les chiffres

Il ne fallut qu'un an et 45 jours pour achever l'Empire State Building. Jusqu'à 4 000 ouvriers y travaillaient chaque jour, y compris le dimanche. Pour bâtir l'ensemble, on utilisa 60 000 tonnes d'acier et 10 millions de briques. L'immeuble compte 6 500 fenêtres. 73 ascenseurs ultrarapides permettent d'y monter, à la vitesse de 427 m par minute. On avait prévu qu'il coûterait 50 millions de dollars, mais la facture fut réduite à 41 millions. Sa rénovation, au cours des dix dernières années, coûta, elle, environ 100 millions de dollars.

queue sur la plate-forme de l'observatoire – ce sera un échec et le projet sera abandonné. En 1933, le cinéma s'empare de l'immeuble et le premier et mythique King Kong y dépose sa blonde. Plus tragique, en 1945, par temps de brouillard, un avion vient s'encastrer sur le 79e étage, faisant 14 victimes. L'antenne de télévision qui surmonte le mât d'origine, installée en 1953, est d'ailleurs équipée d'une lanterne pour avertir les pilotes « égarés ».

L'observatoire

À côté des guichets, un panneau annonce la visibilité en miles depuis l'observatoire. Pour information, sachez que la statue de la Liberté, par exemple, est à 5 miles. Pour une vue intéressante de toute l'île, y compris vers le nord, ne montez pas si la visibilité est inférieure à 8 miles.

Situé au 86e étage (320 m de haut), il permet d'admirer l'un des plus beaux **panoramas**★★★ sur la ville : la forêt de béton de Midtown, vers le nord, avec Central Park que l'on devine au loin, et les gratte-ciel du sud de Manhattan, d'où jaillira dans le futur la Freedom Tower, au-delà des constructions moins hautes de Chelsea, du Village et de Lower East Side.

NEW YORK PUBLIC LIBRARY★

(Plan D3)

5th Ave., entre West 40th et 42nd St., ℘ 212 340 0830, www.nypl.org. Lun. 11h-18h, mar.-merc. 11h-19h30, jeu.-sam. 11h-18h, dim. 13h-17h. Fermé j. fériés. Entrée, cartes pour la consultation d'ouvrages et utilisation d'Internet gratuit.

Accès - M° lignes 4, **5**, **6**, **7**, station 42nd Street/Grand Central. Lignes **B**, **D**, **F**, **V**, station 42nd Street/Bryant Park. Bus lignes **2** à **5**, **32**, **42**, **104**.

Prévoyez cette visite juste avant ou juste après le déjeuner pour pouvoir manger à Bryant Park, derrière la bibliothèque. Si vous ne voulez pas pique-niquer, ou s'il pleut, le **Bryant Park Grill** sert de cantine aux professionnels de l'édition et on y grignote à prix très raisonnable, en admirant l'un des parcs les plus agréables de la ville.

Un peu d'histoire

La bibliothèque de New York, l'une des plus importantes au monde, est l'œuvre de quatre hommes : deux mécènes bibliophiles, **John Jacob Astor** et **James Lennox**, un généreux donateur, **Samuel Tilden**, et son exécuteur testamentaire, **John Bigelow**. Le mérite de ce dernier est d'avoir réussi à fusionner les bibliothèques des deux premiers – elles connaissaient des difficultés financières et n'étaient pas accessibles au public – en utilisant les millions du troisième pour leur construire un édifice unique et mettre sur pied un système permettant aux visiteurs de consulter les ouvrages. La conception fut confiée aux architectes **Carrère & Hastings**, qui signèrent là l'une de leur premières œuvres dans le style Beaux-Arts. **Andrew Carnegie**, enfin, contribua au projet en dotant, pour sa part, les 39 annexes disséminées dans la ville, dans le but d'insérer la bibliothèque dans le tissu communautaire. La Fondation Carnegie est d'ailleurs à l'origine de 2 509 bibliothèques, dans tout le pays et à l'étranger.

La visite

Cette bibliothèque mérite une visite même si vous n'êtes pas attiré par les livres. Le premier coup d'œil, outre la belle envolée des marches, est pour la colonnade et la paire de **lions de pierre** qui gardent l'accès. On les a surnommés « Force d'Âme » et « Patience ». À la belle saison, les New-Yorkais sont nombreux à s'asseoir devant les marches et à guetter une table libre pour y lire le journal ou y grignoter un sandwich.

Si l'extérieur est massif et imposant, l'intérieur, pourtant tout en marbre, n'est ni lourd ni empesé, tout en solennité gracieuse, lumineux et convivial, bien dans l'esprit des mécènes qui en furent à l'origine. On s'y promène à l'aise, sans être intimidé par des contrôles tâtillons.

▶ On commence par **South Court**, spectaculaire verrière de six étages. Puis l'on déambule de couloir en hall, admirant ici une salle de lecture dont le mobilier en chêne clair dispense une douce clarté, là un salon d'étude à la porte restée ouverte, où les tapis d'orient voisinent avec un équipement informatique dernier cri.

▶ **Gottesman Hall** et **Salomon Room** font l'objet d'expositions temporaires alors que le troisième niveau est plus particulièrement réservé à la présentation, par roulement, de quelques-uns des trésors de la bibliothèque, comme une **Bible de Gutenberg**, une ébauche de la **déclaration d'Indépendance** écrite de la main de Thomas Jefferson, etc.

▶ Les collections de livres de la **bibliothèque** elle-même sont les deuxièmes du pays après celles du Congrès, à Washington. Outre la richesse classique d'une grande bibliothèque, celle-ci possède de nombreux manuscrits, notes et lettres autographes, notamment des grands auteurs de la littérature américaine. Avec son extension en sous-sol de Bryant Park et ses annexes, elle contient des dizaines de millions d'ouvrages, de cartes et de photographies. Tout cela fut, dès le début, remarquablement organisé pour une consultation facile et rapide des textes, bien avant l'arrivée de l'informatique, qui n'a fait qu'améliorer les choses.

▶ À l'arrière de la bibliothèque, **Bryant Park** offre une halte reposante (*voir p. 247*).

(*voir p. 247*)

ROCKEFELLER CENTER ★★★

(*Plan E3*)

5th Ave., entre 48th et 51st St., www.rockefellercenter.com.

Le Rockefeller Center est le premier exemple de grand concept architectural et urbain à New York. Auparavant, on avait planifié des quartiers et construit des gratte-ciel, mais pour la première fois, on projetait un vaste ensemble, unifié autour d'une idée et d'un style. À la source du concept, il y eut d'abord l'idée de bâtir une salle de concert pour le Metropolitan Opera. Le mécène sollicité pour cela était **John D. Rockefeller Jr**, un magnat du pétrole, l'homme le plus riche du monde, à l'époque. Il avait passé sa jeunesse sur la 54th Street et vit là l'occasion de développer son quartier. En 1928, il conclut un bail avec la Columbia University, propriétaire des terrains, projetant de raser les immeubles vétustes et d'entourer le futur opéra d'immeubles de bureaux. La crise de 1929 força l'opéra à se retirer et Rockefeller décida de centrer le projet sur les industries naissantes de la radio et du cinéma et de lancer une sorte de **Radio City**.

La « civilisation en marche »

Les architectes embauchés conçurent donc un ensemble de 13 immeubles, agencés autour d'une *plaza* centrale et d'un gratte-ciel symbole, plus haut que les autres, l'idée étant, ni plus ni moins, de créer une ville dans la ville. Le nom donné au projet permet d'en mesurer l'ambition : « Nouvelles Frontières et la Marche de la Civilisation »... Des œuvres d'art, un jardin et des espaces ouverts devaient permettre au public de s'approprier l'endroit et faire passer le message d'une Amérique idéale. Commencé en 1931 et achevé en 1939, le complexe initial marque un tournant dans l'urbanisation de New York et, à l'exception, peut-être, du World Trade Center aujourd'hui disparu, ce fut le seul projet d'une telle ambition. En 1947 et 1973, on bâtit sept nouveaux immeubles. On évalue à 65 000 le nombre de personnes qui y travaillent.

Rockefeller Plaza★★

5th Ave., entre 49th et 50th St.

🚇 Si vous venez en décembre, vous bénéficierez en plus des décorations et lumières de Noël, ainsi que du plus haut sapin de la ville.

On y accède depuis 5th Avenue en longeant les **Channel Gardens** (jardins de la Manche), ainsi nommés parce qu'on trouve, de part et d'autre, la Maison française et le British Empire Building ! Cette étroite coulée fleurie descend en pente douce vers **Lower Plaza**, un café semi-enterré encadrant une large terrasse, cernée de drapeaux de tous les pays. C'est là qu'ouvre la célèbre patinoire *(possibilité de louer des patins sur place, voir p. 230)*. Impossible de manquer la statue rutilante de **Prométhée** (Paul Manship, 1934), qui a symboliquement dérobé le feu des dieux pour le donner aux humains.

General Electric Building★★

30 Rockefeller Plaza (angle 6th Ave., entre 49th et 50th St.).

Le plus haut des immeubles du complexe, achevé en 1933, fut d'abord baptisé RCA Building. Ses 70 étages furent construits en moins de 16 mois. Il est considéré comme un parfait exemple d'Art déco, tant à l'extérieur, avec ses lignes droites et le décrochement progressif des étages, qu'à l'intérieur.

▶ L'entrée sur la Plaza est décorée de **bas-reliefs** colorés (Lee Lawrie, 1933),

Vous avez dit révolutionnaire ?

Pour la décoration du hall du GE Building, on pensa d'abord à Picasso, puis on engagea Diego Rivera, peintre et muraliste mexicain aux idées très à gauche. L'artiste acheva son œuvre, mais lorsqu'elle fut présentée à Rockefeller et aux autres commanditaires, quelle ne fut leur horreur de voir sur la fresque le défilé du 1er mai conduit par Lénine ! Sommé de repeindre un autre personnage par-dessus, Diego Rivera leur dit que c'était ça ou qu'ils n'avaient qu'à la détruire tout entière… Et c'est ce que l'on fit illico !

très Art déco, centrés sur la Sagesse tenant un compas pointé sur les ondes sonores et lumineuses gravées dans le verre juste en dessous. Le texte de référence vient de la Bible, un usage très en vogue aux États-Unis.

▶ Le hall d'entrée est encore plus impressionnant, avec son immense **fresque** de l'Espagnol José Maria Sert, intitulée *American Progress* (l'œuvre a remplacé l'« offensante » réalisation de Diego Rivera, *voir encadré*). Notez comme l'ensemble s'approprie à la fois la mythologie et les différents styles antiques.

▶ Parmi les locataires prestigieux, le restaurant **Rainbow Room**, au 65e étage, est considéré comme l'un des plus chic et des plus romantiques de New York, pour prendre un verre *(au Rainbow Grill)* ou dîner devant les lumières de la ville *(réservations au ☎ 212 632 5100, veste obligatoire).*

Top of the Rock★★★

Comptez 1h au moins.

Entrée par 50th St., entre 5th et 6th Ave. 67e-70e étage, ☎ 212 698 2000, www. topoftherocknyc.com. 8h-0h, ascenseur 8h30-23h. 17,50 $.

🚇 Pour éviter une trop longue attente, le système de réservation permet de choisir son horaire. Pensez donc à réserver votre billet la veille par téléphone ou par Internet. Choisissez un jour avec une bonne visibilité, car de là-haut, on peut voir vraiment très loin.

▶ Avec l'Empire State Building, voici le second moyen de voir Manhattan de haut. Si cette terrasse est un peu moins haute (259 m), elle permet de voir l'Empire State au milieu de sa jungle de béton, ce qui est bien sûr un énorme atout, et Central Park de plus près. En outre, les verrières donnent une vue plus claire et plus large.

La visite commence par un splendide **atrium★★★**, qui s'élève sur trois étages vitrés et présente l'histoire du Rockefeller Center. L'observatoire lui-même, étroit et allongé comme le pont d'un navire, offre un merveilleux **panorama★★★** sur Midtown.

NBC Studio Tour★

Comptez 1h.

*30 Rockefeller Plaza, angle de 49ᵗʰ St.
NBC Studio tour, ℘ 212 664 7174, www.
nbcuniversalstore.com. Lun.-mar. 8h30-
16h30 (départ ttes les 30mn), vend.-
sam. 9h30-17h30 (départ ttes les
15mn), dim. 9h30-16h30 (départ ttes
les 15mn).*

Vitrine de la chaîne de télévision NBC,
locataire du GE Building, la boutique
NBC Experience Store *(voir p. 229)*
propose des visites des studios de la
chaîne. La visite commence par l'histoire de NBC, des débuts de la radio et
du passage à la télévision, et se poursuit par la **découverte des studios**
(en dehors des émissions) et des services techniques attachés. Il est aussi
possible d'assister à l'enregistrement
de certaines émissions de télévision,
mais il faut réserver son billet.

International Building

630 5ᵗʰ Ave., entre 50ᵗʰ et 51ˢᵗ St.

Moins élevé que le GE Building, il ouvre
sur la 5ᵗʰ Avenue, face à la cathédrale
St. Patrick. L'entrée est gardée par
l'énorme statue en bronze d'**Atlas★**,
portant le monde sur ses épaules (Lee
Lawrie, 1937), un autre des symboles
célèbres du Rockefeller Center.

▶ Pour les autres composants du complexe, tel le Radio City Music Hall, qui
ouvrent sur la 6ᵗʰ Avenue *(voir plus
loin, p. 246).*

St. Thomas Church

(Plan E2)

Angle 5ᵗʰ Ave. et 53ʳᵈ St.

Juste au nord du précédent immeuble, cette église épiscopalienne de
style néogothique date de 1913. Sa
façade richement ornée dépeint l'histoire de saint Thomas. Sur la gauche,
une petite entrée surmontée de deux
mains jointes est surnommée l'entrée
des mariées. L'intérieur est lui aussi
richement décoré de sculptures de
Lee Lawrie, l'auteur de l'Atlas *(voir ci-
dessus).*

LE MOMA★★★

Comptez de 1h30 à 3h. (Plan E2)

*11 West 53ʳᵈ St. (entre 5ᵗʰ et 6ᵗʰ Ave.),
℘ 212 708 9400, www.moma.org.*

Parmi les choses qu'il faut absolument voir à New York, le **Museum of
Modern Art**, MoMA est sans doute
le plus agréable à découvrir, même si
vous n'avez pas de culture artistique.
Son architecture intérieure légère et
aérée, son petit jardin de sculptures
et son incroyable concentration de
chefs-d'œuvre en font une promenade fascinante dans l'art depuis le
milieu du 19ᵉ s. Il présente l'avantage
de ne pas être immense (on peut le
parcourir entièrement en moins de
2h), et même si l'ordre d'apparition des
œuvres paraît parfois éclaté, l'œil n'est
jamais fatigué et la curiosité sans cesse
réveillée. Entièrement repensé, voire
reconstruit, le musée actuel a rouvert
ses portes fin 2004.

La visite pratique

Accès - Mº lignes **E** et **V**, station
53ʳᵈ Street, lignes **B** et **D**, station 47ᵗʰ-
50ᵗʰ St./Rockefeller Center. Bus lignes
1, **2**, **3**, **4** et **5**.

Horaires - Tlj sf mar. 10h30-17h30,
vend. 10h30-20h. Fermé 25 déc. et
Thanksgiving.

Tarifs - 20 $, -16ans gratuit. Le billet
comprend aussi l'entrée au P.S.1. *(voir
p. 351)*, valable 30 j.

⊛ Gratuit le vendredi à partir de 16h :
c'est le *Target Free Friday*. Attention,
cela ne vous dispense pas de la queue,
qui peut être très longue : venez à
15h45 ou après 16h30.

Documentation et audio-tours -
Plan et audio-tour disponibles en français, compris dans le prix du billet.

Expositions temporaires - Les expositions majeures se tiennent au 6ᵉ niveau, tandis que les 2ᵉ et 3ᵉ accueillent
des expositions plus pointues ou de
moindre importance. Inclus dans le
billet d'entrée.

Avec des enfants - Ils sont en général
sensibles à l'art moderne et adorent la

salle présentant l'évolution du design, pour voir comment c'était « autrefois ». À noter : il existe un audio-tour spécial enfants, en anglais.

Handicapés - Toutes les salles sont accessibles en fauteuil roulant. Fauteuils à disposition au vestiaire.

Restauration - Le **Café 2** est le moins cher, pour une variété de plats et snacks italiens. On y trouve aussi un expresso-bar. Au 2e étage, au-dessus du jardin de sculptures. Le **Terrace 5** se présente comme un café où l'on peut grignoter des amuse-gueule ou des pâtisseries. Au 5e étage, côté jardin. Enfin, le **Modern** est le plus prestigieux, tenu par un chef alsacien. On y mange une cuisine éclectique de qualité. Il possède une entrée sur la 53rd Street.

L'histoire du musée

C'est en 1929 que trois femmes, Abby Rockefeller (son mari lança le Rockefeller Center), Lillie Bliss et Mary Sullivan, décidèrent de mettre l'art moderne à la mode à New York. Dès l'automne, une première exposition présenta les postimpressionnistes, très peu connus jusqu'alors. Durant la décennie qui suivit, la direction du nouveau musée arrêta une politique d'acquisitions très novatrice et jamais figée, mélangeant peinture et sculpture à la photographie, au design et à l'achitecture.

Le musée lui-même suivit ce modèle d'évolution permanente, subissant au fil des ans aménagements et extensions. La dernière en date, sous la férule du Japonais **Yoshio Taniguchi**, a revu l'ensemble de fond en comble. Rouvert fin 2004, le nouveau MoMA s'organise autour d'un hall spectaculaire. Une paroi vitrée donne sur le **jardin des sculptures★★**, ponctué de bancs, tandis que le lobby lui-même est occupé par le **Broken Obelisk★★** de Barrett Newman (1969).

Peinture et sculpture★★★

Comptez 1h30 à 2h. Si vous avez peu de temps, concentrez-vous sur cette partie.

Niveaux 4 et 5. Commencez la visite au niveau 5, salle 1.

Avant de commencer, notez bien que les accrochages des tableaux ne suivent pas un ordre strictement chronologique. Toutes les œuvres d'un même auteur ne sont pas non plus rassemblées au même endroit et certaines juxtapositions peuvent surprendre. Elles visent à souligner les liens qui peuvent unir deux artistes ou deux courants artistiques, même à des époques différentes. Vous verrez ainsi des Picasso, des Matisse ou des Léger dans plusieurs salles. Contentez-vous de passer de salle en salle en vous pénétrant simplement de ce que vous voyez et en notant les chefs-d'œuvre au passage. Pour des raisons pratiques, nous présentons les grands mouvements artistiques en citant les meilleurs exemples que vous pourrez en voir.

Le niveau 5

▶ Les **impressionnistes** composent le premier ensemble. Leur point commun est le traitement de la lumière et des reflets que l'artiste rend tel qu'il les perçoit. Parmi les plus fameux, vous verrez des toiles de Pierre Bonnard, Édouard Vuillard ou **Claude Monet**, dont l'immense triptyque *Reflections of the Clouds on the Waterlily Pond* (1920) occupe une salle entière.

▶ Les **postimpressionnistes** évoluent vers des lignes plus simplifiées et des couleurs plus franches, parfois sans rapport réel avec la réalité. Notez le travail de Georges Seurat et son pointillisme, **Paul Cézanne**, dont *The Bather* (1885), Paul Gauguin ou Henri Rousseau. **Vincent Van Gogh** est ensuite mis à l'honneur, avec *The Olive Trees* (1889) et surtout la célèbre *Stary Night* (*Nuit étoilée*, 1889). Parmi les artistes présentés dans cette partie du musée, les **Fauves**, André Derain et les premiers Matisse s'identifient à leur coups de pinceau hardis et à leurs aplats colorés.

▶ Dans la succession de ce mouvement, **Picasso**, jeune, amorce une nouvelle étape dans la peinture. À cet égard, la proximité de certaines de ses toiles de

L'architecture graphique du MoMA.

Ch. Barrely / MICHELIN

Les chefs-d'œuvre à ne pas manquer

Georges Seurat : *Evening, Honfleur* (1886)

Paul Cézanne : *The Bather* (1885)

Van Gogh : *Stary Night* (1889)

Matisse : *Dance (I)* (1909, dans la cage d'escalier !)

Claude Monet : *Reflections of the Clouds on the Waterlily Pond* (1920)

Picasso : *Les Demoiselles d'Avignon* (1907), *Boy leading a Horse* (1905-06), *Seated Bather* (1930), *Girl before a mirror* (1932), etc.

Vassily Kandinsky : *Picture with an Archer* (1909), *Four Seasons Series* (1914)

Salvador Dalí : *The Persistence of Memory* (1931)

Joan Miró : *Hirondelle Amour* (1933-34)

Willem de Kooning : *Woman I* (1950-52)

Andy Warhol : *Gold Marilyn Monroe* (1962)

jeunesse permet de mesurer sa longue évolution, depuis les couleurs douces et les modèles figuratifs de ses nus de la période rose, ou de son *Boy leading a Horse*, jusqu'à ses *Demoiselles d'Avignon*, où l'on devine à la fois l'influence de l'art océanique et la dérive progressive vers le **cubisme**. Celle-ci est encore soulignée dans des toiles telles que *Bather* (1908-09), *Woman with Pears* (1909), *Girl with a Mandolin* ou *Ma Jolie* (1911-1912), complètement éclatées en fragments géométriques. C'est d'ailleurs en comparant Picasso avec **Georges Braque** que l'on aborde réellement le cubisme. On note avec intérêt (les toiles sont placées côte à côte) à quel point les deux artistes se sont influencés l'un l'autre, choisissant une construction et des couleurs très voisines (soulignons que vous retrouverez au fil des salles encore bien des Picasso de toutes les époques). **Juan Gris** est un autre artiste présenté parmi les cubistes.

▶ Le musée possède de nombreuses toiles d'**Henri Matisse**, et les styles divers de cet artiste font qu'une salle lui est consacrée, outre sa célèbre *Dance (I)*, que l'on manquerait presque car elle est accrochée… dans l'escalier ! Suivent d'autres Picasso (le MoMA en est si riche que l'on n'en revient pas…), plusieurs œuvres de l'Espagnol **Chirico**, des **Fernand Léger** et des sculptures de Brancusi.

▶ L'**expressionnisme** se traduit par une vision des choses déformée par les émotions de l'artiste. Les formes se stylisent et les couleurs sont souvent violentes. Les Allemands sont les tenants de ce courant, représenté par des peintres comme **Ernst L. Kirchner**, **Oskar Kokoschka**, **Paul Klee** ou **Vassily Kandinsky**.

▶ Le premier **art abstrait** prend naturellement la suite du cubisme. Mais les formes géométriques et les larges surfaces colorées ne prétendent plus à être rattachées au réel. Parmi les pionniers, on trouve **Marc Chagall**, **Robert Delaunay**, **Kasimir Malevich** ou **Fernand Léger**. Dans un autre style, la salle **Mondrian** introduit une forme purement plastique de cet art.

▶ Le **mouvement Dada** et le **surréalisme** occupent aussi une grande salle, qui inclut les collages initiés par Picasso et Braque. Dans cette lignée, on découvre les montages impertinents de **Francis Picabia**, **Marcel Duchamp** ou **Kurt Schwitters**. Parmi les grands surréalistes, vous admirerez **André Breton**, **Joan Miró**, Max Ernst, **René Magritte** et **Salvador Dalí**. Pour les sculpteurs, on note de remarquables statues aux allures de divinités primitives de **Giacometti**.

▶ Les **peintres américains** ne sont pas en reste, avec **Edward Hopper** ou **Charles Sheeler**.

Le niveau 4

On y découvre la peinture du milieu du 20e s. à nos jours.

▶ Les plus grands noms de la peinture américaine et de l'**expressionnisme abstrait** sont réunis, **Jackson Pollock**, **Willem de Kooning**, **Mark Rothko**, Clyfford Still, Robert Motherwell, Robert Rauschenberg, **Jasper Johns**, mais aussi l'Anglais **Francis Bacon**.

▶ Aux côtés d'**Andy Warhol**, le **Pop Art** recense **James Rosenquist**, **Claes Oldenburg** et **Roy Lichtenstein**.

Design★★
Photographie et dessins★

▶ Le **niveau 3** se répartit en une aile consacrée au **design**, couvrant à la fois les progrès de la **technologie** dans les objets usuels et l'évolution de l'**esthétique** au cours du 20e s. La visite traite de tous les aspects du quotidien, depuis les ustensiles de cuisine des années 1930-1940 jusqu'aux tout premiers ordinateurs Mac, en passant par des luminaires extravagants, des tourne-disques presque antiques (1956) et de merveilleuses chaises dessinées par Frank Lloyd Wright.

▶ Le département des **photographies** retrace l'histoire de ce média depuis le milieu du 19e s. et ses différentes applications, journalistiques, artistiques ou commerciales.

▶ La collection de **dessins** (les accrochages tournent) présente des œuvres au crayon, à l'encre ou au fusain, des collages et des aquarelles.

AMERICAN FOLK ART MUSEUM★★

(Plan E2)

45 West 53rd St., entre 5th et 6th Ave., près du MoMA, ✆ 212 265 1040, www.folkartmuseum.org. Tlj sf lun. et j. fériés 10h30-17h30 (vend. 19h30). 9 $.

Accès - M° lignes **E**, **V**, station 53rd Street, ligne **F**, station 47-50th Streets, lignes de bus **1** à **7**.

Ⓖ Gratuit le vendredi de 17h30 à 19h30.

Ce petit musée émouvant et de grande qualité séduira aussi bien l'amateur d'art naïf et populaire que d'art brut.

▶ Avant leur installation, à la fin des années 1990, dans ce bâtiment moderne au design élégant, les importantes collections étaient entreposées, plus qu'exposées, dans l'Upper West Side. Elles sont tellement riches que l'on ne les expose que par roulement, d'autant que de belles expositions temporaires viennent encore empiéter sur un espace relativement réduit. Astucieusement organisées autour d'une sorte d'enroulement d'escaliers, dans lesquels filtre la lumière du jour, elles sont réparties sur 7 niveaux. Autant dire que l'on vous conseille vivement de prendre l'ascenseur pour le dernier étage, et de redescendre tranquillement à travers les espaces dédiés.

▶ On découvrira aussi bien des objets utilitaires, de l'époque coloniale ou des différentes vagues d'immigration, que des sièges, des plats, des **poteries**, ou une collection de **patchworks** (*quilts*) multicolores et de **girouettes** spectaculaires. Des peintures naïves voisinent avec des œuvres de l'un des « grands » de l'**Outsider Art**, **Henry Darger** (1892-1973). Un Henry Darger Study Center a été d'ailleurs spécialement créé pour étudier et conserver le travail de cet immense artiste né et mort solitaire, à Chicago, dans le plus complet anonymat et le plus total dénuement. D'autres peintres du même courant sont exposés par roulement ou lors de manifestations temporaires.

Museum of Arts & Design★

2 Columbus Circle, face à Central Park, ✆ 212 956 3535, www.madmuseum.org. Réouverture prévue fin 2008.

À mi-chemin entre un musée d'art contemporain et un musée de l'artisanat, celui-ci présente une foule d'objets superbes, au design élégant, d'une sublime sobriété ou aux volutes compliquées. On y trouve du verre, de la céramique, mais aussi des bijoux et des peintures.

Question de terminologie

Dans l'univers artistique du *Folk Art*, on distingue des choses très différentes. Un premier ensemble correspond à ce qu'en Europe on nomme l'Art Brut (aussi dit l'art « des fous »). Les Anglo-Saxons parlent plutôt de *Raw Art* ou d'*Outsider Art*. Un deuxième ensemble, venu de toute la planète (mais surtout de Croatie et des Caraïbes), est désigné en France par le terme « art naïf ». L'œuvre du facteur Cheval en est un des plus pittoresques exemples. Là, les Anglo-Saxons utilisent l'appellation *folk art*, décliné, dans l'évolution communautaire qui est la leur, en *black folk art*, voire *african-american art*, en langue politiquement correcte. L'art visionnaire ou l'art spirite, enfin, sont des domaines liés aux deux ensembles précédents, mais bien particuliers. Les peintures murales et les tags sont un peu injustement tenus à l'écart de ce mode d'expression populaire auquel ils sont pourtant liés. Un seul point réunit ces diverses formes d'art, leur nature autodidacte *(self-taught art)*... et leur récupération par le marché !

VERS CENTRAL PARK

Après avoir remonté la 5th Avenue vers le nord, vous arrivez à l'angle sud-est de Central Park, gardé par la haute silhouette du mythique **Plaza Hotel**, considéré, à son ouverture en 1907, comme le plus luxueux du monde. Un grand nombre de scènes de films y furent tournées et les soirées les plus glamour s'y déroulèrent. C'est là qu'en 2000, Michael Douglas épousa Catherine Zeta-Jones.

▶ Longez le parc jusqu'à 6th Avenue, que vous empruntez pour la suite de la balade.

AUTOUR DE 6TH AVENUE★

(Plan D3-E2)

Baptisée 6th Avenue lors du quadrillage de la ville, elle fut renommée **Avenue of the Americas** en 1945, en gage de patriotisme. Les panneaux furent changés, mais, dans le langage courant, tout le monde dit toujours 6th Avenue.

Après plus de 60 ans, on imagine que la bataille est perdue...

West 52nd Street

Entre 5th et 6th Avenues.

Cette portion de rue était considérée comme un grand **rendez-vous du jazz** dans les années 1930. Parmi les clubs historiques où jouaient les émules de Charlie Parker, on comptait le Three Deuce, l'Onyx, ou le Famous Door. Le plus célèbre, le **Club 21** (au n° 21), servait illégalement de l'alcool durant la Prohibition (il y avait une trappe secrète pour faire disparaître le liquide incriminé en cas de descente de la police). Ouvert en 1922, c'était le lieu de rendez-vous de la bonne société. Après la Prohibition, le club est redevenu chic et fréquentable, se vantant de la clientèle d'Humphrey Bogart ou de Richard Nixon.

Radio City Music Hall★

(Plan E2)

1260 6th Ave., angle 50th St.

Typiquement Art déco, cette salle de music-hall, ouverte en 1932, faisait partie du grand complexe du Rockefeller Center. À l'époque, c'était le plus grand théâtre couvert au monde. On y jouait traditionnellement les premières des films. Quand le cinéma devint moins profitable, on faillit la raser. Mais une pétition permit de la sauver et elle fut entièrement restaurée. Elle accueille désormais des spectacles musicaux, dont le plus populaire est le *Radio City Christmas Show*.

Diamond & Jewelry Way

(Plan D3-E3)

47th St., entre 6th et 5th Ave.

Difficile d'imaginer que 90 % des diamants qui entrent aux États-Unis passent par cette portion de la 47th Street, mais c'est bien le premier centre commercial au monde pour les pierres précieuses. Démarré dans le sud de Manhattan au 19e s., ce négoce a suivi la lente remontée des riches clients le long de la 5th Avenue, pour se fixer ici.

Environ 2600 entreprises sont concernées ! La plupart n'ont pas de pas-de-porte et fonctionnent autour de sortes de bourses aux pierres précieuses, chacune spécialisée dans un type de pierre. Vous verrez bien quelques vitrines, mais le plus gros du commerce se fait discrètement et sous bonne garde.

Hotel Algonquin

59 West 44th St.

Cet hôtel de luxe est surtout connu par le cercle d'intellectuels qui avaient l'habitude de s'y réunir, dans ce qu'ils appelaient l'**Algonquin Round Table**, qui comptait notamment Dorothy Parker, Robert Benchley et l'éditeur du *New Yorker*.

International Center of Photography

(Plan D3

1133 6th Ave. (angle 43rd St.), ☏ *212 857 0000, www.icp.org. Tlj sf lun. 10h-18h (vend. 20h). 12 $.*

Le vendredi de 17h à 20h, on paie ce qu'on veut !

Fondé par Capa en 1974, ce centre est spécialisé dans le photo-journalisme et les expositions politiquement engagées en faveur de causes humanitaires ou sociales. Une vingtaine d'expositions sont montées chaque année, sur des thèmes aussi variés que les banlieues, les problèmes de l'adolescence,

les particularités ethniques ou religieuses, etc.

▶ Entre la 43rd et la 42nd Streets, ne manquez pas la **National Debt Clock**, qui affiche à la seconde près, la dette des États-Unis… au cas où vous imagineriez que le pays ne connaît pas la crise !

Bryant Park★

(Plan D3)

Entre 42nd et 40th St.

Restauré en 1990, ce parc est adossé à la New York Public Library *(voir p. 238)*. Les New-Yorkais aiment y flâner ou y pique-niquer à la belle saison. En été, on y organise concerts en plein air et défilés de mode. Le **Bryant Park Grill** est une étape sympathique, en particulier la terrasse du 1er étage (petit escalier juste à droite du bar). Vous y contemplerez à l'aise les édifices qui bordent le parc, comme l'**American Standard Building** (1924, anciennement connu sous le nom d'*American Radiator Building*), reconnaissable à son revêtement en brique noire et en terre cuite dorée. À l'ouest, on admire la silhouette élégante du **New York Telephone Company Building**, dont les baies en verre teinté reflètent le ciel. Au nord se dresse le curviligne **Grace Building** (1974). L'angle avec la 6th Avenue est occupé par le **HBO Building**, adresse new-yorkaise de la chaîne de télévision qui produit les séries cultes *The Sopranos*, *Sex and the City* ou *Six Feet Under*.

EAST MIDTOWN

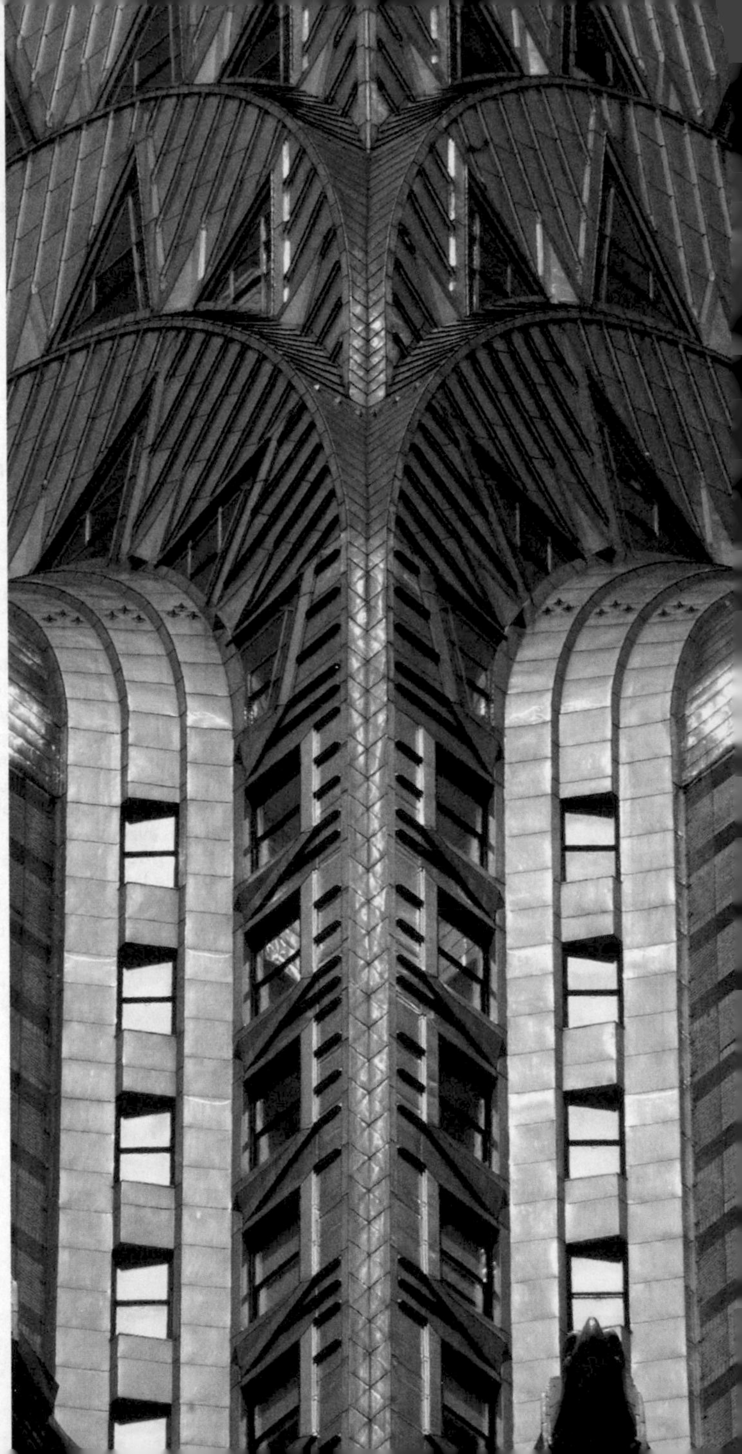

PROPOSITIONS DE BALADES ET « BEST OF »

Une journée en prenant son temps	☺ Le quartier des symboles
Suggestion de programme	Commencez par le siège de l'ONU *(voir p. 260)*. Visitez ensuite Grand Central Terminal et admirez le Chrysler Building *(voir p. 258)*. Descendez Park Avenue South et rejoignez la Morgan Library sur Madison Avenue *(voir p. 256)*. Remontez ensuite celle-ci en flânant dans les rues perpendiculaires. Notez au passage le célèbre Waldorf-Astoria, le Dahesh Museum et faites un peu de lèche-vitrines *(voir p. 261)*. Arrivé à la 59th Street, prenez vers l'ouest pour redescendre la 5th Avenue et visiter la cathédrale St. Patrick *(voir p. 261)*. Vous pouvez finir la journée par un cocktail dans l'un des élégants bars d'hôtels et dîner au PJ Clarke's ou au Sakagura *(voir p. 254)*.
Transport	Pour le siège de l'ONU, prenez la ligne de bus 42. Reprenez-la au retour et descendez à Grand Central Terminal. Faites le reste à pied.
Conseils	N'oubliez pas que la Morgan Library est gratuite le vendredi de 19h à 21h. Si vous voulez sillonner les avenues sans vous fatiguer, prenez les bus qui montent vers le nord (le long de Madison ou de 3rd Avenue) ou descendent vers le sud (le long de 5th ou Lexington Avenues).

Si vous aimez	Le best of
Les symboles	Le siège de l'ONU *(voir p. 260)*, Grand Central Terminal, le Chrysler Building *(voir p. 258)*, la cathédrale St. Patrick *(voir p. 261)*.
L'art et la culture	La Morgan Library *(voir p. 256)* et le Dahesh Museum *(voir p. 261)*.
L'art de vivre à la new-yorkaise	Manger des huîtres à l'Oyster Bar *(voir p. 254)*. Acheter un bijou chez Tiffany's, faire du shopping chez Saks Fifth Avenue ou chez Bergdorf Goodman *(voir p. 255)*. Prendre un cocktail au Morgans Bar, au King Cole Bar ou au Campbell Apartment *(voir p. 254)*. Dormir dans un hôtel de luxe (ou simplement jeter un coup d'œil…).
L'architecture	Chrysler *(voir p. 258)* et Chanin Building *(voir p. 260)*, Grand Central Terminal *(voir p. 258)* et le siège de l'ONU *(voir p. 260)*. La Morgan Library et ses environs *(voir p. 256)*. Les immeubles bordant 5th et Park Avenues.
Le shopping pour les enfants	L'American Girl Place pour les petites filles, FAO Schwarz et Build a Bear Workshop pour tous, Niketown pour les ados *(voir p. 255)*.

Chrysler Building.

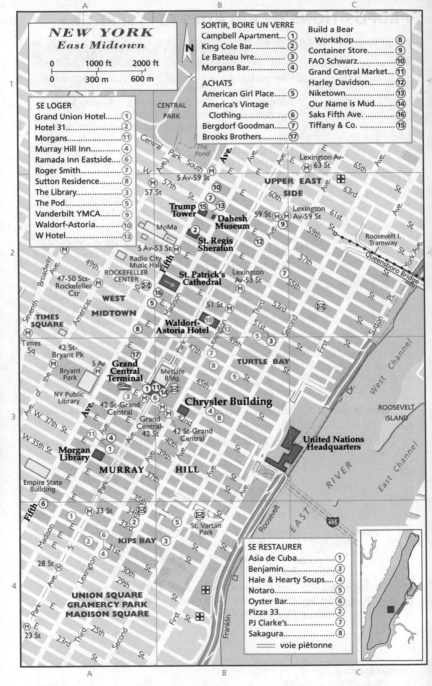

NEW YORK
East Midtown

0 — 1000 ft — 2000 ft
0 — 300 m — 600 m

SE LOGER
Grand Union Hotel....... ①
Hotel 31..................... ②
Morgans..................... ⑪
Murray Hill Inn............ ④
Ramada Inn Eastside..... ⑥
Roger Smith................ ⑦
Sutton Residence.......... ⑧
The Library.................. ③
The Pod...................... ⑤
Vanderbilt YMCA.......... ⑨
Waldorf-Astoria........... ⑩
W Hotel...................... ⑬

SORTIR, BOIRE UN VERRE
Campbell Apartment... ①
King Cole Bar.............. ②
Le Bateau Ivre............ ③
Morgans Bar.............. ④

ACHATS
American Girl Place...... ⑤
America's Vintage
   Clothing................. ⑥
Bergdorf Goodman...... ⑦
Brooks Brothers........... ⑰

Build a Bear
   Workshop................ ⑧
Container Store............ ⑨
FAO Schwarz............... ⑩
Grand Central Market... ⑪
Harley Davidson........... ⑫
Niketown.................... ⑬
Our Name is Mud......... ⑭
Saks Fifth Ave. .... ⑯
Tiffany & Co. .... ⑮

CENTRAL PARK

The Pond

UPPER EAST SIDE

Lexington Av- 63 St

Trump Tower
Dahesh Museum
MoMa
St. Regis Sheraton

Lexington Av-59 St

Roosevelt I. Tramway
Queensboro Bridge

Radio City Music Hall
ROCKEFELLER CENTER

St. Patrick's Cathedral

Lexington Av-53 St

WEST MIDTOWN

Waldorf-Astoria Hotel

TURTLE BAY

TIMES SQUARE

Times Sq
42 St-Bryant Pk
Bryant Park
NY Public Library

5 Av

Grand Central Terminal
MetLife Bldg.

Chrysler Building

42 St-Grand Central

Grand Central-42 St

42 St-Grand Central

Morgan Library

MURRAY HILL

Empire State Building

ROOSEVELT ISLAND

WEST Channel

EAST RIVER

East Channel

United Nations Headquarters

33 St

St. Vartan Park

KIPS BAY

I-495

UNION SQUARE
GRAMERCY PARK
MADISON SQUARE

SE RESTAURER
Asia de Cuba................ ①
Benjamin..................... ③
Hale & Hearty Soups.... ④
Notaro........................ ⑤
Oyster Bar................... ⑥
Pizza 33...................... ②
PJ Clarke's................... ⑦
Sakagura..................... ⑧
═══ voie piétonne

EAST MIDTOWN★

MURRAY HILL★ - GRAND CENTRAL STATION★★

😊 **De superbes gratte-ciel**

😷 **Pas vraiment de charme**

Quelques repères

Bordé au sud par la 30th Street, à l'ouest par la 5th Avenue, à l'est par l'East River, au nord par Central Park et 59th Street.

À ne pas manquer

Le Chrysler Building.

Boire un verre au Campbell Apartment.

La Morgan Library.

Conseils

À moins d'être fasciné par le sujet, vous pouvez faire l'impasse du siège de l'ONU.

Pour prendre de belles photos du Chrysler Building, munissez-vous d'un téléobjectif et allez sur la 3rd Avenue, entre les 42nd et 44th Streets.

La partie orientale de Midtown est nettement plus calme que sa voisine de l'ouest. Si elle compte quelques beaux gratte-ciel, elle est pourtant curieusement impersonnelle, presque vide, comparée au brouhaha de Broadway. C'est pourtant là que vous trouverez quelques joyaux, dont le plus fascinant est, sans conteste, le Chrysler Building, avec ses écailles de métal brillant et ses aigles menaçants. Surplombant l'East River, comme une immense dalle grise, le siège des Nations unies rappelle que, malgré les réticences américaines, c'est à New York que l'on décide ou non de la paix dans le monde. Midtown East, c'est aussi la Morgan Library, toute refaite de neuf, encore un exemple de ce que l'Amérique sait si bien faire : pro-

duire des mécènes, protéger les arts et promouvoir la culture.

Se rendre dans le quartier

En métro - Lignes **4**, **5**, **6**, stations 59th Street et Grand Central. Ligne **6**, stations 59th Street, 51st Street, Grand Central et 33rd Street. Lignes **N, R, W**, stations 59th Street/5th Avenue et 59th Street/Lexington Avenue.

En bus - Lignes **1, 2, 3** et **4**, le long de 5th et Madison Avenues. Ligne **98, 101, 102** et **103** le long de Lexington Avenue et 3rd Avenue. Quatre lignes transversales : **34** (34th St.), **42** (42nd St.), **50** (50th St.), **57** (57th St.).

Adresses utiles

Informations - Vous trouverez un petit kiosque d'information dans le hall de Grand Central Station.

Banques - Distributeurs de billets autour de Grand Central Station et le long de 5th, Madison, Park et Lexington Avenues.

Poste - Grand Central Station, 450 Lexington Ave., tlj sf dim. 7h30-21h (sam. 13h). **United Nations Station**, 405 East 42nd St., lun.-vend. 9h-17h.

Internet - Apple Store 5th Avenue, 767 5th Ave., ✆ 212 336 1440. Ouvert 24h/24.

Presse en français - Hudson News, dans Grand Central Station, côté Lexington Ave.

Laverie - Pine Laundromat, 115 East 31st St., ✆ 212 685 9767.

Se loger

Autour de 100 $

😊 **Vanderbilt YMCA** ⑨, 224 East 47th St., ✆ 212 875 4100, www.ymca-nyc.org - 370 ch. 🛏 🖥 Plutôt hôtel bon marché qu'auberge de jeunesse au sens strict, ce vaste ensemble impeccable compte piscine et salle de fitness. Pour moins de 100 $ vous aurez une chambre avec sdb partagée. Pour une privée, comptez de 120 à 140 $.

De 100 à 150 $

The Pod ⑤, 230 East 51st St., ☎ 212 355 0300, www.thepodhotel.com - 156 ch. ✕ ▤ Des chambres vraiment minuscules, qui tiennent plus de la cabine de bateau, avec lits superposés. C'est propre et moderne, mais cher pour ce que c'est.

Sutton Residence ⑧, 47th St & Lexington Ave., ☎ 212 643 0214 (lun.-sam. 9h-13h), www.suttonresidence.com - 6 ch. À mi-chemin entre la pension et l'auberge de jeunesse de luxe, elle propose des chambres très simples mais confortables. Chacune partage une salle de bains avec une autre chambre. Une cuisine et une salle commune permettent de préparer des repas.

Murray Hill Inn ④, 143 East 30th St., ☎ 212 545 0879, www.murrayhillinn. com - 50 ch. ▤ Petit immeuble de 5 étages, dans une rue tranquille. Chambres assez petites mais confortables et fraîchement rénovées.

⊛ **Hotel 31** ②, 120 East 31st St., ☎ 212 685 3060, www.hotel31.com - 60 ch. ▤ Calme et classique, des chambres de taille suffisante et décorées dans un style pseudo rustique plutôt agréable et très confortable.

De 150 à 200 $

Grand Union Hotel ①, 34 East 32nd St., ☎ 212 683 5890, www.hotelgrandunion. com - 95 ch. ▤ Attention, les chambres côté rue peuvent être bruyantes, mais l'ensemble est bien équipé et très confortable. Décor classique sobre.

Ramada Inn Eastside ⑥, 161 Lexington Ave., ☎ 212 545 1800, www. ramada.com - 95 ch. ▤ cc Au nord du quartier, dans sa partie la plus populaire, au pied de Murray Hill, hôtel de chaîne, très bien desservi par les bus et les métros. Chambres modernes et bien équipées, tout confort.

⊛ **W Hotel** ⑬, 541 Lexington Ave. (entre 49th et 50th St.), ☎ 212 755 1200, www.starwoodhotels.com. ▤ cc

Situé à quelques minutes à pied du Chrysler Building, cet hôtel de chaîne offre des chambres très confortables à partir de 190 $. Déco chic et sobre.

Plus de 300 $

⊛ **Morgans Hotel** ⑪, 237 Madison Ave. (entre 37th et 38th St.), ☎ 212 686 0300, www.morganshotel.com. ▤ cc Très bel hôtel à la décoration signée Andrée Putman, dans le quartier de Murray Hill. Promotions intéressantes sur le site Internet.

⊛ **The Library** ③, 299 Madison Ave., ☎ 212 983 4500, www.libraryhotel. com - 60 ch. ▤ ✕ Élégant, chaleureux, calme et luxueux : que demander à un hôtel, sinon de pouvoir s'y détendre dans une atmosphère feutrée, imprégnée de l'amour des livres (il y en a plus de 6 000). Décor design et superbe terrasse.

Roger Smith ⑦, 501 Lexington Ave., ☎ 212 755 1400, www.rogersmithhotel. com - 135 ch. ✕ ▤ Une déco tout en couleurs claires et fraîches, art contemporain et agréable terrasse : c'est le luxe sans la raideur. Gratuit pour les enfants de moins de 16 ans dormant dans la chambre parentale.

Waldorf Astoria ⑩, 301 Park Ave. (entre 49th et 50th St.), ☎ 212 355 3000, www.hilton.com - 1425 ch. et suites ✕ ▤ Symbole du palace new-yorkais, cet immense hôtel Art déco offre le summum du luxe, dans un cadre hyper classique, tout de marbre, dorures, cristaux et draperies. Hors de prix mais mythique.

Se restaurer

Pour manger à petit prix, éloignez-vous de la 5th Avenue et de Madison Avenue ou concentrez-vous sur les parties est et sud du quartier, qui regorgent de restaurants italiens et pakistanais.

Moins de 10 $

Hale & Hearty Soups ④, 685 3rd Ave. (entre 43rd et 44th St.), ☎ 212 681 6460. L'une des adresses d'une chaîne de *fast*

food originale, centrée sur le concept de soupe, servie seule avec du pain ou accompagnées d'un sandwich ou d'une salade. On se nourrit copieusement pour nettement moins de 10 $.

De 10 à 20 $

Pizza 33 ②, 489 3rd Ave. (avec 33rd St.), ℘ 212 545 9191. Très bonnes pizzas à la pâte fine et croustillante. Les produits sont frais et de qualité.

Notaro ⑤, 635 2nd Ave. (entre 34th et 35th St.), ℘ 212 686 3400, www.notaro-ristorante.com. À l'écart des rues touristiques, un bon petit Italien, copieux et pas cher. La formule lunch à 12 $ ou le menu *Early Dinner* (avant 18h30, 18 $) sont de bonnes affaires. Service d'une extrême gentillesse.

Benjamin ③, 603 2nd Ave. (angle de 33rd St.), ℘ 212 889 0750. Ce long bar en bois sombre propose une nourriture typiquement américaine, de la salade César aux *crab cakes* en passant par les burgers ou le « *Mom's* » meatloaf (pain de viande). Offres spéciales intéressantes les dim. et lun. soirs et tlj de 17 h à 19 h.

😊 **Sakagura** ⑧, 211 East 43rd St., ℘ 212 953 7253, www.sakagura.com. Fermé à midi le w.-end. Caché au sous-sol d'un immeuble de bureaux (on passe par le hall), voici le paradis du saké (200 différents). Ce bar japonais au décor de bambou propose toutes sortes de spécialités, pour vous prouver que l'on peut manger autre chose que des sushis. C'est délicieux, servi avec délicatesse et efficacité, comme là-bas !

😊 **PJ Clarke's** ⑦, 915 3rd Ave. (angle de 55th), ℘ 212 317 1616, www.pjclarkes.com. Un bâtiment de 1898, pour un saloon ouvert depuis 1904 : le décor est planté. On se sent bien dans ce pub agréablement patiné, où manger la cuisine comme à la maison, ragoût de viande ou hachis Parmentier. Frank Sinatra, Nat King Cole et Jackie Onassis étaient des habitués… Large sélection de bières pression et prix raisonnables.

De 20 à 40 $

Oyster Bar ⑥, Grand Central Terminal, ℘ 212 490 6650, www.oysterbarny.com. Probablement le meilleur endroit de la ville (ouvert depuis 1913) pour manger des fruits de mer d'une grande fraîcheur. Mais c'est évidemment les huîtres qui sont à l'honneur, et la liste des différentes variétés et origines vous laissera hésitant et rêveur.

De 40 à 60 $

Asia de Cuba ①, Morgans Hotel, 237 Madison Ave., ℘ 212 726 7755, www.morganshotel.com. Le restaurant de l'hôtel Morgans a choisi Philippe Stark pour le décor, et un mélange inattendu de cuisines asiatique et cubaine. Cela surprend, c'est difficile à décrire, mais les saveurs se marient avec justesse. Amateurs de dîners intimes, soyez prévenus : le concept repose sur une étroite table commune, longue de 10 m. Cher.

Sortir, boire un verre

Ce quartier, chic et résidentiel ne compte pas beaucoup de bars décontractés. Ici, on boit des cocktails dans les bars feutrés des hôtels de luxe. Et l'addition s'en ressent terriblement !

😊 **Morgans Bar** ④, 237 Madison Ave., ℘ 212 726 7600. Mélange de paravents et fauteuils de style tendus de velours, de murs en brique et mobilier design, le tout éclairé aux chandelles, pour savourer en amoureux un cocktail ultra-chic…

Le Bateau Ivre ③, Pickwick Arms Hotel, 230 East 51st St., ℘ 212 583 0579, www.lebateauivrenyc.com. Encore un bar d'hôtel qui joue la carte du bistro parisien de l'après-guerre. Belle carte de 250 vins servis au verre. Cher.

King Cole Bar ②, St. Regis Hotel, 2 East 55th St. (près de 5th Ave.), ℘ 212 339 6721. Indémodable et sophistiqué. La chaleur des boiseries et la grande fresque murale font un peu oublier la splendeur classique du hall de l'hôtel, aménagé dans une résidence de style Beaux-Arts datant de 1904.

😊 **Campbell Apartment** ①, Grand Central Terminal, 15 Vanderbilt Ave., ℘ 212 953 0409. Le bureau d'un riche homme d'affaires transformé en élégant bar à cocktails. Boiseries sombres et fines poutres, pseudo Renaissance. Businessmen après les heures de bureau. Plus chaleureux le soir et le week-end.

Où pique-niquer?

Si vous allez au siège des Nations Unies, il y a un parc à côté, mais il ne vaut pas un déplacement spécial. Misez plutôt sur Bryant Park ou Central Park *(voir West Midtown)*.

Achats

Mode - Bergdorf Goodman ⑦, *745 5th Ave. (entre 57th et 58th),* ✆ *212 753 7300. Ouvert le dim. L'autre partie du grand magasin chic qui se répartit de chaque côté de la 5th Avenue.*

Saks Fifth Avenue ⑯, 611 5th Ave. (entre 49th et 50th), ✆ 212 753 4000. Ouvert le dim. Une autre des enseignes new-yorkaises de légende, ouverte depuis 1924. On y trouve tous les designers et les grandes marques, sur dix étages.

Brooks Brothers ⑰, 346 Madison Ave. (angle 44th St.), ✆ 212 682 8800. Ouvert le dim. Le tailleur chic des acteurs des années 1950 aux businessmen d'aujourd'hui. Chemises sur mesure ou demi-mesure, costumes, cravates…

America's Vintage Clothing ⑥, 305 5th Ave. (angle 31st St.), ✆ 212 777 9564, www.cheapjacks.com. Large sélection de vêtements vintage de toutes les décennies, depuis les années 1920-1930. Cher, mais quelques pièces rigolotes ou très chic. À savoir : le *vintage*, c'est très branché à New York.

Bijoux - Tiffany & Co ⑮, 727 5th Ave. (angle 57th), ✆ 212 755 8000, www.tiffany.com. Ouvert le dim. Immensément célèbre dans les années 1920, quand on y créait de merveilleux bijoux Art nouveau, et immortalisée par Audrey Hepburn dans *Breakfast at Tiffany's*, la célèbre joaillerie ne montre que quelques vitrines au passant qui ne peut prétendre y acheter. Ne soyez toutefois pas trop intimidé et entrez : on y vend aussi des bijoux en argent et des objets plus simples que les diamants.

Enfants - ♿ Build a Bear Workshop ⑧, 565 5th Ave. (angle 46th St.), ✆ 212 871 7080, www.buildabear.com. On choisit la peau de l'ours, peluche

Si vous ne séjournez à New York que pour un long week-end, sachez que beaucoup de magasins sont ouverts le dimanche. Les petites boutiques ferment souvent mais les grands magasins, les enseignes populaires et les bazars pour touristes ouvrent au moins de 12h à 18 ou 19h. Les New-Yorkais se lèvent pour une balade à Central Park, suivie du brunch, puis du shopping.

blanche ou brune, rase ou poilue. On la fait rembourrer par une machine. Puis on passe à la garde-robe pour choisir l'habit, casquette et maillot des Mets, robe style Barbie, chemise hawaïenne, tee-shirt *I Love NY*… et on a son ours en peluche, customisé rien que pour soi.

FAO Schwarz ⑩, 767 5th Ave., ✆ 212 644 94000, www.faoschwarz.com. Ouvert le dim. Un piano géant sur lequel on danse pour jouer, un rayon de poupées à se damner (les mères craquent plus que les filles…) et une foule de jouets intelligents. Le rayon des maisons de poupées est une curiosité à lui tout seul, avec ses stupéfiantes miniatures sur mesure. Café-marchand de bonbons au rdc., et cadeaux de naissance.

♿ American Girl Place ⑤, 605 5th Ave. (entre 48th et 49th St.), ✆ 877 247 5223, www.americangirlplace.com. Ouvert le dim. Toutes les petites filles adorent. Il y a des poupées à ne plus savoir laquelle choisir, des robes pour les poupées elles-mêmes et pour les petites filles, des produits de toilette et des gadgets pour toutes. C'est très américain, souvent très kitsch, mais irrésistible.

Sport - Niketown ⑬, 6 East 57th St., ✆ 212 891 6453. Toutes les dernières nouveautés de la marque au *swoosh*, dans un espace ultra-moderne.

Harley Davidson ⑫, 686 Lexington Ave. (entre 56th et 57th), ✆ 212 355 3003. Les fans de la marque de motos y dénicheront des accessoires et gadgets introuvables en France.

Maison, décoration - ♿ Container Store ⑨, angle de Lexington Ave. et 58th St., ✆ 212 366 4200, www.

containerstore.com. Ouvert le dim. Pour les maniaques du rangement, des solutions astucieuses pour tout organiser, de la chambre au bureau, en passant par la cuisine et la salle de bains. Des gadgets vraiment malins et des ustensiles beaux et pratiques.

Divers - Our Name is Mud ⑭, Grand Central Terminal, Lexington Passage, ℰ 212 388 9559, www.ournameismud. com. Dans la galerie commerciale, une boutique de faïences décorées avec humour pour faire des cadeaux moins kitsch que dans les bazars.

Magasins d'alimentation - Grand Central Market ⑪, dans Grand Central Terminal, Lexington Passage (entrée possible par Lexington). Belle sélection de produits frais et plats préparés.

HISTOIRE

La partie orientale de Midtown s'est développée à peu près à la même époque que West Midtown, mais plutôt que le quartier des théâtres, East Midtown était celui des affaires. La présence de la gare en faisait une plateforme d'échanges autour de laquelle sont naturellement venus se greffer des immeubles de bureaux. La proximité de la 5th Avenue et de ses millionaires attira hôtels de luxe et établissements prestigieux, comme la Morgan Library ou le siège des Nations unies.

MURRAY HILL★

Comprise entre la 30th et la 40th Streets, la partie sud d'East Midtown doit son nom à son premier propriétaire, **Robert Murray**, un marchand d'origine anglaise qui y construisit sa « maison de campagne ». Les Murray avaient posé une exigence au développement de leurs terres : que l'on n'y bâtisse que des maisons en pierre ou en brique, sauf si c'était des écuries, et qu'aucune voie de chemin de fer n'y passe. Cela valut à Murray Hill de rester longtemps un quartier tranquille, principalement occupé par des maisons bourgeoises et par les écuries des palaces

de la 5th Avenue. À la fin du 19e s., les choses changèrent avec l'installation des Astor à l'angle de la 33rd Street et de 5th Avenue. **Caroline Astor** était alors la reine de la haute société new-yorkaise. Sa salle de bals ne pouvait accommoder que 400 invités car, prétendait-elle, pas plus de gens ne comptaient vraiment en ville. Aujourd'hui, les manoirs de 5th Avenue ont laissé la place aux grands magasins et les écuries aux immeubles résidentiels.

THE MORGAN LIBRARY★★

Comptez 1h à 1h30. (Plan A3)

225 Madison Ave., ℰ 212 685 0008, www.themorgan.org.

Cette bibliothèque est un lieu méconnu, qu'il ne faut pourtant pas manquer, pour la richesse de ses collections, mais aussi parce que son environnement vous donnera un bon aperçu de ce qu'était Murray Hill au début du 20e s.

La visite pratique

Accès - M° ligne **6**, station 33rd St. Bus lignes **2**, **3**, **4**, **32**.

Horaires - Mar.-vend. 10h30-17h (vend. 21h), sam. 10h-18h, dim. 11h-18h. Fermé lun., 1er janv., Thanksgiving et 25 déc..

Tarif - 12 $.

Ⓖ Gratuit le vendredi de 19h à 21h.

Restauration - Le **Morgan Café** permet de grignoter agréablement, tandis que la **Morgan Dining Room** sert brunch, lunch et dîner dans l'ancienne salle à manger de la famille, à des prix raisonnables.

Activités - Des **concerts** sont régulièrement donnés à la bibliothèque mais ils sont vite complets. Vérifiez à l'avance sur le site Internet s'il reste des places. Comptez de 30 à 50 $.

L'histoire du musée

C'est dans le quartier calme de Murray Hill que l'un des hommes les plus riches de New York, **John Pierpont Morgan** (1837-1913), choisit de faire construire sa luxueuse demeure. L'architecte Charles McKim lui proposa un édifice du plus pur style néoclassique. Magnat de la finance, Morgan se passionnait aussi pour l'art européen, en particulier les incunables et les manuscrits rares. Poursuivant son œuvre, son fils **J. P. Morgan Jr** (1867-1943) put, en 1924, réaliser le vœu de son père en transformant les formidables collections privées de la famille en institution publique. Plusieurs donations sont venues l'enrichir, ainsi que des acquisitions ambitieuses, comme l'achat, en 1992, de la proclamation de l'Émancipation, signée de la main même d'Abraham Lincoln et, en 1998, de la Carter Burden Collection et de ses 80 000 volumes de littérature américaine.

Des locaux évolutifs

À l'ensemble initial, avait été intégré une annexe en 1928. Puis, en 1988, la bibliothèque racheta, juste à côté, l'ancienne maison de J. P. Morgan Jr., grande de 45 pièces. Enfin, l'architecte Renzo Piano acheva en 2006 une superbe et arachnéenne liaison entre tous ces éléments, y apportant ce que la modernité a de meilleur, alliant beauté, bon goût, fonctionnalité et luminosité.

Les collections

Elles sont immenses et surtout d'un intérêt majeur, car les choix ont été faits sur des bases à la fois esthétiques, historiques et sentimentales, classant cette bibliothèque parmi les plus intéressantes au monde.

Les autographes

Comment ne pas être profondément ému par le fonds de manuscrits de littérature et de musique ? Les pièces exposées changent régulièrement pour ne pas être endommagées par la lumière, mais on peut contempler des **partitions** de la main de Mozart, Beethoven, Brahms, Chopin, Verdi et d'autres, sans oublier les modernes, Schœnberg ou Cage. Et que dire de tous ces **manuscrits littéraires**, lettres ou notes, écrits par Galilée, Milton, Edgar Poe, Byron, Charles Dickens, Mark Twain, Thoreau, Oscar Wilde, John Steinbeck, Ernest Hemingway, Jane Austen, Toni Morrison, Philip Roth, et tant d'autres…

Manuscrits et incunables

L'un des trois exemplaires de la **Bible de Gutenberg** acquis par Morgan est précieusement conservé dans la majestueuse East Room, surmontée de sa coupole un peu kitsch. C'est dans cette bibliothèque que sont également conservés des ouvrages à la reliure constellée de pierreries. Les manuscrits les plus rares sont disponibles pour les chercheurs, depuis des pièces datant du 7e s. jusqu'à celles des périodes plus récentes, tel le livre de prières d'Anne de Bretagne, par exemple.

Objets précieux, tableaux et dessins

De nombreux **objets sacrés**, ciboires, coupes, triptyques et peintures, sont le plus souvent disposés dans la West Room, l'ancien bureau de Morgan. Cette pièce somptueuse, un peu austère, tendue de damas rouge, sous son haut plafond sculpté, est l'écrin où sont conservées quelques œuvres de première importance, comme une *Madone* du Pérugin, un *Portrait de Maure* du **Tintoret**, des portraits de Martin Luther et de sa femme par Lucas Cranach l'Ancien, et un portrait de l'école de François Clouet.

Par ailleurs, vous verrez de nombreux dessins de **Michel-Ange**, **Léonard de Vinci**, **Dürer**, Rembrandt, Watteau, mais aussi de Goya, Ingres, Degas, **Van Gogh**, exposés par roulement. Notez aussi les **aquarelles de Turner**.

▶ En sortant de la bibliothèque, prenez le temps de flâner dans les rues avoisinantes, notamment la **38th Street**, entre la 5th Avenue, Park Avenue et Lexington : elles vous donneront une idée de l'atmosphère tranquille du Murray Hill d'origine.

AUTOUR DE GRAND CENTRAL★★

Voici le premier des pouls de Midtown East : l'énorme gare des chemins de fer, que certains n'hésitaient pas jadis à surnommer le « portail du pays ». Il faut imaginer qu'au début du 19e s., les voies ferrées à travers Midtown étaient à ciel ouvert, les locomotives à vapeur très polluantes et que les trains ahanaient alors jusqu'à la gare de la 23rd Street. En 1854, un décret en interdit la circulation au sud de la 42nd Street, mais le problème de la pollution demeurait au nord, jusqu'à l'entrée des voies couvertes, à la 56th Street. Il fallut attendre un autre décret, en 1889, pour que l'électrification devienne obligatoire pour les lignes entrant en ville. Pour financer ces gigantesques travaux, les Vanderbilt, qui géraient les chemins de fer new-yorkais, décidèrent d'enterrer une partie de la gare et les voies pour pouvoir vendre les terrains en surface à des promoteurs (cela donne une idée du prix du terrain à New York). C'est ainsi que se développèrent Park Avenue et Madison Avenue. À la place des immeubles noirs de suie, on put construire des résidences et des hôtels chic. Après les deux guerres mondiales, on les remplaça à nouveau par des gratte-ciel plus rentables, donnant une belle variété d'architecture du 20e s.

GRAND CENTRAL TERMINAL★★

(Plan A3-B3)

Angle de Park Ave. South et 42nd St.

La première gare à cet endroit fut ouverte en 1871 par **Cornelius Vanderbilt**, le magnat des chemins de fer. C'était une sorte d'immense verrière à ossature métallique. Quand il fallut enterrer les lignes, on décida naturellement de construire une nouvelle gare, celle qui existe encore aujourd'hui, inaugurée en 1913. Son organisation était à l'époque révolutionnaire, avec ses accès transversaux aux voies, que l'on pouvait aussi rejoindre depuis le métro ou de l'extérieur : cela évitait des encombrements ingérables aux heures de pointe. Au plus haut de sa fréquentation, en 1947, on évalue à 65 millions le nombre de passagers qui l'ont empruntée. En 1968, on projeta de la raser pour construire un immeuble. Après de nombreux rebondissements politico-juridiques, elle fut finalement

classée en 1978, puis superbement rénovée, en 1998. Aujourd'hui, elle assure uniquement le trafic régional.

La façade

C'est en prenant un peu de recul, le long de Park Avenue South, que l'on apprécie le mieux son imposante façade **Beaux-Arts**. Les statues qui surmontent l'horloge représentent Mercure, dieu du commerce, entouré de Minerve (l'intelligence) et d'Hercule (la force). À l'arrière-plan, le gratte-ciel à la façade légèrement convexe est le **Met Life Building** (initialement Pan Am), construit à la place des anciens bureaux de la gare, vendus en 1958.

L'intérieur

5h30-1h30. Dépliant-guide disponible au kiosque central. Visite guidée gratuite, merc. 12h, dép. au kiosque central, vend. 12h30, dép. à l'angle de Park Ave. et 42nd St., devant l'Altria.

La **salle des pas perdus**, immense, est coiffée d'une **voûte** peinte et électrifiée, figurant les constellations célestes (représentées à l'envers, l'ouest se retrouve à l'est!). L'espace est si vaste que l'on réalise difficilement qu'il équivaut à une hauteur de 12 étages. De chaque côté, d'imposants escaliers mènent aux balcons. Le rutilant petit **kiosque** central est l'un des points de rendez-vous mythiques de la ville. Redevenue élégante comme au premier jour, la gare compte plusieurs bars et restaurants, dont le célèbre Oyster Bar ou le Campbell Apartment *(voir p. 254)*.

CHRYSLER BUILDING★★★

(Plan B3)

Angle de 42nd St. et Lexington Ave. Meilleures vues depuis la 3rd Ave.

N'oubliez pas vos jumelles : le haut de l'immeuble est la partie la plus belle.

Ce n'est ni le plus haut ni le mieux situé des gratte-ciel de New York, mais c'est sans conteste le plus beau. On reste

Le Roosevelt Island Tramway.

fasciné par sa finesse, son élégance racée et sa délicate spire, qui semble sortir d'un bouquet d'écailles.

Érigé en 1930 à la demande de l'industriel de l'automobile Walter Chrysler, le **Chrysler Building** est né de l'imagination de l'architecte **William Van Alen** qui voulait construire l'immeuble le plus haut du monde. Il ne détint pas le record longtemps, dépassé l'année suivante par l'Empire State. Son originalité réside dans l'utilisation de l'acier comme garniture extérieure, ce qui souligne les jeux de la lumière sur la structure, accentuant encore sa silhouette élancée. C'est un des plus spectaculaires exemples d'**Art déco**, avec ses décrochements successifs, l'utilisation de gargouilles en forme de tête d'aigle (évoquant les ornements de capot), l'alternance des lignes arrondies et des triangles aigus et le sommet spectaculaire rappelant les chromes des voitures (ne craignant pas la métaphore, on l'a aussi comparé à la coiffe d'une danseuse balinaise !).

À l'intérieur, le **hall** est tout aussi impressionnant. Notez l'utilisation du marbre rouge, la profusion des frises géométriques, le motif de l'aigle, repris jusque sur les boîtes aux lettres, et la **fresque du plafond** sur le thème du transport et de l'industrie.

▸ En ressortant, rejoignez le **Chanin Building★** *(122 East 42nd St.)*, qui date de 1928. Remarquez la frise Art déco en bronze, qui court autour du premier niveau, sur le thème de la mer. Dans le hall, d'autres ornements du même style, à la gloire des techniques, telles les portes de l'ascenseur.

UNITED NATIONS HEADQUARTERS★★

Siège des Nations unies. (Plan B3-C3)

Au bord de l'East River, entre les 42nd et 48th St., ☎ 212 963 4475/8687, www. un.org.

L'**ONU**, créée après la seconde guerre mondiale, le 24 octobre 1945, pour remplacer la défunte Société des Nations, est une communauté internationale d'États membres dont le but est de maintenir la paix dans le monde. La décision d'en construire le siège à New York a été prise lors de la première assemblée générale en 1946. Le territoire affecté au projet, acheté grâce à un don de John D. Rockefeller Jr, bénéficie d'un statut à part, hors de la juridiction américaine. On y croise des diplomates venus des quatre coins de la planète.

La visite pratique

Accès - M° lignes **4**, **5**, **6**, **7**, station Grand Central. Bus lignes **15**, et ligne transversale **42** *(42nd St.)*.

Horaires - Parties publiques : 9h-17h. Fermé 1er janv., Thanksgiving et 25 déc.

Visites guidées - 1h. Obligatoire. Interdit aux enfants de moins de 5 ans. Ttes les 30mn, lun.-vend. 9h30-16h45, w.-end 10h-16h30 (sf janv.-fév.). Pour les visites en français, appelez le matin, ☎ 212 963 7539, et demandez le programme du jour.

Tarif - 12 $.

☺ Venez le matin, il y a moins de queue. Si vous avez choisi un horaire, prévoyez au moins 15mn pour les contrôles de sécurité, qui sont draconiens. Emportez un sandwich, il n'y a pas grand-chose dans le coin.

Découverte du site

On pénètre dans l'enceinte par une esplanade ornée de deux sculptures symboliques : *Non-Violence*, le révolver au canon noué, de Carl Fredrik Reutersward (1988), et *Sphere within a Sphere*, de l'Italien Arnaldo Pomodoro (1996).

▸ Sur la droite, l'immeuble à la façade incurvée est le **General Assembly Building** (1952), qui abrite la salle de l'**Assemblée générale**, où se réunissent en session les délégués des 191 pays membres *(visite guidée uniquement)*. La session régulière se tient à partir de septembre, mais peut être provoquée à tout moment, en cas d'urgence, à la demande du Conseil de sécurité ou d'une majorité de membres.

▸ En retrait, sur le front de rivière, se trouve le **Conference Building** (1952), concentrant les salles de réunion *(visite guidée uniquement). C'est là que se réunit, par exemple, le **Conseil de sécurité**, composé de quinze États membres, dont cinq seulement sont permanents (États-Unis, Chine, Russie, France et Royaume-Uni). Sa principale tâche est le maintien de la paix.

▶ Le bâtiment le plus célèbre est le gratte-ciel de verre gris bleuté qui domine le complexe : le **Secretariat Building** (1950) abrite, comme son nom l'indique, le secrétaire général et tous ses services *(fermé au public)*. Depuis janvier 2007, c'est le Sud-Coréen Ban Ki-moon qui occupe ce poste.

AUTOUR DE 5TH AVENUE★

Second axe majeur du quartier, avec Grand Central, la célèbre avenue concentre les principaux magasins. Mais de petits détours vers l'est permettent de belles surprises.

ST. PATRICK'S CATHEDRAL★

(Plan B2)

5th Ave., entre 50th et 51st St. 8h -18h.

Face au Rockefeller Center, coincée entre des immeubles modernes, la cathédrale catholique la plus vaste des États-Unis paraît étrangement petite. Ses tours culminent pourtant à plus de 100 m et la nef affiche les mêmes proportions. De style néogothique inspiré par la cathédrale de Cologne, elle fut conçue par l'architecte Renwick (1818-1895) et inaugurée en 1879. C'est là que furent célébrées les funérailles de Robert Kennedy, après son assassinat.

LES HÔTELS MYTHIQUES★

Quittez la 5th Ave. vers l'est, à la 49th St., et allez jusqu'à Park Ave.

▶ Le **Waldorf-Astoria★** *(301 Park Ave., angle 50th)*, construit en 1931 par les Astor, occupe tout un pâté de maisons. Il a remplacé un premier établissement rasé pour construire l'Empire State. N'hésitez pas à entrer dans le hall, pour constater son luxe invraisemblable. Une partie de l'hôtel est divisée en

appartements, où résidèrent des célébrités, comme Cary Grant, Frank Sinatra, ou le gangster Lucky Luciano, qui ne le quitta que pour partir en prison !

▶ En revenant vers l'ouest, le long de la 50th Street, vous arrivez aux **Villard Houses** *(angle avec Madison Ave., au n° 451-57)*. Cet ensemble transformé en hôtel de luxe était initialement constitué de six hôtels particuliers de style Renaissance italienne, agencés en U autour d'une cour.

▶ Plus au nord, le **St Regis Hotel** *(angle 55th St. et 5th Ave.)* est un autre exemple d'architecture Beaux-Arts, construit par les riches Astor et fréquenté jadis par Humphrey Bogart ou Marilyn Monroe, qui y eut même une formidable dispute avec son époux d'alors, Joe DiMaggio.

▶ De l'autre côté de la même rue, un peu plus loin vers l'est, notez le joli édifice de style Renaissance anglaise abritant le **Friars Club** *(57 55th St.)*, un très sélect club privé qui a compté parmi ses membres Frank Sinatra ou Sammy Davis Jr. En 1988, Liza Minelli fut la première femme admise comme membre.

▶ Regagnez la 5th Avenue : à l'angle de la 56th Street, la **Trump Tower** (1983) évoque un autre des potentats newyorkais, qui s'est réservé les quatre derniers étages comme modeste appartement ! Notez l'élégance de la structure de verre et les étonnants jardins en terrasse, formant un bosquet suspendu.

DAHESH MUSEUM OF ART★

(Plan B2)

☎ *212 759 0606, www.daheshmuseum. org. Fermé depuis 2007, il est en quête d'un nouveau local dans Manhattan.*

Ce musée s'est spécialisé dans l'**art académique** du 19e et du début du 20e s. Les collections rassemblent une intéressante série de dessins, peintures et sculptures traitant des sujets enseignés dans les écoles des beauxarts, des représentations religieuses aux scènes mythologiques, des nus aux paysages. Expositions temporaires souvent passionnantes.

PROPOSITIONS DE BALADES ET « BEST OF »

En prenant votre temps	⚘ Entre nature et culture
Jour 1	Entrez dans Central Park par Grand Army Plaza et remontez jusqu'au Metropolitan Museum *(voir p. 277)*, où vous pouvez passer 2h. Déjeunez à la Neue Galerie *(voir p. 266)*, puis visitez le Guggenheim Museum *(voir p. 286)*. Redescendez par Madison Avenue pour du shopping. Dîner et sortez dans un autre quartier.
Jour 2	Montez à pied le long de la 5th Ave. et visitez la Frick Collection *(voir p. 275)*. Déjeunez à la Boathouse in Central Park *(voir p. 266)* ou pique-niquez. Visitez ensuite le Whitney Museum *(voir p. 290)*. S'il vous reste du temps (vérifiez les horaires), poussez vers le nord pour voir le Cooper-Hewitt National Design Museum *(voir p. 289)*.
Conseils	L'incroyable richesse des musées exclut de tout voir en une journée, ni même en deux ou trois, surtout si vous voulez faire du shopping. Si vous n'avez qu'un seul jour dans ce quartier, passez ce 2h au Metropolitan le matin, faites une balade à Central Park, visitez la Frick Collection après le déjeuner et finissez par un peu de shopping sur Madison Avenue.
Si vous aimez	Le best of
L'art moderne et l'art contemporain	Le département d'art moderne au Metropolitan Museum, le Guggenheim Museum, le Whitney Museum et le Cooper-Hewitt National Design Museum.
L'histoire de l'art	Le Metropolitan Museum (antiquités grecques, romaines et égyptiennes, le Moyen Âge, la peinture européenne et la collection Robert Lehman), la Frick Collection, la Neue Galerie.
L'art américain	Le Metropolitan Museum (American Wing), le Whitney Museum, le National Academy Museum *(voir p. 288)* et le Cooper-Hewitt National Design Museum.
L'histoire de New York	Le Museum of the City of New York et le Museo del Barrio *(voir p. 289)*.
Les différentes civilisations	Le Metropolitan Museum (arts islamique et asiatique, arts d'Afrique, des Amériques et d'Océanie), le Jewish Museum *(voir p. 289)*, le Museo del Barrio, l'Asia Society & Museum *(voir p. 291)*.
La nature et les balades	Central Park *(voir p. 269)*, le Roosevelt Island Tramway *(voir p. 291)*.
Le shopping	Les magasins de luxe de Madison Avenue *(voir p. 267)*.

Central Park,
vue vers 5th Avenue.

P. Sans / MICHELIN

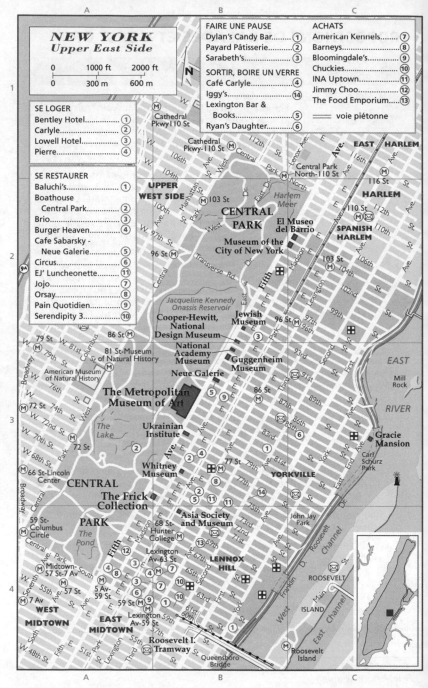

NEW YORK
Upper East Side

0   1000 ft   2000 ft
0   300 m   600 m

UPPER EAST SIDE★★★

CENTRAL PARK★★ - MUSEUM MILE★★★

😎 **La nature et les musées**

😎 **Le prix des musées**

Quelques repères

Bordé au sud par la 59th Street, à l'ouest par la 5th Avenue et Central Park, à l'est par l'East River, au nord par la 106th Street.

À ne pas manquer

La Frick Collection.

Le Metropolitan Museum.

Une balade à Central Park.

Conseils

À moins d'être un maniaque des musées, n'en visitez que deux ou trois, choisissez vos thèmes et ne passez pas plus de 2h dans chaque.

Pour bénéficier de la gratuité, visitez le Guggenheim ou le Whitney le vendredi soir, la Frick Collection le dimanche midi.

Où sont donc passés les flots de taxis hurlants, les tags, les escaliers de secours branlants ? Central Park ouvre son immense fenêtre verte, comme une vaste campagne plantée au cœur de la ville. Tout autour, les gratte-ciel semblent presque modestes malgré leurs silhouettes sophistiquées. Sous les grands arbres, la rumeur de la ville semble s'évanouir. Un raton laveur s'enfuit sans hâte devant le trot des joggers, les enfants courent sur les pelouses, jouent à cachecache derrière les gros rochers... Le long des trottoirs, la foule est plus clairsemée, les limousines plus opulentes, les portiers cueillent les élégantes de retour de shopping... Partout, les musées disent la passion de la culture et la générosité des mécènes.

Se rendre dans le quartier

En métro - Lignes **4**, **5**, **6**, stations 59th Street et 86th Street. Ligne **6**, stations 59th Street, 68th Street, 77th Street, 86th Street, 96th Street et 103rd Street. Lignes **N**, **R**, **W**, stations 59th Street/ 5th Avenue et 59th Street/Lexington Avenue.

En bus - Lignes **1**, **2**, **3** et **4**, le long de 5th et Madison Ave. Ligne **98**, **101**, **102** et **103**, le long de Lexington Ave. et 3rd Ave. Ligne **15**, le long de 1st et 2nd Ave. Cinq lignes transversales : **66** *(66th St.)*, **72** *(72nd St.)*, **79** *(79th St.)*, **86** *(86th St.)* et **96** *(96th St.)*.

Adresses utiles

Banques - Distributeurs de billets le long de Madison, Park et 3rd Avenues.

Poste - **Lenox Hill Station**, 217 East 70th St. Tlj sf dim. 8h-19h (sam. 9h-16h).

Laverie - **Coinmach**, 181 East 73rd St., ☎ 212 734 5741.

Se loger

Ce quartier, le plus chic et le plus cher de Manhattan, ne compte pratiquement que des hôtels de luxe.

Autour de 300 $

Bentley Hotel ①, 500 East 62nd St., ☎ 212 644 6000, www.nychotels.com - 197 ch. et suites ⚲ ✗ 🖳 Un grand hôtel au décor contemporain un peu froid mais spacieux et très confortable. L'immeuble donne sur le Queensboro Bridge. Parmi les moins chers du quartier. Ne sert pas le petit-déjeuner.

Plus de 600 $

The Lowell Hotel ③, 28 East 63rd St. (entre Madison et Park Ave.), ☎ 212 838 1400, www.lowellhotel.com - 70 ch. et suites ⚲ ✗ 🖳 Ici, on a misé sur une élégance classique, mobilier de style, tissus damassés, gravures anciennes. Le service est impeccable, l'ensemble très luxueux, mais cher.

The Carlyle ②, 35 East 76th St., ☎ 212 744 1600, www.thecarlyle.com - 179 ch. et suites ⓝ ✕ ▤ C'est l'un des plus célèbres hôtels de la ville, fréquenté par les chefs d'État et les têtes couronnées (la princesse Diana y descendit), et le luxe est à la hauteur. Même les chambres de « base », les *classic rooms*, sont décorées avec soin. C'est au bar de l'hôtel que Woody Allen joue (de temps à autre) de la clarinette dans un jazz band.

The Pierre ④, 2 East 61st St. (angle 5th Ave.), ☎ 212 838 8000, www.taj hotels.com - 201 ch. et suites ⓝ ✕ ▤ Un autre palace de légende, face à Central Park. Tout y est pensé jusqu'au moindre détail, depuis le service raffiné jusqu'aux bouquets de fleurs fraîches. Le très grand luxe.

Se restaurer

Les restaurants sont, eux aussi, assez chers dans cette partie de la ville. Pensez aux cafétérias des musées, sinon, les prix ont tendance à baisser en s'éloignant de Central Park et de Madison Avenue.

De 10 à 20 $

Brio ③, 137 East 61st St., ☎ 212 980 2300, www.brionyc.com. Cuisine italienne classique et service un peu lent. Salades, pâtes ou pizzas à prix abordable, et petite terrasse sur la rue aux beaux jours.

☺ **Burger Heaven** ④, 804 Lexington Ave. (angle 62nd St.), ☎ 212 838 3580, www.burgerheaven.com. Une adresse sans prétention, mais du choix, des salades et des burgers copieux et pas trop chers, une véritable aubaine dans le quartier.

Le Pain Quotidien ⑨, 1131 Madison Ave. (entre 84th et 85th St.), ☎ 212 327 4900. La chaîne belge multiplie les adresses à New York et c'est très bien, car on peut y manger salades ou plats plus copieux à des prix accessibles. Pensez-y aussi pour préparer votre pique-nique.

Baluchi's ①, 1724 2nd Ave. (angle 89th), ☎ 212 996 2600. Une autre petite chaîne,

new-yorkaise cette fois, de restaurants indiens. On mange à moins de 15 $ et les plats sont à moitié prix à midi.

EJ's Luncheonette ⑪, 1271 3rd Ave., ☎ 212 472 0600. Restaurant familial de cuisine américaine, très célèbre pour ses *brunches*. Les pancakes sont délicieux, tout comme les œufs.

Serendipity 3 ⑩, 225 East 60th St. (entre 2nd et 3rd Ave.), ☎ 212 838 3531, www.serendipity3.com. Décor pop et kitsch pour ce restaurant de cuisine familiale, qui était apprécié d'Andy Warhol. Les enfants adorent.

De 20 à 40 $

Circus ⑥, 132 East 61st St., ☎ 212 223 2965, www.circusrestaurante. com. Fermé le dim. midi. Une jolie salle sobre et élégante, en sous-sol, un fond de musique cool et une cuisine brésilienne de bonne tenue, telle la sébaste grillée en feuille de banane sauce à la mangue ou encore la *feijoada*, ragoût national de viande aux haricots noirs. Menu lunch à 21 $.

☺ **The Boathouse in Central Park** ②, entrée par East 72nd St., ☎ 212 517 2233, www.thecentralparkboathouse.com. Dernier service à 21h30. Brunch du w.-end à partir de 9h30. Blottie dans un repli du lac de Central Park, cette ravissante véranda offre de romantiques couchers de soleil sur l'eau. On y mange plutôt bien, une cuisine classique, un peu chère, surtout le soir. Mais le cadre le justifie.

☺ **Café Sabarsky at the Neue Galerie** ⑤, 1048 5th Ave., ☎ 212 288 0665, www.neuegalerie.org. Lun. et merc. 9h-18h, jeu.-dim. 9h-21h, fermé le mar. Tout le charme des cafés viennois est convoqué dans le restaurant adjacent au musée : service attentionné, cadre discrètement élégant et carte abordable pour tous les budgets. Si vous ne passez que l'après-midi, goûtez au moins aux pâtisseries.

Orsay ⑧, 1057 Lexington Ave., ☎ 212 517 6400, www.orsayrestaurant.com. Malgré son nom et le décor typique d'une brasserie française, ce bistro sert une cuisine internationale classique

UPPER EAST SIDE

11

mais de qualité. Les huîtres et le steak tartare sont un bon choix. Aux beaux jours, on peut manger en terrasse. Menu lunch à 26 $. Plus cher et plus varié le soir, avec, notamment, une belle sélection de gibiers.

Plus de 50 $

Ⓙ **Jojo** ⑦, 160 East 64th (entre 3rd et Lexington), ℘ 212 223 5656, www.jean-georges.com. Dans un cadre tout de bois sombre, couleurs chaudes et chaises capitonnées, le chef concocte une cuisine française contemporaine qui met superbement en valeur les produits du marché, tout en utilisant avec audace les épices les plus exotiques.

Faire une petite pause

Ⓓ **Dylan's Candy Bar** ①, 1011 3rd Ave. (angle 60th St.), ℘ 646 735 0078, www.dylanscandybar.com. Bar à milk-shakes, bonbons, sucre d'orge, sucettes, chocolats. Difficile de résister quel que soit son âge. On adore particulièrement les smarties à la couleur de son choix. On choisit son conteneur et on va au distributeur… Le rêve !

Payard Pâtisserie ②, 1032 Lexington Ave. (entre 73rd et 74th St.), ℘ 212 717 5252, www.payard.com. Une vraie pâtisserie française, si vous êtes subitement en manque d'éclair au café ou de Paris-Brest. Les chocolats faits maison sont vraiment bons. Seul problème : c'est cher (plus de 4 $ pour un éclair !). Sinon, on peut aussi y manger, pas bon marché non plus, sauf le *pre-theater menu* à 36 $.

Sarabeth's ③, 1295 Madison Ave. (angle 92nd St.), ℘ 212 410 7335. Des pâtisseries moins raffinées et plus riches que les précédentes, mais les gourmands en auront plus, pour le même prix… et c'est quand même délicieux.

Boire un verre

Lexington Bar & Books ⑤, 1020 Lexington Ave., ℘ 212 717 3902. Toute l'atmosphère d'un club chaleureux pour messieurs cultivés et fumant le cigare. Jeans et baskets s'abstenir…

Ryan's Daughter ⑥, 380 East 85th St. (entre 1st et 2nd Ave.), ℘ 212 628 2613.

Tout l'opposé du précédent, ce bar de quartier, où l'on vient pour décompresser en jouant aux fléchettes ou au billard. Une ambiance à l'irlandaise… et la bière moins chère qu'ailleurs. Clientèle éclectique, 25-40 ans.

Café Carlyle ④ (*voir p. 266 l'hôtel du même nom*). Évidemment très chic, l'un des endroits de New York où la bonne société se montre. On y donne des concerts de jazz (programme sur le site Internet de l'hôtel). Woody Allen s'y produit de temps à autre.

Iggy's ⑭, 1452 2nd Ave. (angle 76th St.), ℘ 212 327 3043, www.iggysnewyork.com. Un club populaire qui contraste avec le côté guindé du quartier. On est là pour faire la fête ! Soirées karaoké et derniers tubes à la mode dans les baffles.

Où pique-niquer ?

À **Central Park**, c'est une évidence. Mais le choix de l'endroit dépendra de vos goûts et de votre style. Les familles dont les enfants ont besoin de se défouler se dirigeront vers Sheep Meadow, une vaste étendue où l'on se livre aux jeux de plein air. Pour les plus petits, allez du côté du zoo pour les espaces de jeu. Ceux qui veulent regarder les New-Yorkais faire du roller ou du skate iront manger sur les bancs du Mall. Les romantiques choisiront les bords du lac ou du Reservoir, tandis que les gays se retrouveront volontiers dans le Ramble.

Achats

À Manhattan, le shopping chic classique et les boutiques de haute-couture se concentrent historiquement autour de **Madison Avenue**, où la plupart des grandes marques de luxe se sont installées (Ralph Lauren, Calvin Klein, Donna Karan, etc.). Les accros au porte-monnaie bien garni feront donc l'avenue dans un sens puis dans l'autre. Pour les autres, nous leur conseillons de s'écarter de cet axe et de flâner sur Lexington ou sur 3rd Avenue, moins spectaculaires, mais moins élitistes.

Grands magasins - Bloomingdale's
⑨, angle Lexington et 59th St., ☎ 212 705 2000, www.bloomingdales.com. L'un des plus populaires et des plus touristiques grands magasins new-yorkais, car on y trouve à peu près tout.

Barneys ⑧, 660 Madison Ave. (angle 61st St.), ☎ 212 826 8900, www.barneys. com. Le plus tendance des grands magasins, avec une belle sélection de jeunes designers. On voit tout de suite la différence à la clientèle, nettement plus jeune, elle aussi. Ça reste cher.

Mode - Jimmy Choo ⑫, 716 Madison Ave. (entre 63rd et 64th), ☎ 212 759 7078. Pour les fétichistes de la chaussure et les fans d'*Ally McBeal* ou *Sex and the City*. Très très mode.

Chuckies ⑩, 1073 3rd Ave. (entre 63rd et 64th), ☎ 212 593 9898. Un choix très *fashion* de chaussures de grandes marques, depuis Miu Miu jusqu'à Sonia Rykiel. Seconde adresse au 1169 Madison (entre 85th et 86th St.).

INA Uptown ⑪, 208 East 73rd St., ☎ 212 249 0014, www.inanyc.com. L'une des adresses de la friperie de luxe qui ne vend que les designers récents et au top de la mode.

Nos amies les bêtes - American Kennels ⑦, 798 Lexington Ave. (entre 61st et 62nd), ☎ 212 838 8460. On savait que les New-Yorkais étaient fous de leurs chiens : en voici la preuve. Vous pourrez ramener à votre Kiki collier diamanté, tee-shirt « I love New York », jouet baroque ou parfum.

Commerces d'alimentation - The Food Emporium ⑬, 1175 3rd Ave., ☎ 212 249 6778. 7h-0h. L'une des adresses de cette chaîne de magasins de qualité, proposant produits frais, plats préparés, salades, etc.

Loisirs

Sports de plein air - Central Park est le plus grand terrain de sport de la ville. En y flânant, vous verrez des groupes pratiquer les sports d'équipes, jouer au frisbee, au badminton, au ballon, courir, faire du roller, du skate, du vélo, voire une balade en bateau à rames sur le lac.

Location de vélos - Loeb Boathouse, sur le parking, entrée par la 5th Ave., niveau 74th St., ☎ 212 517 2233, www. centralparknyc.org. Mars-oct. 10h-18h (selon la météo).

Patin à glace - Patinoire **Wollman Rink**, ☎ 212 439 6900, www.wollman skatingrink.com, dans Central Park, à hauteur de la 62nd St. Ouvre la dernière semaine d'oct., jusqu'à mars : lun.-mar. 10h-14h30, merc.-jeu. 10h-22h, vend.-sam. 10h-23h, dim. 10h-21h. 9,50 $ en sem., 12 $ le w.-end et j. fériés. Location de patins 5 $.

Rollers - Avec le jogging et le vélo, c'est le sport le plus pratiqué dans Central Park *(pour louer des rollers, voir chapitre Upper West Side, p. 298)*. Les fans iront admirer les figures des habitués. Les circuits possibles sont indiqués sur le site **www.skatecity. com/nyc**. Attention, il faut toujours les suivre dans le sens inverse de celui des aiguilles d'une montre. Il y a aussi un club de danse en patins à roulettes, le **Central Park Dance Skaters Association** (www.cpdsa.org), qui organise de grandes séances en musique, les sam., dim. et j. fériés, de 14h30 à 18h30 *(sur Skaters Road, à l'est de Sheep Meadow, en fonction de la météo)*.

Concerts gratuits - De mai à septembre, dans le cadre du **Central Park SummerStage**, Central Park accueille de nombreux concerts gratuits, au Rumsey Playfield, face à la Frick Collection *(72nd St.)*. Les vedettes sont des pointures, de Cassandra Wilson à Brad Mehldau, de grands orchestres symphoniques ou des ballets. Programmes au ☎ 212 360 2777 ou sur www.summer stage.org.

Met in the Parks organise en juin des opéras gratuits dans différents parcs de la ville, dont Central Park. Rens. au ☎ 212 362 6000 ou sur www. metoperafamily.org.

En juillet et août, les **New York Philarmonic Concerts in the Parks** ont lieu dans les grands parcs de la ville, dont Central Park *(Great Lawn, derrière le Met)*. Rens. au ☎ 212 875 5709 et sur www.nyphil.org.

HISTOIRE

En vous promenant le long des avenues de cette partie de la ville, essayez de vous imaginer le paysage au 18e s. Il n'y avait là que de larges ondulations verdoyantes, qui descendaient en pente douce vers l'East River. Les colons y installèrent naturellement quelques fermes, puis, peu à peu, à mesure que la ville naissante faisait les fortunes, les riches y firent construire des résidences secondaires où ils venaient prendre l'air frais, en été, quand New York est écrasée de chaleur. Une route, devenue depuis la 3rd Avenue, les desservait et permettait de regagner facilement la ville, au sud de Canal Street. L'autre alternative était d'emprunter les bateaux à vapeur et de descendre la rivière. Avec l'urbanisation progressive, de plus en plus de riches bourgeois décidèrent de vivre à l'année dans leurs manoirs. La création de Central Park à partir des années 1850-60, amena d'avantage de belles demeures le long de la partie occidentale du quartier, sur la 5th Avenue. Parallèlement, la partie orientale souffrait de la construction des voies de chemin de fer, le long des 2nd et 3rd Avenues, qui entraîna une forte pollution et l'installation d'une nouvelle population, plus nombreuse et plus populaire. Après l'enterrement des voies (voir p. 257-58), l'axe de Park Avenue fut équipé d'appartements de standing. Les commerces de luxe ne tardèrent pas à suivre, donnant au quartier son allure actuelle.

CENTRAL PARK★★

(Plan p. 271) Une demi-journée.

Voici le poumon de New York, 341 ha de nature, un parc où se reposer de la ville, sans vraiment la quitter, tant la couronne de gratte-ciel est omniprésente bien que lointaine. Sur le plan culturel et festif, c'est un lieu majeur, au cœur de toutes les grandes manifestations. C'est là que les gens se retrouvent, spontanément, quand les choses vont mal, comme après le 11 septembre, ou dès qu'il faut manifester, contre la guerre ou en faveur d'une quelconque cause humanitaire. Après avoir été mal famé jusque dans les années 1980, il a retrouvé sa vocation récréative pour les familles, les amoureux de la nature, les sportifs et les touristes. Vingt millions de personnes le fréquentent chaque année.

La visite pratique

Accès - M° lignes **N** et **R**, station 57th St., lignes **A**, **B**, **C**, **D** et **1**, station 59th St., lignes **B** et **C**, stations 72nd St., 81st St., 86th St., 96th St. et 103rd St.

Bus, lignes **1**, **2**, **3**, **4**, côté est du parc, ligne **10**, côté ouest.

Horaires et déplacements - Le parc n'est jamais fermé. Seules les deux artères latérales (West Drive et East Drive), ainsi que les quatre routes transversales (transverses roads à hauteur des 65th, 79th, 85th et 97th Sts.) sont ouvertes à la circulation automobile en semaine. Le w.-end, elles sont laissées aux cyclistes, rollers et joggers. Au total on compte environ 93 km de chemins de promenade, le plus souvent goudronnés.

Animaux - Les chiens doivent être tenus en laisse, et leurs déjections immédiatement ramassées, sous peine de réprobation générale et... d'une forte amende.

Informations - Plans, calendriers et horaires des manifestations sont disponibles dans les trois centres d'accueil du parc, le principal, **The Dairy**, au centre du parc, au niveau de la 64th Street, un autre au nord, au **Dana Discovery Center**, un dernier au **Belvedere Castle**. On peut aussi consulter le site www. centralparknyc.org. Les Urban Park Rangers organisent diverses visites thématiques sur la flore, les oiseaux, les animaux crépusculaires, etc.

Activités récréatives - Le **jogging** est roi, avec le vélo, les patins à roulettes et les rollers. Mais on y pratique aussi le tennis, les jeux de ballon, l'équitation. On peut y canoter, on y patine l'hiver (voir p. 268). Il y a même des parcours d'escalade.

Des **promenades en calèche** sont proposées près de l'hôtel Plaza à l'angle sud-est de Central Park, et à la Tavern on The Green, au niveau de West 66th St.

Avec des enfants - Le parc dispose de manèges, d'un théâtre de marionnettes, de circuits d'escalade, et abrite le **Wildlife Center** et son **zoo** (℘ *212 439 6500, www.nyzoosandaquarium.com. Avr.-oct. 10h-17h, reste de l'année 10h-16h30. 8 $, 3-12 ans 3 $).*

Une histoire romanesque

Si de nombreux ouvrages de fiction se déroulent, en partie, à Central Park, son histoire est elle aussi un véritable roman. C'est grâce à **William Cullen Bryant**, homme de lettres et éditeur du *New York Evening Post*, qu'une vigoureuse campagne de presse est lancée en 1850 en vue de créer un parc comparable aux grands espaces verts

Sécurité : réalité et fantasmes

Central Park a eu la réputation d'être un lieu dangereux. Cela n'est plus le cas, depuis déjà plusieurs années. Les postes d'appel d'urgence sont nombreux, les rondes de police fréquentes (à cheval, en voiture ou en rollers). Cela n'empêche pas bien entendu la prudence élémentaire. Une femme (mais pas uniquement !) seule ne se promènera pas à 3h du matin dans les allées isolées ! Cela dit cette sécurisation ne s'est pas faite sans efforts. Central Park a été mal famé à plusieurs reprises dans le passé. Et les fantasmes en ont rajouté, surtout après le 19 avril 1989, quand des promeneurs retirèrent des ronces une jeune joggeuse, violée et agonisante. Si elle n'avait été riche et blanche, et ses bourreaux présumés cinq jeunes Noirs (finalement innocentés après les aveux du criminel, Blanc), le fait divers n'aurait pas réveillé autant de psychoses racistes et sécuritaires. « Si le crime n'avait pas eu lieu à Central Park, écrivit Regina Peruggi, directrice de la Central Park Conservancy, il aurait moins traumatisé la ville. Il réveillait le mythe d'un havre de civilisation livré aux barbares ».

européens. Si l'achat du terrain ne pose pas de gros problèmes, la suite est plus compliquée, ce qui explique qu'il aura fallu 20 ans, et 20000 ouvriers pour mener l'entreprise à son terme. La zone n'était à l'origine qu'une étendue de marais nauséabonds, constellés de roches géantes, squattée par les très pauvres, les marginaux et les parias, qui s'opposèrent violemment aux débuts des travaux, agressant régulièrement les ouvriers.

Le plan d'ensemble et sa réalisation ont été l'œuvre de deux architectes, **Frederick Olmsted** et **Calvert Vaux**. Admirateurs des peintres de l'école de l'Hudson *(voir p. 95)*, ils veulent en faire une série de tableaux vivants, dédiés à une nature idéalisée. Trois millions de mètres cubes de terre, importés par péniche de l'autre rive de l'Hudson ou livrés par milliers de tombereaux venus du Connecticut, seront nécessaires pour remplir l'espace laissé par la destruction des 300000 tonnes de roches, pour combler et drainer les marécages. Achevé en 1869, vingt ans après le premier coup de pioche, Central Park aura coûté aux États-Unis le double du prix de rachat de l'Alaska !

Pendant quelques paisibles dizaines d'années, Central Park connaît les promenades en calèche des dames de la *gentry* en crinoline, tandis que les jeunes gens tentent de tromper la vigilance de leurs vieux barbons de pères ou de maris pour leur faire la cour. Scène classique en période victorienne. Mais tout passe... La **Grande Dépression** de 1929 oblige des milliers de sans-abri à dresser leurs tentes sur les pelouses râpées. La florissante période d'après-guerre, dans les années 1950, ramène un peu de sérénité. Mais les **manifestations** anti-Vietnam et les *love in* recommencent à dévaster, dans les années 1960, ce qui est redevenu le symbole de l'*american way of life*. Les concerts monstres, qui furent finalement autorisés – 150000 fans pour Barbra Streisand, un demi-million pour Simon et Garfunkel – laissent derrière eux un véritable cloaque. En 1981, Ed Koch, le nouveau maire, décide de

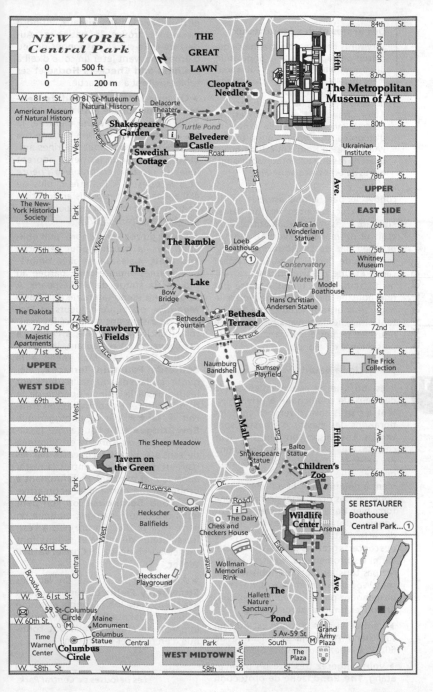

NEW YORK
Central Park

0   500 ft
0   200 m

THE
GREAT
LAWN

Cleopatra's
Needle

The Metropolitan
Museum of Art

E. 84th St.
E. 82nd St.
E. 80th St.
E. 78th St.

Madison
Fifth

81 St-Museum of
Natural History

American Museum
of Natural History

Delacorte
Theater

Turtle Pond

Shakespeare
Garden

Swedish
Cottage

Belvedere
Castle

Road

East

Ukrainian
Institute

Ave.

UPPER

EAST SIDE

W. 81st St.
W. 77th St.

The New-
York Historical
Society

W. 75th St.

The Ramble

Loeb
Boathouse

Alice in
Wonderland
Statue

Conservatory
Water

E. 76th St.

Whitney
Museum

E. 75th St.

E. 73rd St.

Madison

West

Park

Central

The

Lake

Bow
Bridge

Model
Boathouse

Hans Christian
Andersen Statue

W. 73rd St.

The Dakota

72 St

W. 72nd St.

Majestic
Apartments

W. 71st St.

Strawberry
Fields

Terrace

Bethesda
Fountain

Bethesda
Terrace

Terrace

Dr.

E. 72nd St.

E. 71st St.

The Frick
Collection

UPPER

WEST SIDE

W. 69th St.

West

Dr.

Naumburg
Bandshell

Rumsey
Playfield

Dr.

Fifth

Ave.

E. 69th St.

E. 67th St.

The Sheep Meadow

Tavern on
the Green

The Mall

Shakespeare
Statue

Balto
Statue

Children's
Zoo

W. 67th St.

W. 65th St.

Park

Transverse

Dr.

Road

The Dairy

Wildlife
Center

Arsenal

East

SE RESTAURER
Boathouse
Central Park...①

W. 63rd St.

Heckscher
Ballfields

Carousel

Chess and
Checkers House

Center

Broadway

Central

Heckscher
Playground

Wollman
Memorial
Rink

W. 61st St.

The Pond

W. 60th St.

59 St-Columbus
Circle

Maine
Monument

Columbus
Statue

Columbus
Circle

Time
Warner
Center

Central

Hallett
Nature
Sanctuary

Park

South

WEST MIDTOWN

58th

Sixth Ave.

5 Av-59 St

The
Plaza

Grand
Army
Plaza

Ave.

W. 58th St.

271

Des ormes et des étourneaux

Survivants de la terrible graphiose qui détruit peu à peu toute la population des ormes américains, les 1700 spécimens du parc sont protégés du parasite responsable de la maladie par le mur de béton et de pollution de la ville. Autre étrangeté biologique, c'est de Central Park qu'est partie l'invasion d'étourneaux européens qui a touché l'Amérique du Nord. On estime qu'un quart de ces oiseaux voraces sont originaires de cet espace protégé.

confier le parc à une association de riverains chic, comptant **Jackie Onassis** parmi ses membres (Central Park était sa promenade favorite), bientôt présidée par **Betsy Rogers**, une historienne de l'art. L'ordre, un certain calme et une relative volupté reviennent, troublés de temps à autre par une poussée de fièvre. Une nouvelle page se tourne. En 2003, une importante tranche de travaux redonne une nouvelle jeunesse au parc urbain le plus célèbre du monde.

Au fil de la balade

Il est difficile de résumer l'ensemble des lieux de promenade à privilégier, tant les sites sont divers, et tant les floraisons des massifs d'arbustes sont variées. Les saisons ont chacune leur charme. Le printemps et l'automne donnent aux arbres des tonalités changeantes que les plans d'eau s'ingénient à démultiplier. Et au loin, les silhouettes des gratte-ciel prennent une force bien particulière. L'hiver, souvent enneigé, donne aux allées des allures de carte postale. Et l'été sonne l'heure des concerts gratuits et de la bronzette. Parmi les promeneurs, vous ne croiserez pas tous les jours les habitués que sont Woody Allen et Yoko Ono, mais ne manquez pas les adorables écureuils gris ou les timides ratons laveurs.

▶ L'entrée la plus pratique est au sud, sur Grand Army Plaza, à l'angle de 60th St. Dirigez-vous ensuite plein nord.

▶ Vous longerez très vite un premier étang, **The Pond**, zone de protection et d'observation des oiseaux, au nord duquel se trouve la patinoire. Au-delà de celle-ci, les passionnés de jeu d'échecs peuvent jeter un coup d'œil à la **Chess and Checkers House** et ses tables invitant à une partie.

▶ On arrive ensuite au **Wildlife Center** (que l'on appelle aussi Central Park Zoo). En haut de l'arche d'entrée, la **Delacorte Clock** est une horloge qui rythme l'heure avec des figurines animales animées que les petits adorent (*elles se mettent en branle à l'heure et à la demie*). À l'intérieur, plus de 450 animaux sont répartis en fonction de trois grands climats, tempéré, tropical et polaire (*voir p. 270*).

▶ Sortez du zoo vers le nord, puis obliquez vers la gauche, pour rejoindre **The Mall**, majestueuse allée ombragée d'ormes gigantesques, gardée au sud par la statue de Shakespeare. À sa gauche s'étend la prairie de **Sheep Meadow**, où pique-niqueurs et lanceurs de frisbee ont remplacé les moutons (l'ancienne bergerie, à l'ouest, a été convertie en restaurant, la Tavern on the Green). Le Mall mène à la **Bethesda Fountain Terrace★**, élégante esplanade où se réunissaient les hippies à la grande époque de la contre-culture. En contrebas, on franchit le **lac★★** par le photogénique **Bow Bridge★★**. De l'autre côté, la colline escarpée du **Ramble** est sillonnée de sentiers, plutôt fréquentés par les gays en quête de rencontres (*à éviter après la nuit tombée*). En bifurquant à droite, on contourne le lac et on arrive à la **Loeb Boathouse**, où l'on peut louer des canots, manger, ou boire un verre (*voir p. 266*). Encore plus à l'est, les amateurs de modèles réduits font flotter leurs bateaux au **Conservatory Water**.

▶ À l'opposé, à l'ouest du lac, les **Strawberry Fields** doivent leur nom à la chanson de John Lennon, assassiné au pied du Dakota Building, qui jouxte le parc à cet endroit. Yoko Ono continue d'en financer l'entretien.

Les pelouses de Central Park.

P. Sans / MICHELIN

Au cinéma

Depuis la scène poignante d'Ali MacGraw regardant Ryan O'Neal patiner sur la Wollman Rink, dans *Love Story*, Central Park est le cadre romantique de bien des films. Woody Allen le filme dans presque toutes ses productions. Le plus dramatique reste *Marathon Man*, avec Dustin Hoffman et Meryl Streep, dans les scènes haletantes du Reservoir et du Ramble.

▶ En repartant vers le nord du lac, on aperçoit le **Swedish Cottage** et le théâtre de marionnettes.

À proximité, le **Shakespeare Garden** rassemble les plantes mentionnées dans les écrits du grand dramaturge. Le Delacorte Theater accueille en été le festival de théâtre **Shakespeare in the Park** (*voir www.publictheater. org*). Au-delà, la **Great Lawn** est un site de concerts, opéras ou rencontres de base-ball.

▶ Vers l'est, le **Belvedere Castle**, un pastiche de manoir écossais, héberge un Visitor Center.

▶ Longez le Metropolitan Museum vers le nord, en passant une obélisque égyptienne (1 500 av. J.-C.), **Cleopatra's Needle** (mais qui n'a rien à voir avec la fameuse reine), offerte à la ville de New York par Ismail Pasha, le khédive d'Égypte. Vous arrivez au Jacqueline Kennedy Onassis Reservoir, dit plus simplement **The Reservoir**★, lieu mythique pour les joggers.

▶ Si vous prolongez la promenade vers le nord, à hauteur des 105th et 106th Streets, vous traverserez le charmant **Conservatory Garden**, un jardin traditionnel calme et ordonné, avec sa section de style français (*de 8h au coucher du soleil*).

▶ Enfin, les adeptes de pêche (*attention, les poissons capturés doivent être immédiatement remis à l'eau*), devront pousser jusqu'au lac **Harlem Meer**, à l'extrême pointe nord du parc. Jadis mal famée, elle ne pose plus aucun problème (évitez quand même de vous y promener de nuit).

MUSEUM MILE★★★

On désigne par ce nom la portion de la 5th Avenue qui s'étend le long de Central Park. Les milliardaires y construisirent les plus splendides manoirs de la ville, puis, au début du 20e s., en firent, pour beaucoup, donation à des fondations. C'est ainsi que sur cette courte section d'avenue, à peine 1,5 km, on compte l'une des plus belles concentrations de musées au monde.

LE LONG DE 5TH AVENUE★

La Fifth Avenue, tout le long de Central Park jusqu'à 105th Street, aligne les hôtels particuliers les plus huppés de New York, de style Beaux-Arts ou Queen Anne, souvent reconvertis en clubs, en consulats ou en musées. Ils voisinent avec des immeubles de prestige.

Un collier de belles demeures

▶ La balade débute sur **Grand Army Plaza**, dominée par la fontaine Pulitzer (1915) et la statue équestre du général Sherman (1903). Sur le pourtour s'étaient installés des hôtels de prestige. Le **Savoy** a été remplacé en 1966 par le General Motors Building (*au-dessus du magasin FAO Schwarz*) et le **Plaza** (1907) partiellement transformé en appartements de grand standing. L'**hôtel Pierre**, quant à lui, a conservé sa vocation (bien que partiellement converti en appartements) et accueille toujours le gratin international.

▶ La remontée de la 5th Avenue vers le nord dévoile un univers d'immeubles au chic très *upper class*, précédés d'opulentes marquises, où des portiers en uniformes guindés (*doormen*), bouffis d'importance, semblent attendre l'arrivée, en luxueuse limousine, des émules contemporaines de Jackie Kennedy-Onassis ou Katharine Hepburn, à moins que ce ne soit, un genre différent, de Woody Allen soi-même. Le **n° 810**, par exemple, un immeuble de style néogéorgien, abrita William Randolph Hearst, Richard Nixon et Nelson Rockefeller. Au même niveau siège le prestigieux **Knickerbocker Club,** créé en 1870 et réservé aux descendants des pionniers hollandais.

▸ À l'angle de 5th Avenue et 64th Street, la demeure de style italien fut construite pour le magnat du charbon Edward S. Berwind. Au n° 3 de 64th Street, un autre édifice, **New India House** (1903), de style Beaux-Arts, héberge désormais le consulat d'Inde et la délégation indienne aux Nations unies.

▸ Un peu plus loin *(1 East 65th St.),* l'ancien hôtel particulier de l'aristocratique Caroline Astor, la reine de la haute-société new-yorkaise, a été remplacé par le **temple Emanu-El★,** une synagogue construite en 1929, dans un style romano-mauresco-byzantin très éclectique. Avec une capacité de 2 500 fidèles, c'est l'une des plus vastes au monde. Sa nef majestueuse est recouverte de mosaïques de style oriental. Son sanctuaire protège une arche sacrée contenant des rouleaux de la Torah *(𝄞 212 744 1400. Dim.-jeu. 10h-16h30, vend. 10h-15h).*

▸ L'angle de la 70th Street est occupé par la **Frick Collection★★★** *(voir plus loin).*

▸ À l'angle de la 75th Street, la **Harkness House,** construite en 1900, se présente comme un palais italien, avec une belle grille en fer forgé. Elle est le siège du Commonwealth Fund, une association philanthropique.

▸ La **James Duke House** (une famille de magnats du tabac qui inventèrent la cigarette roulée industriellement), un peu plus loin, à l'angle de la 78th Street, est un édifice néoclassique inspiré d'un château bordelais de style Louis XVI. Elle est aujourd'hui le siège du New York Institute of Fine Arts.

▸ Les services culturels et de presse du **consulat de France** sont logés au n° 972 de la 5th Avenue, dans l'ancienne résidence Beaux-Arts (1906) de Payne Whitney, qui l'avait reçue en cadeau de mariage !

▸ À la 79th Street, l'**Ukrainian Institute of America,** un étonnant petit

La fête des musées

Chaque année, un mardi vers la mi-juin, la circulation est fermée sur la 5th Avenue, entre 82nd et 105th Streets, pour le **Museum Mile Festival.** Tous les musées sont gratuits et la prestigieuse avenue est envahie par les artistes, musiciens, danseurs, magiciens et saltimbanques en tout genre. Rens. sur www.museummilefestival.org.

castel de style Renaissance française (1897), s'est installé dans la demeure des Stuyvesant, descendants du premier gouverneur de New York. L'intérieur, richement décoré, abrite des expositions sur l'Ukraine *(tlj sf lun. 12h-18h. 5 $).*

▸ Le n° **998 5th Avenue** fut l'un des tout premiers immeubles résidentiels du quartier. Son architecture Renaissance constitua un modèle pour les autres investisseurs fortunés de l'Upper East Side.

▸ La **Goethe House,** fondée en 1957, occupe, au n° 1014 *(entre 82nd et 83rd Sts.),* une imposante demeure Beaux-Arts. On y assure la promotion de la culture allemande.

THE FRICK COLLECTION★★★

Comptez 2-3h. (Plan A3-B3)

1 East 70th St., 𝄞 212 288 0700, www.frick.org.

Ne manquez pas ce délicieux musée, de petites dimensions, élégant et raffiné, doté d'un délicat patio qui invite à la détente et à la conversation. Et surtout, tout y est du plus haut niveau artistique, depuis la peinture jusqu'aux meubles. Les parents le trouveront idéal pour initier un adolescent à la peinture classique.

La visite pratique

Accès - M° ligne **6,** station 68th St. **Bus,** lignes **1, 2, 3, 4** et **30.**

Horaires - Mar.-sam. 10h-18h, dim. 11h-17h. Fermé lun., 1er janv., 4 juil., 23 nov. et 25 déc.

UPPER EAST SIDE

11

Tarifs - 15 \$, étudiants 5 \$.

ⓑ Gratuit le dimanche de 11h à 13h.

ⓐ On regrette que les moins de 10 ans ne soient pas admis. Ceux de 10 à 16 ans doivent être accompagnés d'un adulte.

Documentation et audio-tours - Plan gratuit à l'entrée. **Audio-tours** inclus dans le billet, en six langues dont le français. Un film d'introduction de 30mn peut être vu toutes les heures dans la salle de musique.

Activités annexes - Concerts deux fois par mois, séances de lecture et expositions temporaires régulières.

L'histoire du musée

Le magnat de la sidérurgie, **Henry Frick** (1849-1919), *self-made man* millionnaire en dollars à 30 ans, avait demandé au cabinet d'architectes Carrere & Hastings de lui construire un manoir de prestige à proximité de Central Park. L'hôtel particulier qui lui est livré en 1913, de style néoclassique, permet à cet autodidacte cultivé de tenir son rang au sein de la haute société et surtout d'y exposer une partie des magnifiques collections d'art qu'il a acquises en Europe. À sa mort, il lègue sa demeure et ses œuvres à un conseil d'administration, qui en fera un musée en 1935. Le buste du généreux mécène est exposé dans le hall d'entrée.

Les collections

Elles sont réparties dans les différentes pièces, dont on a conservé également le mobilier rassemblé par Henry Frick.

Boucher Room et Anteroom

C'est la reconstitution d'un boudoir du 18e s., où sont accrochés huit tableaux commandés à **François Boucher** par Madame de Pompadour, en 1752. Le mobilier, dont un bureau plat en acajou de Riesener, date du 18e s. Des porcelaines de Sèvres et un tapis indien du 16e s. complètent harmonieusement l'ensemble. Juste à côté, dans l'antichambre, se trouve le plus ancien portrait connu de **Hans Memling**.

Dining Room

Henry Frick recevait deux fois par semaine dans ce décor de peintures anglaises, les premières qu'il ait collectionnées. **Hogarth, Romney, Reynolds** y voisinent avec un grand **Gainsbourough**, *Mall in St. James Park*.

West Vestibule

On y retrouve le délicat travail de **Boucher**, grâce à sa série des *Quatre Saisons*, également peintes pour Madame de Pompadour, en 1775. Le bureau est l'œuvre de Charles **Boulle**.

Fragonard Room

Onze tableaux de Fragonard, commandées par Madame du Barry, favorite de Louis XV, ornent les murs. Intitulés *Les Progrès de l'Amour*, ils compensent leur côté rococo par leur grâce et leur sensualité. Un magnifique mobilier de l'école de Paris accompagne ces chefs-d'œuvre, ainsi que des porcelaines de Sèvres et un buste en marbre de la comtesse du Cayla, dû à **Houdon**.

South Hall

Ce qui semble un anodin petit hall est éclairé par un des génies de la peinture occidentale, **Vermeer**. Le musée possède trois des trente-cinq toiles connues du peintre. Ici, on a la chance de pouvoir comparer deux œuvres à la tonalité fort différente. *L'Officier et la Jeune Fille riant* (vers 1658) irradie de luminosité, et la fraîcheur qui nimbe le couple laisse imaginer leur histoire. À côtés, *La Leçon de musique interrompue* (vers 1660) paraît presque terne, l'artiste n'utilisant pas la lumière de la même manière, pour laisser deviner le questionnement.

Living Hall

On ne sait qu'admirer le plus, devant tant d'œuvres majeures. Le *Saint François dans le désert*, du maître vénitien **Bellini**, est comme figé dans une extase que partagent le paysage et les animaux. L'*Homme à la toque rouge*, du **Titien**, est pensif et recueilli. Deux portraits peints par **Holbein le Jeune** rendent de manière saisissante les forts caractères de Thomas More et de Thomas Cromwell. Et que dire du *Saint Jérôme* du **Greco**, sinon qu'il est bouleversant ! Un bureau signé **Boulle** y voisine également avec deux meubles en marqueterie de son école.

Library (bibliothèque)

Elle est consacrée aux livres d'art et de poésie. Cela n'empêche pas un intéressant **Constable** de trôner au milieu de quelques beaux petits formats de l'école anglaise.

North Hall

Encore un espace de passage, mais quel passage ! Ne négligez surtout pas le célèbre portrait de *Madame d'Haussonville*, petite fille de Mme de Staël, par **Ingres**, le *Portail de Valenciennes* par **Watteau**, un **Degas** et un **Monet**. Sans oublier un buste en marbre, par **Houdon**, posé sur une table Louis XVI.

West Gallery

La plus vaste pièce du musée, décorée de meubles italiens du 16e s., est ornée d'œuvres des écoles de peinture italienne, hollandaise, espagnole, anglaise et française. **Le Bronzino** (16e s., Florence), **Véronèse** (16e s., Venise), **Van Dyck**, **Hobbema**, **Van Ruisdael** et **Frans Hals** (école hollandaise du 17e s.), **Étienne de La Tour** (le fils de Georges), **El Greco**, **Rembrandt** (trois œuvres dont un autoportrait), **Goya**, **Vélasquez** *(Philippe IV d'Espagne)* sont présentés au sommet de leur art. Mais deux toiles se détachent du lot par la lumière d'or qui en jaillit et éclabousse la salle, *Mortlake Terrace par un petit matin d'été* et *Le Port de Dieppe* (tous deux datés de 1826), qui illustrent le génie bien particulier de **Turner**.

Enamel Room

On y admire une collection d'émaux peints de l'**école de Limoges** des 16e et 17e s., et des Italiens primitifs et de la Renaissance, dont un *Saint Jean l'Évangéliste* de **Piero della Francesca**.

Oval Room

Ce charmant salon est l'écrin d'une rarissime réplique grandeur nature de *Diane Chasseresse*, réalisée en terre cuite par **Houdon**.

East Gallery

Cet ensemble éclectique réunit des œuvres de grande qualité, de Claude **le Lorrain**, **David**, **Greuze**, **Goya**, **Gainsbourough** et **Van Dyck**, d'où

émergent la *Nature morte aux prunes*, de **Chardin**, et une *Vue d'un quai d'Anvers*, de **Van Ruisdael**.

Patio

Il dégage une grande sérénité, avec sa fontaine bruissante, ses plantes tropicales et sa fraîcheur. Vous pourrez y admirer une célèbre *Corrida*, par **Manet,** et une marine de **Whistler**.

METROPOLITAN MUSEUM OF ART★★★

Comptez au minimum 2-3h. (Plan B3)

5th Ave., face à East 82nd St., ℘ 212 535 6710, www.metmuseum.org.

Ce musée mythique, l'un des trois ou quatre principaux au monde, surgit de la Cinquième avenue, tel un temple, encadré de lourdes colonnes et enchâssé dans Central Park. Comme dans tout grand musée, on navigue, soit de manière rationnelle, soit un peu au hasard. Jamais écrasé, jamais abandonné, on s'y sent bien. Tout l'art est là. Des antiquités sumériennes à Picasso, de l'art précolombien à Cézanne, de la *Jeune femme au pichet à eau* de Veermer à *La Grenouillère* de Monet. Pas de fautes de goût, un environnement à la fois savant et didactique, discret même dans le somptueux.

La visite pratique

Accès - M° lignes **4**, **5**, **6**, station 86th St. Bus lignes **1**, **2**, **3**, **4**, arrêt 82nd St.

Horaires - Mar.-jeu. et dim. 9h30-17h30, vend.-sam. 9h30-21h. Fermé lun., 1er janv., Thanksgiving et 25 déc.

Ⓐ N'essayez pas de tout voir et, même si vous voulez lui consacrer une journée, faites-le en deux fois, pour éviter de saturer. Choisissez un thème ou deux *(voir tableau p. 279)* et dédiezleur chacun 1h30 à 2h.

Tarifs - 20 $ (10 $ pour les seniors). Le billet est valable le même jour pour les Cloisters *(voir p. 318)*.

Ⓐ En théorie, il s'agit d'une contribution recommandée mais non obligatoire, pour ne pas écarter les petits budgets. Si vous proposez de payer moins, cela sera accepté, mais préparez-vous à ce que la caissière n'ait pas l'air de bien comprendre et à des regards désapprobateurs.

Documentation et audio-tours - Plan disponible en français. **Audio-tour** des points forts, en français, 6 $.

Visites guidées - Gratuites avec le billet. Un programme est fixé pour chaque langue. Voir à l'accueil.

Avec des enfants - Le musée imprime des feuillets à thème permettant aux adultes d'animer la visite pour les plus jeunes. Pratique et ludique, pour les parents qui lisent l'anglais.

ⓐ Les poussettes sont interdites le dimanche.

Handicapés - Tous les départements sont accessibles en fauteuil roulant.

Restauration - Attention, à part la Cafeteria, où la queue est raisonnable, tous les restaurants sont pris d'assaut dès 12h. Venez tôt ou réservez. **The Cafeteria** *(au sous-sol, derrière le Medieval Hall)*, 11h30-16h30 (20h30, vend. et sam.). Menu enfant. On y mange des plats du jour, pizzas, salades, snacks pour moins de 15 $. L'**American Wing Café** *(1er niveau, près de l'aile américaine)* permet de grignoter des snacks légers ou de boire un expresso. Le **Petrie Court Café** *(même niveau, côté Sculptures européennes)* tient plus du véritable restaurant avec une cuisine de type bistro. 9h30-16h30 (22h30, vend. et sam. dernière commande 20h30). Réservation conseillée dès votre arrivée au musée ou au 📞 212 570 3964. Pour les cocktails et amuse-gueule, allez au **Great Hall Balcony Bar** (vend.-sam. 16h-20h30). Aux beaux jours (mai-oct.), le **Roof Garden Café** sert sur la terrasse du toit, offrant une vue superbe sur Central Park. 10h-16h30 (vend. et sam. 20h15).

Repérage - Attention aux appellations à l'américaine : **first floor** = rdc en Europe, **second floor** = 1er étage.

Histoire du musée

La première idée d'un grand musée des arts, conçu sur le modèle européen,

naquit en 1866. Un premier espace ouvrit en 1870 sur la portion Midtown de la 5th Avenue, en attendant la construction d'un édifice dans Central Park. De l'original en brique rouges, on ne voit plus que quelques éléments du côté ouest. Le reste a été progressivement noyé dans les extensions et améliorations successives. La **façade Beaux-Arts** donnant sur la 5th Avenue date de 1902, mais les ailes, nord et sud, n'ont été rajoutées qu'en 1911 et 1913. D'autres améliorations et aménagements ont suivi, tels le pavillon Lehman (1975), l'aile Sackler (1978) et la cour Petrie (1990), ou, dernièrement, les rénovations des collections grecques et romaines ou des arts d'Océanie.

Une succession de mécènes

Les collections du musée ont été lancées par le legs de Catherine Wolfe, en 1877, avec ses 143 tableaux des écoles hollandaise et flamande. Ce furent ensuite les peintures européennes du magnat des chemins de fer Henri Marquand, les Impressionnistes de Louise Havemeyer ou la collection Lehman. Outre cela, des donations financières ont permis au musée d'avoir une politique d'acquisition particulièrement ambitieuse.

Antiquités grecques et romaines★★

30mn à 1h.

First floor (rdc).

Ces salles lumineuses, dont le réaménagement complet s'est achevé en 2007, évoquent les racines de l'art occidental, de la préhistoire grecque à la fin de l'Empire romain.

▸ Commencez l'histoire grecque par les **idoles cycladiques**, comme cette *Figurine féminine* (4500-4000 av. J.-C.) toute en rondeurs avec son derrière proéminent, ou un rarissime *Joueur de Harpe assis* en marbre (2800-2700 av. J.-C.). Observez ensuite la maîtrise qu'ont progressivement acquise les artistes, sculpteurs ou céramistes. Parmi les poteries, notez des vases de la **période géométrique** (8e s. av. J.-C.), des vases et statuettes de la **période archaïque** (7e-6e s. av. J.-C.) avec leurs

Si vous aimez...	Le best of
Les civilisations antiques	Antiquités grecques et romaines (1st floor, à gauche). Art égyptien (1st floor, à droite). Art antique du Proche-Orient (2nd floor, près du Great Hall Balcony).
Les arts asiatiques	Les arts japonais, coréen, chinois et d'Asie du Sud-Est (2nd et 3rd floors, partie nord-est). L'art islamique et d'Asie centrale (2nd floor, à côté du Great Hall Balcony).
La peinture	La peinture européenne du 14e au 18e s. (2nd floor, partie centrale). La peinture du 19e s. (2nd floor, aile sud). La peinture moderne (1st floor et mezzanine, au sud-ouest).
Le Moyen Âge	Medieval Court (1st floor, partie centrale, derrière le hall d'entrée).
Les arts décoratifs	European Sculpture and Decorative Arts (1st floor près du Petrie Court Café et à droite de la Medieval Court). American Wing (1st floor, mezzanine et 2nd floor).
L'art américain	American Wing : les collections de peinture, mobilier et arts décoratifs américains (1st floor, mezzanine et 2nd floor).
Les arts premiers	Arts d'Afrique, d'Océanie et des Amériques (1st floor, aile sud Michael Rockefeller).

personnages sur fond noir. Avec la **période classique**, la statuaire s'améliore et les drapés et visages s'affinent. La **période héllenistique** produit de ravissantes sculptures, telle cette statuette en bronze d'une *Danseuse voilée et masquée* (3e-2e s. av J.-C.), enveloppée dans de subtils drapés.

▶ La **civilisation romaine** n'est pas en reste, avec la reconstitution raffinée d'une **chambre** aux murs décorés de fresques superbes (1er s. av. J.-C.). Ne manquez pas les vestiges de la **civilisation étrusque**, ou encore l'émouvante statue d'une *Vieille femme au marché* (1er s.) ou le somptueux **sarcophage** du *Triomphe de Dionysos et des Saisons* (3e s.).

▶ Au niveau 2, une petite galerie est dédiée à l'**art chypriote**, où l'on trouve notamment un ravissant sarcophage d'Amathus (5e s. av. J.-C.).

▶ Également au niveau 2, les **antiquités du Proche-Orient** permettent de situer les civilisations grecques et romaines dans le reste du monde antique. On y découvre notamment l'art assyrien et de l'Asie centrale, avec des

objets remontant à 6000 av. J.-C. Notez ainsi une **tablette administrative** en argile (Mésopotamie, 3100-2900 av. J.-C.), témoignant des débuts de l'écriture, ainsi que des objets en bronze d'Asie centrale (2e et 3e millénaires av. J.-C.) révélant un style étonnamment contemporain.

Art islamique et du Moyen-Orient★★

30mn.

Second floor (1er étage).

Les collections commencent au début de la fondation de l'Islam, au 7e s., et vont jusqu'au 19e s. Outre de belles calligraphies, on y voit de merveilleuses **miniatures**, des céramiques, **mosaïques** (dont une niche venue d'Ispahan), des bijoux, **textiles** et tapis.

Art d'Afrique, des Amériques et d'Océanie★★★

1h à 1h30.

First floor (rdc).

Rassemblée dans l'**aile Michael Rockefeller** (aile sud), cette partie des collections est peut-être la plus touchante. Des objets hors du temps mettent en scène totems et masques à l'expressionnisme très contemporain, d'immenses pirogues prêtes à prendre le large. Cet espace unique, singulièrement serein, vante encore ce que le mécénat peut apporter à l'art, puisque Nelson Rockefeller fit don d'une bonne partie de ces collections en mémoire de son fils Michael, disparu en 1961 dans une expédition exploratoire en Nouvelle-Guinée.

L'art africain

À peu près toutes les facettes de l'art rituel des grandes tribus d'Afrique sont présentées ici. **Masques et statues** composent le plus gros de la collection, avec quelques raretés, comme une statuette assise, *Seated Figure* (Mali, 13e s.), poignante évocation de la désolation du deuil. Les **masques dogons** sont particulièrement beaux, de même que les **bronzes du Bénin**. Dans tous les cas, notez l'usage fait des végétaux, plumes, peaux et cornes pour atteindre un résultat souvent effrayant.

L'art des Amériques

Plusieurs civilisations sont traitées dans ces salles, le Mexique, le Pérou, la Colombie, l'Équateur... On admire ainsi, venues de Mexico, des **statuettes mâle et femelle**, figures ancestrales qui servaient au culte familial, ou encore des **figurines jouant au ballon**, que l'on plaçait fréquemment dans les tombes. Mais le plus spectaculaire reste le *Jan Mitchell Treasury*, une incroyable collection d'**or précolombien**, couvrant la période du 1er au 16e s. On reste fasciné par de somptueux couteaux de cérémonie en or et turquoises, des masques funéraires, tel ce **masque de Sícan** (Pérou, 10e-11e s.), d'énormes timbales en or martelé, des figurines, des bijoux...

L'art d'Océanie

Beaucoup plus dépouillés, les objets qui peuplent cette salle rappellent les silhouettes vues chez Matisse ou Picasso, comme les **figurines**, masques ou totems des Rapanuis, Maoris ou Papous. Notez un **chasse-mouches en ivoire**

de baleine ayant appartenu au roi tahitien Pomaré II (18e s.). Parmi les masques, ceux des îles Salomon ou Vanuatu sont spectaculaires. La collection d'objets rituels de **Papouasie Nouvelle-Guinée** est la plus étonnante, d'une merveilleuse sobriété, telle cette *Mère à l'enfant* en bois (fin 19e-début 20e s.).

Art moderne★★★

Comptez 1h.

First et second floors, mezzanine.

▸ La visite commence au rez-de-chaussée par la **peinture américaine** du 20e s., représentée par les incontournables Edward Hopper, Georgia O'Keefe, Stuart Davis, Charles Sheeler, Arthur Dove et Marsden Hartley.

Puis on passe à l'art moderne international, autour de figures majeures, comme la belle **série de Picasso**, avec un ensemble figuratif exceptionnel : *Arlequin* (1901), *L'Acteur* (1904-05), *La Coiffure* (1906) et *Femme en blanc* (1923). Du même peintre, mais très différents, voyez aussi *Nu debout près de la mer* (1929), *Le Rêveur* (1932), *Homme avec une sucette* (1938), *Cavalier et nu assis* (1967)...

Remarquez **Matisse** et son *Jeune marin* (1906), ses exotiques *Odalisque allongée* et *Odalisque assise* (1926), ou les *Fleurs de Neige* (1951), **Balthus** et *La Montagne* (1937) ou **Giacometti**, avec des statuettes et des peintures... On observe les débuts naïfs de **Joan Miró**, **Dubuffet** et sa *Rue de Paris et piétons* (1944), ou encore Yves Tanguy, Max Ernst et **Dali**. Ne manquez pas, de **Victor Brauner**, *Prélude à la Civilisation* (1954), ni les délicieux **Bonnard**, *Après la toilette du matin* (1910), ou *La salle à manger à Vernonnet* (1916), et les toiles colorées de **Derain**, *Bateaux de pêche, Collioure* (1905), *Le chemin creux, l'Estaque* (1906). Parmi les autres toiles célèbres, admirez un *Garçon dans un maillot rayé* (1918), *Nu allongé* (1917) ou *Jeanne Hébuterre* (1919), de **Modigliani**, des **Paul Klee**, dont *Red-green and Violet-yellow* (1920).

Metropolitan Museum of Art.

▸ À l'étage, on aborde la peinture plus récente et les Américains les plus célèbres du 20e s., **Matta**, une importante série de **Clyfford Still**, une collection d'aquarelles et de toiles de **Rothko, Franz Kline, Willem de Kooning** (superbe *Woman*, 1944), Jackson Pollock et les stars du Pop Art, **Andy Warhol** et **Roy Lichtenstein**.

▸ La terrasse du toit accueille les expositions de sculpture monumentale.

Arts décoratifs et sculpture★★

30mn à 1h.

First floor (rdc).

▸ Le département, nommé plus précisément *European Sculpture and Decorative Arts*, se répartit sur deux zones *(voir plan du musée)*. Il comporte d'abord des **galeries de sculptures**. La période couverte va de la Renaissance au début du 20e s. Parmi les joyaux, on retrouve Houdon, Rodin et de nombreux sculpteurs italiens.

▸ Les collections englobent par ailleurs aussi bien le mobilier que les céramiques, les textiles, la peinture, l'orfèvrerie et la verrerie. Des **reconstitutions de pièces d'époque** donnent une idée des styles successifs, surtout en Angleterre et en France.

Moyen Âge★★★

30mn à 1h.

First floor (rdc).

Cet énorme ensemble, exposé autour d'un immense hall central, rassemble plus de 4000 œuvres d'art, de la chute de l'Empire romain à la Renaissance. On y retrouve les grands courants de l'art médiéval, de Byzance et son influence, qui perdura jusqu'au premier art roman, aux styles flamand, anglais, allemand, italien et français.

▸ Le hall principal, consacré à la **sculpture**, offre une atmosphère quasi religieuse, grâce à une monumentale **barrière de chœur** construite pour la cathédrale de Valladolid, en Espagne (17e-18e s.). Les salles latérales se répartissent les **tapisseries**, le mobilier et surtout les objets précieux, profanes ou sacrés. On remarque, au hasard de la visite, des **jeux de société** (os et bois, Italie, 14e-15e s.), de ravissants **panneaux sculptés★★** en os et en corne, figurant des scènes romanesques ou mythologiques, montés avec des plaques récupérées sur des coffres (Italie, 1400-1409). Parmi les trésors, on admire une foule de statuettes votives, tabernacles ou diptyques en ivoire finement travaillé. Ne manquez pas les étonnantes **boules de rosaire ouvrantes★★** en ivoire ou en bois sculpté de délicates scènes religieuses. Parmi les plus précieux, notez une rare collection de **coffrets en émaux champlevé★★★** (Limoges, 12e-13e s.), et un exceptionnel **retable d'autel★★★** en os et corne, racontant les vies de Jésus, de Jean-Baptiste et de l'évangéliste Jean (Italie du Nord, 1390-1400), ainsi que des **retables peints** des 15e et 16e s., parmi lesquels *La vie et les miracles de saint Godelieve* (Bruges, 15e s.). Très spectaculaire aussi, l'orfèvrerie sacrée compte une série de **reliquaires★★** en argent et en or, ainsi que des **croix de procession★★** et des ustensiles du culte.

Antiquités égyptiennes★★

1h.

First floor (rdc).

La collection du Met, considérée comme l'une des plus riches au monde en dehors d'Égypte, couvre tous les aspects de la civilisation égyptienne depuis le 5e millénaire av. J.-C.

▸ Pour suivre la chronologie, commencez par la salle 1, puis suivez le plan à travers les dynasties successives. Parmi les trésors exposés, notez un **peigne en ivoire★★** gravé de farandoles d'animaux (3200 av. J.-C.), la chapelle votive de la **tombe de Perneb★** (2450 av. J.-C.), une multitude d'objets usuels et figurines décorées que l'on plaçait dans les tombeaux, des cercueils, des bijoux, la **chaise de Renyseneb★★** (1450 av. J.-C.), une rare série de **statues de la reine Hatshep-sut** (autour de 1450-1500 av. J.-C.) et des **sarcophages**★.

Pour la période la plus récente, le **temple de Dendur**★ (env. 15 av. J.-C.) était un monument dédié à la déesse Isis, sauvé lors de la mise en eau du barrage d'Assouan et offert aux États-Unis en 1965. Enfin, ne manquez pas les **portraits du Fayoum**★★ (du nom d'une région égyptienne).

American wing★★

30mn à 1h.

First et second floor, mezzanine.

L'aile américaine comprend deux collections, l'une d'arts décoratifs, créée en 1924, l'autre de peintures et sculptures, débutée en 1948. Mais seuls les peintres américains nés avant 1876 (avec quelques exceptions concernant le groupe des Huit) sont présentés ici, les autres étant exposés avec l'Art moderne *(voir plus haut)*.

Les arts décoratifs américains

▶ La visite chronologique débute au niveau 2 par le mobilier de la **période coloniale**. On découvre de solides coffres, tels ceux issus des ateliers d'Ipswich (Massachusetts, 1660-1680), mais aussi des meubles plus légers, commodes, cabinets et sièges rembourrés, du **style William and Mary**. On retrouve ces mêmes caractéristiques dans l'argenterie, dont une riche coupe à deux anses de Cornelius Kierstede, de facture typiquement new-yorkaise.

▶ Peu à peu, ce parti pris d'élégance évolue vers le **style Queen Anne**, que l'on reconnaît aux sinuosités serpentines des fauteuils des ébénistes de Philadelphie (1740-1760). Les influences du **style Chippendale** viendront s'additionner à ces gracieusetés, avant que le retour au classicisme ne vienne tempérer cette évolution sophistiquée.

▶ Une série de **reconstitutions de pièces meublées** permet de mesurer l'évolution des styles et les influences européennes tout au long du 19e s., comme en témoigne la pièce de la **mai-son Williams** (Richmond, Virginie, 1810). Le mouvement **Arts and Crafts** est ici représenté par les meubles issus de l'atelier Herter (autour de 1880).

L'**école de la Prairie**, typiquement américaine, est illustrée par la fameuse maison Little (Wayzata, Minnesota, 1912-1914), dont on peut voir le salon, décoré par **Frank Lloyd Wright**.

▶ Ne manquez pas de faire une halte à l'Engelhard Court, pour y admirer les **vitraux de Tiffany**, verrier proche du mouvement Art nouveau.

Peinture et sculpture

▶ Parallèlement aux arts décoratifs, les salles présentent peintres et sculpteurs des périodes successives. Pour la **période coloniale**, les œuvres majeures sont des portrait, tel le célèbre *George Washington* (1795) de Gilbert Stuart, ou des scènes héroïques, telle *La sortie de la garnison de Gibraltar* (1789), peinte par **John Trumbull**.

La tête de la momie

Les Égyptiens sont connus pour leurs rites mortuaires. Traditionnellement, le corps est momifié puis placé dans un sarcophage qui peut être fait d'un genre de papier mâché ou de bois, selon ce que permet la fortune de la famille. La coutume veut que l'on décore le sarcophage de l'effigie du mort et que l'on y ajoute une multitude de dessins et motifs chargés. Les styles picturaux varient avec les époques. Avec la domination romaine et la diversification des cultures en Égypte, de nouvelles modes apparaissent, telle celle des portraits du Fayoum, où l'on observe une technique grecque. On peint de façon très réaliste, avec un mélange de cire d'abeille, d'huile de lin, d'œuf et de pigments, traduisant même l'angle de la lumière et les ombres, ce qui donne des effigies étonnamment vivantes. Le portrait est ensuite placé sur la momie et maintenu en place par une partie des bandages. On remarque que le costume et les noms sont mis à la mode grecque, même si les rites, eux, continuent d'honorer la tradition égyptienne.

► De l'école de l'Hudson (voir p. 95), trois œuvres se détachent : la *Vue du mont Holyoke après un orage* (1835) de **Thomas Cole**, et sa lumineuse grandeur, les *Chasseurs de fourrures descendant le Missouri* (1845) de **George C. Bingham**, pour sa beauté poétique et son mystère, et enfin l'immense et romantique *Vue des montagnes Rocheuses* (1863) d'**Albert Bierstadt**.

► Les œuvres des postimpressionistes **James Whistler** (1834-1903), **John Sargent** (1856-1925) et **Mary Cassatt** (1844-1926), exposées ensuite, sont de tout premier plan. Mais on ne manquera pas de s'arrêter sur des artistes moins connus, comme **Martin J. Heade** et sa presque surréaliste *Menace d'orage* (1859), **Winslow Homer** et son *Vent de nord-est* (1895), ou **Thomas Eakins** et son remarquable *Max Schmitt à l'aviron* (1871).

► La sculpture est représentée, entre autres, par *Le Montagnard* de **Frederic Remington**.

Peinture et sculpture européennes★★★

Comptez 2 à 3h.

Second floor (1er étage).

Aucun musée au monde ne concentre une telle profusion d'artistes majeurs et d'œuvres universellement connues et reproduites. On peut les admirer ici dans leurs véritables couleurs et dans toute leur magie.

Du Moyen Âge au 18e s.

Toutes les écoles européennes de peinture sont admirablement représentées, permettant de comprendre toute l'histoire de la peinture occidentale au travers de ses grands maîtres.

► Les **écoles italiennes** (Florence, Venise, Sienne), très influencées par l'Église catholique durant le Moyen Âge, ont cependant été le berceau de la Renaissance, apportant de nouvelles techniques, un traitement plus réaliste de la lumière et de la perspective ainsi que des sujets de plus en plus profanes ou mythologiques.

Parmi les chefs-d'œuvre, cherchez l'*Épiphanie* (1320) de **Giotto**, l'immense précurseur de la Renaissance italienne, le *Portrait d'une femme et d'un homme à la fenêtre* (1440) de Filippo Lippi ou la *Dernière communion de saint Jérôme* (1490) du Florentin **Botticelli**. À voir aussi, *Les Musiciens* (1595) du **Caravage**, et les tableaux de Raphaël, du Titien, de Tiepolo...

► D'un style plus sombre, l'**école espagnole** est représentée par des peintures saisissantes, comme la *Vue de Tolède* (1595) du **Greco**, ou le portrait de *Manuel Osorio Manrique de Zuñiga* (1790) de **Goya**.

► Les **écoles du Nord**, des Flandres, de Hollande et d'Allemagne principalement, présentent des caractéristiques très différentes. Le style gothique austère y perdure plus longtemps, la technique de la peinture à l'huile y donne une plus grande subtilité dans le jeu des lumières, dans les clairs-obscurs et, généralement, dans le mariage entre sujets très simplement profanes et puritanisme austère.

Les œuvres à ne pas manquer sont les portraits de **Hans Memling**, la profusion du *Jugement dernier* (1425) de **Jan van Eyck**, *Les Moissonneurs* (1565) de Brueghel, les joviaux *Jeune homme et sa compagne à l'auberge* (1623) de **Frans Hals**, l'*Aristote avec un buste d'Homère* (1653) de **Rembrandt** et, surtout, la merveilleuse *Jeune femme à la cruche* (1660) de **Vermeer**.

► L'**école française** rassemble la *Diseuse de bonne aventure* (1630), de **Georges de La Tour**, *L'Enlèvement des Sabines* (1633-34) de **Poussin** ou le *Mezzetin* (1718-20) de **Watteau**.

Le 19e s.

Ce fut le siècle de tous les grands mouvements artistiques qui marquèrent une véritable révolution dans le traitement des sujets. Les artistes académiques ont dû laisser la place à de nouveaux courants.

► Le **néoclassicisme**, inspiré par le modèle de David, puise ses sujets dans la mythologie et l'histoire antique. Leur peinture est minutieuse et les décors amples.

▶ Le **romantisme**, à l'opposé, fuit la précision et recherche l'effet dramatique dans des thèmes exotiques ou allégoriques. Delacroix en est un bon exemple.

▶ L'**impressionnisme** reste le grand mouvement artistique du 19e s. et l'un des mieux représentés au Met, au point que l'on ne sait plus où regarder ! Les maîtres sont Renoir, Monet, Manet, Corot et Degas.

Parmi les œuvres majeures, ne manquez pas, de **Renoir** : *Les Filles de Catulle Mendès* (1888), le *Bouquet de chrysanthèmes* (1881) ou *Dans le pré* (1888-92). De **Monet** : *Coquelicots, Argenteuil* (1875), *La Promeneuse* (1887), *Les Meules* (1891), la *Cathédrale de Rouen* (1894), le *Chemin à travers les Iris*, *Nymphéas* (1891), l'*Île aux orties près de Vernon* (1897) ou *La Grenouillère*... De **Manet** : *En bateau* (1874) ou *La famille Monet dans leur jardin d'Argenteuil* (1874). D'autres peintres français majeurs sont à citer, tels **Jean-Baptiste Corot**, Boudin ou Berthe Morisot...

Degas est l'un de ceux dont les collections sont les plus riches, réparties dans plusieurs petites salles, traitant ses sujets favoris : série de femmes à la toilette, danseuses d'une douceur aérienne (c'est là que l'on trouve l'une des célèbres *Petite danseuse âgée de 14 ans* en bronze), et collection de **chevaux de bronze**, montrant sa stupéfiante capacité à capturer le mouvement.

▶ Par **postimpressionnisme**, on définit l'éclosion de courants divers qui ont animé la seconde partie du 19e s. et le début du 20e. La star incontestable de cette partie est **Van Gogh**, dont on admire *Cyprès* (1890), *Champs de blé avec cyprès* (1889), *La Berceuse* (1888-89) ou l'étonnant *Premiers pas, d'après Millet* (1889-90) (durant son internement volontaire, Van Gogh peignit 21 copies de Millet dans son propre style).

De **Seurat**, notez la subtile *Parade* (*Circus Sideshow*, 1888). **Paul Cézanne** fournit également quelques tableaux

importants, comme *Les Baigneuses* (1874-75), *Les Joueurs de carte* (1890), *Paysan assis* (1892-96)...

Enfin, arrêtez-vous sur les toiles de **Courbet**, en particulier le saisissant nu de la *Femme au perroquet* (1866).

Collection Robert Lehman★★

30mn à 1h.

First floor (rdc).

Voici une parfaite illustration de mécénat en faveur des musées. Ce financier et son fils léguèrent leur collection au Met, mais plutôt que de répartir les œuvres à travers le musée, où elles auraient été noyées dans la profusion, on leur bâtit cette extension en forme de rotonde, en y installant des pièces rappelant celles de la demeure des donateurs. La collection comprend du mobilier, des sculptures et des peintures, principalement acquises en Europe. On y trouve en particulier de très beaux **primitifs italiens**, dont une superbe *Nativité* (1409) de Lorenzo Monaco et une *Annonciation* (1485) de Botticelli, des **peintres hollandais**, avec une autre *Annonciation* de Hans Memling, et quelques **impressionnistes** français, parmi lesquels les *Deux Jeunes Filles au piano* (1892) de Renoir. Notez aussi le *Nu devant la cheminée* (1955) de Balthus et une belle série de **dessins**.

Art asiatique★★★

30mn à 1h.

First, second and third floors (rdc, 1er et 2e étages).

L'art chinois

Organisée autour de l'**Astor Court**, la reconstitution d'une cour de la dynastie Ming, cette partie du musée présente une belle variété d'**art funéraire**, de céramiques, d'objets en bronze et de **peintures**★★ chinoises, couvrant une large période, depuis le néolithique (3e millénaire av. J.-C.) jusqu'à nos jours. Une partie est dévolue au **Tibet**, avec de superbes panneaux peints et un Bouddha du 11e s.

L'art coréen

Moins connu que l'art des pays voisins, il compte lui aussi des vases et ustensiles en **céramique★★**, comme ceux en forme d'habitations ou en bronze, des poteries préhistoriques, mais surtout de beaux **coffrets★** incrustés et laqués. Notez, dans une intéressante petite salle, comment le bouddhisme indien s'est répandu à travers la Chine, jusqu'en Corée.

L'art japonais

Vous verrez une série de **paravents★**, des panneaux peints, des **estampes★★** des 18e-19e s., des coffrets raffinés et une collection de **netsukes★**, breloques qui servaient de contrepoids pour s'attacher des fioles à la ceinture.

L'Asie du Sud-Est

Du Népal à l'Inde, en passant par la Thaïlande, le Cambodge et l'Indonésie, ces salles présentent tout le panthéon des **divinités hindoues**, notamment des **sculptures khmers**.

Encore plus...

De nombreux thèmes sont encore traités par le musée, auxquels il faut ajouter les expositions temporaires.

Armes et armures

Niveau 1.

Les petits garçons (et leurs papas) adorent cette partie du musée. Les armures sont vraiment imposantes, de même que les sabres, couteaux et pistolets en tout genre...

Dessins et photographie

Niveau 2.

Parmi les pièces marquantes, figurent des dessins de Dürer, Rembrandt, Tiepolo ou Goya. Pour les photographies, outre celles qu'Alfred Stieglitz *(voir p. 96)* légua au musée, vous découvrirez les grandes New-Yorkaises Diane Arbus et Cindy Sherman.

Instruments de musique

Niveau 2.

On y admire le plus vieux piano du monde (1720), mais aussi des violons Stradivarius, des guitares ayant appartenu à Andrés Segovia et des instruments venus des quatre coins du monde.

Costumes

Sous-sol, sous l'art égyptien.

Ce petit espace conserve des costumes remontant au 16e s. et s'attache à présenter l'histoire du vêtement à travers les siècles, principalement à l'occasion d'expositions temporaires.

NEUE GALERIE★

Comptez 1h. (Plan B3)

1048 5th Ave. (entre 82nd et 83rd St.), ℰ 212 628 6200, www.neuegalerie.org. Tlj sf mar. et merc. 11h-18h (vend. 21h). 15 $, audio-tour en anglais inclus.

🚸 Les enfants de moins de 12 ans ne sont pas admis; en-dessous de 16 ans, ils doivent être accompagnés par un adulte.

Accès - M° lignes 4, 5, 6, station 86th Street. Bus lignes 1, 2, 3, 4.

Cet agréable petit musée est hébergé dans un hôtel particulier de style Beaux-Arts, ayant appartenu à la famille Vanderbilt. Il fut fondé en 2001 par l'industriel des cosmétiques Ronald Lauder pour présenter sa collection d'art allemand et autrichien et celle de son ami, le marchand d'art Serge Sabarsky.

▶ Les collections comportent des œuvres d'**Egon Schiele**, **Gustav Klimt** (dont des dessins érotiques) et **Oscar Kokoschka** pour les Autrichiens, de **Kandinsky**, **Paul Klee** et **George Grosz** pour les Allemands. On note aussi une intéressante exposition de meubles et de pièces d'**art décoratif** de l'école Wiener Werstatte.

▶ Dans le hall, le **Café Sabarsky** recrée l'ambiance d'un café viennois.

Architecture intérieure, musée Guggenheim.

SOLOMON R. GUGGENHEIM MUSEUM★★

Comptez de 1h30 à 2h30. (Plan B3)

1071 5th Ave. (angle 89th St.), ✆ *212 423 3500, www.guggenheim.org.*

Le navire amiral de la fondation Guggenheim est un conservatoire d'art contemporain, en même temps qu'un modèle d'architecture moderne, conçu par Frank Lloyd Wright. Outre ce musée, la fondation gère les musées Guggenheim de Bilbao, Berlin, Venise et Las Vegas (ce dernier en partenariat avec l'Ermitage de St-Petersbourg).

Visite pratique

Accès - M° lignes **4**, **5**, **6**, station 86th Street. Bus lignes **1**, **2**, **3**, **4**.

Horaires - Tlj sf jeu. 10h-17h45 (vend. 19h45). Fermé 25 déc.

Tarifs - 18 $, -12 ans gratuit.

ⓐ Le vendredi de 18h à 20h, on paie ce qu'on veut (minimum 1 $). Le premier vendredi de chaque mois *(sauf en juin et en juillet)*, de 21h à 1h, c'est le **First Friday** : pour 25 $, on bénéficie de l'entrée au musée et de l'accès à une soirée animée par un DJ.

L'histoire de la fondation

Solomon R. Guggenheim (1861-1949), né au sein d'une famille d'immigrants suisses allemands, fait fortune grâce à l'extraction des métaux précieux. Il épouse Irène Rothschild et devient, à partir de 1920, l'un des premiers et principaux mécènes de l'art non-figuratif. Il crée sa fondation en 1937 et choisit de confier la construction du musée à **Frank Lloyd Wright**. Livré en 1956, sept ans après la mort du mécène, l'édifice est vivement critiqué, qualifié par certains de machine à laver. La structure adopte la forme d'une spirale évasée, la plus adaptée selon l'architecte, pour exposer les œuvres suivant leur chronologie ou une certaine continuité. Des donations permettent ensuite de poursuivre l'enrichissement du musée. Ainsi **Justin Thannhauser** lui lègue, en 1976, 75 tableaux impressionnistes et postim-

pressionnistes. La nièce du fondateur, **Peggy Guggenheim** (épouse de Max Ernst), fera don en 1988 d'une partie de sa propre collection d'œuvres dada et surréalistes.

La visite

Selon le calendrier, les **expositions temporaires★★** occupent parfois toute la place, à l'exception de l'espace réservé à la collection Thannhauser et de la galerie Kandinsky qui sont toujours visibles. Le fonds du musée (6 000 œuvres) n'est donc que très partiellement exposé et tourne souvent entre les différents musées de la fondation.

▶ Dès l'entrée, on est frappé par la fameuse **rampe hélicoïdale★★** de 400 m, qui impose son rythme de contemplation des œuvres. S'y ajoute une magnifique lumière tamisée, arrivant de la verrière coiffant l'ensemble.

ⓐ Prenez l'ascenseur pour le niveau supérieur : la visite devient alors une longue et reposante descente.

▶ La **Kandinsky Gallery★★★** expose une sélection parmi les quelque 200 œuvres de l'artiste que compte le fonds permanent, l'une des plus importantes collections au monde.

▶ La **collection Thannhauser** rassemble des toiles de tout premier plan, entre autres *La Repasseuse*, de **Picasso** ou *Dans la vanillière*, de **Gauguin**.

▶ Le reste du musée est exceptionnellement riche mais il est impossible de savoir à l'avance ce que l'on va voir *(consultez le programme des expositions pour ne pas être déçu)*, parmi les nombreux artistes du 20e s., dont Brancusi, Calder, Marc Chagall, Paul Klee, Robert Delaunay, Joan Miró...

NATIONAL ACADEMY MUSEUM★

Comptez 30mn. (Plan B3)

1083 5th Ave. (près de la 89th St.), ✆ *212 369 4880, www.nationalacademy.org. Merc.-jeu. 12h-17h, vend.-dim. 11h-18h, fermé lun., mar., 1er jan., Thanksgiving et 25 déc. 10 $.*

Accès - M° lignes **4**, **5**, **6**, station 86th St. Bus lignes **1**, **2**, **3**, **4**.

▶ C'est dans un hôtel particulier de style Beaux-Arts, dessiné en 1914 pour l'héritier des chemins de fer, Archer Huntington, qu'est hébergée depuis 1940 l'une des plus intéressantes institutions culturelles de New York. En 1825, pour lutter contre la main-mise des financiers sur leur art, des peintres majeurs, comme Asher Durand, Thomas Cole, Samuel Morse et leurs collègues de l'**école de l'Hudson** (voir p. 95), décidèrent de créer un cercle d'artistes indépendants. La plupart de ceux qui gravitaient autour de New York y ont participé par la suite, avec comme seule obligation de léguer une de leurs œuvres et leur portrait à l'institution. C'est ainsi que plus de 5 000 peintures et sculptures ont été accumulées au fils des décennies.

▶ Le vestibule expose les dernières acquisitions. Les étages se consacrent aux expositions temporaires et au roulement de l'énorme fonds permanent.

COOPER-HEWITT, NATIONAL DESIGN MUSEUM★★

Comptez 1h à 1h30. (Plan B2)

2 East 91st St., angle 5th Ave., ☏ 212 849 8400, www.cooperhewitt.org. Lun.-jeu. 10h-17h, vend. 10h-21h., sam. 10h-18h, dim. 12h-18h. Fermé lun. et j. fériés. 15 $.

Accès - Métro, lignes **4**, **5**, **6**, station 86th St. Bus lignes **1**, **2**, **3**, **4**.

▶ Quand le millionnaire de l'acier, **Andrew Carnegie**, se fit construire cet imposant hôtel particulier de 64 pièces, en 1902, l'endroit était entouré de fermes. Son épouse y vécut jusqu'à sa mort en 1946. Le Cooper-Hewitt Design Museum, fondé dès 1897 dans le cadre de la Cooper Union, y emménagea en 1976. Son principal attrait est de mettre en avant le **design** à travers les cultures, les époques et les continents. C'est le seul musée américain uniquement consacré aux **arts décoratifs**.

▶ Les collections comptent plus de 250 000 objets, dont certains datés de 3 000 ans, ainsi que 50 000 estampes et dessins (dont un de Michel-Ange). Seule une petite partie est exposée, par roulement thématique. La visite permet aussi de voir la maison et les magnifiques jardins, et de se faire une idée de la manière dont vivait la *gentry* new-yorkaise de la Belle Époque.

JEWISH MUSEUM★

Comptez 30mn. (Plan B2)

1109 5th Ave. (angle 92nd St.), ☏ 212 423 3200, www.thejewishmuseum. org. Sam.-merc. 11h-17h45, jeu. 11h-21h. Fermé vend. et j. fériés. 12 $.

Accès - M° lignes **4**, **5**, **6**, station 86th St. Bus lignes **1**, **2**, **3**, **4**.

Ⓖ Gratuit le samedi de 11h à 17h45.

Ce musée de la culture juive fut fondé en 1904, dans un bel édifice néogothique français, par un riche banquier, Felix Warburg.

▶ Sur 3 niveaux, on découvre ainsi 4 000 ans d'histoire juive. Parmi les quelque 28 000 objets conservés, on retiendra une **arche de la Torah** du 12e s., de magnifiques reliures, des textiles, d'anciens vases rituels... Superbes expositions temporaires.

MUSEUM OF THE CITY OF NEW YORK★★

Comptez 1h à 1h30. (Plan C2)

Angle 5th Ave. et 103rd St., ☏ 212 534 1672, www.mcny.org. Tlj sf lun. 10h-17h. Fermé 1er janv., Thanksgiving et 25 déc. Contribution suggérée 9 $.

Accès - M° lignes **4**, **5**, **6**, station 103rd St. Bus lignes **1**, **2**, **3**, **4**.

Ⓖ Gratuit le dimanche de 10h à 12h.

Cet hôtel néogéorgien raconte l'histoire de la ville. Outre de passionnantes **reconstitutions d'intérieurs★★** (17e-19e s.), dont deux pièces inspirées de la maison de Rockefeller, on découvre une foule d'objets usuels ou décoratifs, ainsi que des **maquettes** très instructives. L'histoire maritime et celle du port sont évoquées. Un étage est consacré aux **jouets**★★ avec, naturellement, une collection de *teddy bears*. Et ne manquez pas les superbes **maisons de poupées**★★ !

EL MUSEO DEL BARRIO★

(Le musée du Quartier) (Plan C2)

1230 5th Ave., près 104th St., ✆ 212 831 7272, www.elmuseo.org. Tlj sf lun. et mar. 11h-17h. Contribution suggérée de 6 $.

Accès - M° ligne **6**, station 103rd St. Bus lignes **1**, **2**, **3**, **4**.

🎟 Gratuit le jeudi pour les seniors.

Ce musée, créé en 1969, à la limite des quartiers hispaniques de Harlem, est consacré à la **culture latino-américaine** et caribéenne et joue un grand rôle culturel pour la communauté latino new-yorkaise. Il dispose de collections précolombiennes et contemporaines intéressantes. Malheureusement, elles ne sont pas souvent visibles, en raison des expositions temporaires. Sa principale mission est d'encourager la créativité de cette communauté en mettant en avant le travail de jeunes artistes.

DE MADISON AVENUE À L'EAST RIVER★★

Si la 5th Avenue est le centre culturel de l'Upper East Side, **Madison Avenue** est son cœur commercial. Toutes les boutiques les plus chic et exclusives de la ville et nombre de galeries d'art bordent les trottoirs, jusqu'à la 96th Street. Plus à l'est, **Park Avenue** (4th Ave.), avec son terre-plein central, devient plus résidentielle, tandis que **Lexington Avenue** subit le plus gros du trafic du quartier, avec encore beaucoup de magasins, mais nettement moins prestigieux que sur Madison.

SHOPPING SUR LES AVENUES

Pour parcourir la partie la plus élégante, vous pouvez descendre Madison Ave., après avoir remonté le Museum Mile, et visiter les grands magasins et

quelques galeries. Si vous êtes vraiment accro du shopping, flânez ensuite le long de Lexington, au moins pour visiter **Bloomingdale's** *(voir p. 268)*.

WHITNEY MUSEUM OF AMERICAN ART★★

(Plan B3)

945 Madison Ave., angle 75th St., ✆ 212 570 3676, www.whitney.org. Merc.-dim. 11h-18h, vend. 13h-21h, fermé lun. et mar. 15 $.

Accès - M° ligne **6**, station 77th St. Bus lignes **1**, **2**, **3**, **4**, **98**, **101**, **102**, **103**.

🎟 Le vendredi, de 18h à 21h, on paie ce qu'on veut (minimum 1 $).

Voici l'endroit où venir pour découvrir l'art américain des 20e et 21e s. Fondé en 1931, dans Greenwich Village, par l'artiste collectionneuse Gertrude Vanderbilt Whitney, le musée est désormais logé dans une sobre structure de granit et de béton brut de style Bauhaus.

Un soutien à la création

Le fonds compte plus de 10 000 œuvres, mais la plupart du temps, on ne découvre qu'une petite partie des collections permanentes, une large place étant réservée aux **expositions temporaires**, dans l'optique de replacer constamment la créativité nationale dans les courants artistiques mondiaux, passés et présents. Tous les deux ans *(années paires, 3 mois, au printemps)*, la **Whitney Biennial** permet de découvrir les tendances actuelles de la création artistique aux États-Unis, y compris les installations et les vidéos.

La visite

Le fonds permanent est généralement exposé aux niveaux 2 et 5, suivant un accrochage qui change régulièrement. Vous ne verrez donc pas nécessairement les œuvres que vous cherchez, mais la visite vaut quand même vraiment le coup...

▶ Elle permet de découvrir les débuts de l'**art moderne américain**, encore influencé par les grands courants européens, les couleurs du fauvisme et les formes géométriques du cubisme.

Parmi les artistes du fonds, on remarque **Marsden Hartley**, Oscar Bluemner, Max Weber, **Georgia O'Keefe**, **Charles Sheeler**, Stuart Davis, **Arshile Gorky**, Milton Avery...

On passe du réalisme urbain du début du 20e s. à la peinture géométrique puis abstraite, avant d'aborder le réalisme des années 1930.

La star incontestée du musée est évidemment **Edward Hopper**, dont plusieurs tableaux sont exposés en permanence. Sur ses traces, on fait la connaissance de **Paul Cadmus** ou de **Reginald Marsh**. Viennent ensuite les expressionnistes abstraits, **Robert Motherwell** et **Clyfford Still**, Calder, Franz Kline, puis **Andy Warhol**, l'emblème du Pop Art new-yorkais, ou, plus récemment, **Kiki Smith**.

ASIA SOCIETY & MUSEUM★★

(Plan B4)

725 Park Ave. (angle 70th St.), ☎ 212 288 6400, www.asiasociety.org. Tlj sf lun. et j. fériés 11h-18h (vend. 21h). 10 $.

Accès - M° ligne **6**, station 68th St., Bus lignes **1**, **2**, **3**, **4**, **98**, **101**, **102**, **103**,

☺ Gratuit le vendredi de 18h à 21h.

Fondé en 1956 par le mécène John D. Rockefeller III, cet espace clair et aéré sert d'écrin à sa passion pour l'art et la culture de l'Asie. L'ensemble fonctionne à la fois comme un musée et comme un centre culturel, qui explore non seulement l'art et la création, mais aussi les rapports entre l'Ouest et L'Est et les différences entre les approches philosophique et spirituelle.

▶ Le musée proprement dit expose des **collections★★** d'une grande qualité. Superbement mises en valeur, elles traitent de l'ensemble du sous-continent indien, de l'Himalaya, de l'Asie du Sud-Est, de la Chine, de la Corée et du Japon.

Outre les œuvres présentées, l'**architecture★** du bâtiment est particulièrement remarquable, avec son escalier en acier et verre bleu reliant les différents niveaux.

LE LONG DE L'EAST RIVER

À l'est des grandes avenues prestigieuses, le quartier devient moins élégant, occupé par des immeubles de bureaux, quelques ateliers de décorateurs et des antiquaires. L'ensemble, marqué par son développement industriel de la fin du 19e s. et parcouru par le flot de voitures sur la Franklin D. Roosevelt Drive, reste assez peu attirant.

Roosevelt Island Tramway★

2nd Ave. (entre 59th et 60th St.). Fonctionne avec la Metrocard. Ttes les 15mn, 6h-2h (3h30 le w.-end).

Parallèle au Queensboro Bridge, ce **téléphérique** offre une vision inattendue de la ville. La traversée ne dure que quelques minutes, mais il s'élève rapidement au-dessus du rivage, donnant une **vue★** de Manhattan. Le trajet est recommandé à la nuit tombée, quand la magie des lumières de la ville fait oublier certains immeubles assez laids. Le tramway a connu quelques heures de célébrité au printemps 2006, quand une panne l'a immobilisé plusieurs heures au-dessus de l'East River, avec toute sa cargaison de passagers. De l'autre côté, **Roosevelt Island** conserve l'une des plus anciennes fermes de New York et des immeubles d'habitation, mais rien qui justifie de s'y attarder.

Gracie Mansion★

East End Ave., face à la 89th St., ☎ 212 570 4751, www.nyc.gov. Bus ligne 31 (le long d'East 57th St.) ou ligne 15, le long de 1st Ave. Visite guidée (1h) le merc. à 10h, 11h, 13h et 14h. Réservation obligatoire. 7 $.

Ce ravissant manoir, construit en 1799, est un parfait exemple de **style fédéral**, avec ses jolies galeries couvertes et ses volets verts. C'est la résidence officielle du maire de New York.

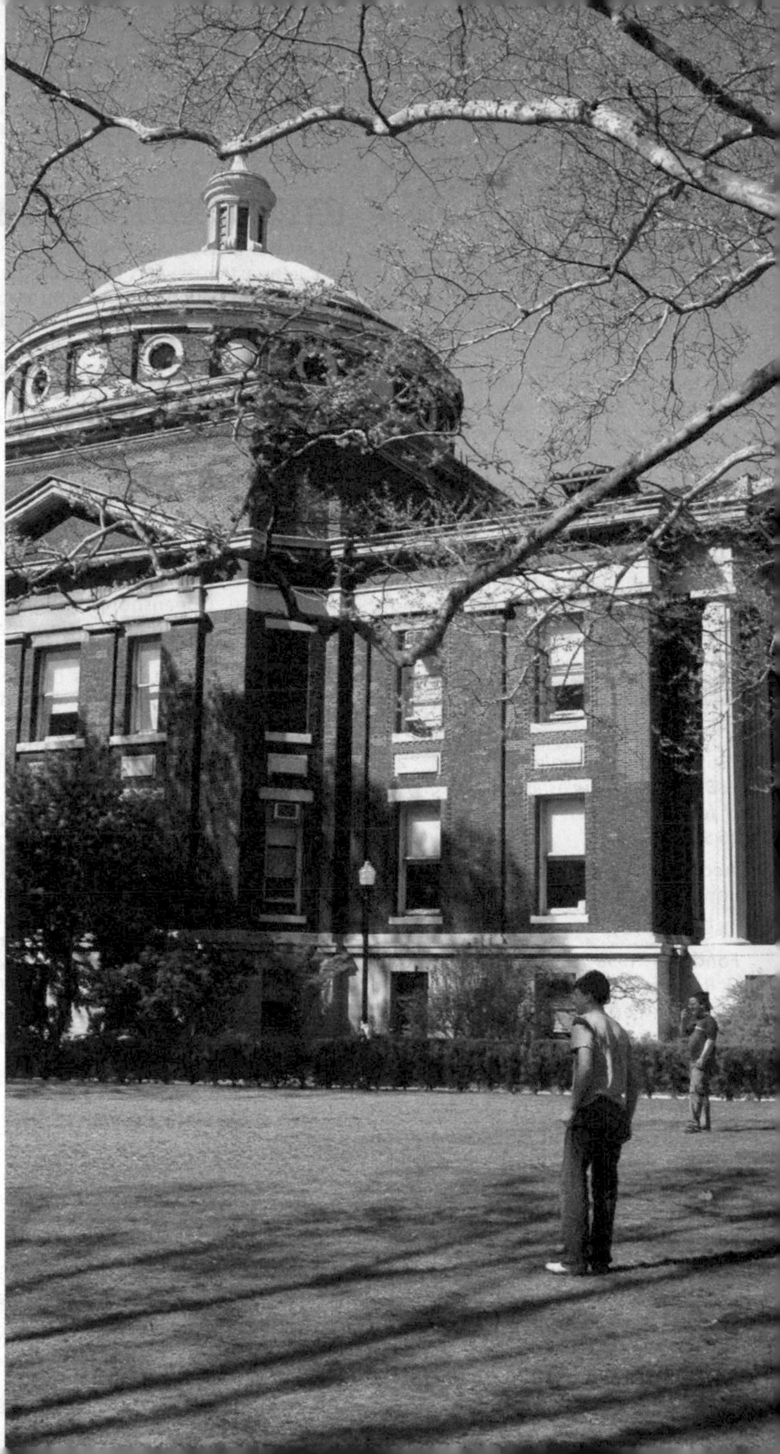

PROPOSITIONS DE BALADES ET « BEST OF »

Une journée en prenant votre temps	🏛 Le quartier résidentiel des intellectuels
Suggestion de programme	Visitez le Time Warner Center, CNN et le centre commercial, faites un détour par le Lincoln Center, puis longez Central Park *(voir p. 300)*. Visitez la New York Historical Society *(voir p. 301)* et l'American Museum of Natural History *(voir p. 302)*. Découvrez le campus de Columbia University *(voir p. 304)*, la cathédrale St. John The Divine et Riverside Park *(voir p. 307)*. Le soir, si vous n'avez pas réservé pour un concert, prévoyez un dîner jazz ou blues.
Transport	Commencez à pied à partir de Columbus Circle. Après la visite du Museum of Natural History, prenez un bus pour monter jusqu'à Columbia University. Redescendez ensuite en bus ou en métro.
Conseils	Vérifiez à l'avance les programmes du Lincoln Center et des autres salles de concert *(voir p. 298)* et réservez des places.
Si vous aimez	**Le best of**
La culture	Allez à un concert ou voir un opéra ou un ballet au Lincoln Center ou à la Juilliard School *(voir p. 298)*. Guettez les programmes du Miller Theater à la Columbia University *(voir p. 300)*.
La nature et les civilisations	L'American Museum of Natural History *(voir p. 302)*. Une balade et un pique-nique à Central Park.
L'histoire	La New York Historical Society *(voir p. 301)*.
L'architecture	La balade qui part de Columbus Circle et longe Central Park *(voir p. 301)*. Le Lincoln Center *(voir p. 300)*. Columbia University *(voir p. 304)*.
Les belles vues	Prenez un verre au Lobby Lounge du Mandarin Oriental *(voir p. 300)*, au Time Warner Center *(voir p. 300)*. Montez au clocher de la Riverside Church *(voir p. 307)*.
Le jazz	Dînez en musique au Smoke ou à l'Underground et finissez la soirée au Dizzy's Club Coca Cola *(voir p. 298)*. Surveillez les programmes du Kaufman Center *(voir p. 300)*.
L'ambiance étudiante	Visitez le campus de Columbia University *(voir p. 300)*, mangez des bagels chez Nussbaum & Wu *(voir p. 296)* et buvez une bière au Lions Head *(voir p. 298)*.
Les produits et les saveurs exotiques	Allez faire des courses chez Zabar's, le célèbre delicatessen *(voir p. 298)*. Régalez-vous chez Land *(voir p. 297)*.

Columbia University, Earl Hall.

Ch. Barrely / MICHELIN

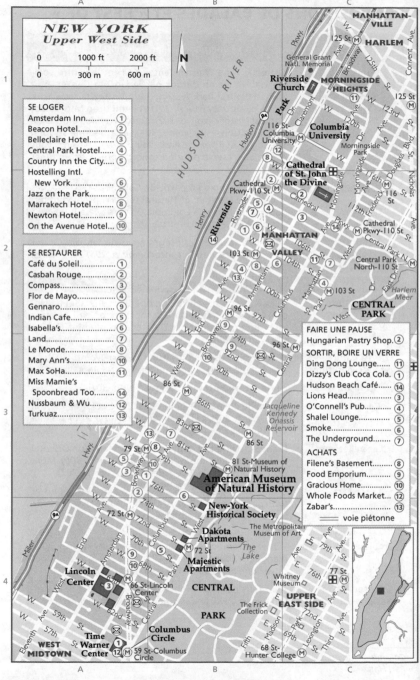

NEW YORK
Upper West Side

0 — 1000 ft — 2000 ft
0 — 300 m — 600 m

N

MANHATTAN-VILLE

HARLEM

125 St Ⓜ

General Grant Natl. Memorial

Riverside Church

MORNINGSIDE HEIGHTS

116 St-Columbia University Ⓜ

Columbia University

Cathedral of St. John the Divine

Cathedral Pkwy-110 St Ⓜ

MANHATTAN VALLEY

103 St Ⓜ

96 St Ⓜ

Central Park North-110 St Ⓜ

CENTRAL PARK

Harlem Meer

HUDSON RIVER

Riverside Park

86 St

81 St-Museum of Natural History Ⓜ

American Museum of Natural History

New-York Historical Society

Jacqueline Kennedy Onassis Reservoir

The Metropolitan Museum of Art

The Lake

Dakota Apartments

72 St Ⓜ

Majestic Apartments

Lincoln Center

66 St-Lincoln Center Ⓜ

CENTRAL PARK

The Frick Collection

Whitney Museum

UPPER EAST SIDE

77 St Ⓜ

Columbus Circle

Time Warner Center

59 St-Columbus Circle Ⓜ

WEST MIDTOWN

68 St-Hunter College Ⓜ

UPPER WEST SIDE

MORNINGSIDE HEIGHTS

😊 **L'ambiance décontractée de Morningside Heights**

😟 **C'est un peu loin des centres touristiques**

Quelques repères

Bordé au sud par la 59th Street, à l'ouest par l'Hudson River, à l'est par Central Park, au nord par la West 125th Street.

À ne pas manquer

L'American Museum of Natural History.

Une soirée jazz au Dizzy's Club.

Conseils

Réservez si vous voulez assister à un concert au Lincoln Center.

Pour goûter l'atmosphère des clubs étudiants, allez boire un verre au Lions Head.

Pas aussi chic que l'Upper East Side, ce quartier reste un bastion de l'élite, mais dans un genre plus intellectuel, qui se plaît à éviter tout conformisme. Du Lincoln Center et ses prestigieux concerts à l'université de Columbia, parmi les plus sélectives du pays, c'est la bonne société bourgeoise qui s'est installée là, plus libérale et moins coincée que sa rivale à l'est de Central Park. Côté est, les vieilles fortunes de l'industrie et de la politique, côté ouest, le gratin artistique et créatif, les acteurs, dramaturges et écrivains. Cela se ressent dans les avenues, bordées de librairies, de disquaires, de terrasses de café où l'on refait le monde comme au quartier latin, au son du jazz, de l'opéra ou des rythmes langoureux des musiques exotiques. Ici les musées n'y parlent pas d'art mais de sciences naturelles ou d'histoire...

Se rendre dans le quartier

En métro - Ligne **1**, stations 59th Street, 66th St., 72nd St., 79th St., 86th St., 96th St., 103rd St., 110th St., 116th St. et 125th St. Lignes **2**, **3**, stations 72nd Street, 96th Street. Ligne **A**, station 59th Street. Lignes **B**, **C**, stations 59th Street, 72nd St., 81st St., 86th St., 96th St., 103rd St., 110th St., 116th St. et 125th St.

En bus - Lignes **7** et **11**, le long d'Amsterdam Ave. (10th Ave.) et Columbus Ave. (9th Ave.). Ligne **10**, le long de Central Park West. Lignes transversales : **79** *(79th St.)*, **86** *(86th St.)*, **96** *(96th St.)*. La ligne 4 monte d'Upper East Side, longe Central Park North et rejoint Morningside et l'université.

Adresses utiles

Banques - Distributeurs de billets autour de Columbus Circle et tout le long de Broadway.

Poste - Columbus Circle, 27 West 60th St., lun.-vend. 9h-17h30. **Columbia University**, 534 West 112th St., lun.-vend. 9h-17h, sam. 8h-16h.

Internet - Public Library, 40 Lincoln Center Plaza, ✆ 212 870 1630. Lun., jeu. 12h-20h, mar.-merc. et ven.-sam. 11h-18h. Accès gratuit au 1er étage, pour 30mn, mais il y a souvent de l'attente.

Laverie - Wash Well Coin Laundry, 922 Columbus Ave., ✆ 212 678 0744.

Se loger

Le quartier est riche en auberges de jeunesse, mais on vous conseille de n'y aller que pour les lits en dortoir, car les chambres y sont relativement chères (plus de 120 $) par rapport aux hôtels.

À partir de 40 $ (par personne)

Central Park Hostel ④, 19 West 103rd St., ✆ 212 678 0491, www.centralparkhostel.com - 250 lits et quelques ch. 🖵 Immeuble traditionnel en grès brun (5 étages sans ascenseur), rénové et propre, mais basique. Les studios équipés à louer sont plutôt des chambres avec salle de bains, trop chères pour ce qu'elles sont.

Jazz on the Park ⑦, 36 West 106th St. (entre Central Park West et Manhattan Ave.), ℘ 212 932 1600, www.jazz hostel.com - 310 lits et quelques ch. 🛏 Une adresse très populaire, mais chère et pas toujours à la hauteur : dortoirs et chambres assez exigus, service pas toujours aimable. Petit-déj. continental et linge inclus, mais casiers en sus.

Hostelling International New York ⑥, 891 Amsterdam Ave. (entre 103rd et 104th St.), ℘ 212 932 2300, www. hinewyork.org - 624 lits et quelques ch. 🛏 Bel immeuble néogothique en brique rouge, dortoirs très convenables mais basiques. Laverie. Les chambres sont chères pour ce qu'elles sont.

De 100 à 150 $

Amsterdam Inn ①, 340 Amsterdam Ave. (angle West 76th St.), ℘ 212 579 7500, www.amsterdaminn.com - 30 ch. 🛏 🛏 Attention pas d'ascenseur pour cet immeuble banal mais bien situé. Pas de luxe : l'équipement est très simple et les chambres assez petites. Mais c'est propre et le petit-déj. est inclus.

De 150 à 200 $

Marrakech Hotel ⑧ (anct Malibu), 2688 Broadway (entre 102nd et 103rd St.), ℘ 212 222 2954, www.marrakechhotel nyc.com - 125 ch. 🛏 🛏 Hôtel sans ascenseur, avec des chambres plutôt petites et minimalistes. Les récentes rénovations ont trop fait monter les prix. Pour dépanner.

Belleclaire Hotel ③, 250 West 77th St. (entre Broadway et West End Ave.), ℘ 212 362 7700, www.hotelbelleclaire. com - 189 ch. 🛏 🛏 Logé dans un respectable immeuble, cet hôtel simple mais bien tenu et sobrement décoré est d'un bon rapport qualité-prix. Les chambres sont équipées d'un réfrigérateur.

Newton Hotel ⑨, 2528 Broadway (entre 94th et 95th St.), ℘ 212 678 6500, www.thehotelnewton.com - 110 ch. 🛏 🛏 Décor plus classique et conventionnel que le précédent mais confortable. Les chambres sont de taille raisonnable. Bon rapport qualité-prix.

De 200 à 250 $

Beacon Hotel ②, 2130 Broadway (angle 75th St.), ℘ 212 787 1100, www. beaconhotel.com - 229 ch. 🛏 🛏 Chambres spacieuses, décorées de façon très classique, mais sobres et confortables. Tout près du métro.

🍴 **Country Inn The City** ⑤, 270 West 77th St. (entre Broadway et West End Ave.), ℘ 212 580 4183, www.countryin thecity.com - 5 studios 🛏 🛏 🆒 Studios spacieux, luxueusement aménagés et très agréablement décorés. Trop cher en très haute saison, mais se renseigner sur d'éventuelles promotions hors de cette période.

Plus de 300 $

On the Avenue Hotel ⑩, 2178 Broadway angle 77th St., ℘ 212 362 1100, www.ontheave-nyc.com - 251 ch. 🛏 🛏 Décor design sobre et clair de très bon goût, literie et sanitaires grand confort, équipement luxueux et service de qualité, mais l'ensemble est quand même assez cher.

Se restaurer

Moins de 15 $

🍴 **Nussbaum & Wu** ⑫, 2897 Broadway (angle 113th St.), ℘ 212 280 5344. Dans le quartier universitaire de Morningside, cette grande salle conviviale permet de manger à toute heure des bagels, salades, sandwiches ou assiettes garnies.

🍴 **Casbah Rouge** ②, 2841 Broadway (entre 110th et 111th St.), ℘ 212 932 2222, www.casbah-rouge.com. 11h-4h. Dans un cadre oriental, on mange à toute heure une cuisine d'Afrique du Nord, au son de mélodies arabisantes ou jazzy.

Flor de Mayo ④, 2651 Broadway (entre 100th et 101st St.), ℘ 212 663 5520. Une cantine exotique proposant deux types de cuisine au choix : hispanisante (la meilleure) ou chinoise. Formules lunch entre 6 et 8 $. Copieux et pas cher.

Indian Cafe ⑤, 2791 Broadway (angle 108th St.), ℘ 212 749 9200. Pour les fans de curries en tous genres, un restaurant indien au décor chaleureux et aux prix raisonnables.

Mary Ann's ⑩, 2452 Broadway (angle 91st St.), ℘ 212 877 0132. Restaurant tex-mex très populaire, pour une cuisine riche, copieuse et bon marché.

😊 **Land** ⑦, 450 Amsterdam Ave. (entre 81st et 82nd St.), ☎ 212 501 8121, www.landthaikitchen.com. Délicieuse cuisine thaïlandaise dans un décor chaleureux, murs en brique nue et bois blond. Tout est préparé avec beaucoup de finesse et les prix sont très doux. Lunch à 8 $ et plats autour de 10 $.

De 15 à 25 $

Max SoHa ⑪, 1274 Amsterdam Ave. (angle 123rd St.), ☎ 212 531 2221. Petit restaurant italien fréquenté par les étudiants de Columbia, à l'ambiance très sympathique. Très bons plats de pâtes et salades. Terrasse aux beaux jours.

😊 **Miss Mamie's Spoonbread Too** ⑭, 366 West 110th St., ☎ 212 865 6744. Ce restaurant de *soul food* (cuisine du Sud) est réputé pour ses *brunches* pantagruéliques du week-end. Bon et pas trop cher. Salle aux accents rétro, face au Morningside Park.

Le Monde ⑧, 2885 Broadway (angle 112th St.), ☎ 212 531 3939. Conçu sur le modèle des bistros parisiens, il permet de manger à tous les prix, des omelettes ou salades aux grillades ou aux plats de poissons. Service lent.

Café du Soleil ①, 2723 Broadway (entre 104th et 105th St.), ☎ 212 316 5000. Inspirée de la cuisine provençale, une carte généreuse de plats simples et authentiques, comme la daurade aux artichauts ou la crème brûlée.

Turkuaz ⑬, 2637 Broadway (angle 100th St.), ☎ 212 665 9541. Dépaysement garanti sous la tenture du plafond et les lampions orientaux. Dans une grande salle un peu kitsch, on mange une solide cuisine turque traditionnelle.

De 25 à 40 $

Compass ③, 208 West 70th St. (entre Amsterdam et West End Ave.), ☎ 212 875 8600, www.compassrestaurant.com. Ouvert au dîner seulement, sauf le w.-end. Deux possibilités : manger dans la salle du bar, sur de petites tables intimes, ou passer dans la salle à manger, plus élégante, au menu plus cher. Les plats sont bien préparés, en respectant

les produits du marché. Carte des vins au verre intéressante. Copieux menu dîner à 35 $.

😊 **Isabella's** ⑥, 359 Columbus Ave. (angle 77th), ☎ 212 724 2100, www.brguestrestaurants.com. Nouvelle cuisine américaine teintée d'accents méditerranéens, dans un cadre agréablement décontracté. Belle terrasse dès que le soleil se montre. Délicieux brunch le w.-end.

Gennaro ⑨, 665 Amsterdam Ave. (entre 92nd et 93rd St.), ☎ 212 665 5348. Pas de CB. Très bon restaurant italien, simple et chaleureux. Le jarret d'agneau braisé au vin est un must ! Pas de réservation (si c'est complet, le restaurant Acqua, à l'angle avec 95th St. est très bien aussi).

Faire une pause

Hungarian Pastry Shop ②, 1030 Amsterdam Ave. (près de 111th St.), ☎ 212 866 4230. Posté face à la cathédrale St. John the Divine, ce café hongrois a été immortalisé dans de nombreux films, notamment ceux de Woody Allen. On y déguste de délicieuses pâtisseries et boissons (thé, café, chocolat chaud). Ambiance étudiante décontractée. Petite terrasse en été.

Sortir, boire un verre

😊 **Shalel Lounge** ⑤, 65 West 70thSt (entre Columbus et Central Park West), ☎ 212 873 2300. On peut y dîner, mais allez-y pour boire un verre, dans une atmosphère moyen-orientale intimiste et romantique. Assez cher.

Hudson Beach Café ⑭, Riverside Park, au niveau de Riverside Drive et 103rd St., ☎ 917 370 3448. Lun.-jeu. 15h30-22h, vend.-dim. 11h-22h. Un bar sur deux étages, posté au bord de l'Hudson River, où se rafraîchir d'une bière. Brunch le w.-end, très apprécié des familles. Concerts le soir. Ouvert en été uniquement.

O'Connell's Pub ④, 2794 Broadway, angle 108th St., ☎ 212 678 9738. Un vrai pub irlandais qui traverse les modes sans rien changer. La télé y diffuse du sport (animé les grands soirs). Mélange de résidents locaux et d'étudiants.

12

(🍺) **Lions Head** ③, 995 Amsterdam Ave. (angle 109th St.), ☎ 212 866 1030. Ambiance bon enfant, fléchettes, bières parmi les moins chères du quartier (*happy hour* 17h-20h) et une spécialité d'ailerons de poulet grillés (pour 15 $ le sam., ailerons et bière pression à volonté).

Sortir, écouter de la musique

(🍺) **Smoke** ⑥, 2751 Broadway (entre 105th et 106th St.), ☎ 212 864 6662, www.smokejazz.com. L'une des plus intéressantes scènes de jazz d'Uptown, mélangeant classiques et groupes innovants. On peut y dîner ou y commander de simples snacks. Concerts à 20h, 22h et 23h30, brunch jazz le sam. à 13h.

(🍺) **The Underground** ⑦, 955 West End Ave. (angle 107th St.), ☎ 212 531 4759, www.theundergroundnyc.com. Ferme à 4h. Un autre club en sous-sol où se donnent des concerts très éclectiques, blues, jazz, rock, chanson d'auteur... Nourriture bon marché et pas de *cover charge*. Très bonne ambiance.

Ding Dong Lounge ⑪, 929 Columbus Ave. (entre 105th et 106th St.), ☎ 212 663 2600, www.dingdonglounge.com. Ferme à 4h. Un club de rock, avec des concerts tous les soirs. Ambiance très décontractée. *Happy hours* entre 16h et 20h : bière à 3 $, cocktails à 4 $.

(🍺) **Dizzy's Club Coca Cola** ①, Jazz at Lincoln Center, Time Warner Center, 5e étage, 10 Columbus Circle, ☎ 212 258 9595, www.jalc.org. Un club de jazz élégant et intimiste, surplombant Central Park. N'y venez pas en début de soirée, sauf pour les concerts (30 $ l'entrée, plus consommation obligatoire), mais plutôt vers 23h30, pour le *night jam*, un bœuf impromptu sympathique, avec les musiciens qui passent par là au retour de leurs concerts (10 $ l'entrée).

Où pique-niquer ?

Central Park, mais aussi le parvis de l'**université de Columbia** pour jouer les étudiants, ou encore **Riverside Park**, au bord de l'Hudson.

Achats

Maison, décoration - Gracious Home ⑩, 1992 Broadway (angle 67th St.), ☎ 212 231 7800, www.gracioushome. com. Tout ce dont vous avez besoin chez vous, moules à gâteau de toutes formes, gadgets de cuisine, beau linge...

Discount - Filene's Basement ⑧, 2220 Broadway, ☎ 212 873 8000. Une grande surface spécialisée dans les fins de série de grandes marques. Il faut fouiller !

Commerces d'alimentation - (🍴) **Zabar's** ⑬, 2245 Broadway (entre 80th et 81st), ☎ 212 787 2000. Ce delicatessen vend aussi des produits du monde entier. Le rayon traiteur est superbe, idéal pour un pique-nique.

(🍴) **Whole Foods Market** ⑫, 10 Columbus Circle, au sous-sol du Time Warner shopping center, ☎ 212 823 9600. Produits de grande qualité, fruits, légumes, fromages, biscuits. Et pour manger sur place ou à emporter, plusieurs bars à thème (indien, mexicain, sushi, etc.) où l'on compose sa barquette à volonté.

Food Emporium ⑨, 2008 Broadway (angle 68th St.), ☎ 212 787 0012. Ouvert 24h/24. Belle variété de produits de qualité et rayon traiteur.

Loisirs

Location de rollers - Blades West, 120 West 72nd St. (entre Broadway et Columbus Ave.), ☎ 212 787 3911. Bien pratique pour louer des rollers avant de filer à Central Park.

Concerts - Lincoln Center, Columbus Ave. et 65th St., ☎ 212 546 2656, www. lincolncenter.org. Concerts classiques, de l'opéra, des ballets ou du jazz. Programmes sur le site Internet.

Les étudiants de la **Juilliard School**, qui fait partie du Lincoln Center, donnent des concerts (certains gratuits). Rens. au ☎ 212 769 7406, www.juilliard.edu.

(🍴) **Beacon Theater**, 2124 Broadway (entre 74th et 75th St.), ☎ 212 496 7070,

Reflet des tours du San Remo Building sur le lac de Central Park.

12

www.beacontheater.net. Une institution depuis 1928 ! Les plus grands sont passés dans cette modeste salle Art déco, de Bob Dylan à Tina Turner ! Achat des billets sur le site Internet.

Kaufman Center, Merkin Concert Hall, 129 West 67th St., ☏ 212 501 3330, www.kaufman-center.org. Concerts classiques, jazz, world.

Symphony Space, 2537 Broadway et 95th St., ☏ 212 864 1414, www.symphonyspace.org. Programmation très variée, y compris en jazz et world.

Miller Theater, Columbia University, 2960 Broadway et 116th St., ☏ 212 854 7799, www.millertheater.com. Sur le campus, de superbes concerts classiques à prix très doux.

HISTOIRE

À la différence du reste de la ville, l'Upper West Side se développa à partir du nord. Dès le 17e s., le gouverneur Peter Stuyvesant avait fondé Nieuw Haarlem autour de ce qui est aujourd'hui la 125th Street, au sud du Harlem actuel. Le fameux sentier indien devenu Broadway le reliait à la Nieuw Amsterdam, au sud de Manhattan. Les colons anglais implantèrent leurs fermes entre les deux. Mais c'est l'arrivée de la ligne aérienne de chemin de fer qui signa le développement de l'Upper West Side et la multiplication des *brownstones*. La bordure ouest de Central Park connut un développement un peu plus tardif que la partie à l'est. La création de Columbia University, en 1897, en fit un pôle d'attraction pour l'élite intellectuelle, les écrivains et les musiciens. Dans les années 1930, la bourgeoisie juive aisée commença à s'y installer, bientôt rejointe par les juifs fuyant les pogroms et persécutions d'Europe.

À L'OUEST DE CENTRAL PARK★

À l'angle sud-ouest de Central Park, **Columbus Circle**, large place circulaire au point de rencontre de Broadway et de la 8th Avenue, marque le début de l'Upper West Side. Du haut de sa colonne, la statue de Christophe Colomb surveille la circulation, à l'ombre des immeubles qui l'entourent.

TIME WARNER CENTER

(Plan A4)

Le sud-ouest de Columbus Circle est occupé par cet imposant building à la façade concave, inauguré en 2004. La base comporte un centre commercial et se partage ensuite en deux tours de verre de 80 étages, dont une partie est occupée par les bureaux de la **Time Warner** et le reste par des salles de spectacle, des restaurants et un hôtel.

Vue sur le parc★★

Mandarin Oriental Hotel, 8 West 60th St., Lobby Lounge, 35e étage. 10h-0h.

Si vous avez le temps, prenez l'ascenseur pour visiter le **Lobby Lounge**★ de l'hôtel Mandarin Oriental et y boire un verre : ce bar à la paroi entièrement vitrée offre une vue superbe sur Central Park, la ville et Broadway.

LINCOLN CENTER

(Plan A4)

Broadway, entre 62nd et 66th St.

Cet énorme complexe culturel héberge douze des plus prestigieuses formations artistiques new-yorkaises, dont le Metropolitan Opera, le New York Philarmonic, le New York City Ballet, la Juilliard School... L'ensemble compte cinq salles de premier ordre, une bibliothèque et de nombreux espaces d'étude ou de spectacle. L'idée de concentrer toute cette richesse en un seul lieu remonte à 1955. À l'époque, ce quartier d'immeubles insalubres avait servi de cadre au film *West Side Story*. Pour construire le Lincoln Center, il fallut reloger plus de 1 600 personnes et raser 188 bâtiments. John D. Rockefeller III présida le comité de construction. Si vous ne pouvez pas assister à un concert et voir le centre de l'intérieur, flânez au moins dans les espaces ouverts au public. La **plaza centrale** devant l'**Opéra**, dont l'élégante colonnade contemporaine cache un imposant bâtiment de 10 étages. C'est là que sont présentés les grands opéras et les ballets du Metropolitan Opera et de l'American Ballet. Sur la droite de la place, l'**Avery Fischer Hall** abrite le New York Philarmonic, qui travaillait auparavant au Carnegie Hall. En face, c'est dans le **New York State Theater** que sont domiciliés les New York City Opera et City Ballet. De l'autre côté de 65th Street, se trouve la célèbre **Juilliard School**, d'où sort l'élite artistique américaine et mondiale.

LE LONG DE CENTRAL PARK★

Au départ de Columbus Circle, Central Park est bordé d'immeubles historiques aux silhouettes très différentes de celles de l'East Side, notamment cinq immeubles à tours jumelles.

▶ Le **Century Building** *(25 Central Park West)* se reconnaît à son style Art déco (1931) et à ses deux tours.

▶ Au niveau de la 67th St., faites un petit détour pour voir le **Café des Artistes** *(1 West 67th St.)*, un restaurant très élégant, dont les fresques murales représentent des femmes nues. L'hôtel au-dessus compta des hôtes célèbres, parmi lesquels Isadora Duncan ou Norman Rockwell.

▶ Plus loin, on passe les deux tours du **Majestic Apartments** *(115 Central Park West)*, où résidèrent les gangsters Lucky Luciano et Frank Costello.

▶ C'est à la triste fin de son locataire le plus célèbre, John Lennon, que les **Dakota Apartments** *(1 West 72nd St.)* doivent leur célébrité. Le chanteur des Beatles fut assassiné juste devant l'entrée, en 1980. Auparavant, ce bel immeuble néogothique avait servi de cadre au film *Rosemary's Baby*, de Roman Polanski. Lauren Bacall, Judy Garland ou Leonard Bernstein y vécurent également.

▶ À l'angle de la 77th Street, les **San Remo Apartments** sont un autre immeuble à tours jumelles, le plus spectaculaire peut-être (son reflet dans les eaux du lac de Central Park est magique), coiffé de répliques de temples

grecs. Il eut aussi son lot de célébrités, comme Rita Hayworth qui y résida jusqu'à sa mort, en 1987.

NEW YORK HISTORICAL SOCIETY★★

Comptez 1h. (Plan B4)

170 Central Park West (angle 77th St.), ☎ 212 873 3400, www.nyhistory.org. Mar.-sam. 10h-18h (vend. 20h), dim. 11h-17h45. Fermé lun. 10 $.

Ⓐ Gratuit le vendredi de 18h à 20h.

Fondée en 1804 pour préserver l'histoire de la ville, cette institution rassemble une bibliothèque et un musée. Outre de nombreux objets d'art, on recense surtout une belle série de peintures de l'**école de l'Hudson★★** et plus de 400 **aquarelles de John J. Audubon★★**, notamment une série préparatoire pour les oiseaux d'Amérique.

▶ Le 1er niveau est consacré aux **expositions temporaires**, qui utilisent les collections selon des thèmes précis, tels l'esclavage à New York ou le rôle de la presse dans l'histoire du pays.

▶ Les salles du 2e niveau présentent plus spécifiquement les peintures et dessins, avec un éclairage particulier sur les peintres de l'école de l'Hudson, accompagnés de photographies complémentaires.

The Henry Luce Center for the Study of American Culture★★

Inauguré fin 2000, le 4e niveau est organisé à la manière des coulisses d'un musée, avec d'immenses vitrines remplies de près de 40000 objets en tous genres, jeux, ustensiles usuels, lampes Tiffany, etc., illustrant ce qu'est un stock de musée et, accessoirement, permettant d'imaginer le quotidien des décennies passées. On y voit aussi bien le lit de camp de George Washington que des aquarelles d'Audubon.

AMERICAN MUSEUM OF NATURAL HISTORY★★★

Une demi-journée minimum. (Plan B3)
Central Park West, entre 77ᵗʰ et 81ˢᵗ St.
℘ *212 769 5100, www.amnh.org.*

Ce musée d'histoire naturelle est l'un des plus grands du monde, cumulant des collections d'histoire humaine et un planétarium. Immense et spectaculaire, il émerveille par sa perpétuelle recherche de présentation et la beauté des arrangements. En outre, il possède l'une des plus importantes bibliothèques scientifiques mondiales, tandis que son centre de recherche est des plus actifs en biologie, anthropologie et astrophysique.

La visite pratique

Accès - M° lignes **B** et **C**, station 81ˢᵗ St., ligne **1**, station 79ᵗʰ St. Bus lignes **10**, **7** et **11**. Il y a 3 entrées : la principale sur Central Park West, celle du métro, par le sous-sol, et celle du Rose Center, par la 81ˢᵗ St.

Horaires - 10h-17h45 (vend. 20h45 pour le Rose Center). Fermé Thanksgiving et 25 déc.

🕭 Si vous n'avez pas beaucoup de temps, utilisez le tableau ci-dessous pour choisir votre thème préféré. Chaque thème peut se voir en 1h à 2h.

Tarifs - Adultes 15 $, enfants 8,50 $. Il existe divers forfaits, selon que l'on visite ou non le Rose Center, l'Espace Show, l'IMAX ou les expositions temporaires. Il y a même un forfait 2 j.

Documentation et audio-tours - Plan gratuit. **Audio-tour** des points forts gratuit, uniquement en anglais.

Visites guidées - Gratuites, mais en anglais. Elles partent du hall, au quart de chaque heure.

Avec des enfants - Le musée organise de remarquables visites guidées et des ateliers interactifs, exclusivement en anglais, mais l'**Imax film** avec, par exemple, des voyages spéléologiques, ou la simulation de collisions cosmiques, sont compréhensibles avec de simples rudiments.

Handicapés - Des fauteuils roulants sont mis gratuitement à disposition.

Restauration - Quatre points restauration sont ouverts, de 11h à 16h45. Le

Si vous aimez...	Le best of
La paléontologie	Le squelette du barosaure *(Theodore Roosevelt Memorial Hall)*, les salles des fossiles et des dinosaures *(4ᵉ niveau)*.
L'ethnologie	Les Indiens de la côte nord-ouest *(1ᵉʳ niveau)*, les peuples d'Afrique et d'Asie *(2ᵉ niveau)*, les peuples du Pacifique *(3ᵉ niveau)*.
La faune	Les mammifères d'Afrique *(2ᵉ niveau)*, les reptiles et les batraciens *(3ᵉ niveau)*.
La géologie	Les salles des météorites, des gemmes et des minéraux *(1ᵉʳ niveau)*.
Les arts décoratifs	European Sculpture and Decorative Arts *(1ˢᵗ floor près du Petrie Court Café et à droite de la Medieval Court)*. American Wing *(1ˢᵗ floor, mezzanine et 2ⁿᵈ floor)*.
La biodiversité	La salle de la biodiversité, avec sa maquette animée de la baleine bleue *(1ᵉʳ niveau)*.
L'astrophysique	Le Rose Center for Earth and Space, avec le Space Theater.

Museum Food Court, au sous-sol, et, dans les étages, le **Cafe on 4**, le **Cafe 77** et le **Starlight Cafe**.

Pause repos - Étant donné la taille du musée, on apprécie les nombreux sièges, à tous les étages.

L'histoire du musée

La première pierre de l'énorme bâtiment fut posée en 1874. Sur ces terrains marécageux, la construction prit trois ans, mais l'ensemble ne fut achevé que dans les années 1930. Se greffant sur le style néoroman d'origine, les multiples adjonctions en ont fait un monument hétéroclite. Sa plus spectaculaire extension est le Rose Center for Earth and Space (centre pour la Terre et l'Espace), un étonnant cube de verre inauguré en 2000. Mais ce sont surtout les hommes qui font la valeur de l'institution, les anthropologues du musée qui, à la fin du 19ᵉ et au début du 20ᵉ s., ont exploré les dernières terres vierges de la planète, sous la direction tout d'abord de Franz Boas, puis de Margaret Mead. Des collaborations se sont nouées progressivement avec la Columbia University, puis avec les universités de Yale, Cornell et d'autres, dans des domaines comme la paléontologie, la génétique ou l'écologie. En 1993, on a ainsi créé le Centre pour la biodiversité et la conservation.

Le Theodore Roosevelt Memorial Hall★★

Au-delà de l'entrée principale, on accède à ce hall majestueux, dont la pièce essentielle est la reconstitution, haute de 16,80 m, d'un squelette de **barosaure** s'ébattant dans les temps jurassiques. Il s'agit d'une réplique en résine et mousse, le squelette réel étant trop fragile pour être exposé.

Niveau 1★★

Comptez 45mn à 1h.

▶ À gauche de la salle du barosaure, la salle de la **biodiversité**, très bien conçue, présente les enjeux biologiques actuels. De là, on peut visiter la salle de la **vie sous-marine** et une maquette de baleine bleue, longue de 29 m, entourée

de jeux lumineux et sonores interactifs qui plongent le visiteur dans l'univers des cétacés.

▶ On passe ensuite à une série de salles sur **l'environnement de l'Amérique du Nord**, celui plus spécifique de l'État de New York, le milieu de la forêt et les **Indiens de la côte nord-ouest**. On admire un immense canoë en cèdre et des collections d'artisanat amérindien et inuit, ainsi que des mâts totémiques. En revenant vers le hall d'accueil, on termine par les mammifères d'Amérique du Nord, complétant la découverte de cet environnement.

▶ L'arrière de l'étage, au-delà de la salle de la biologie et de l'évolution, est plus particulièrement consacré à la **géologie**, avec une première salle sur les météorites et sa pièce majeure, un bloc de 34 tonnes, fragment de météorite trouvé au Groenland en 1895. On poursuit ce thème par les **minéraux et pierres précieuses**.

Niveau 2★★★

Comptez 1 à 2h.

Il se partage en quatre grands axes : les peuples et la faune d'**Afrique**, d'**Asie** et d'**Amérique latine**, et les oiseaux.

▶ Pour chaque continent, des dioramas splendides replacent **les animaux et les hommes** dans leur cadre d'origine. Au moyen de plus de 60 000 objets, on a reproduit le quotidien de dizaines de peuplades, aussi bien sur le plan de la vie pratique que du sacré. L'ensemble est merveilleux, d'un point de vue esthétique, et très évocateur, sans jamais négliger l'aspect scientifique.

▶ Les **oiseaux** des mers du Sud ou du monde en général sont également très bien présentés, magnifiquement naturalisés, de façon très « vivante ».

Niveau 3★★

Comptez de 45mn à 1h.

▶ On y retrouve encore des salles consacrées à l'ethnologie, et en particulier aux **Amérindiens** des forêts de l'Est et des plaines, avec reconstitution de leurs huttes. Un peu à l'écart, la belle salle des **peuples du Pacifique**, dédicacée à Margaret Mead, dégage une ambiance à la fois lumineuse et feutrée, propice à la méditation et ponctuée de pièces de très grande qualité.

▶ Côté faune, on retrouve des **reptiles**, voisinant avec les **primates et oiseaux d'Amérique du Nord**.

Niveau 4★★

Comptez de 45mn à 1h.

Il compte les six salles des **fossiles,** qui en constituent le clou. Rénovées en 1996, elles sont une merveille esthétique et d'un grand intérêt scientifique. Vous découvrirez les premiers vertébrés, des **dinosaures** sauripelviens, dont un spectaculaire *tyrannosaurus rex*, ainsi que des mammifères et leurs ancêtres, mammouths, mégathériums et autres mastodontes.

Rose Center
for Earth and Space★★

Comptez de 45mn à 2h.

Combiné avec le musée, 22 $. Space Show ttes les 30mn, de 10h30 à 16h30.

La présentation scientifique du cosmos repose ici sur l'utilisation des techniques audiovisuelles les plus performantes.

▶ Le **Space Theater** *(dans la Hayden Sphere)* vaut à lui seul le détour, pour sa présentation en 3D d'une balade dans le cosmos, mise au point avec la NASA.

▶ Au pied de la sphère, **Scales of the Universe** est une exposition longue de 120 m illustrant l'histoire de notre univers. Une courte présentation permet de se figurer le Big Bang.

▶ Le **Hall of Planet Earth** présente plus spécifiquement l'histoire de notre planète et de son évolution géologique et climatique.

▶ Le **Hall of the Universe**, enfin, retransmet des images du téléscope Hubble.

MORNINGSIDE HEIGHTS★★

Ce quartier, qui se prolonge jusqu'au sud d'Harlem, se trouve à l'emplacement du premier village hollandais. C'est là que s'est établie l'une des plus anciennes universités des États-Unis.

COLUMBIA UNIVERSITY★★

(Plan C1)

114th à 120th St., entre Broadway et Amsterdam Ave. M° ligne 1, stations 116th ou 125th Streets.

Fondée en 1754 par les Anglais, sous le nom de King's College, elle fut rebaptisée Columbia College après la révolution américaine. Les premières classes ne comptaient que huit élèves et se tenaient dans une école adjacente à Trinity Church *(voir p. 132)*. Après plus de 40 ans sur Madison Avenue (angle 49th St.), elle a emménagé à Morningside Heights en 1897. L'idée était de créer une sorte de village universitaire où seraient réunis les différentes branches académiques et les quartiers d'hébergement, pour former un campus.

Un berceau de l'élite

C'est une université privée, le second propriétaire terrien à New York derrière l'Église catholique. C'est surtout l'une des plus prestigieuses du pays, membre de la fameuse **Ivy League**, ce groupe de huit universités très sélectives de la côte Est, dont font aussi partie Harvard, Yale ou Princeton (Columbia est classée 4e, juste derrière ces trois grandes). La première école des Mines du pays y fut ouverte en 1864, prélude à d'autres écoles d'ingénieurs. L'université devint vite réputée pour ses départements scientifiques et pour l'anthropologie, la génétique, les biotechnologies, le droit ou le business. Trente-sept prix Nobel y ont fait leurs études. En 1902, le patron de presse Joseph Pulitzer fit une donation pour

Entre Morningside Heights et Harlem, là où naquit l'Upper West Side...

Ch. Barrely / MICHELIN

que l'on y fonde une école de journalisme, la seule de l'Ivy League. Elle décerne chaque année le prestigieux prix Pulitzer.

People...

Parmi ses étudiants célèbres, on recense les présidents Roosevelt et Eisenhower, mais aussi Madeleine Albright, Boutros Boutros-Ghali, des figures de l'économie comme Alan Greenspan ou Milton Friedman, et des écrivains tels Jack Kerouac et Allen Ginsberg, Federico García Lorca, J.-D. Salinger, Isaac Asimov ou Paul Auster. Columbia University compte aujourd'hui près de 24 000 étudiants, pour une dotation budgétaire de 5,2 milliards de dollars. Sur le plan athlétique, les membres sont surnommés les *Columbia Lions*.

Visite du campus

Entrée principale sur Broadway, à la 116th St. Visitor Center dans la Low Library, lun.-vend. 9h-17h.

Les visiteurs sont autorisés à se promener librement sur le campus.

Le bout du tunnel

Les sous-sols de Columbia University sont parcourus d'un réseau de tunnels si dense que la rumeur le place en 3e position au monde, derrière le Kremlin et le MIT (Massachussetts Institute of Technology). Les plus anciens sont ceux de l'asile psychiatrique qui existait jadis sur le site. D'autres ne sont en fait que les galeries des conduites d'électricité, de vapeur ou de télécommunications, ou encore des boyaux qui servaient à acheminer le charbon des chaudières. Durant les grèves de 1968, les étudiants les utilisèrent pour mettre des téléphones sur écoute ou pour rejoindre secrètement les bâtiments occupés par les grévistes. La plupart sont très difficiles à explorer et sont un défi pour les étudiants les plus aventureux. Il s'agit de s'introduire dans le plus grand nombre possible et d'y laisser un graffiti. Chaque année, quelques téméraires entrent ainsi dans l'histoire du campus pour avoir conquis un nouveau territoire...

L'ensemble est organisé suivant les principes du style Beaux-Arts et largement inspiré des modèles architecturaux européens. Au centre, on trouve une vaste plaza, le **campus quadrangle** *(quad)*, autour duquel s'organisent les principaux bâtiments.

En venant de Broadway, on y pénètre en longeant le **Miller Theater**.

Low Memorial Library★

Dominant le *quad* au nord, l'architecture néoclassique aux allures de temple (1895) de la bibliothèque n'est pas sans évoquer le Panthéon de Rome, dont s'inspira le cabinet d'architectes chargé de sa conception. Elle est devancée par un imposant escalier où se sont assis des générations d'étudiants et que domine la statue de la déesse Minerva, surnommée **Alma Mater**, symbole de l'université. À l'intérieur, admirez l'impressionnante rotonde et le décor de style Beaux-Arts. C'est le premier édifice construit spécifiquement pour l'université. Il n'abrite plus que l'administration et des salles d'exposition.

Earl Hall

À gauche de la Low Library, en retrait au bout d'une pelouse, ce joli bâtiment en brique rouge (1902), coiffé d'une coupole, se reconnaît à son fronton et à ses colonnes néoclassiques. Il abrite les services sociaux des étudiants et les aumôniers des différentes confessions religieuses présentes sur le campus.

St. Paul's Chapel

À l'est du *quad*, de l'autre côté de la Low Library, cette église en brique, de style Renaissance italienne, accueille des concerts. Au sous-sol, le **Postcrypt Coffeehouse** résonna dans les années 1960 des poèmes de Jack Kerouac et des chansons de Bob Dylan.

Buell Hall

Sur le coté sud de la chapelle, ce petit bâtiment de 1878 est tout ce qui reste sur le campus de l'asile psychiatrique qui occupait le site avant que l'université ne s'y installe. La Maison française,

12

centre culturel français de l'université, est installée à l'étage supérieur. À l'arrière, une statue en bronze du *Penseur*, de Rodin, marque l'entrée du bâtiment de philosophie, où se trouve également le département de français.

Butler Library

En face de la Low Library, sur le côté sud du *quad*, cet autre bâtiment rythmé de colonnes (1934) abrite la **bibliothèque du campus**, l'une des plus importantes du pays. Plus de 2 millions des 9,2 millions de volumes que possède l'université y sont stockés.

CATHÉDRALE ST. JOHN THE DIVINE★

(Plan C2)

1047 Amsterdam Ave., face à la 112nd St. 7h-18h. Programmes au ℘ 212 316 7540 ou sur www.stjohndivine.org.

La couleur est annoncée clairement : vous seriez ici devant la plus grande cathédrale du monde ! Bien que sa première pierre ait été posée en 1892, elle n'est toujours pas achevée, ainsi qu'en témoignent les nombreux échafaudages qui la ponctuent, ici ou là. Construite pour l'Église épiscopalienne, elle peut accueillir jusqu'à 3 000 fidèles. Et même si une trentaine d'offices y sont célébrés en moyenne chaque semaine, elle est aussi devenue une sorte de centre culturel, cadre de performances très diverses, souvent gratuites ou bon marché, concerts, spectacles de danse, pièces de théâtre, films, etc.

▸ Initialement prévue dans un style néoroman, la cathédrale fut finalement exécutée en néogothique. La **façade** occidentale est flanquée de deux tours inachevées (elles devraient culminer à plus de 80 m) et centrée sur le **portail du Paradis**. Ses deux portes en bronze comportent **60 panneaux** racontant l'Ancien et le Nouveau Testaments. Réalisées par le fondeur parisien qui travailla à la statue de la Liberté, elles pèsent chacune 3 tonnes.

▸ À l'intérieur, l'immense nef est rythmée de **14 baies**, dont les vitraux évoquent les occupations des humains, des sports au médical, en passant par la communication !

Derrière le chœur, les **chapelles rayonnantes** sont dédiées aux sept groupes ethniques immigrés aux États-Unis. Celle du centre contient un **triptyque** en argent de Keith Haring, de 1989, sur le modèle d'une icône russe.

▸ En ressortant, des marches descendent derrière l'édifice vers le **Morningside Park**, en contrebas, qui offre une pause verdoyante. La cathédrale, vue de là, est encore plus impressionnante.

RIVERSIDE PARK★

(Plan B/C-1/2)

En suivant 116th Street vers l'ouest, on arrive à **Riverside Drive★**, qui domine Riverside Park et l'Hudson. Cette avenue surplombant la rivière était particulièrement chic au 19e s., plantée d'ormes et bordée de belles demeures.

▸ **Riverside Park★** s'étend en front de rivière, depuis la 72nd Street jusqu'à la 155th. La partie la plus agréable est située au sud de la 100th Street, avec notamment le **jardin anglais de la 91st Street★**.

Riverside Church★

Riverside Dr. et 120th St. 9h-17h.

Cette imposante église néogothique appartient à l'Église baptiste et fut partiellement financée par John D. Rockefeller (il est partout à New York !).

▸ Le **portail ouest** est inspiré de celui de la cathédrale de Chartres.

▸ L'intérieur recèle deux **vitraux** du 16e s., provenant de la cathédrale de Bruges. L'église est réputée pour son carillon à 74 cloches. Ne manquez pas l'ascension du **clocher★**, haut de plus de 120 m *(tlj sf lun. 11h-16h, ascenseur pour le 20e étage, puis 147 marches)*, pour la **vue sur l'Hudson★★**.

PROPOSITIONS DE BALADES ET « BEST OF »

Une journée en prenant votre temps	⊕ Aux sources de la culture noire américaine
Suggestion de programme	Commencez par la 135th St. et le Schomburg Center for Research in Black Culture, allez voir les *brownstones* du Strivers Row *(voir p. 317)*. Redescendez jusqu'à la 125th St., visitez le Studio Museum in Harlem, passez devant l'Apollo Theater et faites un peu de shopping *(voir p. 316)*. Allez au Marcus Garvey Park et finissez par le Malcolm Shabazz Harlem Market *(voir p. 317)*.
Transport	Bus ligne 1, arrêt 135th Street. Balade à pied autour d'Harlem. Retour par le bus ligne 10 qui descend le long de Frederick Douglass Blvd et Central Park West.
Conseils	Sauf si vous allez à une messe gospel un dimanche, les jours de semaine sont plus vivants. Prévoyez une soirée dans un club de jazz. Si vous êtes seul ou juste un couple, rentrez en taxi. Le reste du temps, il n'y a aucun danger.
Si vous aimez	Le best of
L'art contemporain	Le Studio Museum in Harlem (fermé lun. et mar.) et la librairie attenante *(voir p. 316)*.
Les fresques de rue	Flânez dans les rues aux abords de la 135th St., autour du Schomburg Center for Research in Black Culture *(voir p. 317)*. Venez voir les rideaux de fer des magasins avant l'ouverture, sur 125th et 116th St. *(voir p. 316)*.
La culture noire	Le Schomburg Center for Research in Black Culture *(voir p. 317)*.
L'artisanat ethnique	Chinez sur la 125th St. Visitez le Malcolm Shabazz Harlem Market *(voir p. 317)*.
Le gospel	Une messe gospel le dimanche matin *(voir p. 315)*. Un brunch gospel, le samedi ou le dimanche.
Le jazz	L'Amateur Night ou l'un des concerts de l'Apollo Theater. Le vendredi ou le samedi soir à Bill's Place. Une soirée au Lenox Lounge *(voir p. 314)*.

La messe gospel du dimanche.

NEW YORK
Harlem

0	1000 ft	2000 ft
0	300 m	600 m

N

SE RESTAURER

Amy Ruth's................①
Dinosaur Bar-B-Que.....③
Patsy's.........................④
Rao's.............................⑤
Sylvia's.........................⑥
Uptown Juice Bar.........⑦
Zoma.............................⑧

SE LOGER

Efuru Guest House.......①
Harlem Flophouse.........②
Harlem Landmark
  Guest House..............③
102 Brownstone.............④
Park View Hotel.............⑤
Wanderers Inn West.....⑥

FAIRE UNE PAUSE

Boma.............................①

SORTIR, BOIRE UN VERRE

Apollo Theater..............②
Bill's Place.....................③
Cotton Club...................④
Lenox Lounge................⑤
National Black
  Theater.......................⑥
Orbit East Harlem.........⑦
Showman's Bar.............⑧
St. Nick's Pub...............⑬

ACHATS

Carol's Daughter...........⑨
N. ....⑩
Nicholas........................⑪
Sambuya.......................⑫

══════ voie piétonne

Riverbank
State Park

137 St-
City College

135th

133rd

31st St.

125 St

MANHATTAN-
VILLE

125th

Amsterdam

Convent

128th

General Grant
Natl. Memorial

Riverside
Church

MORNINGSIDE
HEIGHTS

123rd

125 St

W.

120th

122nd

116 St-
Columbia
University

Columbia
University

Morningside

W.

Douglass

116 St

Morningside
Park

Cathedral
of St. John
the Divine

First Corinthian
Baptist Church

Cathedral
Pkwy-110 St

112th

Canaan
Baptist Church

114th

MANHATTAN

106th

Cathedral
Pkwy-110 St

Central

103 St

104th

Central Park
North-110 St

VALLEY

Harlem
Meer

100th

103 St

UPPER

97th

CENTRAL

Museum of the
City of New York

96 St

94th

96 St

WEST SIDE

92nd

Transverse

PARK

Columbus

Central

90th

88th St.

Riverside

W. 86th St.

HUDSON RIVER

Park Dr.

Hudson

Henry

Riverside

Dr.

West End

Broadway

Amsterdam

St.

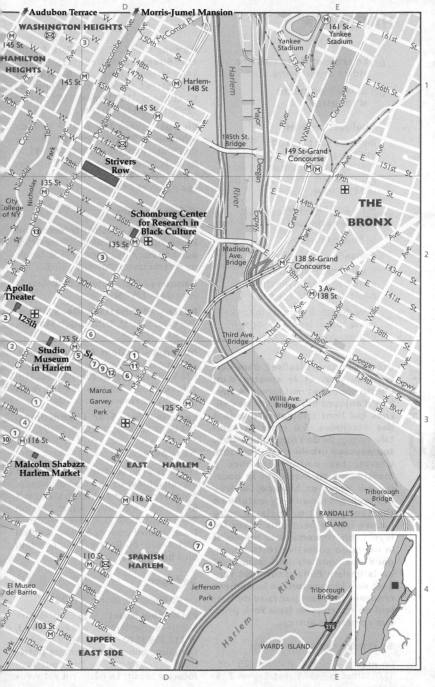

HARLEM★

😊 **Le creuset de la culture noire américaine...**

😟 **... mais en perte d'identité**

Quelques repères

Bordé au sud par la 106th Street et Central Park, à l'ouest par la 125th Street et l'Hudson, à l'est par la Harlem River, au nord par la 145th Street.

À ne pas manquer

Une messe gospel.

Le Studio Museum.

Conseils

Si vous êtes à New York un mercredi, allez à l'*Amateur Night* de l'Apollo Theater.

Pour assister à la messe gospel, venez tôt car les places sont limitées pour les visiteurs.

Oubliés l'image idéalisée d'un berceau du jazz, et le spectre d'un ghetto violent et mal famé : le Harlem d'aujourd'hui est sorti des clichés qui l'ont stigmatisé pendant des décennies. S'il reste la capitale culturelle de l'Amérique noire, son paysage urbain change à toute vitesse. Les pouvoirs publics y investissent en masse, et la bourgeoisie noire et blanche, libérée des préjugés raciaux, s'y installe en chassant peu à peu la classe noire pauvre qui ne peut plus payer les loyers. En conséquence, même si la mémoire collective reste imprégnée des combats anti-raciaux et de la Harlem Renaissance, les rangées de « brownstones » lentement rénovées finissent par faire de Harlem un quartier de New York presque comme les autres...

Se rendre dans le quartier

En métro - Ligne **1**, stations 125th St., 137th Street et 145th Street. Lignes **2**, **3**, stations 110th St./Central Park North, 116th Street, 125th Street, 135th Street, 145th Street. Lignes **A**, **D**, stations 125th Street, 145th Street. Lignes **B**, **C**, stations 116th Street, 125th Street, 135th Street, 145th Street.

En bus - Lignes **1**, **2** et **3**, le long de Madison et 5th Ave. Ligne **10**, le long de Central Park West. Lignes **7** et **11**, le long de Columbus et Amsterdam Ave. Lignes **101**, **102**, et **103**, le long de Lexington et 3rd Ave.

Adresses utiles

Informations - Visitor Information Kiosk, Adam Clayton Powell State Office Building Plaza, 163 West 125th St. (angle de Adam Clayton Powell Jr. Blvd).

Banques - Distributeurs de billets le long de la 125th St.

Poste - Manhattanville Station, 365 West 125th St. **Triborough Station**, 167 East 124th St.

Internet - Harlem Public Library, 224 East 125th St. (près de 3rd Ave.), ✆ 212 534 5050. Lun.-merc. 10h-18h, jeu. 11h-19h, vend. 13h-18h, sam. 10h-17h. Accès gratuit avec réservation préalable.

Laverie - Top Star Laundromat, 123 West 125th St., ✆ 212 283 5199.

Se repérer

Les avenues au nord de Central Park ont été rebaptisées en l'honneur de grandes figures noires : Lenox Ave. ou Malcolm X Blvd pour la 6th Ave., Adam Clayton Powell Blvd pour la 7th Ave., Frederick Douglas Blvd pour la 8th Ave. (Central Park West), ou Dr Martin Luther King Blvd pour la 125th St.

Se loger

De 40 $ (par personne) à 100 $

Park View Hotel ⑤, 55 Central Park North (entre 110th St. et Lenox Ave.), ✆ 212 369 3340 - 100 ch. 📺 Il s'agit en fait d'une auberge de jeunesse possédant des chambres où l'on peut aussi réserver un lit. Le bâtiment est vieux mais propre et la clientèle assez mixte, l'emplacement très agréable et le prix raisonnable. Laverie.

Ⓐ **Wanderers Inn West** ⑥, 257 West 113th St. (entre Frederick Douglas et 7th Ave.) ☎ 212 222 5602, www.wanderersinn.com - 50 lits et quelques ch. 🚇 Dans une rue tranquille du sud d'Harlem, non loin de Columbia University, auberge de jeunesse sympathique, bien équipée. Laverie et cuisine. *Pizza party* le merc. et petit-déj. inclus.

De 100 à 150 $

Harlem Flophouse ②, 242 West 123rd St., ☎ 212 662 0678, www.harlemflophouse.com - 4 ch. Tenue par un voyageur impénitent, cette maison rassemble tous ses souvenirs. L'ensemble est chaleureux et l'accueil très sympathique. Bon petit-déj. compris.

Ⓐ **Efuru Guest House** ①, 106 West 120th St. (entre Malcolm X et Clayton Powell), ☎ 212 961 9855, www.efuru-nyc.com - 3 ch. On est reçu comme à la maison. Chambres rénovées dans des tons clairs et doux, très confortables.

Harlem Landmark Guest House ③, 437 West 147th St (entre St. Nicholas et Convent Ave.), ☎ 212 694 8800 - 12 ch. 📶 🚇 Deux belles demeures transformées en petite pension de famille de caractère. Chaque chambre est dédiée à un artiste de jazz noir. Petit-déj. compris.

De 200 à 250 $

Ⓐ **102 Brownstone** ④, 102 West 118th St., ☎ 212 662 4223, www.102brownstone.com - 6 ch. 📶 🚇 Une jolie maison néo-classique pour ce B & B de charme, où chaque pièce est décorée avec soin et de façon très personnelle. Petit-déj. inclus. Excellente adresse.

Se restaurer

Moins de 10 $

Ⓐ **Uptown Juice Bar** ⑦, 54 West 125th St., ☎ 212 987 2660. Il est facile de ne pas voir cette devanture, perdue au milieu des boutiques populaires. Un long comptoir et la queue dans un petit couloir ne doivent pas vous décourager. Ici, tout est végétarien (on

reste épaté devant ce qui ressemble à du poulet et en a le goût !), délicieux, nourrissant et pas cher du tout. On choisit la taille du bol selon le prix, puis les plats à y mettre, avant de manger dans une petite salle très claire, à l'arrière.

De 10 à 20 $

Ⓐ **Dinosaur Bar-B-Que** ③, 646 West 131st St., ☎ 212 694 1777, www.dinosaurbarbque.com. Difficile de faire plus américain que ce restaurant spécialisé dans les viandes grillées. Dans un cadre rustique à souhait, on se régale d'une cuisine simple mais copieuse.

Ⓐ **Amy Ruth's** ①, 113 West 116th St. (entre Lenox Ave. et Adam Clayton Powell Blvd.), ☎ 212 280 8779, www.amyruthsrestaurant.com. Ne soyez pas dissuadé par le cadre impersonnel : c'est le meilleur endroit pour goûter une délicieuse cuisine des États du sud du pays. Il y a souvent la queue.

Ⓐ **Zoma** ⑧, 2084 Frederick Douglass Blvd, ☎ 212 662 0620. Dans ce restaurant de cuisine éthiopienne, on mange de très bons ragoûts de viande dans de grandes crêpes, avec les mains. Clientèle jeune du quartier. Déco moderne et sobre, éclairage tamisé.

Patsy's ④, 2287 1st Ave. (entre 117th et 118th), ☎ 212 534 9783. 📩 Considéré comme le meilleur restaurant de pizzas de la ville, un endroit qu'on dirait sorti tout droit de la série des *Sopranos*.

Ⓐ **Rao's** ⑤, 455 East 114th St. (Pleasant Ave.), ☎ 212 722 6709, www.raos.com. 📩 Dîner uniquement. Encore un décor de film, pour ce restaurant italien, jadis fréquenté par les mafieux, très populaire chez les acteurs et les gens qui aiment être vus. Les tables y sont réservées longtemps à l'avance, mais n'hésitez pas à y aller au moins pour le bar.

De 20 à 30 $

Sylvia's ⑥, 328 Lenox Ave. (entre 126th et 127th St.), ☎ 212 996 0660, www.sylviassoulfood.com. Très touristique, on y va quand même pour la délicieuse cuisine traditionnelle du Sud, vraiment copieuse, et pour le *gospel brunch* du dimanche (21 $), bruyant, animé et convivial, une institution à Harlem.

HARLEM

13

Faire une petite pause

Boma ①, 2037 5th Ave. (angle 126th St.), ✆ 212 247 8668, www.bomacafe.com. Cadre agréable, musique d'inspiration africaine, tendance *New Age*, bon café et toutes sortes de cookies et muffins. On peut aussi y manger quelques plats autour de 10 $. Vin au verre (8-9 $).

Boire un verre

Orbit East Harlem ⑦, 2257 1st Ave. *(at 116th)*, ✆ 212 348 7818, www.orbit eastharlem.com. Un bar convivial de Spanish Harlem, où l'on peut manger, écouter de la musique, voire danser. Karaoké le jeudi, jazz, rythmes cubains ou rock selon les soirs.

🎧 **Showman's Bar** ⑧, 375 West 125th St. (Martin Luther King Blvd), ✆ 212 864 8941. Bien que déménagé à cette adresse en 1998, c'est l'un des bars historiques du jazz et de la soul. Duke Ellington et Sarah Vaughan s'y sont produits. Musique *live* tous les soirs. Une vraie ambiance de quartier.

🎧 **St. Nick's Pub** ⑬, 773 St. Nicholas Ave. (angle 149th St.), ✆ 212 283 9728. Une autre institution jazz du quartier. Concerts tous les soirs, excellente programmation. Cour intérieure en été.

Rao's, *voir p. 313*. Comme vous ne pourrez sans doute pas avoir de table

---

Et la sécurité ?

Il n'y a pas de danger à visiter Harlem. Beaucoup des craintes qui demeurent dans l'esprit des visiteurs sont de l'ordre du vieux fantasme. Toutefois, si vous ne connaissez pas bien le quartier, il vaut mieux éviter d'y flâner à pied le soir, surtout seul. En sortant des clubs ou des théâtres, prenez un taxi pour rejoindre votre hôtel. Si vous êtes en groupe et optez pour le métro, montez dans les voitures occupées. Mais le jour, baladez-vous comme n'importe où dans Manhattan et comportez-vous normalement : Harlem n'est pas une réserve ethnique ! Et n'oubliez pas que beaucoup d'immigrés récents viennent d'Afrique francophone et comprennent ce que vous dites…

au restaurant, essayez de prendre un verre au bar, pour pouvoir vous vanter d'y être allé !

Sortir, écouter de la musique

🎧 **Lenox Lounge** ⑤, 288 Lenox Ave. (Malcolm X, entre 124th et 125th St.), ✆ 212 427 0253, www.lenoxlounge. com. L'un des clubs légendaires d'Harlem, pour avoir produit Miles Davis ou Billie Holiday. Ambiance assurée, programmation de qualité, dans la célèbre Zebra Room (spectacles à 20h30, 22h et 23h30, *cover* 20 $ plus une conso). Sinon, la *cover charge* est généralement de 10 $. Les lundis sont réputés.

🎧 **Apollo Theater** ②, 253 West 125th St., ✆ 212 531 5305, www.apollotheater. com. LA salle mythique où écouter du jazz, du R & B et de la soul. C'est là que fut lancée Ella Fitzgerald. Les plus grands y viennent de temps à autre (concerts de 20 à 100 $), mais les fameux concerts du mercredi, l'*Amateur Night*, permettent de découvrir des talents de demain (19h30, 18 à 35 $).

Cotton Club ④, 656 West 125th St., ✆ 212 663 7980, www.cottonclub-newyork.com. Attention, cette pâle imitation n'est pas le célèbre club des années 1930 (qui déménagea à Midtown puis ferma il y a longtemps), mais on y écoute du bon jazz ou du blues en grignotant, et on peut y manger un *gospel brunch* les sam. et dim. à 12h et 14h30.

🎧 **Bill's Place** ③, 148 West 133rd St. (entre Lenox et 7th Ave.), ✆ 212 281 0777. C'est le saxophoniste Bill Saxton qui créa ce club de jazz pour faire renaître l'esprit des boîtes de la grande époque du jazz. Il joue avec son quartet tous les vend. (15 $) à 22h et 0h. Concerts aussi les sam. (20 $). L'ambiance est intimiste, on ne sait jamais vraiment qui va se lever et jouer, parfois c'est même le bœuf inattendu… et on peut apporter sa boisson !

National Black Theatre ⑥, 2031 5th Ave. (entre 125th et 126th St.), ✆ 212 722 3800, www.nationalblacktheatre.org. Une institution culturelle à destination de la population afro-américaine, produisant des spectacles théâtraux ou musicaux et des ballets axés sur la culture noire. Voir le site Internet.

Écouter une messe gospel

La communauté noire est profondément religieuse (voir p. 112) et la messe du dimanche matin (en général 9h et 11h) est incontournable. Les familles y viennent en masse et s'habillent avec recherche. Les Églises baptistes sont celles où la messe chantée en gospel est la plus accessible aux visiteurs. Certaines acceptent un nombre limité de touristes, en général placés au balcon. Adoptez une tenue décente et une attitude respectueuse du culte, quelles que soient ses exubérances. Une messe dure facilement 1h (prévoyez de la monnaie pour la quête) et alterne prêches enflammés et chants entraînants. Si vous comptez partir en cours d'office, ayez au moins la discrétion de vous asseoir près d'une sortie. Cela étant, c'est une expérience inoubliable.

Canaan Baptist Church, 132 West 116th St. Celle que l'on vous recommande, pour la qualité du gospel. Places limitées : arrivez tôt.

First Corinthian Baptist Church, 1912 Adam Clayton Blvd (angle de 116th St.). Grande église au décor coloré, où les visiteurs sont orientés vers un immense balcon. Là encore, arrivez de bonne heure. La musique déménage et les prêches sont musclés !

Abyssinian Baptist Church, 132 West 138th St., ℰ 212 862 7474. L'une des plus anciennes congrégations noires de la ville, fondée en 1808. L'un de ses pasteurs, Adam Clayton Powell, fut le premier Noir élu au Congrès. Services à 9h et 11h. Beaucoup de touristes.

Mother Zion Church, 140 West 137th, ℰ 212 234 1545. Un bloc au sud de la précédente, c'est une église méthodiste, nettement moins touristique.

Convent Avenue Baptist Church, 420 West 145th St. (angle Convent Ave.), M° A, B, C, D, station 145th St. Excentrée mais peu touristique. Les chœurs sont très bons. Messe du dim. à 8h et 11h.

Où pique-niquer ?

À cheval sur la 5th Ave., entre les 120th et 124th St., le charmant **Marcus Garvey Park** est une très agréable option, à proximité de la 125th St. En revanche, si vous allez assister à une messe gospel sur la 116th St., vous pouvez descendre jusqu'à **Central Park**, soit sur la colline de Block House, soit autour du Harlem Meer, un lac bordé de bancs.

Achats

Mode - N. ⑩, 114 West 116th St. (entre 7th et Lenox Ave.), ℰ 212 961 1036, www.nharlemnewyork.com. Pour l'habillement et la maison. Présente surtout quelques jeunes designers de Harlem et des tee-shirts et pièces uniques.

Nicholas ⑪, 2035 5th Ave., ℰ 212 289 3628. LA boutique des rastas, depuis le bonnet tricoté jusqu'au tee-shirt, en passant par tous les accessoires, bijoux, sacs mais aussi livres et CDs.

Beauté - Carol's Daughter ⑨, 24 West 125th St., ℰ 212 828 6757, www.carolsdaughter.com. Produits de beauté à base d'ingrédients naturels. Parfums délicats et textures agréables.

Boma, voir p. 314 « Faire une petite pause ». Vend aussi crèmes, lotions et produits de beauté pour peaux noires.

Artisanat africain - Sambuya ⑫, 16 West 125th St., ℰ 212 289 2413. Large sélection d'objets importés d'Afrique, tissus, instruments de musique, masques, bijoux... On peut marchander et une partie du personnel parle français.

Livres - Librairie du Studio Museum, 144 West 125th St., ℰ 212 864 4500. Intéressante sélection d'ouvrages sur l'art afro-américain et la culture black. Jolis objets décoratifs ou accessoires, livres de qualité pour enfants.

HISTOIRE

Après la fondation, en 1658, du premier village hollandais au sud d'Harlem, les environs sont restés ruraux, jusqu'à l'arrivée du chemin de fer en 1837, puis des lignes aériennes de métro. À la fin du 19e s., Harlem devint un quartier à la mode et les promoteurs construisirent tellement que beaucoup d'immeubles ne trouvèrent pas de locataires. C'est alors qu'ils commencèrent à louer à la classe moyenne noire, si bien que dans les années 1920, on comptait déjà environ 60 000 Noirs à Harlem. Racisme aidant, les Blancs partirent peu à peu.

Grandeur et déclin

L'éclosion de la culture jazz et la Prohibition firent des clubs animés d'Harlem le rendez-vous de toute une population d'intellectuels, d'artistes et de fêtards invétérés. Les bars y étaient à la mode, vibrant aux accents du blues et du jazz noirs, mais uniquement réservés aux Blancs... Ce fut la grande époque de la **Harlem Renaissance** et l'émergence d'une identité afro-américaine (*voir p. 81*). La fin de la Prohibition et la **Grande Dépression** sonnèrent le glas de cette effervescence. La scène du jazz émigra vers Greenwich Village, tandis que le chômage chassait la classe bourgeoise et abandonnait le quartier aux plus défavorisés. La dégradation de l'habitat et l'extrême pauvreté firent le lit du crime et donnèrent à Harlem une sinistre réputation de coupe-gorge, où les Blancs n'avaient plus intérêt à s'aventurer.

Le réveil

Dans les années 1960, l'éveil de la **conscience politique** noire ramena Harlem dans la lumière, notamment avec les harangues de **Malcolm X** au Black Muslim Temple of Islam (il fut assassiné en 1965, sur la 166th St.). Harlem donna à New York son premier (et unique) maire noir, David Dinkins et, aujourd'hui, Bill Clinton y a établi ses bureaux (*au 55 West 125th St.*). Le quartier est lentement réhabilité, aidé en cela par la pression immobilière. Boutiques et appartements se construisent et les *brownstones* s'offrent un lifting. Harlem n'est plus un endroit dangereux et les touristes y arrivent par cars entiers. Mais, si l'identité reste vivante, la population noire n'a plus les moyens de payer les loyers des zones restaurées et émigre en masse hors de New York. Comme bien d'autres quartiers, Harlem est en train de s'uniformiser, sans doute pour devenir un jour un énième quartier branché.

VISITE D'HARLEM★

👁 Si vous faites juste une visite de jour, venez avant que les boutiques ne lèvent leur rideau de fer peints (10h). Pour voir les **fresques murales**, flânez dans les rues et ouvrez l'œil. Sur la 125th Street, la plupart ont été réalisées par l'artiste Franco qui tient un petit stand près de l'Apollo Theater le dimanche matin.

AUTOUR DE LA 125TH STREET

Mo lignes 2, 3, 4, 5, 6.

À l'ouest de la 5th Avenue principalement, la 125th Street, aussi baptisée **Dr Martin Luther King Boulevard**, est l'axe commerçant le plus vivant d'Harlem. À l'époque des manifestations en faveur des droits civils des Noirs, c'est là que se réunissaient les défilés protestataires.

Studio Museum in Harlem★

144 West 125th St., ☎ 212 864 4500, www.studiomuseum.org. Tlj sf lun. et mar. 12h-18h (sam. 10h-18h). 7 $.

👁 Gratuit le 1er samedi du mois.

Depuis 1968, ce musée, consacré à l'art afro-américain en général et aux artistes locaux en particulier, présente de belles expositions temporaires, allant du folk art aux vidéos et aux installations plus conceptuelles. La visite permet de se faire une excellente idée de la créativité de la communauté noire.

Apollo Theater★

253 West 125th St. (entre Frederick Dougals et Adam Clayton Powell).

Ouvert en 1914, ce monument de l'histoire du jazz était alors interdit aux Noirs. On y produisait des comédies. En 1934, il prit son nom actuel et devint le temple de la musique black. C'est là qu'ont eu lieu certains spectacles mémorables, avec Louis Armstrong, Aretha Franklin, Ray Charles, James Brown et même les Jackson Five. La Nuit des Amateurs, le mercredi, est célèbre pour avoir révélé d'immenses talents. Quand Elvis Presley vint à New York, c'est le premier lieu qu'il voulut voir. Rénové en 2002, l'Apollo est redevenu l'une des scènes les plus courues de la ville.

Autour de Marcus Garvey Park★

En descendant vers le sud, entre les West 124th et 119th Streets, vous longerez ce joli parc escarpé (aussi nommé **Mount Morris Park**). Du haut de la colline, la vue sur la ville est très agréable. Sur le côté ouest, vous verrez une rangée de **brownstones** bien rénovées, permettant d'imaginer le Harlem bourgeois de la fin du 19e s.

Malcolm Shabazz Harlem Market

52-60 West 116th St., entre 5th Ave. et Malcolm X Blvd. 10h (9h en été)-20h.

Non loin du temple où prêcha Malcolm X (Shabazz), ce **marché** (intérieur et extérieur) en forme de souk rassemble des étals colorés vendant une large variété de marchandises, depuis les ceintures de cuir jusqu'aux masques africains, en passant par les vêtements de style rasta ou boubou.

AUTOUR DE LA 135TH STREET

Cette partie du quartier est désignée comme Central Harlem. C'est là que se concentrent les bastions de la renaissance culturelle noire.

Schomburg Center for Research in Black Culture★

515 Malcolm X Blvd, près de la West 135th St., ℘ 212 491 2200, www.nypl. org. Horaires variables : vérifier sur le site Internet.

Ce centre est en fait une annexe de la New York Public Library, plus particulièrement consacrée à la préservation et à la mise en valeur de la culture afro-américaine. **Arthur Schomburg** (1874-1938) est une figure de cet héritage, un Portoricain qui se fit un but de prouver que les Noirs américains avaient une histoire, un héritage et une identité. Il a rassemblé une collection d'ouvrages et de documents dans cette optique.

Aujourd'hui, le centre cumule plus de 5 millions de documents et organise des expositions, dans l'annexe moderne, notamment un montage audiovisuel sur la **vie de Malcolm X**.

Strivers Row

West 138th et 139th St., entre Adam Clayton Powell et Frederick Douglass Blvd.

On surnomme ainsi ces belles **brownstones** où s'était installée la bourgeoisie noire montante dans les années 1920 (un *striver* est quelqu'un qui fait des efforts pour réussir). Ils comportent des demeures de styles géorgien et néo-Renaissance qui sont réhabilitées peu à peu. On y trouve également l'**Abyssinian Baptist Church**.

MORRIS-JUMEL MANSION

Angle de West 160th St. et de Edgecombe Ave., ℘ 212 923 8008, www.morrisjumel.org. Tlj sf lun., mar. et j. fériés 10h-16h. 4 $.

Ce manoir de 1765 est le dernier témoin à New York de la période prérévolutionnaire. Durant la guerre pour l'indépendance, en 1776, George Washington y établit son quartier général. Il fut habité ensuite par les Jumel, un couple de riches négociants français, ce qui explique son décor de style Empire. L'extérieur est typique du **style fédéral**, avec sa façade de bois et son portique à deux étages. À l'origine, le terrain qui l'entourait allait d'une rivière à l'autre ! L'intérieur permet de s'imaginer comment vivait la bourgeoisie riche.

▶ Des concerts sont régulièrement organisés dans l'ancien manoir (renseignements sur le site Internet).

EAST HARLEM

C'est la partie orientale du quartier, celle de la population hispanique, juste au-dessus de l'Upper East Side et du Museum Mile. C'est là que doit ouvrir, fin 2009, le **Museum for African Art**, auparavant situé dans le Queens (angle 110th St. et 5th Ave., www.africanart.org, voir p. 351).

THE CLOISTERS

PROPOSITIONS DE BALADES ET « BEST OF »

Si vous aimez	Le best of
La sérénité des jardins	Le cloître de Cuxa. Le jardin médiéval du cloître de Bonnefont, dominant la rivière *(voir p. 321)*.
La nature et les jolies vues	La terrasse de Bonnefont et la vue sur l'Hudson. Un tour aux abords du musée pour la vue sur la vallée. Un arrêt à Fort Tryon Park *(voir p. 321)*.
L'orfèvrerie sacrée	La Glass Gallery, le trésor et les salles d'art gothique, avec notamment le triptyque de l'Annonciation de Robert Campin *(voir p. 321)*.
L'architecture	Les reconstitutions des cloîtres médiévaux, des chapelles romanes et gothiques. La salle capitulaire de Pontaut *(voir p. 321)*.

The Cloisters,
salle capitulaire de Pontaut.

Ch. Barrely / MICHELIN

THE CLOISTERS★★★

FORT TRYON PARK

😊 **Tout l'art du Moyen Âge**

😟 **C'est vraiment loin !**

Quelques repères

Situé au nord du quartier de Washington Heights, dans Fort Tryon Park.

À ne pas manquer

Pique-niquer dans Fort Tryon Park.

Conseils

Pour faire des économies, visitez le Metropolitan Museum et les Cloisters le même jour.

Au nord de Washington Heights, perché sur une colline dominant les berges boisées de l'Hudson, ce musée original reproduit l'architecture d'un monastère fortifié. À l'intérieur, on a reconstruit des cloîtres, récupérés pierre par pierre en Europe, et rassemblé une collection d'art médiéval. L'ensemble dégage une grande sérénité et concentre tout ce que l'on veut savoir sur l'art sacré du Moyen Âge.

Se rendre dans le quartier

Le musée est isolé, au-delà de la partie urbanisée de Washington Heights.

En bus - Seule la ligne **4** dessert les Cloisters. Elle monte du centre de Manhattan le long de Madison Ave., Central Park North et Broadway. Comptez plus d'1h de trajet.

En métro - Pas de ligne directe. La ligne **A** monte jusqu'à la station 190th Street, où vous récupérez la ligne 4 du bus. Comptez au moins 45mn.

Se restaurer dans les environs

Aux beaux jours, un café est ouvert dans le musée. Sinon, une caravane placée sur le parking propose des hot dogs, burgers et glaces. Le site se prête superbement au pique-nique.

De 10 à 30 $

😊 **New Leaf Café**, Fort Tryon Park, 1 Margaret Corbin Dr., ✆ 212 568 5323, www.nyrp.org/newleaf. Fermé le lun. Idéal pour déjeuner avant d'aller au musée (demandez au chauffeur de bus de s'arrêter à ce niveau), ce bistro permet de manger salades, snacks ou plats plus consistants. La terrasse sur le parc est très plaisante quand il fait beau.

😊 **Park Terrace Bistro**, 4959 Broadway (entre 207th St. et Isham), ✆ 212 567 2828, www.parkterracebistro.com. M° ligne A, station 207th St./Inwood. À 20mn à pied du musée, restaurant marocain bien sympathique, où manger salades, bricks, tajines ou grillades.

La visite pratique

Informations - The Cloisters, Fort Tryon Park, ✆ 212 923 3700, www.metmuseum.org.

Temps de visite - 1h à 1h30.

Horaires - Mars-oct. : tlj sf lun. 9h30-17h15 (16h45 reste de l'année). Fermé 1er janv., Thanksgiving et 25 déc.

Tarifs - 20 $, billet combiné avec le Metropolitan Museum *(voir p. 277)*.

Audio-tour - Gratuit, en anglais.

Handicapés - Seule une petite partie est accessible aux fauteuils roulants.

HISTOIRE DU MUSÉE

Le sculpteur américain **Georges Barnard** était un passionné de sculpture médiévale. Durant ses voyages en Europe, il rassembla une quantité impressionnante de vestiges architecturaux, suffisamment pour reconstituer des pans entiers de chapelles ou portions de cloîtres, principalement du sud de la France. En 1925, **John D. Rockefeller** fit don au Metropolitan

Museum d'une somme destinée à acquérir cette collection, qu'il enrichit d'une quarantaine d'œuvres lui appartenant. Il offrit ensuite ses terrains de Tryon Park, avec instruction d'y construire le musée d'art médiéval. Les Cloisters furent inaugurés en 1938.

CLOÎTRES ET CHAPELLES★★

▶ La visite commence par le **Romanesque Hall**, dont la porte en plein cintre signe le style roman. On y admire des chapiteaux sculptés de motifs typiques, végétaux ou animaux fantastiques.

▶ Sur la droite, la **chapelle Fuentidueña** (1160) a été récupérée dans une église romane de Castille. On retrouve sur les chapiteaux les scènes de Daniel dans la fosse aux lions ou de l'Adoration des Mages. La fresque de la voûte vient d'une chapelle catalane des Pyrénées espagnoles, tandis que le crucifix (12e s.) était jadis au couvent Santa Clara d'Astudillo, aussi en Espagne.

▶ On pénètre dans le **cloître de St-Guilhem** par un portail roman tardif annonçant le premier gothique (vallée de la Loire, fin 12e s.). Le cloître lui-même vient d'une abbaye bénédictine et présente une succession de colonnes aux chapiteaux délicatement sculptés de motifs fantastiques (12e-13e s.).

▶ De retour dans le Romanesque Hall, on entre dans la **chapelle de Langon** par le portail gothique (13e s.) d'une abbaye de Moutiers-St-Jean, en Bourgogne. Les statues représentent peut-être le roi Clovis et son fils, protecteurs du sanctuaire. La chapelle proprement dite appartenait au chœur d'une église romane du Bordelais.

▶ Le **cloître de Cuxa** est la pièce centrale, issue du monastère St-Michel-de-Cuxa, dans les Pyrénées françaises. L'original était deux fois plus grand. On admire les merveilleuses sculptures en marbre rose du Languedoc.

▶ À l'ouest, la **salle capitulaire de Pontaut** est reconstituée à partir d'une abbaye bénédictine de Gascogne. On y observe la transition entre le roman et le gothique, de même que de beaux motifs géométriques sculptés.

▶ Au niveau inférieur, la **chapelle gothique** abrite des tombes (13e-14e s.) de Catalogne et d'Aragon.

▶ Le **cloître de Bonnefont** (13e-14e s.) se distingue par ses rangées de fines colonnes jumelées, récupérées dans une abbaye cistercienne du sud de la France. Elles bordent un **jardin médiéval** en terrasse sur l'Hudson.

▶ Au même niveau, le **cloître de Trie** (fin 15e s.) est sans doute le plus charmant, restituant à merveille le recueillement et la sérénité des monastères. Ne manquez pas les scènes de la vie de Jésus, sur les chapiteaux sud.

LES COLLECTIONS★★★

Niveau inférieur et niveau principal, salles sud et ouest.

▶ Au niveau inférieur se trouve la **Glass Gallery**, où sont réunis une série de vitraux, des statues et un retable flamand de la Nativité (Roger van der Weyden, 15e s.).

▶ Le **trésor** rassemble une belle collection d'objets sacrés, allant des émaux cloisonnés de Limoges (13e s.) à une délicate boule de rosaire ouvrante finement sculptée (Pays-Bas, 16e s.), en passant par la croix de Cloisters (12e s.) et de splendides tentures brodées. Ne manquez pas les pages enluminées des *Riches Heures du duc de Berry* ou une ravissante salière à piédestal en or et cristal de roche (Paris, 13e s.).

▶ De retour à l'étage principal, les **salles des tapisseries** en présentent une collection exceptionnelle, parmi les plus anciennes au monde (15e-16e s.).

▶ Côté est, une dernière série de salles abrite vitraux, retables et statues de style gothique. Ne manquez pas l'admirable **triptyque de l'Annonciation**, du Flamand Robert Campin (15e s.).

FORT TRYON PARK★

Dominant l'Hudson, ce beau parc boisé entoure **Fort Washington**, le dernier à avoir résisté aux Anglais durant la révolution américaine.

BROOKLYN

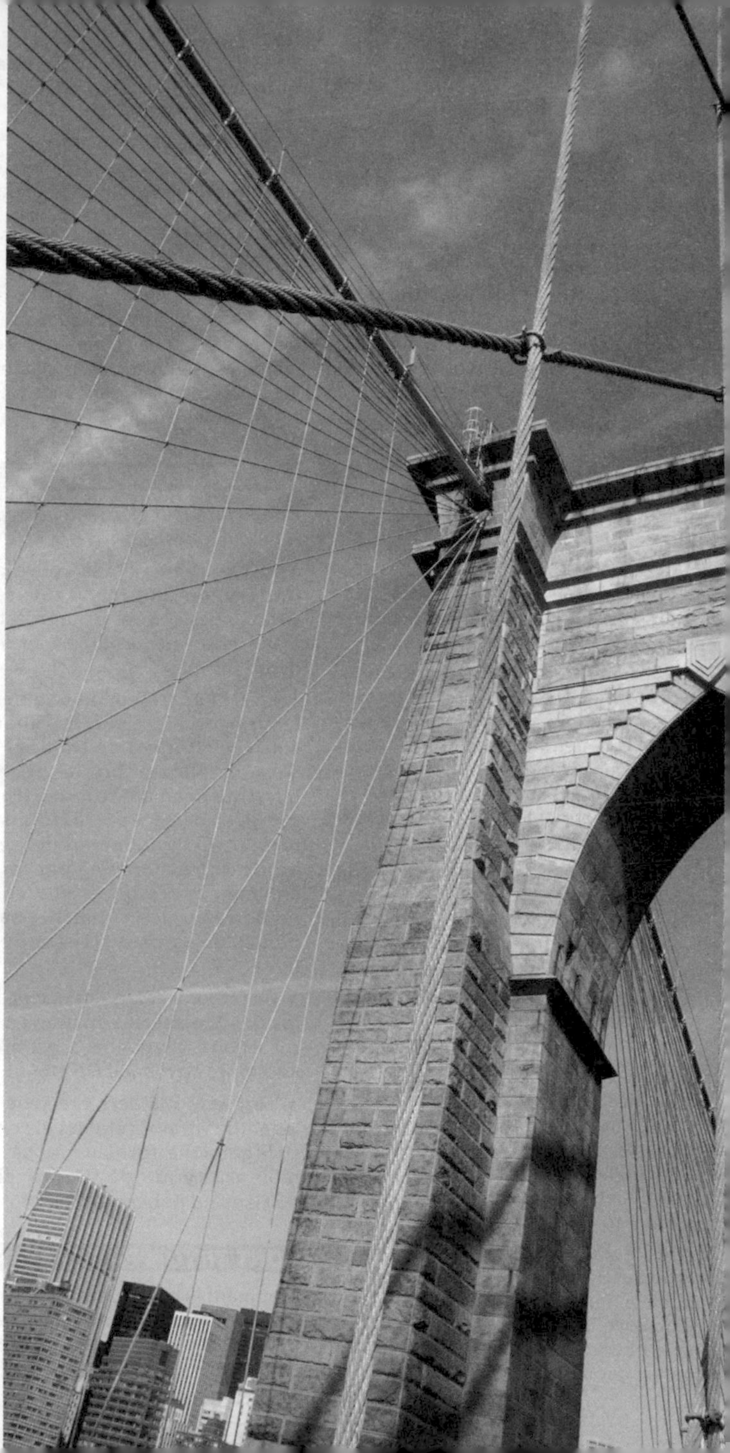

PROPOSITIONS DE BALADES ET « BEST OF »

Une journée en prenant votre temps	⊕ Les quartiers bourgeois ou ethniques
Suggestion de programme	Passez le pont tôt le matin, faites la balade de Brooklyn Heights *(voir p. 333)* puis visitez le New York Transit Museum et le Brooklyn Museum of Art *(voir p. 334)*. S'il fait beau, passez l'après-midi au Brooklyn Botanic Garden *(voir p. 334)* ou à Brighton Beach/Coney Island *(voir p. 338)*. Finissez la journée par un dîner à Williamsburg *(voir p. 329)*.
Transport	Métro.
Conseils	Ne tentez pas de tout voir en une journée. Si vous avez peu de temps, limitez-vous au pont de Brooklyn, à Brooklyn Heights et au musée. Brighton Beach marie plage et dépaysement. Coney Island est très touristique et fréquenté. En dehors de l'été, les deux sont morts en semaine.

Si vous aimez	Le best of
L'art et la culture	Le Brooklyn Museum of Art *(voir p. 334)*.
La marche à pied	La traversée du pont de Brooklyn et un pique-nique à l'Empire Fulton Ferry State Park *(voir p. 339)*. La promenade de Coney Island à Brighton Beach ou inversement *(voir p. 338)*. La traversée du Williamsburg Bridge *(voir p. 339)*.
La nature	Le Brooklyn Botanic Garden *(voir p. 334)*. La plage à Brighton Beach *(voir p. 338)*.
L'architecture	Brooklyn Heights *(voir p. 333)*. Les ponts de Brooklyn, Manhattan et Williamsburg *(voir p. 339)*.
Les quartiers cosmopolites	Le quartier hassidique de Williamsburg *(voir p. 339)*. Brighton Beach *(voir p. 338)*.
Le shopping	Pour les articles discount, ne manquez pas le Century 21 *(voir p. 331)*.
Les balades en famille	Le New York Transit Museum, le département des antiquité égyptiennes du Brooklyn Museum of Art *(voir p. 334)*. Le Brooklyn Children's Museum *(voir p. 337)*. Prospect Park et le Brooklyn Botanical Garden *(voir p. 334)*. La plage à Brighton Beach, Coney Island, l'Aquarium et le parc d'attractions *(voir p. 338)*.

Brooklyn Bridge.

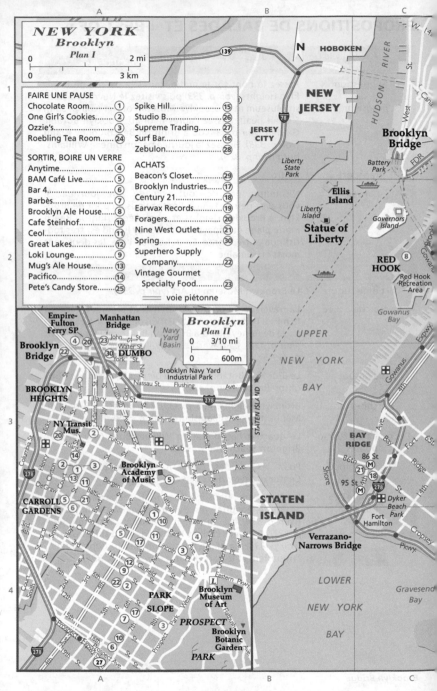

N
HOBOKEN

NEW JERSEY

JERSEY CITY

Brooklyn Bridge

HUDSON RIVER

Liberty State Park

Ellis Island

Liberty Island

Statue of Liberty

Battery Park

FDR

Governors Island

RED HOOK

⑧

Red Hook Recreation Area

Gowanus Bay

UPPER NEW YORK BAY

Brooklyn
Plan II

	3/10 mi
0	
0	600m

Empire-Fulton Ferry SP
④ ⑳

Manhattan Bridge

Navy Yard Basin

Brooklyn Bridge
㉒

②③
㉚ DUMBO
Water St
York St
Nassau St.

Brooklyn Navy Yard Industrial Park

Flushing Ave.

BROOKLYN HEIGHTS

Cadman

Tillary St

Myrtle Ave.

STATEN ISLAND

NY Transit Mus.
⑳

Willoughby

Fulton

Ashland Pl.

Carlton

Vanderbilt

Washington Ave.

②

Clinton

Henry

Court

②①③

⑬⑪

Atlantic

Brooklyn Academy of Music

DeKalb Ave.

⑤

Lafayette

Green

Fulton

BAY RIDGE
86 St
㉑⑱

95 St

Shore

Dyker Beach Park

Fort Hamilton

CARROLL GARDENS
⑤
⑥
㉑

Smith

Bond

Nevins

③④

Union

⑤

Bergen

Park Pl.

⑰

Carroll

⑩
⑪
④

Lincoln

③

Vanderbilt Ave.

⑫
⑨

⑰

Garfield

㉒②

PARK SLOPE

L

Brooklyn Museum of Art

⑦
⑰

⑩

⑥

㉗

PROSPECT

Prospect Park

Eastern Pkwy.

Brooklyn Botanic Garden

PARK

Verrazano-Narrows Bridge

LOWER NEW YORK BAY

Gravesend Bay

324

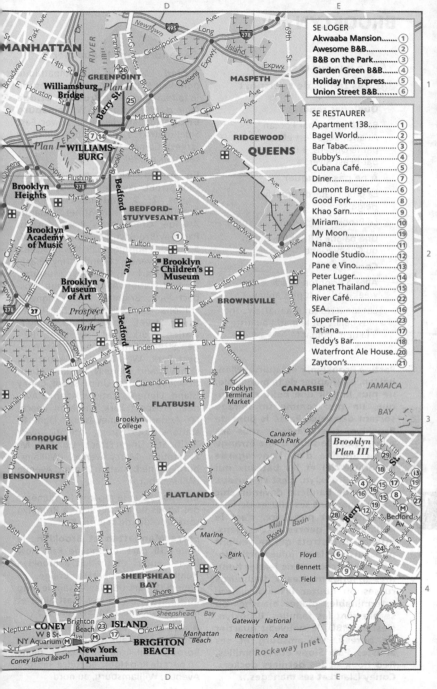

BROOKLYN★★

 La vue sur Manhattan

 Les temps de transport

Quelques repères

Bordé au sud par l'océan Atlantique, à l'est et au nord par le Queens, à l'ouest par l'East River.

À ne pas manquer

La promenade de Brooklyn Heights.

Le Brooklyn Museum.

Une balade à Brighton Beach ou Coney Island.

Conseils

Allez à Brighton Beach le week-end, c'est plus animé.

Les lumières sur Manhattan sont plus belles tôt le matin ou juste à la nuit tombante.

Partir à Brooklyn, c'est quitter Manhattan, s'échapper de la mégapole, ne plus la voir que belle et magique, un peu comme un mirage sortant des eaux. Passé le pont de Brooklyn, c'est s'asseoir sous ses piles, fouler le sable d'une étrange plage urbaine d'où l'on regarde les gratte-ciel et les bateaux qui passent. Brooklyn, c'est ce curieux mariage de banlieue devenue chic tout en gardant ses allures de ville provinciale et populaire, c'est le mélange des genres et des gens, intellos et bistrots qui se veulent parisiens, enclaves juives orthodoxes que parcourent de jeunes hommes en longs manteaux, faubourgs russes où goûter les « pirojkis », interminables plages blanches où se pressent les familles. Brooklyn, c'est DUMBO, le nouveau quartier de bureau, Williamsburg et ses artistes, Park Slope et ses familles, Red Hook et les derniers dockers, Coney Island et ses manèges...

Se rendre dans le quartier

À pied - La façon la plus sympathique pour voir Manhattan s'éloigner, est de le faire à pied par le **Brooklyn Bridge** *(voir p. 130)* ou par le **Williamsburg Bridge** (départ depuis le Lower East Side, métro F, J, M, Z, station Delancey Street). Comptez 20 à 25mn de traversée *(voir p. 339)*.

En métro - Lignes **A**, **C**, stations High Street, Jay Street et Hoyt Street. Lignes **2**, **3**, stations Clark Street, Borough Hall, Hoyt Street, Atlantic Avenue, Grand Army Plaza, Eastern Parkway/Brooklyn Museum. Lignes **4**, **5**, stations Borough Hall, Nevins Street, Atlantic Avenue, Grand Army Plaza, Eastern Parkway/Brooklyn Museum. Ligne **B**, stations Atlantic Avenue, Prospect Park, Brighton Beach. Ligne **D**, stations Atlantic Ave./Pacific St., Union Street, Coney Island. Ligne **F**, stations York Street, Jay Street, Bergen Street, Caroll Street, 15th St./Prospect Park, West 8th St./NY Aquarium, Coney Island. Ligne **N**, stations Atlantic Ave./Pacific St., Union Street, Coney Island. Ligne **Q**, stations Atlantic Avenue, Prospect Park, Brighton Beach, NY Aquarium, Coney Island. Ligne **R**, stations Court Street, Atlantic Ave./Pacific St., Union Street. Lignes **J**, **M**, **Z**, station Marcy Avenue (Williamsburg). Ligne **L**, station Bedford Avenue (Williamsburg).

En bus - Pour se repérer, les numéros des lignes de bus circulant à Brooklyn sont précédés de la lettre B.

Entre Manhattan et Brooklyn : la ligne **B38** part le long de Park Row (Civic Center) et conduit à Brooklyn Heights, via Manhattan Bridge. La ligne **B39** part de Manhattan, le long de Delancey St. (Lower Esast Side) et mène à Williamsburg (Bedford St.).

À Brooklyn, la ligne **B61**, que l'on peut prendre aux stations de métro Borough Hall, Court St. et Jay St., mène au port de Red Hook, au sud, à Bedford Avenue, Williamsburg, au nord.

Adresses utiles

Informations - Brooklyn Tourism, Brooklyn Borough Hall, 209 Joralemon St. (entre Court et Adams St.), ℘ 718 802 3846, www.visitbrooklyn.org. Lun.-vend. 10h-18h. Site Internet assez complet : hébergement et renseignements pratiques et historiques. Consultez aussi **www.hellobrooklyn.com**.

Banques - Distributeurs de billets autour de Borough Hall, sur Fulton et Court St., Smith St., 5th ou 7th Ave.

Poste - Cadman Plaza, 271 Cadman Plaza, tlj sf dim. 7h-20h (sam. 16h). **Times Plaza**, 542 Atlantic Ave., tlj sf dim. 8h-17h (sam. 13h).

Internet - Central Public Library, Grand Army Plaza, ℘ 718 230 2100. Lun.-vend. 9h-18h (mar., merc., jeu. 21h), sam. 10h-18h, dim. fermé. Accès gratuit, mais prévoir une attente.

Se repérer

Il y a trois axes d'entrée dans Brooklyn depuis Manhattan. **Brooklyn Bridge** conduit à droite à Brooklyn Heights, à gauche à DUMBO, tout droit à Downtown Brooklyn. **Manhattan Bridge** mène à DUMBO, puis à Downtown, via Flatbush Avenue qui rejoint ensuite Prospect Park. **Williamsburg Bridge** part de Lower East Side et aboutit à Williamsburg : à gauche se trouve le quartier des restaurants, à droite le quartier juif. **Coney Island** et **Brighton Beach** se trouvent à l'extrême sud de Brooklyn, au bord de l'océan.

Se loger

De 100 à 150 $

Holiday Inn Express Brooklyn ⑤, 4th Ave. et 625 Union St., métro R, station Union St., ℘ 718 797 1133, www.holiday-inn.com - 90 ch. ⌁ 🖳 ✖ Pas de caractère mais le confort et la proximité (moins de 5mn) du métro vers Manhattan en font un choix pratique. Petit-déj. compris.

Garden Green Bed & Breakfast ④, 641 Carlton Ave. (entre Prospect et Park Pl.), ℘ 718 783 5717 - 3 ch. Une maison en brique rouge, confortable et sobre.

Deux des chambres partagent une salle de bains, l'autre, équipée d'une kitchenette, tient plus du studio meublé (il peut loger 4 personnes et a un accès privé au jardin). Ne sert pas le petit-déj.

Awesome Bed & Breakfast ②, 136 Lawrence St. (entre Fulton et Willoughby), ℘ 718 858 4859, www.awesome-bed-and-breakfast.com - 7 ch. Un décor exubérant et personnalisé, des salles de bains partagées et un petit-déj. compris signent une adresse conviviale et confortable.

Union Street B & B ⑥, 405 Union St. (entre Smith et Hoyt St.), ℘ 718 852 8406, www.unionstbrooklynbandb.com - 6 ch. Maison typique en grès brun, dotée d'un petit jardin à l'arrière, mais la rue peut être bruyante. Proche des restaurants. Accueil familial. Une salle de bains pour 3 chambres, petit-déj. succinct.

De 150 à 200 $

Akwaaba Mansion ①, 347 Macdonough St. (entre Stuyvesant Ave. et Dr Sandy F. Ray Blvd), ℘ 718 455 5958, www.akwaaba.com - 4 ch. ⌁ 🖳 Belle maison de style italianisant, meublée et décorée avec goût, d'un mélange d'antiquités et d'objets africains. Accueil très raffiné et copieux petit-déj.

De 250 à 300 $

B & B on the Park ③, 113 Prospect Park West, ℘ 718 499 6115, www.bbnyc.com - 7 ch. ⌁ 🖳 On se croirait en plein roman victorien dans cet intérieur à la décoration opulente. Couleurs chaudes, meubles anciens et tableaux créent une ambiance luxueuse. Petit-déj. bon et copieux.

Se restaurer

À l'exception de la Waterfront Ale House, ne prévoyez pas de manger à **Brooklyn Heights**. Les restaurants de **Caroll Gardens** sont centrés autour de Smith Street, ceux de **Park Slope** autour de 5th Avenue. Les restaurants de **Red Hook** et **Brighton Beach** ne valent le coup que si vous voulez visiter ces quartiers. Ceux de **Williamsburg**, plus nombreux, se regroupent autour de Bedford Avenue.

Quartiers et acronymes

Brooklyn est un *borough* très étendu, divisé en nombreux quartiers, que vous ne visiterez pas tous. Brooklyn Heights se trouve face à Lower Manhattan. Downtown Brooklyn, où sont les quelques gratte-ciel, se regroupe autour de l'université et des administrations publiques : c'est là que sont les magasins. Au sud, Boerum Hill, associé à Cobble Hill et Caroll Gardens, forme ce que l'on appelle le BoCoCa. Avec Park Slope, qui borde Prospect Park, ce sont les nouveaux quartiers bobos où se concentrent les restaurants. Enfin, DUMBO (pour Down Under Manhattan Bridge Overpass) désigne le lieu qui monte, quartier en développement, au pied de Manhattan Bridge. Red Hook est la dernière zone portuaire en activité, elle aussi en plein développement immobilier.

▶ *Park Slope - BoCoCa*

Moins de 10 $

Bagel World ②, 339 5th Ave. (angle 4th St.), ☎ 718 499 1143. Des bagels de tous les genres et des garnitures crémeuses encore plus variées, salées ou sucrées, pour remplacer avantageusement le sandwich. On y trouve aussi soupes et salades.

De 10 à 20 $

☺ Cubana Café ⑤, 272 Smith St., ☎ 718 858 3980. ✉ Petit restaurant cubain proposant des plats copieux, comme les crevettes à la noix de coco, le porc au plantain, ou de simples sandwiches.

Zaytoon's ㉑, 283 Smith St. (angle Sackett), ☎ 718 875 1880. Petite salle simple et musique du Moyen-Orient pour une cuisine assortie, inspirée de la Turquie ou du Liban. On peut également emporter.

Pane e Vino ⑬, 174 Smith St., ☎ 718 501 1010. Décor design tout de turquoise et bois, belle ambiance musicale et agréable véranda sur l'arrière. Cuisine italienne classique. Concerts les mar. et merc. et certains jeu.

Apartment 138 ①, 138 Smith St., ☎ 718 858 0556. Joli jardin et déco moderne

pour manger des snacks ou des plats d'inspiration méditerranéenne.

Bar Tabac ③, 128 Smith St., ☎ 718 923 0918. Un vrai bistro tenu par des Français, pour une ambiance rétro années 1950. Cuisine typique de brasserie, soupe à l'oignon, escargots au beurre aillé ou moules marinières.

Nana ⑪, 155 5th Ave., ☎ 718 230 3749, www.nana-parkslope.com. Murs de brique nue, tableaux contemporains et idéogrammes : ambiance asiatique chic et musique cool. On y mange aussi bien des sushis que des nouilles chinoises ou des plats malaisiens.

☺ Miriam ⑩, 79 5th Ave. (angle de Prospect Pl.), ☎ 718 622 2250. Délicieuse cuisine juive de la Méditerranée orientale et plats marocains. Atmosphère très conviviale.

Waterfront Ale House ⑳, 155 Atlantic Ave. (entre Henry et Clinton), ☎ 718 522 3794, www.waterfrontalehouse. com. Un grand bar un peu sombre, mais une adresse idéale entre Brooklyn Heights et Caroll Gardens, pour grignoter devant une bière. Soupes, salades, burgers ou grillades plus roboratives. Menu lunch à moins de 10 $.

▶ *DUMBO - Brooklyn Bridge*

De 10 à 20 $

☺ Bubby's ④, 1 Main St. (angle Plymouth), ☎ 718 222 0666, www.bubbys. com. Idéalement situé entre les deux ponts, prépare une cuisine des familles reprenant de délicieuses recettes traditionnelles du Sud. Ne manquez pas le pain de viande *(meatloaf)* ou le gratin de macaronis. À éviter si vous êtes au régime ! Particulièrement adapté aux familles, pour les menus enfant et les jeux pour tromper l'attente.

SuperFine ㉓, 126 Front St., ☎ 718 243 9005. Cantine bio située en plein Dumbo, près d'une galerie de design et en face d'une librairie d'art et de livres rares…

Autour de 50 $

☺ River Café ㉒, 1 Water St., ☎ 718 522 5200, www.rivercafe.com. Situé sous le pont de Brooklyn, ce restaurant chic offre une vue époustouflante sur les gratte-ciel de Manhattan! Un lieu unique, où l'on peut boire un verre à défaut d'y manger (c'est très cher et très bon). Très prisé pour le brunch du dimanche (menu prix fixe à 55 $). Réservation recommandée.

▸ **Williamsburg**

Moins de 10 $

Khao Sarn ⑨, 311 Bedford Ave. (angle North 2nd St.), ☏ 718 963 1238. Restaurant thaïlandais sans prétention pour une carte très fournie et des plats bon marché. Bon choix de plats végétariens. Menu lunch à moins de 6 $.

Noodle Studio ⑫, 116 North 5th St. (entre Berry et Bedford), ☏ 718 218 7261. Le principe, c'est les nouilles chinoises à toutes les sauces, mais on peut aussi commander des plats plus variés ou des salades.

De 10 à 20 $

⊛ **Teddy's Bar** ⑱, 96 Berry St. (angle 8th St.), ☏ 718 384 1370. Quelques tables en terrasse aux beaux jours et une grande salle le long d'un bar chaleureux. Ambiance décontractée, grand choix de bières locales et de plats de toutes origines, des burgers (énormes) aux *nachos* ou aux salades.

SEA ⑯, 114 North 6th St. (angle Berry), ☏ 718 384 8850. Un ancien espace industriel au décor disco un peu délirant, en contraste avec un bassin gardé par un Bouddha, pour ce restaurant thaï, fréquenté par la jeunesse branchée. On y mange à tous les prix. Plutôt une ambiance de club.

⊛ **Planet Thailand** ⑮, 133 North 7th St. (entre Bedford et Berry), ☏ 718 599 5758, www.planetthailand.com. Mi-thaïe, mi-japonaise, une autre adresse tout aussi bonne, dans un immense entrepôt reconverti en restaurant. Carte impressionnante et prix raisonnables. Les desserts ont des noms bizarres mais il faut essayer, c'est vraiment bon!

⊛ **Dumont Burger** ⑥, 314 Bedford Ave. ☏ 718 384 6128, www.dumontburger.com. L'endroit où manger ce symbole de la cuisine américaine, savoureux et disponible en version végétarienne.

De 20 à 30 $

⊛ **Diner** ⑦, 85 Broadway (angle Berry St.), ☏ 718 486 3077, www.diner-nyc.com. 11h-2h. Posté près du pont de Williamsburg, ce restaurant a des airs de wagon abandonné sur la voie publique! Le midi, on y mange de très bons burgers, sandwiches et salades; le soir, place à une cuisine créative à partir des produits du jour. Clientèle branchée. Une très bonne adresse.

My Moon ⑲, 184 North 10th St. (entre Driggs et Bedford), ☏ 718 599 7007, www.mymoonnyc.com. Restaurant, lounge bar et galerie d'art à la fois: décidément, à Williamsburg, on aime les lieux polyvalents! Celui-ci est très agréable, avec son *look* post-industriel et sa grande terrasse aux beaux jours. Bonne cuisine méditerranéenne, et service attentif.

Plus de 30 $

⊛ **Peter Luger** ⑭, 178 Broadway (angle Driggs), ☏ 718 387 7400. ⊠ Malgré sa situation excentrée, au pied du pont de Williamsburg, cette table a la réputation de servir la meilleure viande de New York. Le cadre est classique et sobre et les steaks absolument fondants, servis avec une sauce délicieuse. À savoir: la plupart des steaks sont à partager. Réservation bien à l'avance indispensable.

▸ **Brighton Beach**

De 20 à 30 $

Tatiana ⑰, 3152 Brighton 6th St. (entre Brightwater Ct. et le Brighton Beach *boardwalk*), ☏ 718 891 5151, www.tatianarestaurant.com. Le long de la plage de Brighton Beach, voici l'un des restaurants russes les plus populaires de New York. En journée, la terrasse permet de manger face à la mer. Le soir, la musique endiablée et le spectacle de cabaret garantissent l'ambiance. Un peu kitsch quand même.

▸ **Red Hook**

De 15 à 25 $

Good Fork ⑧, 391 Van Brunt St. (près de Coffey St.), ☏ 718 643 6636. Perdue dans ce quartier en pleine mutation, la Van Brunt Street regorge de bons restaurants. Celui-ci est l'un des meilleurs, et sert une délicieuse cuisine d'inspiration coréenne dans un cadre sobre.

Faire une petite pause

▶ *Park Slope - BoCoCa*

One Girl's Cookies ②, 68 Dean St., ✆ 212 675 4996, www.onegirlcookies. com. Turquoise pâle et acier impeccable : le cadre est simple, raffiné et très féminin. Les minuscules cookies sont un vrai délice et le café expresso tout à fait savoureux, mais les appétits robustes seront déçus.

Ozzie's ③, 57 7th Ave. (angle Lincoln Pl.), ✆ 718 398 6695, ou 249 5th Ave., ✆ 718 768 6868, www. ozziescoffee.com. Deux agréables salons de thé/café pour manger une pâtisserie ou un sandwich.

Chocolate Room ①, 86 5th Ave., ✆ 718 783 2900. Fermé lundi. Ici, presque tout est au chocolat, les boissons, chaudes ou froides, et les desserts. Seule entorse : les adeptes de l'alcool pourront commander un verre de vin doux ou… une bière (!).

▶ *Williamsburg*

Roebling Tea Room ㉔, 143 Roebling St., ✆ 718 963 0760, www.roeblingtearoom.com. Installé dans un grand loft ensoleillé, ce café sert une très bonne sélection de thés, et on peut y grignoter à toute heure. Accès Internet en wifi gratuit.

Sortir, boire un verre

▶ *Park Slope - BoCoCa*

☺ **Barbès** ⑦, 376 9th St. (angle 6th Ave.), ✆ 718 965 9177, www.barbesbrooklyn. com. Une atmosphère presque parisienne, un rien intello, entre livres et discussions. On peut y boire un Ricard, y écouter une musique éclectique des quatre coins du monde. Tenu par deux musiciens français, propose des soirées culturelles à thème, avec concerts, lectures ou projections de films.

Pacifico ⑭, 269 Pacific St. (entre Smith St. et Boerum Pl.), ✆ 718 935 9090. Le soir, à partir de 17h30 (à partir de 11h30 du vend. au dim.). Une cabane sommaire, des tables et des chaises comme sur un pont de bateau, des plats mexicains nourrissants et pas chers (moins de 15 $), pour une

ambiance tropicale bon enfant. On y vient aux beaux jours pour les cocktails.

Ceol ⑪, 191 Smith St., ✆ 347 643 9911, www.ceolpub.com. Un vrai pub irlandais tenu par deux Irlandaises arrivées il y a moins de 10 ans. Soirées traditionnelles le dimanche à partir de 17h30, et certains soirs de semaine (vérifier le programme sur Internet). On peut y manger à prix raisonnable (10-20 $).

☺ **Great Lakes** ⑫, 284 5th Ave. (angle 1st St.), ✆ 718 499 3710. Un vrai bar de voisinage où les clients fidèles se retrouvent autour du juke-box.

Loki Lounge ⑨, 304 5th Ave., ✆ 718 965 9600. Un long bar en bois poli et, à l'arrière, un lounge aux canapés confortables, avec tables de billard et jeux de fléchettes.

Bar 4 ⑥, 444 7th Ave. (angle 15th St.), ✆ 718 832 9800. Plutôt chic, ce bar est réputé pour ses cocktails et sa clientèle branchée. Concerts merc.-vend.

☺ **Cafe Steinhof** ⑩, angle 7th Ave. et 14th St., ✆ 718 369 7776, www.cafesteinhof.com. Ici, on mise sur une chaleureuse ambiance autrichienne, avec bières et plats robustes. Concert le merc., film le dim.

☺ **BAM Café Live** ⑤, 30 Lafayette Ave., ✆ 718 636 4100, www.bam. org. Cet espace culturel de la Brooklyn Academy of Music propose chaque vendredi et samedi des concerts très éclectiques de musiques du monde, jazz, R & B, pop, chansons d'auteur, etc. Il n'y a pas de *cover charge*, ni de consommation minimum. On peut manger au bar. Programme sur Internet.

▶ *Williamsburg*

Spike Hill ⑯, 184 Bedford Ave. (angle North 7th St.), ✆ 718 218 9737. Un bar à l'ancienne, à l'image des vieux pubs irlandais, où l'on se retrouve pour un verre, dans une ambiance conviviale.

Mug's Ale House ⑬, 125 Bedford Ave. (angle North 10th St.), ✆ 718 486 8232, www.mugsalehouse.com. On vient ici pour l'impressionnante carte des bières pression et les prix très raisonnables. Clientèle de fans de clubs sportifs.

Brooklyn Ale House ⑧, 103 Berry St. (angle North 8th St.), ☎ 718 302 9811. Un vrai bar de voisinage pour boire une bière.

😊 **Anytime** ④, 93 North 6th St., ☎ 718 218 7272, www.anytimeny.com. Un endroit à la mode, pour un dîner abordable, une bière ou un cocktail sur les banquettes orange du lounge.

Surf Bar ⑯, 139 North 6th St. (près de Bedford), ☎ 718 302 4441. Un concept un peu délirant, un jardin, des sols couverts de sable et des vidéos de surf donnent le ton de ce bar-restaurant où l'on peut se dépayser en mangeant des produits de la mer.

😊 **Pete's Candy Store** ㉕, 709 Lorimer St. (entre Frost et Richardson), ☎ 718 302 3770, www.petescandystore.com. Une institution du quartier, célèbre pour sa très bonne programmation musicale (concerts tous les soirs), et les différents rendez-vous qui jalonnent la semaine : *stand-up comedy* le lundi, *quiz night* le mercredi, barbecue le dimanche...

😊 **Studio B** ㉖, 259 Banker St. (entre Meserole et Calyer), ☎ 718 389 1880, www.clubstudiob.com. Ambiance toujours très *hot* dans ce club d'une capacité de 500 personnes, qui accueille les derniers groupes et DJs en vogue à New York. Programme et billets sur le site Internet.

😊 **Zebulon** ㉘, 258 Wythe Ave. (près de Metropolitan Ave.), ☎ 718 218 6934, www.zebuloncafeconcert.com. Tenu par des Français, ce petit bar propose tous les soirs des concerts gratuits, dans tous les styles, souvent de très bonne qualité. On peut y grignoter des assiettes de fromage ou de charcuterie avec un bon verre de vin. Souvent bondé.

Supreme Trading ㉗, 213 North 8th St. (entre Driggs Ave. et Havermeyer St.), ☎ 718 559 4224, www.supremetradingny.com. Dans ce grand espace très design, des concerts de rock, des installations d'art contemporain et un bar. *Happy hours* tlj 17h-21h. Jardin ouvert aux beaux jours.

Où pique-niquer ?

Pour ceux qui sont pressés et ne veulent pas s'éterniser à Brooklyn : ne manquez pas l'**Empire Fulton Ferry State Park**, ses petites plages et ses tables de pique-nique, au pied du Brooklyn Bridge. Si vous allez au Brooklyn Museum, optez pour **Prospect Park**. Enfin, s'il fait chaud ou si vous avez plus de temps, misez sur **Brighton Beach** ou **Coney Island Beach**.

Achats

Mode - Brooklyn Industries ⑰, 206 5th Ave. (angle Union), ☎ 718 789 2764. 328 7th Ave. (angle 9th St.), ☎ 718 788 5250. 162 Bedford Ave. (angle North 8th St.), ☎ 718 486 6464. Trois boutiques vendant pulls et tee-shirts.

Beacon's Closet ㉙, 88 North 11th St. (entre Berry et Wythe), ☎ 718 486 0816, www.beaconscloset.com. Friperie géante installée dans un ancien entrepôt de Williamsburg, idéale pour dénicher des vêtements vintage pour une poignée de dollars.

Déco - Spring ㉚, 126 A Front St., ☎ 718 222 1054, www.spring3d.net. Fermé lun. et mar. En plein Dumbo, juste au-dessous du Manhattan Bridge, cette galerie expose des objets conçus par des designers de Brooklyn. En face, la librairie est une mine de livres d'art introuvables ailleurs, et propose également des romans dans toutes les langues.

Musique - Earwax Records ⑲, 218 Bedford Ave. (angle North 5th St.), ☎ 718 486 3771. Ouvert le dim. Vend toutes sortes de CDs introuvables en Europe, y compris des vinyls collectors.

Discount - Century 21 ⑱, 472 86th St. (entre 4th et 5th Ave.), ☎ 718 748 3266. M° ligne R, station 86th Avenue. Lun.-vend. 10h-20h (jeu. 21h, sam. 21h30); dim. 11h-19h. Membre d'une chaîne de discounters de produits de marque, idéal pour trouver de bonnes affaires... à condition de prendre son temps, de fouiller et de patienter pour les cabines d'essayage !

Première ville féministe

Le village de Gravesend, juste au nord de Coney Island, fut, en 1645, le premier des six hameaux constituant Brooklyn à recevoir une charte, la toute première du Nouveau Monde accordée à une femme. Lady Deborah Moody était une baptiste d'avant-garde, qui avait fui les colonies anglaises du Massachussetts pour fonder sa propre communauté, sous la juridiction plus tolérante des Hollandais. Elle obtint même le droit pour son village de s'auto-gouverner. Son credo? La liberté absolue de conscience et de religion et l'égalité entre les hommes et les femmes. Veuve d'une cinquantaine d'années, elle conçut entièrement un plan géométrique innovant : quatre squares entourés de dix maisons, séparés par deux avenues se coupant à angle droit, avec les terres des fermes partagées en triangles et formant des rayons autour du village. En 1654, elle fit l'acquisition de Coney Island auprès des Indiens. Elle gagna si bien son respect que le gouverneur de New York, Peter Stuyvesant, la consultait fréquemment.

Nine West Outlet ㉑, 420 86th St. (entre 4th et 5th Ave.), ☎ 718 748 4250. M° ligne R, station 86th Avenue. Boutique d'usine de cette marque de chaussures. Modèles de l'année à prix réduit.

Curiosités - Superhero Supply Company ㉒, 372 5th Ave. (entre 5th et 6th St.), ☎ 718 499 9884, www.superherosupplies.com. Cette échoppe qui ne paye pas de mine et assez incroyable ! On y trouve tout ce que le héros putatif peut vouloir, comme la cape de superman, qu'un appareil électrique peut faire virevolter comme en pleine action. Mais le tout dissimule, à l'arrière, un centre bénévole d'aide aux devoirs. Les écoliers ne voient plus le travail comme un pensum…

Commerces d'alimentation - Foragers ⑳, 56 Adams St. (angle Front St.) à DUMBO, ☎ 718 801 8400. Pour acheter de quoi pique-niquer au pied du pont de Brooklyn. Produits frais et bio, salades et sandwiches.

Vintage Gourmet Specialty Food ㉓, 287 Brighton Beach Ave., ☎ 718 769 6674. Près de la station de métro Brighton Beach, cette épicerie vend des produits d'Europe orientale, des biscuits, thés, noix, chocolats et douceurs pour compléter le pique-nique.

Loisirs

Concerts, ballets - Brooklyn Academy of Music (BAM), 30 Lafayette Ave., ☎ 718 636 4100, www.bam.org. Cette institution culturelle est considérée comme le haut-lieu de l'avant-garde new-yorkaise. Outre les concerts du Brooklyn Philarmonic Orchestra, l'académie accueille des ballets contemporains et des créations musicales de très haute tenue. Consultez le programme sur Internet avant votre voyage, pour choisir votre spectacle.

Fêtes - Chaque année, un samedi de la fin juin, Coney Island accueille la **Mermaid Parade**, un défilé très populaire et haut en couleur.

HISTOIRE

Le plus peuplé des *boroughs* new-yorkais (presque 2,5 millions d'habitants, ce qui en ferait la quatrième ville des États-Unis) est en passe de compter parmi les quartiers les plus recherchés, avec ses alignements de maisons bourgeoises et ses restaurants et bars à la mode.

Une population éclectique

Son histoire est presque aussi ancienne que celle de Manhattan. Les quelques fermes hollandaises qui s'installent dès les années 1620 constituent officiellement le village de Breukelen en 1646. Durant cette période, six hameaux se partagent le territoire de l'actuelle Brooklyn, formant le **King's County**. La région reste essentiellement rurale, constituée de grosses fermes. En 1790, l'ensemble de King's County ne compte que 4 495 habitants (3 017 colons blancs et 1 478 Afro-Américains, esclaves pour la plupart, qui ne seront émancipés qu'en 1799). En 1801, c'est la création d'un chantier naval sur l'East River. Ensuite, 1814 marque l'ouverture d'un service de ferry régulier entre Manhattan et Brooklyn. Ces deux facteurs vont changer la ville naissante. Le premier implique l'arrivée d'une vague de travailleurs immigrés de fraîche date, ébauchant le caractère pluriethnique qui définit encore Brooklyn de nos jours. Le second entraîne l'installation de New-Yorkais aisés qui peuvent aller travailler à Manhattan tous les matins : ceux-là construisent de belles maisons et créent des quartiers élégants, tel Brooklyn Heights. En 1834, Brooklyn est devenue une ville à part entière, avec environ 30 000 habitants. Comme Manhattan, elle a toujours compté une importante **proportion d'immigrés**, mais ici, le nombre d'habitants nés dans d'autres pays monte à 40 %. Comparée à Manhattan, Brooklyn recense notamment plus de Noirs (36,4 %), d'Asiatiques (7,5 %) et de Sud-Américains (19,8 %). Parmi les communautés marquantes, signalons celle des juifs hassidiques ou des latinos de Williamsburg, l'enclave russe et ukrainienne de Brighton Beach ou celle des Afro-Américains de Bedford-Stuyvesant, à l'est de Downtown.

Une partie de New York

En 1883, l'inauguration du Brooklyn Bridge confirme le lien avec Manhattan. Le *borough* de Brooklyn est d'ailleurs intégré à la ville de New York en 1898. Pour améliorer les transferts, on construit d'autres ponts, Williamsburg en 1903, Manhattan en 1909. La première connection en métro est établie en 1905, le Brooklyn Battery Tunnel ouvert en 1950. En 1964, le Verrazano-Narrows Bridge facilite l'accès à Staten Island.

VISITE DE BROOKLYN

Il est impossible de visiter la totalité de Brooklyn en une journée. Si vous avez peu de temps, contentez-vous d'arriver ou repartir par le Brooklyn Bridge et de visiter le Brooklyn Museum.

Comptez 1h à 1h30. (Plan II)
Stations de métro Clark Street ou Borough Hall. Quartier situé à l'ouest de l'artère de Cadman Plaza.

À l'époque de la révolution américaine, cette partie de Brooklyn, solidement fortifiée, servit de quartier général à Washington durant la bataille de Long Island (dite parfois bataille de Brooklyn). Par la suite, ce fut la première zone à se développer quand le tranferts vers Manhattan devinrent plus faciles. Les rues bordées de *brownstones* et plantées d'arbres conservent l'allure de cette première Amérique tranquillement bourgeoise.

▶ Commencez par emprunter l'une des rues perpendiculaires à l'East River pour rejoindre le rivage.

Brooklyn Heights Promenade★

Cette longue esplanade a été construite pour recouvrir la voie express qui longe la berge. Surplombant la rivière, elle offre une **vue★★★** spectaculaire de Lower Manhattan et ses gratte-ciel. Côté terre, vous longerez les jardins des belles demeures bourgeoises.

▶ Pour vous faire une idée du quartier, quittez la promenade par **Pierrepont Place** (belles *brownstones* aux n°s 2 et 3) et **Montague Street**, où se concentraient les banques. Tournez ensuite à gauche dans Clinton Street, puis encore à gauche dans **Pierrepont Street**. À l'angle, la **Brooklyn Historical Society** (*128 Pierrepont St., ℘ 718 222 4111, tlj sf lun. et mar. 12h-17h, 6 $*) présente des documents sur l'histoire locale et des expositions temporaires. Continuez ensuite jusqu'à **Willow Street** qui alterne les styles fédéral et Queen Anne, mélangeant les apports gothique et Renaissance. Faites quelques détours par **Pineapple, Cranberry et Middagh Streets**, qui comptent toutes de jolies maisons. Redescendez vers le sud par **Hicks Street** jusqu'à Joralemon Street. Suivez-la jusqu'au centre administratif. En face se trouve **Fulton Street** et le **quartier commerçant**. Prenez Boerum Place, à droite.

New York Transit Museum★

Angle de Boerum Pl. et Schemerhorn St., ☎ 718 694 1600, www.mta.info/mta/museum. Mar.-vend. 10h-16h, w.-end 12h-17h. Fermé lun. 5 $.

Ce musée passionnera les fans de transports et de technologie. On y apprend l'histoire du métro new-yorkais, avec non seulement des voitures de métro anciennes, mais aussi des renseignements sur la construction des voies, la signalisation, ainsi que des détails sur les bus et les tramways.

PROSPECT PARK★

Comptez 2h. (Plan I C/D2 et Plan II)

M° lignes 2, 3, station Grand Army Plaza. www.prospectpark.org. Un bus gratuit fait le tour du parc les sam., dim. et j. fériés : départ côté Grand Army Plaza, près du kiosque à journaux, ttes les heures, de 12h30 à 16h30.

Cet espace vert, alternant prairies et bosquets, fut dessiné par les architectes de Central Park, mais il est plus champêtre et plus rustique. Son petit **zoo** compte environ 400 animaux *(entrée par Flatbush Ave. Avr.-oct. 10h-17h (17h30 w.-end); nov.-mars 10h-16h30. 6 $, enf. 2 $).*

Brooklyn Botanic Garden★

M° lignes 2 et 3, station Eastern Parkway, derrière le Brooklyn Museum, ☎ 718 623 7200, www.bbg.org. Avr.-sept. : 8h-18h, w.-end 10h-18h. Oct.-mars : 8h-16h30, w.-end 10h-16h30. Fermé lun., Thanksgiving, 25 déc. et 1er janv. 8 $, enf. gratuit.

♿ Gratuit le mardi toute la journée et le samedi de 10h à 12h. Gratuit tous les jours de semaine entre nov. et fév.

Bien qu'agréable en toutes saisons, ce jardin, qui occupe la partie nord-est du parc, est particulièrement spectaculaire au printemps, quand fleurissent ses quelque 220 cerisiers du Japon (avril) et pour ses **roseraies** remarquables (juin, 5 000 rosiers et 1 200 variétés). Le **Steinhardt Conservatory** *(ferme 30mn avant le reste du jardin)* est un ensemble de serres abritant des plantes aquatiques, des orchidées, des plantes tropicales et du désert.

Lefferts Historic House

Jeu.-dim. et vac. scol. 12h-17h. Déc.-mars, w.-end et vac. scol. seulement, 12h-16h. Gratuit.

Au sud du zoo, cette ferme hollandaise date du 18e s. L'intérieur et les expositions temporaires permettent d'imaginer la vie quotidienne à la campagne durant la période coloniale.

De Park Slope à BoCoCa

À l'ouest de Prospect Park, ce quartier résidentiel réunit toute l'architecture bourgeoise du 19e s.

▸ Éloignez-vous du parc vers l'ouest en empruntant par exemple **Caroll Street** ou, juste au sud, la petite **Montgomery Street**, pour voir les alignements de maisons. Flânez ensuite vers l'ouest. Vous couperez les avenues centrales, 7th Avenue et ses magasins, et surtout **5th Avenue** et ses restaurants et cafés.

▸ Au-delà de 4th et 3rd Avenues s'étendent les quartiers de Caroll Gardens, Boerum Hill et Cobble Hill (formant BoCoCa). **Smith Street** est l'autre axe pour les restaurants et les bars.

BROOKLYN MUSEUM OF ART★★

Comptez 2h à 3h. (Plan I D2 et Plan II)

200 Eastern Parkway, ☎ 718 638 5000, www.brooklynmuseum.org.

Moins connu des touristes que les musées de Manhattan, moins fréquenté et nettement moins cher, c'est pourtant l'un des plus riches de la ville. On y découvre un beau département égyptien, de splendides collections ethnographiques d'Afrique et du Pacifique, ainsi qu'une intéressante présentation de l'art américain. Les expositions temporaires sont d'excellente qualité.

La visite pratique

Accès - M° lignes **2** et **3**, station Eastern Parkway/Brooklyn Museum.

Horaires - Merc.-vend. 10h-17h, w.-end 11h-18h (1er sam. du mois 23h). Fermé lun. et mar., 1er janv ; Thanksgiving et 25 déc..

Tarifs - 8 \$, senior 4 \$, -12 ans avec un adulte gratuit, billet combiné avec le Botanic Garden 11 \$.

⊕ Le premier samedi du mois, le *Target First Saturday* propose gratuitement, entre 17h et 23h, outre la visite du musée, une succession d'animations musicales ou culturelles. Le bar est ouvert et on peut grignoter des snacks au café du musée (payants). Attention, il y a beaucoup de monde et les places pour les spectacles sont limitées. Venez au plus tard à 16h30.

Documentation et audio-tours - Plan gratuit. Audio-tours en anglais.

Handicapés - Des fauteuils roulants sont mis gratuitement à disposition.

Restauration - Museum Café. Merc.-vend. 10h-16h, w.-end 11h-17h, 1er sam. du mois 11h-22h30.

L'histoire du musée

Depuis l'ouverture au public, en 1897, dans un édifice de style Beaux-Arts, le musée n'a cessé de s'agrandir et de s'améliorer. La dernière addition est l'Elizabeth A. Sackler Center for Feminist Art, une section entièrement vouée à l'art des femmes.

⊕ À moins que vous n'ayez décidé de limiter votre visite à un seul thème *(voir tableau page suivante)* commencez au 5e niveau.

Peinture et sculpture américaines★★★

5e niveau.

En 2001, une donation de la fondation Henry Luce a permis de réorganiser complètement les collections d'art américain en les inscrivant à la fois dans la géographie, les ethnies et le quotidien du pays. Les galeries se succèdent, chacune abordant un thème.

Inventing American Lanscape *(n° 1)*

L'art du paysage est traité par différents peintres qui ont marqué l'art américain, des romantiques de l'**école de l'Hudson**, figures majeures comme **Albert Bierstadt** ou **Thomas Cole**, aux modernes tirant vers l'abstraction, comme **Marsden Hartley, Georgia O'Keefe** ou **Richard Diebenkorn** (*Ocean Park n° 27*, 1970).

Everyday Life *(n° 2)*

Cette section rassemble des **peintures de genre** dépeignant les stéréotypes américains du cow-boy, du fermier, des différentes ethnies, et des objets du quotidien, **mobilier** ou vaisselle.

A Nation Divided *(n° 3)*

Sous ce terme, cette petite salle évoque le temps de la **guerre de Sécession**, une véritable guerre civile.

Expanding Horizons *(n° 4)*

Après la guerre civile, les Américains ont commencé à voyager en Europe et en Asie, d'où ils ont rapporté le goût de l'**exotisme**. On reconnaît les influences, monde arabe, Rome, Inde, ou encore le goût européen pour le champêtre, comme dans *The Shepperdess of Rolleboise* (1896), de **Daniel Ridgway Knight**, ou *An outdoor study* (1889), de **John Singer Sargent**.

Making Art *(n° 6)*

Cette section partage l'art pictural en deux catégories. **Plain Styles** regroupe les peintres autodidactes, naïfs, inspirés des cultures indienne ou mexicaine, ou académistes ayant choisi la simplicité. Dans l'ensemble, ils préfigurent l'art moderne. On leur oppose l'**Academic Figure**, dont les artistes ont étudié dans les grandes écoles de peinture et de sculpture, où ils ont découvert les modèles grec et romain. On y note toutefois d'intéressantes interprétations comme dans *William Rush carving his allegorical figure of the Schuylkill River* (1908), par Thomas Eakins, *The Sculptor* (1966), de John Koch, ou *Décontractée* (1990), mains sculptées par Louise Bourgeois.

Et les Indiens?

Cent ans après l'Indépendance, les colons blancs sont encore très réticents envers les Indiens. Ce n'est qu'à partir de cette époque, quand leur parcage dans les réserves amorce leur extinction, qu'ils deviennent moins menaçants. On s'intéresse alors à leurs costumes et à leur artisanat, les mettant en scène dans des peintures ou des photographies idéalisées, paradoxalement au moment où ils sont en train de perdre progressivement leur identité.

The Centennial Era (n° 7)

Après un siècle d'existence, les États-Unis s'affirment au moyen de grandes expositions qui font l'inventaire des différents héritages et cherchent un style proprement américain. On note l'accent mis sur les premiers colons avec *Embarkation of the Pilgrims* (1857), par Robert Weir, tandis que la salle consacrée aux Indiens déçoit un peu par sa pauvreté.

Modern Life (n°s 8 et 9)

Les salles illustrent le passage du 19e s. romantique au 20e s. industriel, avec une représentation méticuleuse du quotidien des villes, tel l'hyperréalisme d'une friche industrielle de Brooklyn, *Gowanus Canal from 2nd Street* (1986), par Randy Dudley. C'est un panorama de l'**art moderne et contemporain,** de Georgia O'Keefe (*Brooklyn Bridge*, 1949), Adolph Gottlieb, Marsden Hartley ou Caroll Dunham, de l'Armory Show *(voir p. 96)* à l'expressionnisme abstrait et au minimalisme de la seconde moitié du 20e s.

From Colony to Nation (n° 10)

Cette sélection permet de comprendre le mélange des héritages artistiques et décoratifs qui ont marqué les États-Unis : Hollande et Angleterre ou Espagne, via l'apport mexicain. On remarque aussi l'importance de l'influence péruvienne.

Visible Storage, study center (n° 5)

On entre dans cette salle originale par un coin de la salle n° 4. Il s'agit en fait d'un espace de stockage, pour que le public mesure l'importance de la partie cachée des collections, celles que l'on n'expose pas. Des écrans d'ordinateur permettent de rechercher des œuvres en remise. On peut affiner la recherche sur certains thèmes, comme l'art sacré colonial ou le design contemporain. Consultez également les catalogues accrochés près des vitrines (en anglais).

La sculpture de Rodin★

5e niveau.

Cette salle est dominée par les figures des *Bourgeois de Calais*, de *Balzac*, et par les *Portes de l'Enfer* et diverses études.

Peinture de la Renaissance★

5e niveau.

La salle est petite mais contient une jolie sélection de peintures italiennes

Si vous aimez	Le best of
Les antiquités égyptiennes	Les salles égyptiennes (*3e niveau*).
L'ethnologie	L'art d'Afrique, du Pacifique et des Amériques (*1er niveau*).
L'art américain	Le Luce Center for American Art (*5e niveau*).
Les arts décoratifs	Reconstitutions d'intérieurs d'époque (*4e niveau*).
La peinture et la sculpture européennes	Peinture européenne (*3e niveau*). Sculptures de Rodin et peinture de la Renaissance (*5e niveau*).
L'ethnologie	L'art d'Afrique, du Pacifique et des Amériques (*1er niveau*).

allant de la pré-Renaissance du 14e s. au milieu du 16e s.

Les Arts décoratifs★★

4e niveau.

L'étage se partage en une succession de reconstitutions d'intérieurs de différents styles et époques, la plus ancienne étant la **Schenck House**, un intérieur hollandais du 17e s. On y retrouve aussi l'éclectisme qui a marqué la fin du 19e et le début du 20e s., du néogothique au japonisant, en aboutissant à l'Arts & Craft, à l'Art nouveau puis à l'Art déco. Notez par exemple la Moorish Room de la **Rockefeller House** ou la Drawing Room de la **Milligan House**. Vous verrez aussi des éléments de mobilier et des objets décoratifs.

Elizabeth A. Sackler Center for Feminist Art★

4e niveau.

Ce département original s'intéresse à l'art vu et exécuté par les femmes. L'idée est de replacer leur interprétation du monde en fonction de leur sensibilité propre. L'œuvre centrale est *The Dinner Party* (1974-1979), une vaste installation de Judy Chicago. Des expositions temporaires évoquent la place et le rôle du féminisme dans l'art.

Les antiquités égyptiennes★★★

3e niveau.

Les collections égyptiennes du musée sont parmi les plus réputées au monde. Bien que comportant très peu de pièces monumentales, elle rassemblent une foule d'objets usuels qui rendent cette civilisation plus familière.

▶ Une première partie présente l'histoire, en suivant la **chronologie**. Notez les délicats ustensiles quotidiens, bijoux, faïences, statuettes votives, dont certaines, érotiques, voire pleines d'humour, célèbrent la fertilité.

▶ Une seconde partie explique les différentes facettes de la **vie quotidienne**, les rites mortuaires, les jeux, la toilette, le maquillage...

La peinture européenne★★

3e niveau.

Cette partie est organisée comme une promenade à travers 700 ans de peinture, comprenant des paysages, des portraits et des scènes de genre ou historiques. Parmi les plus belles œuvres, notez celles de **Velasquez**, de **Delacroix**, des Impressionnistes, **Sisley**, **Monet** (*Houses of Parliament, effect of Sun-light* (1903), ou *Palais des Doges, Venise* (1908), etc.), mais aussi de **Degas**, **Bonnard**, **Picasso** ou **Matisse**.

Les arts asiatiques★

2e niveau.

Cet étage présente l'art des différentes civilisations asiatiques, Chine, Corée, Japon, Inde, Népal, mais aussi l'art d'Asie du Sud-Est et l'art islamique.

Art d'Afrique, du Pacifique et des Amériques★★★

1e niveau.

La partie la plus riche est consacrée à l'Afrique, avec une splendide sélection de **masques** et statuettes, en bois ou en bronze, de la plupart des grandes tribus. Un peu à part, on remarque la collection de **croix éthiopiennes**. Les peuples du Pacifique se font surtout remarquer pour l'**art maori**. Les tribus indiennes des Amériques regroupent aussi bien les **Incas** et les **Mayas**, que les tribus du nord-ouest de l'Amérique, avec des **totems et masques** de Colombie-Britannique.

BROOKLYN CHILDREN'S MUSEUM

145 Brooklyn Ave., angle St. Mark's Ave. M° ligne 3, station Kingston Ave., ☎ 718 735 4400, www.brooklynkids.org. Juil.-août : mar.-vend. 12h-18h, w.-end 11h-18h; reste de l'année : merc.-vend. 13h-18h, w.-end 11h-18h. 5 $.

Conçu entièrement pour les jeunes enfants, ce musée propose une foule d'activités interactives permettant de comprendre la nature et les sciences, et des ateliers et spectacles communs aux parents et aux enfants. La compréhension de l'anglais est recommandée.

BRIGHTON BEACH★

Comptez 1h à 1h30. (Plan I D4)

M° lignes B et Q.

Aller à Brighton Beach, c'est voyager vers l'Europe de l'Est. Là, vous entendrez parler le russe, vous mangerez du bortsch ou de savoureux petits pains à la viande. Sous la carcasse métallique du métro aérien, les boutiques vendent des matriochkas, des fichus à fleurs et des rengaines russes. Et au bout, l'océan, la **plage★** et la vivifiante balade sur les planches grises de la **promenade★**...

CONEY ISLAND★

Comptez 1h à 3h. (Plan I C/D4)

M° D, F, N, Q. www.coneyislandusa. com.

Moins nostalgique et rétro que la précédente, la plage de Coney Island est bordée d'un **parc d'attractions** *(ouvert le w.-end de Pâques à Memorial Day, tlj de Memorial Day à Labor Day, le w.-end de Labor Day à fin sept.)* un peu daté mais qui attire toujours les familles.

Au 19e s., le site drainait les citadins aisés qui venaient s'y distraire en prenant l'air du large. Une station élégante sortit de terre, avec casino et hôtels, mais la clientèle, de plus en plus populaire, encouragea, dès les années 1880, la création d'un parc d'attractions, avec montagnes russes, grande roue et manèges. Sa popularité se maintint jusque dans les années 1950, puis décrut, ne laissant que les installations actuelles. Pourtant, chaque week-end et durant les vacances, la foule se presse devant les baraques pour acheter un hot dog, une barbe à papa ou une glace. La **plage** elle-même est bordée d'une **promenade** longue de plus de 5 km *(toute l'année)*.

New York Aquarium★

West 8th St. et Surf Ave., ℘ 718 265 3474, www.nyaquarium.com. Avr.-mai et sept.-oct : 10h-17h, w.-end 17h30 ; juin-août : 10h-18h, w.-end 19h ; nov.-mars : 10h-16h30 ; dernière entrée 45mn avant la fermeture. 12 $.

Initialement ouvert à Castle Clinton *(voir p. 134)* dans Lower Manhattan, en 1896, le premier aquarium public des États-Unis est riche de plus de 8 000 animaux marins. On y découvre otaries, pingouins, baleines ou requins, méduses et pieuvres, mais aussi de féroces piranhas, des poissons-clowns et toute une faune marine, y compris du corail vivant, entouré de ses petits poissons.

VERRAZANO-NARROWS BRIDGE

(Plan I B4)

Ce pont reliant Brooklyn à Staten Island, inauguré en 1964, est le plus long pont suspendu des États-Unis, juste un peu plus de 2 km. Le tablier central s'étire sur presque 1 300 m, à 210 m au-dessus de la mer (les paquebots transatlantiques doivent pouvoir passer dessous). Pour supporter l'importante circulation automobile, il comporte deux niveaux, de six voies chacun, mais pas de voie piétonne. Il sert chaque année de point de départ au marathon de New York.

RED HOOK

(Plan I C2)

Bus B61, à prendre aux stations de métro Borough Hall, Court St. ou Jay St.

Red Hook n'est pour l'instant que le dernier vestige du **port de New York**, avant que l'ensemble ne se déplacedans le New Jersey. Les promoteurs immobiliers y programment un quartier à la mode, avec vue imprenable sur Manhattan et entrepôts réhabilités en appartements de luxe. Ikéa a prévu de s'installer dans le coin, entraînant bien d'autres projets. Reste que les transports en commun sont bien rares…

DUMBO★

Comptez 1h. (Plan II)

M° A et C, station High Street.

Situé entre Brooklyn et Manhattan Bridges, ce quartier d'anciennes usines et d'entrepôts est en pleine mutation, de plus en plus recherché par les jeunes bobos du Financial District.

Empire Fulton Ferry State Park★★

Au bord de la rivière, au pied des deux ponts, ce petit parc compte quelques criques de sable et des pelouses, d'où admirer les hautes tours de Manhattan. Vision surréaliste et inoubliable !

WILLIAMSBURG★

Comptez 1h à 2h. (Plan I C/D1)

M° L, station Bedford Ave.

Encore un quartier de plus en plus branché, car c'est là que sont venus tous les artistes, que les prix de Manhattan faisaient fuir et qui y ont trouvé de grands espaces dans les entrepôts désaffectés. Les **berges de l'East River**, peu à peu vidées de leurs friches industrielles, offrent de belles vues sur Midtown, autour de l'Empire State et du Chrysler Building. Le quartier lui-même s'est centré autour de **Bedford Street** et **Berry Street**, au nord de Williamsburg Bridge. C'est là que se regroupent les restaurants et les bars.

Williamsburg Bridge

Si vous avez le temps, c'est en traversant ce pont qu'il faut venir à Williamsburg. Nettement moins photogénique que son rival le Brooklyn Bridge, il permet toutefois de relier le Lower East

Jazz on the bridge…

En 1959, Sonny Rollins traverse une crise. Il vient d'enregistrer de grands albums, mais le bouleversement du jazz, introduit par Coltrane et Monk, le remue profondément. Il est drogué et boit trop. Un matin, il sort de chez lui, son saxophone accroché au cou, et s'arrête sur le pont de Williamsburg. Dans une interview, bien plus tard, il dira : « En traversant ce pont qui relie Brooklyn à Manhattan, j'ai été captivé par la lumière qui se propageait le long de cette voie déserte. New York resplendissait devant moi : les gratte-ciel se reflétaient sur l'eau ; les sons des bateaux et du trafic se répondaient en écho. J'ai brandi mon saxo et j'ai joué, m'unissant à cette symphonie, comme je l'aurais fait avec des musiciens, mais sans limites. Je pouvais hurler, plus fort que jamais, et accroître la puissance de mon son. Profiter de l'absence de barrières, de murs. Mes notes voyageaient vers l'horizon ; je les voyais voltiger dans l'air, suivre les circonvolutions des oiseaux, puis se fracasser sur les rives du port. Jamais je ne m'étais senti aussi libre et puissant. J'avais enfin trouvé mon lieu et donné un sens à ma quête. J'y ai passé des nuits entières. J'y ai vu des aubes et des couchers de soleil que je n'oublierai jamais ». Rollins disparaît durant 2 ans. On le croira mort, jusqu'à ce qu'un jour un journaliste découvre un « allumé », jouant seul sur le pont. C'était lui !

Side et Brooklyn, comme le font des milliers de New Yorkais chaque jour. Il déroule de jolies **vues★★** sur Midtown.

Le quartier juif hassidique

À l'arrivée du pont, Broadway marque la séparation entre un quartier latino et celui de la communauté juive hassidique, que l'on identifie à la coiffure des hommes, aux perruques des femmes et aux longs manteaux noirs.

THE BRONX - THE QUEENS

PROPOSITIONS DE BALADES ET « BEST OF »

Une journée en prenant votre temps	À la découverte des boroughs
Une journée dans le Bronx	Commencez par le Bronx Zoo, puis allez au New York Botanical Garden (voir p. 347). Visitez ensuite Little Italy, autour d'Arthur Avenue (voir p. 348), où vous pourrez dîner.
Une journée dans le Queens	Commencez la découverte du Queens par l'American Museum of the Moving Image, ou par le Noguchi Museum (voir p. 350). Allez ensuite au P.S.1 Contemporary Art Center (voir p. 351). Par la ligne 7 du métro, partez vers Flushing Meadows Corona Park et visitez le Queens Museum of Art (voir p. 351).
Transport	Métro et bus.
Conseils	Le Bronx offre une journée de plein air pour les familles. Mais, à moins que vous ne soyez un fan de jardins, ne le visitez que si vous connaissez déjà bien Manhattan. Les fans de cinéma et les parents avec des adolescents aimeront l'American Museum of the Moving Image. Les autres peuvent faire l'impasse sur le Queens.
Si vous aimez	Le best of
Le cinéma	L'American Museum of the Moving Image (voir p. 350).
L'art contemporain	Le Bronx Museum of the Arts (voir p. 348). Le Noguchi Museum (voir p. 350) et le P.S.1 Contemporary Art Center (voir p. 351), dans le Queens.
L'architecture	La maquette de la ville de New York, au Queens Museum of Art (voir p. 351).
Le sport	Le Yankee Stadium (voir p. 348) et le Shea Stadium (voir p. 351).
La nature	Le Bronx Zoo et le New York Botanical Garden (voir p. 347). Le Flushing Meadows Corona Park (voir p. 351).
Les quartiers ethniques	Little Italy, dans le Bronx (voir p. 348). Le quartier grec d'Astoria et Chinatown, tous deux dans le Queens (voir p. 350-351).

Au zoo du Bronx.

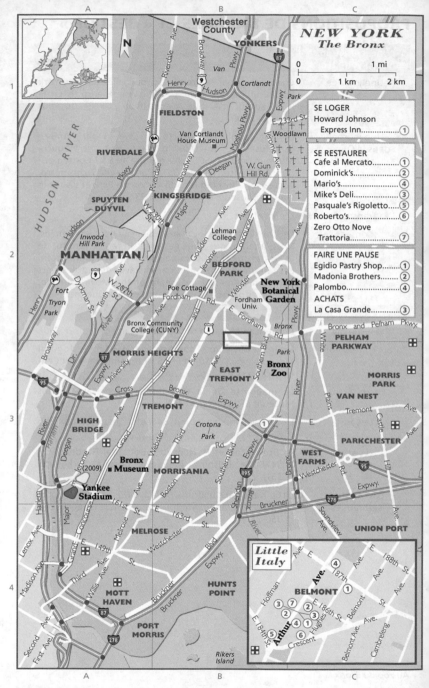

SE LOGER

Howard Johnson
   Express Inn.................①

SE RESTAURER

Cafe al Mercato.............①
Dominick's.....................②
Mario's...........................④
Mike's Deli....................③
Pasquale's Rigoletto.....⑤
Roberto's.......................⑥
Zero Otto Nove
   Trattoria......................⑦

FAIRE UNE PAUSE

Egidio Pastry Shop.......①
Madonia Brothers.........②
Palombo.........................④

ACHATS

La Casa Grande.............③

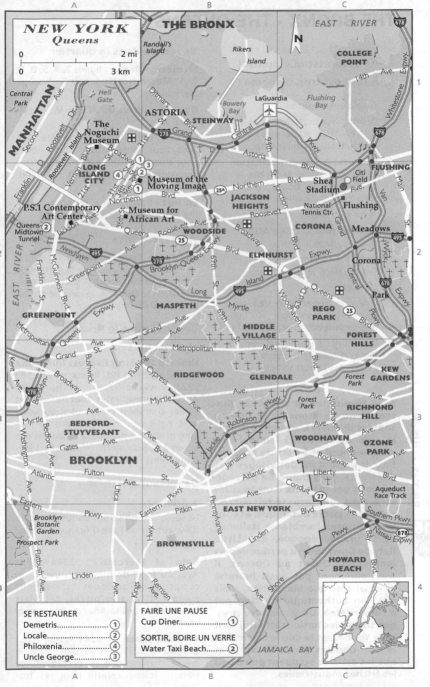

THE BRONX - THE QUEENS

😊 **Pas touristique du tout**

😐 **Tout est trop dispersé**

Quelques repères

Bronx : *borough* continental de New York, au nord-est de Manhattan, 1,4 million hab.

Queens : À l'est de Manhattan et au nord-est de Brooklyn, le plus étendu des *boroughs* de New York, 2,3 millions hab.

À ne pas manquer

L'ambiance italienne d'Arthur Avenue, dans le Bronx.

Le P.S.1 Contemporary Art Center, dans le Queens.

Conseils

Quartiers à réserver à une longue visite à New York, ou à ceux qui connaissent déjà bien Manhattan.

L'insécurité a considérablement diminué dans le Bronx, mais évitez-le à la nuit tombée.

Avec Manhattan, Brooklyn et Staten Island, le Bronx et le Queens sont les derniers boroughs formant la ville de New York. Respectivement au nord et à l'est de Manhattan, ils présentent des visages très différents. Sans doute ne parcourrez-vous pas le Bronx dans tous les sens, mais vous serez séduit par son zoo et son jardin botanique, et vous y retrouverez l'ambiance italienne de la grande époque, que Little Italy de Downtown a perdue depuis longtemps. Quant au Queens, il n'est sûrement pas aussi branché ni aussi chic que Manhattan, mais c'est un authentique melting pot à l'américaine. On y retrouve presque toutes les nationalités qui font New York. C'est là que le cinéma vit le jour, que des musées ouvrent et que les artistes occupent peu à peu les friches industrielles.

Se rendre dans le quartier

En métro - Bronx : lignes **2**, **4**, **5**, **B**, **D**. Train **Metro North** depuis Grand Central Station.

Queens : lignes **G**, **N R**, **V**, **et W**. Ligne **7**.

Ces deux *boroughs* étant très étendus, nous vous conseillons de bien noter, pour chaque visite, la ligne de métro à emprunter, ainsi que la station où descendre.

En bus - Bronx, ligne **12**, pour rejoindre Arthur Avenue *(voir plus loin)*.

Adresses utiles

Banques - Dans le **Bronx**, distributeurs de billets autour de la station de métro Fordham Road et d'Arthur Avenue. Dans le **Queens**, le long de Broadway, dans Astoria.

Se loger dans le Bronx

Moins de 100 $

Howard Johnson Express Inn Bronx ①, 1922 Boston Rd, Bronx, ☎ 718 589 2222, www.hojo.com - 41 ch. 🍴 🖳 Aucun charme, mais tout le confort et des chambres claires et spacieuses, avec petit-déj. léger compris et parking gratuit. À proximité du zoo et des lignes 2 et 5 du métro (station East Tremont/West Farms Sq.).

Se restaurer

▶ *Bronx*

La seule option sympathique est Little Italy, autour de l'axe d'Arthur Avenue.

Moins de 10 $

Cafe al Mercato ①, 2344 Arthur Ave. Au fond du marché couvert, un comptoir et quelques tables pour manger d'épaisses pizzas, des plats consistants, des salades ou gros sandwiches.

😊 **Mike's Deli** ③, 2344 Arthur Ave., ☎ 718 295 5033. Fermé dim. Dans le même marché que le précédent, ce traiteur italien réputé pour ses fromages, sa charcuterie, et ses *antipasti*, concocte à la demande de délicieux sandwiches à emporter.

De 10 à 20 $

Dominick's ②, 2335 Arthur Ave., ✆ 718 733 2807. ⌖ Fermé mar. Cuisine de l'Italie du Sud, tenant plus de la bonne cantine bondée, où l'on ne paye qu'en « liquide »… Pas de menu établi, un peu d'attente, mais c'est bon et copieux. Essayez les légumes farcis.

Pasquale's Rigoletto ⑤ , 2311 Arthur Ave., ✆ 718 365 6644. Une grande salle bruyante, typiquement italienne, fréquentée par une clientèle d'habitués. Les pâtes sont le meilleur pari.

Mario's ④, 2342 Arthur Ave., ✆ 718 584 1188. Fermé lun. Depuis 1919, cette adresse familiale au style un peu rétro sert une cuisine napolitaine dans l'ambiance assortie (un épisode des *Sopranos* y fut même tourné). Essayez les spaghettis aux palourdes, les crevettes *a la Mario* ou les calmars frits.

De 15 à 30 $

☺ **Roberto's** ⑥, 603 Crescent Ave. (angle Hughes Ave.), ✆ 718 733 9503. Fermé sam. midi et dim. Considéré comme l'un des meilleurs restaurants italiens de New York, c'est aussi le plus chic du quartier, même s'il sert une cuisine simple et authentique et très généreuse. Si on vous recommande de suivre les suggestions du chef, les plats de poulet ou de veau sont particulièrement savoureux. À midi, la carte est plutôt modeste, le soir, elle est beaucoup plus variée, mais l'attente peut être longue.

☺ **Zero Otto Nove Trattoria** ⑦, 2357 Arthur Ave., ✆ 718 220 1027, www. roberto89.com. Fermé lun. Ouvert par le propriétaire du Roberto, ce restaurant sert une cuisine plus traditionnelle et des pizzas à la pâte fine et croustillante. On mange dans un grand patio couvert, entouré de fresques rappelant les rues de Venise. Fréquenté par les familles du quartier.

▸ *Queens*

Le quartier d'Astoria, à proximité du Museum of the Moving Image, regorge de bons restaurants grecs.

Moins de 15 $

Uncle George ③, 33-19 Broadway, ✆ 718 626 0593. Ouvert 24h/24h. Des tables couvertes de toile cirée à carreaux, la viande qui grille au milieu de la salle et une clientèle d'habitués signent un restaurant populaire. Pour commencer, laissez-vous tenter par le chausson aux épinards ou les calmars grillés, ensuite, misez sur la viande rôtie, par exemple les *souvlakis*.

Demetris ①, 32-11 Broadway (entre 32nd et 33rd St.), ✆ 718 278 1877, www. demetrisseafoodrestaurant.com. Salle plaisante et lumineuse, toute en bleu et blanc, avec un patio, pour savourer des poissons et fruits de mer ou les traditionnelles spécialités grecques, comme la *moussaka* ou le *pastitsio*.

De 15 à 25 $

Locale ②, 33-02 34th Ave., ✆ 718 729 9080. Décoration minimaliste aux accents rétros pour ce café branché, situé sur une avenue calme, qui sert une bonne cuisine italienne. Brunch le w.-end.

☺ **Philoxenia** ④, 32-07 34th Ave., ✆ 718 626 2000. Cuisine grecque et accueil très chaleureux dans cette petite maison où l'hospitalité (philoxenia) est la règle. Poisson pêché du jour, caviar d'aubergine, calmars farcis, fromage de chèvre grillé… ultra-frais et délicieux ! Terrasse aux beaux jours.

Faire une pause

▸ *Bronx*

Madonia Brothers ②, 2348 Arthur Ave., ✆ 718 295 5573. Cette boulangerie, tenue par la même famille depuis 1918, vend toutes sortes de pains (aux olives, fromage ou jambon) pour le piquenique, mais aussi de délicieux *biscottis* et les meilleurs *cannolis* du quartier.

Egidio Pastry Shop ①, 622 East 187th St. (angle de Hughes), ✆ 718 295 6077. Jolie sélection de pâtisseries miniatures, idéales pour le goûter. Bon cannoli au chocolat et glaces crémeuses et riches.

Palombo ④, 2400 Arthur Ave. (angle 187th St.), ✆ 718 329 8800. Plus de tables que le précédent et une clientèle d'habitués dans cette grande salle claire. Large sélection de pâtisseries et authentiques cappuccinos et *espressos*.

▸ **Queens**

Cup Diner ①, 35 36th St., Astoria, ☎ 718 937 2322. En face du musée du cinéma et des Astoria Studios, une cafétéria un peu comme dans les années 1950. On y mange à toute heure, aussi bien le petit-déj. qu'un burger, une soupe ou un pain perdu ruisselant de sirop d'érable.

Achats

Divers - La Casa Grande ③, dans le marché couvert, 2344 Arthur Ave., Bronx, ☎ 718 364 4657, www.lcgcigars. com. L'une des dernières fabriques de cigares de New York. On y achète la production locale, de 3 à 12 $ la pièce.

Sortir, boire un verre

😊 **Water Taxi Beach** ②, 2 Borden Ave, Long Island City, Queens, ☎ 212 742 1969, www.watertaxibeach.com. Lignes de M° 7 (Vernon Bld/Jackson Ave.), G (21st St.), E/F (23rd St./Ely Ave.), puis marcher jusqu'à la plage. Mai-oct. (en fonction du temps) : lun.-mar. 18h-22h, merc.-vend. à partir de 16h, w.-end à partir de 13h. Interdit aux moins de 21 ans. En bord de rivière, cette « plage », qui offre une vue magnifique sur Manhattan, est ponctuée de quelques tables de pique-nique, d'un *dancefloor* et d'un bar. Très animé en soirée le w.-end.

Bronx is beautiful

Pour décomplexer les Bronxites (habitants du Bronx) et attirer les entreprises, une vaste campagne de marketing a été rondement menée en 2006. Nombre de célébrités nées dans le district ont accepté d'en porter les couleurs, telle l'auteure de polars Mary Higgins Clark. On a même créé une *Walk of Fame*, sur le modèle de celle d'Hollywood, pour mettre en avant tous ces *people*. Car ils sont nombreux, du spectacle, des arts ou de la politique : Colin Powell, Tony Curtis, Stanley Kubrick, Abel Ferrara, Jennifer Lopez, Daniel Libeskind, pour ne citer qu'eux.

THE BRONX

Seul *borough* de New York à ne pas être sur une île, le Bronx, pour un New-Yorkais, c'est d'abord la terre des **Yankees**, club de base-ball des mythiques Babe Ruth et Joe di Maggio. C'est aussi un district très vert : près du quart de son territoire en est occupé par des parcs. Mais c'est surtout celui qui a le plus souffert de l'immigration pauvre, y gagnant la réputation de quartier dur et dangereux.

Une longue file d'immigrants

Le premier à s'installer ici, en 1639, fut un fermier suédois, Jonas Bronck. Peu à peu, les colons se multiplièrent. Au 19e s., un journaliste, John Mullaly, lança l'idée d'acheter des terres pour les préserver de l'urbanisation, ce qui explique la forte proportion d'espaces verts. Intégré à la ville de New York en 1898, le Bronx a commencé réellement à se peupler après l'arrivée de la ligne de métro, en 1904. Comme pour le reste de la ville, les vagues d'immigration se succédèrent, Allemands, Irlandais, Italiens, mais la plus massive concerna les **juifs d'Europe centrale et orientale** : en 1949, ils composaient près de 50 % de la population. Dans les années 1950-1960, ce fut le tour des **Noirs** et des Portoricains, attirés par les loyers bon marché, puis celui des **hispaniques** : on évalue actuellement à 51 ou 52 % leur proportion dans la population.

Descente et remontée

La crise que traversa New York dans les années 1970-1980 se fit sentir ici plus qu'ailleurs. L'habitat se dégrada considérablement, surtout dans le sud du Bronx, le plus défavorisé, qui devint le lit des trafics et du crime. La sinistre réputation du Bronx date de cette époque. Si les esprits se sont longtemps polarisés sur ces zones difficiles, la réalité est autre. Le Bronx est peuplé très diversement, certains milieux disposant de revenus comparables à ceux de la moyenne des New-Yorkais, surtout dans la partie nord du district. Il s'agit notamment d'une bourgeoisie noire, établie et éduquée. Mais cela ne doit pas cacher que plus de 30 % des Bronxites vivent en dessous du seuil de pauvreté et que ce chiffre monte à 40 % pour les enfants – tout cela à une vingtaine de kilomètres à vol d'oiseau de Wall Street. Dans le sud du Bronx, le renouveau est venu des artistes qui s'y sont installés, fuyant les prix exhorbitants de Manhattan. Des galeries se sont ouvertes, encore confidentielles, et le Bronx Museum, qui a intégré ses nouveaux locaux en 2006, mène une politique particulièrement dynamique.

BRONX PARK

Cet immense espace vert de plus de 290 ha encadre la Bronx River. Au sud, plus de 100 ha sont consacrés au zoo. Au nord, le jardin botanique occupe à peu près la même surface.

Bronx Zoo★★

Bronx River Parkway (angle Fordham Rd.), ☎ 718 220 5100, www.bronxzoo.com.

Horaires - 10h-17h, w.-end et vac. 10h-17h30. Ferme à 16h30 d'oct. à mars. Dernière entrée 30mn avant la fermeture.

Accès - M° lignes **2** et **5**, stations West Farms Sq./East Tremont Ave. (entrée par Asia Gate) ou Pelham Parkway (entrée par Bronx River Gate). L'entrée est à environ 10mn à pied.

Plus simple, il y a un service de **bus express** gratuit entre Midtown Manhattan (NYC Visitors Information Center, angle 53rd St et 7th Ave.) et le zoo, ttes les 15mn env. (ttes les 30mn le sam., ttes les h le dim.). Il remonte Madison Ave. et s'arrête aux 26th, 32nd, 39th, 47th, 54th, 63rd, 70th, 84th et 99th St.

Tarifs - 14 $ (11 $ 3-12 ans) pour l'accès aux sept attractions du parc.

Le mercredi on ne paye que ce qu'on veut (minimum 1 $).

Inauguré en 1899, le plus grand zoo urbain des États-Unis se répartit dans d'agréables espaces boisés. Bien que certains équipements commencent à dater, un bel effort est fait pour reproduire les habitats naturels et favoriser l'observation des différentes espèces. Parmi les plus spectaculaires, **Jungle**

Deux Bronxites et la mode

Il est né Ralph Lipschitz, en 1939, dans une famille juive hassidique du Bronx. Très jeune, il aime les vêtements de marque. D'ailleurs, il travaille après l'école pour s'en payer. Comme il veut réussir, il change de nom. Ralph Lauren, pour une réussite américaine, ça sonne mieux. Dans les années 1960, il devient vendeur chez Brooks Brothers, commence à dessiner des cravates, crée la marque Polo. Il est lancé. En 2006, ce symbole de l'élégance « côte est », yeux bleus, cheveux de neige et vêtements décontractés chic, a été désigné par le magazine *Time* comme l'un des cent personnages qui influencent le monde... Lui aussi parmi les plus influents, selon le même organe de presse, lui aussi né dans le Bronx, en 1942 cette fois, Calvin Klein a étudié le design. On lui doit l'invention du jean de designer, le marketing à outrance, de superbes pubs pour sous-vêtements et des connotations sexy que son rival chic en costume de lin récuserait.

World★★ recrée admirablement le milieu de la forêt tropicale. Impressionnant, le **World of Darkness★** offre un voyage dans le noir, pour découvrir des espèces insoupçonnées. À l'extérieur, les domaines des ours et des tigres sont très populaires, de même que le **Congo Gorilla Forest★★**, qui rassemble un fascinant groupe de gorilles. Entièrement réaménagé, le **bassin des otaries★** restitue leur habitat californien.

New York Botanical Garden★★

200 th St. et Kazimiroff Blvd, ☎ 718 817 8700, www.nybg.org. Tlj sf lun. 10h-18h (17h en hiver). 6 $ (enf. 1 $). Animations et expositions tout au long de l'année (voir le site Internet) : le billet coûte alors 20 $ (enf. 7 $).

Accès gratuit au jardin le mercredi, et le samedi entre 10h et midi.

Accès - Train **Metro North** depuis Grand Central Station, arrêt Botanical Garden. M° lignes **4**, **B** et **D**, station Bedford Park Blvd., puis bus **Bx26** ou 20mn à pied vers l'est.

C'est en fait une cinquantaine de jardins à thèmes, depuis les spectaculaires **roseraies** (en juin) jusqu'à l'**Adventure Garden**, pour initier les enfants à la botanique, sans oublier les ravissantes serres victoriennes de l'**Enid A. Haupt Conservatory★★**, où poussent espèces tropicales et fleurs du désert.

BRONX MUSEUM OF THE ARTS★

1040 Grand Concourse (angle 165th St.). ℘ 718 681 6000, www.bronxmuseum. org. M° lignes B et D, station 167th St./ Grand Concourse, sortie par l'arrière; le musée est à deux blocs vers le sud. Tlj sf mar. et merc. 12h-18h (vend. 20h). 5 $ (enf. gratuit).

Ⓖ Gratuit le vendredi.

Consacré à l'art contemporain à New York et à sa renaissance dans le South Bronx, ce musée replace la création dans son contexte identitaire. Des expositions temporaires donnent la priorité aux artistes émergents, en particulier à ceux qui appartiennent aux cultures hispaniques.

LITTLE ITALY★

Autour d'Arthur Ave. M° lignes 4 et B/D, station Fordham Rd., puis bus Bx12 vers l'est ou 15mn de marche vers l'Est; ou lignes 2 et 5, station Pelham Parkway, et bus Bx12 vers l'Ouest.

Si la Little Italy de Manhattan vous a déçu, son équivalent du Bronx, autour d'**Arthur Avenue**, dans le quartier de Belmont, vous réjouira sans doute pour son ambiance surannée des années 1950, où le temps s'étire plus qu'ailleurs, où les jambons et les fromages suspendus dans les vitrines alternent avec les *biscottis* dorés et les cafés pleins d'hommes bavards. C'est d'ailleurs le meilleur endroit pour acheter du parmesan ou des saucisses sèches.

Arthur Avenue Market★

2344 Arthur Ave.

Ce petit marché couvert sent paradoxalement le tabac : plus que l'origan, le basilic et le fromage pour lesquels on

y va, ce sont les cigares roulés à l'entrée qui embaument l'air. Depuis 1997, la pittoresque fabrique artisanale **La Casa Grande** produit son odorante marchandise devant les passants. Parmi ses clients prestigieux, elle compte les Sopranos et Gérard Depardieu !

YANKEE STADIUM

161st St. et River Ave., ℘ 718 579 4531, www.yankees.mlb.com. M° lignes 4, C et D, station 161st St. Visite guidée (1h) tlj à 12h. Places limitées, réservation conseillée. 20 $ (enf. 15 $). Pour les matches, réservez longtemps à l'avance et comptez de 10 à 110 $.

Si vous voulez visiter le stade mythique, construit en 1923 pour le club des Yankees, ou y voir un match de **base-ball**, pressez-vous car un nouveau stade, en construction dans le parc adjacent, devrait être inauguré pour la saison 2009. Difficile d'imaginer, en visitant le lieu un jour normal, la ferveur qui saisit le public lors des grandes rencontres. Pour avoir une idée de cet engouement et de la vénération pour les stars de base-ball, imaginez que lorsque le joueur légendaire Babe Ruth mourut en 1948, son corps fut exposé à la porte du stade, et 100 000 fans vinrent lui rendre hommage. Pour la petite histoire, sachez que le stade sert aussi régulièrement de sanctuaire à ciel ouvert : trois papes ont rempli ses gradins (Paul VI, Jean-Paul II et Benoît XVI) et, chaque année les Témoins de Jéhovah y tiennent leur grand congrès.

THE QUEENS

Le Queens, le plus étendu des cinq *boroughs* de New York, occupe, avec Brooklyn, la partie occidentale de Long Island. C'est là que se trouvent deux des trois **aéroports** desservant New York : John F. Kennedy International et La Guardia Airport. C'est aussi là que se dressent deux des grands temples sportifs de la ville, le **Shea**

Fabrique de cigares, Arthur Avenue Market, Bronx.

Stadium, fief des New York Mets, et **Flushing Meadows**, où se tient l'US Open de tennis.

Bien que le Queens ait été colonisé très tôt, dès 1642 par des Hollandais, les environs sont restés ruraux jusqu'à la seconde partie du 19e s. Quand le Queens fut intégré à New York, il ne comptait que 150 000 habitants. Les premiers immigrants en nombre furent, comme ailleurs, les Irlandais et les Allemands. Cet apport s'est largement diversifié au cours du 20e s., si bien que la ligne de métro (n° 7) qui le parcourt a été parfois surnommée *Orient Express*, tant les communautés qui l'empruntent sont diverses. Autre arrivée, dans les années 1920, celle de de l'**industrie du cinéma** : le quartier d'Astoria en vint à compter une vingtaine de studios, avant qu'Hollywood ne devienne la capitale du 7e art. Aujourd'hui, après avoir été longtemps dédaigné, le Queens, comme le Bronx, profite de la flambée des prix de Manhattan pour attirer artistes, jeunes créateurs et entreprises, qui dépoussièrent les anciens locaux industriels.

LONG ISLAND CITY, ASTORIA

Les trois musées les plus intéressants sont rassemblés dans deux quartiers dynamiques, à l'ouest du Queens.

Long Island City (LIC) est le quartier le plus à l'ouest, à l'arrivée du Queensboro Bridge. Longtemps occupé par des usines et des entrepôts, il se reconvertit de plus en plus avec, par exemple, les anciens locaux des biscuiteries industrielles Silvercup transformés en studios où était produite la série télévisée *The Sopranos*. Écoles et ateliers d'artistes contribuent à stimuler la renaissance d'un quartier qui reste, malgré tout, industriel. On y trouve ainsi la plus importante fabrique de *fortune cookies* (biscuits chinois contenant une prédiction) des États-Unis.

Juste au nord, le quartier d'**Astoria** faisait autrefois partie de L.I.C., mais aujourd'hui il ne désigne plus que la partie nord-ouest du Queens, du sud de Broadway jusqu'à Ditmars Blvd.

C'est l'enclave grecque de New York : il vous suffira pour vous en convaincre d'entrer dans les cafés ou restaurants et d'écouter parler le grec… Astoria accueille aussi une importante immigration brésilienne et albanaise. Parmi les fleurons du quartier, il faut citer la fabrique des **pianos Steinway** (*1 Steinway Pl., angle 19th Ave. et 38th St.*), d'où sortent les plus prestigieux instruments du monde.

American Museum of the Moving Image★

35th Ave., (angle 36th St.), Astoria, ℘ 718 784 4520, www.movingimage.us. M° lignes G R, V, station Steinway St., ou lignes N, W, station Broadway. Fermé pour rénovation, il doit rouvrir début 2009, après avoir doublé de surface.

Dans l'ancien quartier de l'industrie du cinéma, sur le site des studios Astoria, ce musée passionnera les enfants, qui ne se lassent pas des stands interactifs, comme les parents, qui rêveront des grands films culte grâce aux costumes et photos d'acteurs de légende.

Noguchi Museum★

9-01 33rd Rd. (angle Vernon Blvd), Long Island City, ℘ 718 204 7088, www. noguchi.org. M° lignes N et W, station Broadway, puis vers l'ouest jusqu'à Vernon Blvd puis 33rd Rd. (plus de 20mn à pied). Le dimanche, navettes (5 $ trajet simple, 10 $ AR) depuis Manhattan, à l'angle de Park Ave. et 70th St., ttes les h de 12h30 à 15h30 à l'aller, de 13h à 17h au retour. Mer.-vend. 10h-17h, w.-end 11h-18h. Fermé lun., mar., Thanksgiving, 25 déc. et 1er janv. 10 $ (-12 ans gratuit).

Le 1er vendredi de chaque mois, on paie ce qu'on veut.

Isamu Noguchi (1904-1988), grand sculpteur américain d'origine japonaise, est surtout célèbre pour ses jardins (Unesco, Paris), ses espaces publics (Hart Plaza, Detroit), ses terrains de jeux (Playscape, Atlanta), ses objets (notamment les fameuses lampes Akari en papier et bambou), et même pour ses décors de théâtre (Balanchine, Martha Graham). Le musée, fondé en 1985, présente des échantillons de ses sculptures, sur bois ou dans diverses qualités de pierre, certaines disséminées dans un charmant jardin japonais. Il est surtout réservé aux passionnés de sculpture contemporaine ou aux admirateurs de Noguchi. Expositions temporaires de photographie et de design. Jolie boutique vendant luminaires et meubles dessinés par le sculpteur.

P.S.1 Contemporary Art Center★

22-25 Jackson Ave. (angle 46th Ave.), ℘ 718 784 2084, www.ps1.org. M° ligne 7, station Courthouse Sq. Tlj sf mar., merc. et principaux j. fériés 12h-18h. 5 $ (prix suggéré), gratuit avec un billet d'entrée au MoMA datant de moins de 30 jours. Le Rosier Café est ouvert de 12h à 18h pour un snack.

Ce centre artistique, voué à l'art contemporain, dépend du MoMA, auquel il sert de pépinière pour la détection de jeunes artistes. Installé dans une ancienne école publique, il en a conservé l'état, un cadre brut, tout à fait adapté à son objet. L'ambiance est sympathique, à mi-chemin entre étudiants des Beaux-Arts et intellos-bobos. Les cinq niveaux sont consacrés à des expositions temporaires de peinture, sculpture, vidéo ou « performances », parfois difficiles à classer. Les futures vedettes du MoMA figurent peut-être parmi les artistes exposés. La visite passionnera les initiés à l'art très contemporain.

⊛ Durant l'été, le samedi après-midi, le P.S.1 accueille de jeunes groupes et se transforme en gigantesque *outdoor party*. Tout au long de l'année, très bonne programmation musicale et performances (rens. sur le site Internet).

Museum for African Art

36-01 43rd Ave., à hauteur de la 36th St., ℘ 718 784 7700, www.africanart.org. M° ligne 7, station 33rd St., remonter jusqu'à la 36th St., puis à gauche et continuer jusqu'à la 43rd Ave. Boutique du musée : lun.-vend. 10h-17h.

Ce musée en devenir a désormais fermé ses salles d'exposition, ne laissant qu'une boutique d'artisanat africain. Après plusieurs déménagements et une étape dans ces locaux de Long Island City, il doit rouvrir à Manhattan fin 2009, dans East Harlem, à l'angle de la 110th St. et de la 5th Ave., un peu au nord du Museo del Barrio. Il pourra alors exposer côte à côte l'art africain traditionnel et les créations contemporaines. Dans l'intervalle, le musée continue d'organiser des expositions temporaires, mais les tiendra dans divers lieux de Manhattan (voir sur le site Internet).

FLUSHING

Cet autre quartier du Queens est lui aussi très cosmopolite, composé à 55 % d'Asiatiques (Chinois, Taïwanais et Coréens), formant une communauté encore plus importante que celle de Chinatown Manhattan. Les Latinos et les Philippins y sont également nombreux. Une balade à l'intersection de Main Street et Roosevelt Avenue est, à cet égard, très dépaysante.

Flushing Meadows Corona Park

M° ligne 7, station Willets Point/Shea Stadium.

Le 3e plus vaste parc de la ville de New York fut créé pour l'Exposition universelle de 1939, puis réutilisé pour celle de 1964.

▶ Témoin le plus visible de cette dernière, l'**Unisphere**, un globe en acier haut de douze étages, jouxte le **Queens Museum of Art★** (*℘ 718 592 9700, www.queensmuseum.org. Merc.-ven. 10h-17h, w.-end 12h-17h. Fermé lun. et mar. 5 $ prix suggéré*), où une immense **maquette★** présente la ville de New York et ses *boroughs*. Également des expositions d'artistes contemporains.

▶ Le **Shea Stadium**, voué au base-ball, est celui des **New York Mets** depuis 1964, quand ils ont quitté leur site mythique de Polo Grounds. Un nouveau stade, juste à côté, doit ouvrir ses portes pour la saison 2009. C'est aussi à proximité que se déroule chaque année l'**US Open** de tennis.

INDEX DES HÔTELS ET RESTAURANTS

SE LOGER
Par catégorie de prix

SE RESTAURER
PAR CATÉGORIE DE PRIX

Moins de 10 $

De 10 à 20 $

PAR TYPE DE CUISINE

Africaine

Américaine

INDEX

A

B

C

O

P

Q - R

S

CARTES ET PLANS

Comprendre les symboles utilisés dans le guide

LES ÉTOILES

★★★ À voir absolument

★★ Très intéressant

★ Intéressant

HÔTELS ET RESTAURANTS

🛁 Salle de bains privée

▦ Air conditionné dans la chambre

✕ Ventilateur dans la chambre

📺 Télévision dans la chambre

✕ Restaurant dans l'hôtel

LES BIBS

😊 Coup de cœur

😠 Coup de gueule

🙂 Astuce

🍸 Établissement servant de l'alcool

⚓ Piscine

🏖 Plage

💳 Paiement par carte de crédit

✄ Carte de crédit non acceptée

🅿 Parking clos réservé à la clientèle

LÉGENDE DES CARTES ET PLANS

Curiosités et repères

- Église
- Mosquée
- Synagogue
- Monastère - Phare
- Fontaine
- Point de vue
- Château - Ruine ou site archéologique
- Barrage - Grotte
- Monument mégalithique
- Tour génoise - Moulin
- Temple - Vestiges gréco-romains
- Temple : bouddhique - hindou
- Autre lieu d'intérêt, sommet
- Distillerie
- Palais, villa, habitation
- Cimetière : chrétien - musulman - israélite
- Oliveraie - Orangeraie
- Mangrove

Sports et loisirs

- Piscine : de plein air - couverte
- Plage - Stade
- Port de plaisance - Voile
- Plongée - Surf
- Refuge - Promenade à pied
- Randonnée équestre
- Golf - Base de loisirs
- Parc d'attractions
- Parc animalier, zoo
- Parc floral, arboretum
- Parc ornithologique, réserve d'oiseaux
- Planche à voile, kitesurf
- Pêche en mer ou sportive
- Canyoning, rafting
- Aire de camping - Auberge
- Arènes
- Base de loisirs, base nautique ou canöe-kayak
- Canöe-kayak
- Promenade en bateau

Informations pratiques

- Information touristique
- Parking - Parking-relais
- Gare : ferroviaire - routière
- Voie ferrée
- Ligne de tramway
- Métro - RER
- Téléphérique, télécabine
- Funiculaire, voie à crémaillère
- Chemin de fer touristique
- Transport de voitures et passagers
- Transport de passagers
- Station service - Magasin
- Poste - Téléphone
- Internet
- Hôtel de ville - Banque, bureau de change
- Palais de justice - Police
- Gendarmerie
- Théâtre - Université - Musée
- Hôpital
- Marché couvert
- Aéroport
- Parador, Pousada (Établissement hôtelier géré par l'État)
- Conseil provincial
- Gouvernement du district, Délégation du Gouvernement
- Station thermale
- Source thermale

Axes routiers, voirie

- Autoroute ou assimilée
- Échangeur : complet - partiel
- Route
- Rue piétonne
- Escalier - Sentier, piste

Topographie, limites

- Volcan actif - Récif corallien
- Marais - Désert
- Frontière - Parc naturel

Manufacture Française des Pneumatiques Michelin
Société en commandite par actions au capital de 304 000 000 EUR
Place des Carmes-Déchaux - 63000 Clermont-Ferrand (France)
R.C.S. Clermont-Fd B 855 200 507
© Michelin, Propriétaires-éditeurs
Dépot légal octobre 2008 - ISSN 1772-5100

Printed in Italy 10-08
Compograveur : Nord Compo, Villeneuve d'Ascq
Imprimeur-brocheur : «La Tipografica Varese S.p.A.», Italie